솔바람 소리

솔바람 소리

-한 역사학자의 삶과 학문 그리고 어머니

최 홍 규

국학자료원

책머리에

일제 강점기 말에 태어나 1945년 봄 초등학교에 조기 취학한 지 5개월 만에 민족해방을 맞았다. 카타가나를 접고 한글교육의 감격, 치열했던 좌우익 투쟁과 민족분단, 5학년 때 1950년 북한군의 남침으로 동족상잔의 참혹한 6·25전쟁을 겪었다. 전쟁이 계속되는 와중에 중학생으로 휴전회담 반대시위에 참여했고, 서울 수복 후 전화(戰禍)를 입은 전후의 황량한 미복구 건물이 점재하던 때에 고교시절을 보냈다. 대학 진학 후에는 민족의 발견과 민주주의 발전의 열망 속에서 저 역사적인 4.19혁명의 한가운데 서있었다.

이후 5·16군사혁명과 산업화과정에서 문학과 역사학에 탐닉한 가운데 지식인으로서의 고뇌어린 모색과 탐구, 저항을 시도한 끝에 해직교수로서 5년간 뼈아픈 좌절의 시간을 보냈다. 돌이켜 보면, 젊은 날에서 오늘에 이르기까지 내 생애는 결코 평탄하거나 행복했다고는 할 수 없다. 그러한 가운데서도 독서와 저술, 강의 등의 학문 활동은 번뇌와 방황, 좌절을 떨치고 의지할 수 있던 삶과 사색의 유일한 목표였다고 할 수 있다.

제1장은 80년대 중반 해직으로 인한 고난과 울분 속에서 붓을 들어 36년 만인 최근에 탈고된 장편의 자서 회고의 글이다. 청소년기 이래 책을 수집하고 독서와 글쓰기에 힘쓰던 젊은 날의 내 초상이 주류를 이루는 가운데 내게 헌신적인 사랑을 베푼 어머니와 조부모님의 은공을 기리는 헌

사에서 비롯되었다. 무엇보다 나의 독서 편력과 저술, 학술 발표 등 학문 활동과 청소년기 이래 노년기에 이르기까지 은사님과 교우관계가 상당 부분을 차지하고 있다. 고향집 뒷산에서 불어오던 솔바람 소리에 실려 삶과 사색, 조상님을 향한 향념을 대위법적으로 교차시킨 이 글은 내 삶과 사색의 고백록이기도 하다. 번뇌와 방황, 좌절로 점철된 삶의 역정을 통해 나 자신의 반성은 물론 후학과 후손들에겐 나와 같은 길을 다시는 반복하지 않았으면 하는 염원도 깃들어 있다.

제2장은 나의 큰 학문적 관심사였던 조선후기 향촌사회와 실학, 그중에서도 정조, 우하영, 박지원 등과 화성 신도시 건설과 경기지역 향촌사회의 변화에 대한 연구과정에서 얻어진 논고들이다. 우성전은 퇴계의 수제자로 조선중기 분당과정에서 성리학자이자 남인의 영수로 활동했고, 임란 때는 의병장으로 추의군(秋義軍)이라는 대규모의 의병부대를 이끌며 수원, 강화, 임진강, 한강 전투에서 활약한 그의 활동을 최초로 조명한 논고라는 점에서 그 의의가 크다고 하겠다. 또한 수원부(화성) 출신의 우하영과 서울 출신의 박지원의 농업경제사상을 살펴본 두 논고는 저작『우하영의 실학사상연구』(일지사)와『국역 과농소초』(아세아문화사) 작업 과정에서 각각 연계된 선발적인 글이라는 점에서 그 의미가 있을 줄로 안다. 정조시대의 관료·학자이자 연암의 친우였던 안성 출신의 유언호에 대한 논고 또한 정조시대와 연암의 사상을 이해하는데 도움을 줄 것이다. 특히 용인 죽전의 경주김씨 묘역에 묘소가 있는 김물은 십청헌 김세필의 후손으로서 처음으로 소개되는 기호사림계 인물이라는 점에서 일정한 의의가 있을 것이다.

제3장은 한말과 일세강점기를 통해 기념비적인 역사적 인격으로서 근대민족운동사와 사학사에 성좌를 차지한 안중근과 신채호의 활동과 저작

을 조명한 글이다. 민족영웅 안중근의 국권회복운동, 하얼빈의거, 동양평화론은 안의사가 지향했던 중심 테마로서 의미가 크고, 독립운동가 · 민족사학자로서 불멸의 업적을 남긴 단재 신채호의 민족주의의 특징과 초기 역사전기물의 내용을 체계적으로 해제한 논고라는 점에서 각별한 의미가 있을 줄로 안다.

제4장 정조시대 수리시설로 축조된 만년제 연구는 화성 신도시 건설과정에서 축조된 제언의 역사적 배경과 수축의 의의를 구조적, 실증적으로 밝힌 연구라는 점에서 이 시대 농업과 관개수리정책을 이해하는데 필수적인 연구논문이라고 할 수 있다. 특히 만년제(경기도기념물 제161호) 주변은 아파트 건립을 비롯해 민간 사유지로 둘러싸여 있는 데다가 오늘날 관과 인근 주민, 문화재정책과 현실 사이에서 이해가 상충되어 분쟁이 끊이지 않고 있다. 지방정부와 주민들이 상생의 차원에서 도시개발에 따른 활용방안을 모색하는데 참고가 되었으면 한다.

제5장은 국내 세계문화유산을 유형과 무형별로 나누어 그 등록현황을 살펴봄으로써 관광의 차원에서도 연구자는 물론 일반인들에게도 많은 도움을 주었으면 한다.

제6장 우하영의 독립된 저작『국역 관수만록』은 18세기 말 정조의 화성신도시 건설과정에서 제기된 지방행정구역 개편과 농업, 상공업 개혁 등 현안의 문제들을 생생하게 파헤친 고전적인 저작이다. 정조시대의 수원지방 사정을 이해하는데 참고될 부분이 적지 않다.

제7장은 새로 발굴된 정조의 편지글을 통해 정조라는 계몽군주의 현실 정치에 대한 경륜과 반대 당파를 포함하여 신료들을 노련하게 다루는 통치자로서의 위상을 엿볼 수 있다. 또한 TV 인기드라마「이산」(정조)과「대왕 세종」을 통해 역사적 사실을 왜곡하는 드라마의 문제점과 시정할

점을 제안했다. 또한 신채호 연구자로서 학계에서 주목되고 있던 신채호와 박은식 연구서에 대한 서평도 학계의 연구동향을 파악하는데 도움을 주리라고 생각한다.

제8장 해외에서 대학에 갓 진학한 손녀와 대입 학력고사를 눈앞에 둔 종손(4대독자)에 대한 할애비로서의 사랑스럽고 걱정의 마음을 담아, 손이 귀한 우리 집안의 가계를 빛내달라는 희망사항을 편지글로 피력해 보았다.

아무쪼록 노년에 펴내는 이 책이 친지는 물론 미지의 독자들에게도 널리 읽혀 일상생활과 학문생활에도 많은 공감대와 도움을 주었으면 한다.

이 책이 상재되기까지에는 많은 분들의 도움이 컸다. 특히 이 책의 편집과정에서 워드프로세스를 최종 점검해준 우장문 박사, 발문과 함께 안면도의 소나무 그림과 사진을 보내온 홍영유 학형께 깊이 감사드린다. 끝으로 이 책의 계획과정에서부터 상담역이 되어준 나의 딸 최선영 박사에게도 고마움을 표한다.

2021년 3월 18일
남곡재에서 저자 씀

차 례

제2장 조선후기 — 향촌과 실학

제3장 일제 강점기 — 민족의 저항

제5장 국내 세계문화유산의 현황과 복원 · 보존 방향

제6장 우하영의 『국역 관수만록』과 해제

제7장 사론(史論)과 서평

제8장 부치지 않은 편지

<서 시>

창공을 드높이 나는 알바트로스처럼

어둠을 밝히는 새벽의 신이여
삼라만상의 섭리를 설계하는 주재자여
지난 밤 꿈속에서 나는 비상하는 알바트로스*를 보았다.
싱그러운 푸른 초원에 누워 눈부신 바다를 바라보던
나는 청년이었다.

이 세상 모든 사람들은
저마다 가슴 속에 묻어둔
온갖 희망과 시도를 꿈꾸며
때로는 벅찬 희열과 고뇌를
때로는 실의와 좌절 속에서
창조와 파괴의 몸짓을 익히며 산다.

젊은 날 미지의 세계를 설계하던
도전과 탐구의 시간 속에서
아프리카 초원의 사자와
킬리민자로의 표범을 꿈꾼 헤밍웨이처럼

나는 밤마다 폭풍도 두려워하지 않는

지칠 줄 모르는 바닷새

알바트로스의 힘찬 비상을 꿈꾸는 날이 많았다.

그러나 어이 하랴.

꿈에서 헤어난 지금

약동하던 젊은 혼백은 점차 희미하게 사라져가고

상처입은 내 영혼은 빗속에 젖어

속절없는 세월과

인사의 무상함과

세상의 속물근성을 탓할 때가 많아졌다.

아, 젊은 날 내 꿈의 새였던

창공의 왕자 알바트로스여

넌 하늘 드높이 희고 큰 날개를 퍼덕이며

무한한 우주 공간 한가운데를 가로질러

때로는 태양이나 달빛과 별빛을 벗삼아

마치 길을 떠났던 나그네가 제 집을 찾아가듯이

오늘도 세찬 바람과 허공을 가르면서

자유롭고 유유하게

그 거대한 몸통을 지탱하며 힘차게 난다.

미처 내 이루지 못한 꿈과 사랑을 실은 전령사처럼……

*알바트로스는 일명 '신천옹'이라고도 불리는 태평양 북부 일부 섬에 서식하는 거대한 바닷새. 창공에서 장시간 비행할 수 있으며 지치면 바다 위에 떠서 휴식한다. 일찍이 샤를르 보들레르도 이 새를 즐겨 노래한 바 있다. 불사조처럼 폭풍 속을 넘나드는 이 새의 큰 흰 날개는 흔히 순수와 신비의 상징처럼 찬양된다.

제1장 솔바람 소리

―한 역사학자의 삶과 학문, 그리고 어머니―

1. 향촌-봉황이 깃들 무렵

솔바람 소리는 내게 고향의 내음이 물씬 묻어나고 불현듯 그리움과 싱 그러움을 자아내게 하는 소리이다.

예로부터 봉황새가 깃들어 살았다는 전설이 전해오는 그 지명부터가 상서로운 기상이 담긴 내 고향 마을 봉황동. 중부지방 경기 남부 내륙지 역에 있는 봉황동은 봉황산(일명 함박산) 남쪽 기슭에 자리 잡은 옴폭한 삼태기 모양의 자연경관이 수려한 작은 명당 마을이다. 아늑하고 나지막 한 산세와 숲이 우거져 예로부터 봉황새가 날아와 오동나무 둥지에 깃들 어 살며 오색 빛으로 짝짓기를 하여 울었다는 전설이 전해온다. 그 결과 이 자연마을은 오늘날까지 봉골 또는 봉황동(鳳凰洞, 문헌상으로 순조 31 년(1831) 간 『화성지(華城誌)』에 그 이름이 보임)으로 불려온다. 그리고 이렇게 꿈과 신비, 상서로움의 상징인 봉황새가 나타나면 마을에는 큰 경 사가 났다고 한다.

이 마을에는 현재 30여 채에 이를 만큼 외지인들이 하나둘씩 들이와 현 대식 고급 전원주택이 날로 늘어나는 추세이지만, 불과 10년 전까지만 해 도 겨우 6,7호를 헤아리는 벽촌이나 다름없는 궁벽하고 자그마한 자연촌이었다. 그러나 교육열이 매우 높아 일찍이 내 아버지 세대 때인 일제 식민지시대 전반기에 이미 일본 명문대 유학생이 배출될 정도로 군(현재는 시)이나 면내에서도 명당 마을로 주목하리만큼 이제까지 적지 않은 수의 인재들이 국내외 명문대에 진학하였다. 그리고 이 작은 자연촌에서는 원주민의 한정해 볼 때도 사회 각 분야에서 활약하는 뛰어난 학자, 교육자, 관료, 엔지니어 등 많은 인물이 배출되었고, 전문분야의 박사학위 소지자만 해도 현재 대 여섯 명을 헤아린다.

지난 2008년 10월에는 옛 마을 모습과 산세마저 날로 사라지고 크게 형질이 변경되어가는 현실을 안타까워한 나머지 자신이 태어난 향촌에 특별한 애정을 가진 최명광씨 형제를 비롯한 몇 사람들이 마을의 역사를 기념하는 유래비를 세우기로 뜻을 모았다. 그리고 마을 유래비의 비문을 역사학 전공의 필자에게 청해오는지라 이에 기꺼이 응한 결과 현재 이 마을 중간지점 언덕에는 검은 오석의 직사각형 마을 유래비가 우뚝 세워져 있어 지나가는 나그네의 발걸음을 멈추게 한다.

내 고향집은 이 마을을 둘러싼 봉황산 남쪽 평평한 산자락 풍수형국상 우백호에 해당되는 나지막한 언덕에 위치해 있다. 이 고가는 그 내부 형태가 상당 부분 현대식으로 바뀌었으나 19세기 초 일찍이 19세 때 성균관 진사시에 합격하고 시문에 능하셨던 증조부 최철순(崔徹恂, 자 聖道, 1872.3.28.~1936.음 7.15)공께서 지어 분가하신 집으로 대대로 부농의 가계를 이어왔다.

나는 2대 독자로 일제강점기 말기인 1939년(양력 1940년) 음력 12월 초이튿날 이 집에서 태어나 세 살 때 객지를 떠도시던 아버지를 불의에 여의었다. 아버지 최병표(崔炳彪, 1918.8.26~1942.음 12·12)공은 1남 3녀의 맞이, 곧 외아들로 태어나 시문에 능하고 학식이 깊던 조부와 한문서당에서 유학 경전을 익힌 다음 농림학교에서 신학문을 배운 재사였다. 지금도 시골집 벼루 문갑 속에 전하는 선친 친필의 축문과 지방 서식 예문집에서 그 글씨가 수려하고 재기 넘친 필력을 확인할 수 있다.

선친은 3.1운동 발발 1년 전 1918년(무오) 8월 26일생으로 조숙하여 1930년대 말 20세 전후의 나이에 답답한 국내의 식민지상황에서 벗어나 한동안 만주와 러시아령 하얼빈지역을 방랑했다. 그는 자신의 젊은 날 꿈을 실현하려고 다양한 노력을 시도하는 등 오랜 방황 끝에 국내로 돌아와 7촌 당숙의 소개로 서울에서 직장생활을 영위했다. 생전의 어머니 말씀에 의하면, 선친은 2주일에 한 번꼴로 토요일 오후면 서울역에서 열차에 탑승, 2시간 반 후 병점역에 내려 당시 버스 노선이 없던 10킬로미터 거리의 시골집을 도보로 왕래했다. 그리고 마루에 가방을 내려놓자마자 갓난쟁이인 나를 품에 안고 놋대야에 물을 담아 두 발을 씻겨주는 등 애지중지했다고 한다.

봉황동의 유래

봉황동(鳳凰洞)은 봉황산(함박산) 남쪽 기슭에 위치한 삼태기 모양의 자연경관이 수려한 명당 마을이다. 아늑한 산세와 숲이 우거져 예부터 봉황새가 날아와 오동나무에 깃들어 살며 오색빛으로 짝짓기를 하여 울었다는 데서 '봉골(鳳谷)' 또는 '봉황동'으로 불렸다. 이렇게 봉황새가 나타나면 마을에는 큰 경사가 났다는 전설이 전해온다. '봉황동'은 1831년(순조 31)에 편찬된 『화성지(華城誌)』에 그 이름이 보이며, 조선 말기까지 수원군 남곡면(南谷面) 관할하에 있다가 1914년 3월 행정구역 통폐합 때 정남면 문학리에 합해졌다. 이 마을은 본래 6, 7호를 헤아리는 작은 자연촌이었지만 교육열이 매우 높아 학자·교육자·관료 등 많은 인물들이 배출되었다.

2008년 10월 25일
문학박사 최홍규가 글을 짓고 최영광·최명광이 비를 세움

그러던 1942년 음 12월 12일 오후 늦게 다음날 둘째고모의 전통혼례에 참석하기 위해 서울역에서 경부선 열차편으로 오던 중 차중에서 깜빡 잠이 들고 말았다. 잠에서 깨어났을 때는 내려야 할 병점역을 이미 지나쳐 서정리역을 향해 달리고 있었으므로 성격이 급한 편인 선친은 오버코트 차림에 가방을 들고 달리는 열차에서 어둠 속을 향해 무작정 뛰어 내렸다. 그러나 불행히도 오버코트가 기차 승강문 옆 쇠기둥에 걸려 몸이 열차 밑으로 딸려 들어간 끝에 레일에 발가락 두 서너 개가 잘리고 또 음력 섣달의 강추위 속에 심하게 그 상처가 얼어붙는 큰 부상을 당했다. 뒤늦게 사고 사실이 발견되어 서정리 인근병원에서 치료에 임했을 때는 너무 많은 피를 흘리셨던 것 같다. 더욱이 당시 시골병원의 열악한 응급치료 미비로 말미암아 한스럽게 세상을 떠나시니, 내 나이 세 살, 선친은 한창 청년 때인 당년 25세의 아까운 나이였다.

이후 우리 집은 비록 고적한 가정환경이었으나 나는 집안의 유일한 혈손으로 할아버지, 할머니, 어머니의 극진한 사랑과 기대를 받으면서 아쉬움이 없고 꿈 많던 어린 시절을 이 마을에서 보내며 성장했다. 아주 어릴 때부터 종손인 나는 조부의 명에 따라 조상 제사 때에 사용되는 지방이나 축문을 쓸 줄 알아야 한다는 당부를 되새겨 조부께서 손자를 위해 세우신 서당에서 전통적인 한학교육을 받았다.

그러나 나의 한문교육은 신식교육의 필요성을 느낀 어머니(李鍾倫, 전주이씨, 1917.음 10.10~1999.음 7.20)의 특청으로 잠시 중단되었다. 즉, 6세가 되던 일제 식민지시대 말기인 1945년 초봄 마을에서 기숙하던 훈도(선생)를 따라 청강생으로 초등학교에 다닌 것이 그대로 출석부에 등재된 채 진급되었다. 나는 일제 말기에 취학통지서를 받기 이전의 최연소 학생으로 입학하여 일본어 기초교육을 받았다.

그 결과 나는 동급생들보다 두, 세 살 어린 나이로 1학년 때는 가타가나와 습자를 익혔고, 민족해방 후 2학년 때부터는 한글로 된 교과서를 통해 초등교육을 받았다. 또한 5학년이 되던 해 6·25 한국전쟁이 발발하여 한동안 학교가 쉬게 되자 나는 임시로 설치된 한문서당에 복귀하여 전쟁 시기임에도 잠시나마 다시 한학교육을 받았다. 이미 어려서 『동몽선습(童蒙先習)』을 통해 고구려, 신라, 백제 3국의 흥망사를 알고 있던 나는 이때 서당에서 『자치통감(資治通鑑)』을 읽고 단편적이지만 중국 고대사에 대한 지식과 흥미를 갖는 계기가 되었다.

나는 어릴 때부터 책을 좋아해 안방 벽장에 소장된 어머니의 안산 외가에서 가져온 『춘향전』, 『숙영낭자전』, 『조웅전』 등 30여 권의 궁체 필사본과 활자본 고대소설, 그리고 신소설 『은세계』, 『치악산』, 박계주의 『순애보』 등을 읽었다. 일찍이 어머니의 지도로 한글을 깨쳤던 나는 옛날이야기를 좋아하시던 할머니의 특청으로 밤이면 우리 집 안방에 모인 동네 할머니, 아주머니들 앞에서 석유램프나 호롱불을 밝히고 고대소설을 구성지게 낭독, 찬사를 받곤 하였다. 그래서 나는 조웅이라는 영웅의 전승담을 담은 군담소설 조웅전의 줄거리를 거의 달달 외울 정도였다.

2. 소년기-격동의 6·25전쟁

초등학교 5학년 때 북한군의 6·25 남침전쟁으로 전란의 여파가 내가 살던 향촌에도 밀어닥쳤다. 6월 말일 경 마을에서 1킬로미터 정도 떨어진 논에 한창 늦모를 내고 있던 중 대로변에 부상병을 부축하며 후퇴하는 산발적인 국군 대열이 목격되었다. 또 7월 초 이후에는 당시 어른들이 '쌕쌕이'라 불리던 날쌘 몸체의 미군 제트기아 '그라망'이라 불리던 기체가 육중하고 시커먼 전투기들이 자주 출현하였다. 개전 초에 투입되어 활약한

미 공군전투기 F-80 슈팅스타와 그해 11월 소련 최초의 제트전투기 미그-15가 한반도 영공에 출현하자 이에 대응하여 미 공군이 새로 투입한 F-86세이버 최신예 전투기를 사람들은 흔히 '쌕쌕이' 또는 '호주기'라고 불렀다(그러나 한국전에 처음 참가한 호주 공군 제트기는 1951년 7월 영국에서 지원한 '글로스터 미티어' 전투기 36대를 제공받아 참전했다). 시일이 지날수록 낮이면 때때로 미군 전투기와 북한 공군 전투기(조종사는 일부 소련군도 있었다) 간의 벌어진 공중전과 폭격 장면이 자주 목격되었으나 북한 공군은 영공 싸움에서만큼은 미 공군의 적수가 되지 못했다.

특히 7월 초순부터는 해가 지고 어둠이 깔리는 밤이 되면 내 향촌에서 10킬로미터 가량 떨어진 인민군의 수송 요새지인 오산 죽미고개(竹美嶺)에 대한 집중적인 폭격이 갈수록 극심해졌다. 죽미고개는 현 오산시 내삼미동과 세교동을 넘나드는 경계에 위치, 1번국도와 경부선 철로가 지나가는 고개로서 특히 그 지하도는 전략적 요충으로 주목되었다. 이 죽미고개 부근은 7월 5일 급파된 미 육군의 스미스부대가 참전하여 남하한 북한 인민군과 교전한(결과는 참패) 한국전쟁의 최초의 전투지역이기도 했다.

당시 인민군 지휘부는 남하하는 자기네 보병과 포병 등의 전투부대는 물론 각 분야 부대들이 필요로 하는 각종 군수품들을 이곳 죽미고개 터널에 대량 위장 숨겨두고 있었다. 미군 F-80 전투기들은 탄약과 포탄, 식량과 피복, 의약품 등 군수물자가 죽미고개 터널(지하도)에 숨겨둔 사실이 탐지되자 이곳을 야간 공습의 주요 목표물로 삼았다. 그리고 야음을 틈타 유엔군 비행기의 정찰을 피해 대전에서 낙동강 전선으로 이어지는 일대에 열차로 군수품을 실어 나르는 주요 이동기지가 되고 있는 정보도 탐지되었을 것이다.

이처럼 인민군의 군수품을 실은 열차를 위장 숨겨둔 죽미고개는 독성산성에 연이은 양산봉 동쪽 기슭에 위치해 있었다. 그 긴 터널은 바로 남하하는 북한 인민군들에게 공급할 각종 무기, 탄약, 포탄, 군수품 등의 저장 창고이자 수송열차의 주요 이동기지가 되고 있었다. 저들의 열차는 낮에는 죽은듯이 터널 속에서 숨죽이고 있다가 밤이 되면 쥐새끼들처럼 야음을 틈타 준동하고 있었으므로 이들의 낌새를 알아챈 미 공군기들에 의해 연일 폭격의 대상이 된 것이다.

아울러 내 향촌에서 동남쪽으로 8킬로미터 정도 떨어진 정조의 원찰인 태안읍 융릉 앞 용주사는 그해 8월경부터 패퇴하는 인민군을 지원 대체할 후속 예비부대로서 경기도와 인근 각 지방 청소년들을 강제 모집한 의용군들이 집결된 본거지였다. 그러한 군사 정보가 알려져서인지 이곳도 한때 미 공군의 산발적인 기관총 사격의 표적이 되기도 했다. 또한 7월 하순경 집에서 3킬로미터 정도 떨어진 향남면 동오리 야산에는 인민군의 지상 고사포에 의해 피격되어 화염에 휩싸인 채 미군 전투기가 한 대가 추락된 일이 있었다. 그때의 장렬했던 불타는 전투기 모습을 목격하고 놀란 나는 후일 호기심 많은 같은 또래의 동네 친구와 함께 그 현장을 찾아갔다. 그리고 산산히 흩어진 비행기의 잔해를 가까이서 살펴보고 한때 신기함과 함께 공포스러운 두려움과 짜릿한 스릴을 느낀 일이 있었다.

이 무렵 내 향촌에도 남침해온 인민군 무리들이 큰 도로에 산발적으로 나타났다. 특히 이 고장 출신의 토착 적색분자인 내무서원과 흰 저고리 검은 치마 차림의 완장을 찬 여맹원들이 동네를 헤집고 설쳐 다니면서 주민들에게 신문과 포스터를 나눠주며 김일성을 찬양하는 노래를 교육시키기도 했다. 그리고 정복자인 스탈린과 김일성 사진을 집 외벽에 도배하듯 붙이고 강제 모임을 통해 북한 인민공화국 체제의 우월성과 인민군의 승전을 과장해서 선전하고 교육시켰다. 당시 북한측 신문이나 선전물에서는 스탈린을 대원수, 김일성을 원수로 칭하면서 선전용 포스터 사진도 맨 앞에 스탈린을 그 다음에 김일성 사진을 배열했다. 그리고 새벽이면 남녀 노소를 불문하고 집집마다 파괴된 수원비행장의 보수를 위해 8킬로미터 나 떨어진 현장에 왕래하는 강제 노력 동원을 심하게 독려했다. 이 수원비 행장 또한 인민군 무리들이 주둔해서인지 때때로 공습의 대상이 되었다.

헌데 당시 동네 부녀자들은 거의 대부분 문맹 수준이어서 글을 쓸 줄 알고 교양과 안목을 갖추신 어머니에게 마을 여맹 부녀회장 자리를 억지 로 강제 임명한 일이 있었다. 조부께서는 당시 초등학교 교사로 공산당 지방 책임자 감투를 쓰고 그들의 수족 역할을 하고 있던 막내사위를 아주 싫어했다. 뿐만 아니라 남침 후 점령지에서는 공직에 몸담았던 사람이나 지주와 지식인 등 무고한 사람들을 체포, 반동분자로 몰아 처형하는 일도 빈번했다. 날이 갈수록 비행장 보수 등을 빙자한 저들의 강제 노역 동원 은 극심해지고 일상화되었다.

더욱이 저들은 지주 출신인 우리 집에 주목, 때로는 곡식을 징발 수탈 하기 위해 밭에 심은 조와 수숫대까지 일일이 세면서 정복자 행세를 했 다. 따라서 조부를 비롯한 집안 식구들은 북한 김일성 정권 하수인들의 야비하고 무지막지한 행태에 대해 극심한 반감을 갖고 있었다. 특히 조부 께서는 밤이면 남의 이목을 피해 동네에 배부하기 위해 사랑방 툇마루에 쌓아둔 저들의 신문과 선전물, 스탈린과 김일성 사진 포스터 등을 서슴없 이 모두 아궁이에 처넣어 불태워버렸다. 따라서 저들의 입장에서 보면 나 의 조부는 매우 철저하리만큼 김일성 정권을 증오하는 반대자이자 구제 불능의 반동분자였던 셈이다.

이 무렵 인천상륙작전을 앞두고 리어카로 고물을 수집하는 엿장수가 우리집 바깥 툇마루에 앉아 달이 뜰 때 세숫대야에 물을 받아 손거울을 넣어보라고 은밀히 이르면서 머잖아 북한 공산정권을 몰아내고 해방의 날이 올 징조가 나타난다고 역설했다. 그의 말을 따른 결과 정말 물 속 거울에 비춘 달은 신기하게도 태극 모양으로 변화되는 모습을 보고 집안 식구들은 매우 놀라워했다. 지금 생각하면 아마도 그는 엿장수로 가장해 국군과 유엔군이 수복 작전을 앞두고 민간의 정보 수집과 마타도어를 담당하고 적진에 파견한 민간 심리전 요원이 아니었나 추측한다.

그러함에도 그해 9월 유엔군의 인천상륙작전으로 서울 수복 후 어머니에게 강제로 떠맡긴 마을 여맹회장 감투가 화근이 되어 저들에게 협력한 부역자라는 누명이 한때 씌워졌다. 그리하여 억울하게도 복수심에 가득 찬 우익자치 면치안대에 의해 소환 구속되어 1주일 가까이 경찰서에 심문을 받는 고초를 치르게 되었다. 다행히 어머니는 글을 쓸 줄 알아 자리에 반강제로 임명되었을 뿐 저들에게 자발적으로 부역한 사실이 전혀 없다는 사실을 동네 주민들이 연명 진정한 결과 며칠간에 고초를 겪으신 끝에 가까스로 풀려났다.

이듬해 1·4후퇴 당시에는 서울 둘째고모네 5식구가 시골집으로 피난해 왔다. 할아버지께서는 손자와 집안 식구들을 보호하기 위해 머슴을 시켜 뒷동산으로 이어지는 집 뒷곁에 꽤 큰 규모의 방공호(땅굴)를 팠다. 이 방공호는 혹시 있을지도 모르는 공습과 총격에 대비하고, 특히 진주해온 미군들이 혹 부녀자들을 겁탈할지도 모른다는 흉흉한 소문이 들려오자 그 안전과 보호대책으로 급히 마련된 것이었다. 땅굴은 겨울엔 따뜻하고 여름엔 시원해서 나와 고모네 고종사촌들에게도 한때 매우 인기 있는 은신처 역할을 했다. 후일 나는 이런 인연으로 서울에서 고등학교와 대학 입학 시기까지 4년 가까이 둘째 고모 댁에서 기숙하게 되었고, 고종사촌들과는 한 식구처럼 친밀하게 지냈다.

봉황마을의 상단 좌측 산기슭 응달에 자리 잡은 고향집은 마치 숲 속의 별장인양 고즈넉했고, 겨울철에는 춥고 여름철에는 매우 서늘했다. 무더운 여름철 거울처럼 정갈하고 반들거리는 고향집 쪽마루에 누워 낮잠을 자거나 책을 읽을 때의 그 기분이란 따로 신선이 부러울 바 없을 정도로 너무 시원하고도 상쾌했다.

여름철 시골집 우물의 샘물 맛은 거의 1급의 약수 수준이라 할 만큼 너무 시원하고 깨끗 담백하고 달콤하기까지 했다. 무더위가 기승을 부리는 한 여름날 찾아온 손님에게 백설탕을 탄 냉수 한 대접을 쟁반에 받쳐 드릴라 치면 마신 뒤 어김없이 거의 모두 "어~참 시원타~!" 하고 만족한 듯 탄성을 절로 뱉곤 하였다.

또 겨울철이면 백설로 뒤덮인 마을 풍경이 너무 장관이었다. 아침이면 밤새도록 내린 눈으로 이 작은 산촌은 별천지나 다름없는 온통 백설 일색의 은세계로 변해 있기 십상이었다. 세월이 흘러 청년시대에 가와바다 야스나리의 『설국(雪國)』을 읽으면서 그 무대인 일본의 온천 소도시 아닌 고향 산촌의 겨울 설경을 연상한 것은 결코 우연한 일이 아니었다. 어린 나는 운두 높은 장화를 신은 채 따라온 덩치 큰 집 개와 함께 온몸이 땀에 흠뻑 젖을 만큼 흰 눈이 덮인 온산을 구석구석 헤집고 누비며 돌아다녔다. 혹 운이 좋은 날이면 머슴이 사냥을 위해 잔솔 밑에 놓은 사이너(독약으로 콩 속에 박아 넣는다)를 먹고 뻗어버린 채 밤새도록 꽁꽁 얼어버린 까투리나 장끼를 노획하는 행운과 즐거움을 맛보기도 했다. 그 시절에 맛본 꿩고기 무채 볶음은 지금도 생생히 추억되리만큼 그야말로 별미 중의 일품 별미였다.

나는 동급생들보다 두세 살이 어린 나이에 6·25 전쟁이 계속되고 서울이 미수복되던 시기에 초등학교 6년을 마치고 인근 도시의 중학교에 진학했다. 중학교 진학을 위해 늦가을 비가 억수로 퍼붓던 늦가을 어느 날, 당시 최초로 치러지는 국가고시 시험장은 집에서 서쪽으로 4킬로 떨어진 인근 향남국민학교에서 시행되었다. 나는 평소에 6·25전쟁 직전 어머니가 서울에서 사다주신 국어, 산수, 사회, 미술, 음악 등을 과목별로 요약한 『외우기 상식』 약 300여 쪽 책을 달달 외운 덕택으로 비교적 고득점자가 되었다.

당시 내가 얻은 점수로는 서울의 어느 일류 명문중학교를 선택 지원해도 무난히 합격할 수 있었다. 그러나 당시 서울은 전란으로 대부분의 시설물이 파괴되고 정부 또한 아직 환도하지 않은 미수복 시기였다. 따라서 경기중, 경복중 같은 세칭 명문 중학교 또한 피난지 수원 고등동 언덕배기에서 종합중학교란 이름하에 타학교 학생들과 임시 천막교사의 매우 열악한 환경에서 학년별 공동수업을 진행하는 피난생활을 하고 있었다. 따라서 나는 우리 집안과 약간의 인연이 있는 사립 수원중학교로 진학, 그래도 피난온 천막교사의 종합중학교에 비해 번듯한 건물과 난로가 있는 안정된 환경 속에서 수업을 받을 수 있었다.

그리하여 국군과 유엔군의 북진이 본격화되던 1951년 봄부터 공군비행장을 비롯하여 각 국 유엔군 부대가 여기저기 산재한 중소도시 수원의 학교 뒤 친척집에서 하숙생활을 하며 3년간에 걸친 중학교 시절을 보냈다. 당시 학과목 중 특이한 것은 농업 과목이 정규 컬리큘럼으로 편성되었던 것이 기억난다. 이것은 아마도 1950년대 초 당시 우리 사회가 아직도 농업에 종사하는 인구가 대종을 이루고 전란 중 산업이 피폐화되어 식량 문제가 큰 과제로 관심의 대상이 된 때문이 아닌가 추측된다.

중학교에 입학한 지 얼마 후 1951년 6월 전쟁이 일진일퇴 거듭되는 가운데 소련측의 제의로 판문점에서 휴전회담이 열리게 되었다. 그러나 이승만 대통령은 이듬해부터 국민과 함께 휴전에 반대하면서 우리 중학생들도 연일 반대시위에 참여(동원), 수원 시내는 학생들의 북진통일과 휴전반대 구호로 연일 들끓었다. 이대통령은 한국 측 단독으로 1953년 6월 반공포로 3만 5천여 명을 석방하는 용단을 내렸고, 7월 17일 종전으로 일진일퇴를 거듭하던 3년여의 6·25전쟁이 막을 내렸다. 그리고 7월 27일 지지부진했던 미국, 중국, 북한 사이에서 역사적인 휴전협정이 체결되었으며, 이대통령의 탁월한 리더십과 경륜으로 이 해 10월 한미상호방위조약의 체결을 이끌어낸 것도 이때의 일이었다.

이처럼 나는 정든 고향집 어머니와 할머니, 할아버지의 따뜻한 품을 떠나 처음으로 객지생활을 하게 되었다. 헌데 내겐 어린 소년 시절에 아름다운 자연환경을 지닌 고향을 떠나 객지생활을 보낸 중학교 이후 청, 장년기에서 노년기에 이르기까지 고향을 떠올릴 때 가장 먼저 연상되는 것이 고향집에서 듣던 솔바람 소리였다.

아, 그리운 그 솔바람 소리……. 정겨운 고향의 이미지처럼 어머니의 소리이며 냄새인양 나의 청각과 마음을 사로잡던 그 신비하고 허허롭던 솔바람 소리여……. 솔바람 소리는 내겐 고향과 어머니의 언어이자 음악이었으며 혹시 바흐, 모차르트, 드보르자크의 선율도 감히 미치지 못하리만큼 내 생애에 많은 영감을 불러일으킨 불멸의 음악은 아니었을까?

청소년 시절 이래 객지생활에서 돌아와 고향집에서 묵는 밤이면 어김없이 귀에 익고 갖가지 상념을 자아내게 하던 그 솔바람 소리……. 이제 온갖 삶의 풍파를 거쳐 노년의 후반기를 살고 있는 지금 그 마법의 주문과도 같은 그리운 솔바람 소리를 꿈속에서라도 다시 한 번 듣고 싶다.

3. 독서 편력과 저작물

서울에서 유학생활을 보내던 고교와 대학생 시기, 청순무구하고 그 풋풋했던 청소년기가 회상된다. 토요일 주말이나 방학 때 고향집에 돌아올 적마다 듣던 솔바람 소리는 내겐 한없이 따뜻한 사랑과 자애로움, 정겨움이 깃든 구원의 모성, 바로 어머니의 소리이자 내음이었다.

나는 한국전쟁이 멎고 휴전으로 서울이 수복되자 서울에 있는 고교를 거쳐 대학에 진학했다. 청소년시대를 회상할 때 먼저 내 삶의 큰 비중을 차지하고 있던 독서 편력을 빼놓을 수 없을 것 같다. 고교시절에서 대학 초년생 때에 이르기까지 나는 문학, 역사, 철학, 사회과학서 등의 책들을 마치 목마른 듯이 닥치는 대로 읽었다. 고교에서 대학시절 나는 하루도 빠짐없이 중고책을 취급하는 돈암동, 혜화동, 원남동, 종로 5가, 청계천 5가 일대의 중고서점을 도보로 순례하는 것이 거의 정해진 일과처럼 되었다. 이 순례를 통해 남한은 물론 월북 시인, 작가, 평론가, 사상가, 학자들의 저작에 접할 수 있어서 동시대 다른 젊은이들보다 보다 폭넓은 정보, 깊이 있는 지식, 안목과 문제의식을 지니게 되는데 큰 도움이 되었다고 생각한다.

고2 때부터는 종합지 『사상계』와 순수문학지 『현대문학』, 『문학예술』 등을 정기구독하면서 당시 사회와 문화계에서 관심사가 되고 있는 지식동향과 정보, 이를 통한 문제의식을 구체적으로 파악하는 데 큰 도움이 되었다. 나는 일상화된 중고서점 순례와 독서 편력에 빠진 나머지 고3 때도 목전의 대입 준비는 거의 제쳐 두고 그저 수업 외의 문학, 역사, 철학, 사회과학의 고전과 문제의식을 지닌 명저들을 읽는 데만 온통 정신을 빼앗겼다. 지금 생각하면 참 분수 모르는 한심한 수험생이었지만, 그렇다고 후회는 하지 않는다.

소설로는 호메로스, 셰익스피어, 괴테, 톨스토이, 도스토옙스키, 투르게네프, 체호프, 고골리, M.숄로호프, M.고리키, 세르반테스, 스위프트, 세르반테스, 에밀리 브론테, 마크 트웨인, 헤밍웨이, N.호손, 허만 멜빌, J.스타인벡, 헨리 제임스, 조지 오웰, T.만, 헷세, 빅토르 위고, 발자크, 플로베르, 모팟상, A.지드, F.카프카, A.마르로, 싸르트르, 까뮈, 제인 오스틴, D.H.로렌스, T.하디, 제임스 조이스, 버지니아 울프, G.그린, 나관중, 노신, 파스테르나크, 솔제니친, 가와바다 야스나리(川端康成), 오에 겐자부로(大江健三郎) 등 외국 작가의 작품과 국내 작가로는 이광수, 김동인, 홍명희, 현진건, 채만식, 최서해, 심훈, 이태준, 최명익, 안회남, 박태원, 김유정, 김남천, 김동리, 황순원, 손창섭 등의 작품을 즐겨 읽었다.

또 시로는 단테, 보들레르, 랭보, 베를레느, 말라르메, 발레리, 릴케, 셸리, 워즈워스, 휘트먼, 예츠, 푸시킨, 에세닌, 예프투셍코, 두보 등의 외국 시인들이 먼저 떠오른다. 그리고 황현, 김소월, 한용운, 이상화, 이육사, 윤동주, 정지용, 백석, 이상, 김기림, 오장환, 이용악, 신석정, 박용철, 조지훈, 서정주, 유치환, 박두진, 김춘수, 김수영 등의 국내 시인들의 시편들이 가슴에 와 닿았다.

지금 생각하면 부끄러움으로 얼굴이 화끈거릴 정도의 일이었지만, 대학 초학년 때는 교지『고대문화』에 19세기 프랑스 상징파의 선구자 보들레르의『악의 꽃』에 대한 평론「위대한 상징과 장미시신(薔薇詩神)」을 발표하는 등 거의 치기 발랄한 만용을 서슴없이 부린 것도 이때의 일이었다. 같은 생각에서 고학년 때는 학과의 학회지 발간에 편집위원으로 참여하고 철학적 관점을 투영한 평론「윤동주 서설」을 발표하여 뜻있는 교우들로부터 관심의 대상이 되기도 했다.

또한 아리스토텔레스, 플레하노프, 브하린, H.리드, T.S.엘리어트, E.윌슨, 휠덜린, 브르크하르트, 매슈 아놀드, 콜린 윌슨, 아르놀트 하우저, 백철, 임화, 김문집, 김환태, 최재서, 이양하, 정명환, 유종호 등의 문학이론서도 열심히 읽었고, 대학 저학년 때부터 20대 후반에 이르기까지는 주제넘게도 평론을 써 발표하는 데 심혈을 쏟기도 했다. 내 나이 20대 중, 후반 청년기에 발표된 「일제 암흑기의 시인의식」, 「윤동주-존재·생성·죽음」 등 대표적인 문학평론 몇 편과 30대에 발표하여 학계의 주목을 받았던 「매천(梅泉) 황현(黃玹)의 현실인식과 역사감각」을 거의 반세기의 세월이 지나 약간의 수정을 거쳐 뒤늦게서야 저서 『한국근대정신사의 탐구』(2005)에 재수록 되었다.

역사서로는 사마천과 매천 황현의 역사가로서의 자세, 단재 신채호와 한스 콘의 민족주의 이론, 도전과 응전 원리에 의한 문명의 창조와 쇠락을 설명하는 토인비의 저작에 깊은 흥미를 느꼈다. 그중에서도 한말에서 일제 식민지시대 전반기에 걸쳐 한국 근대 민족주의 사학을 창건한 신채호의 삶과 저작에 깊이 매료, 훗날 『단재 신채호』(1979), 『신채호의 민족주의 사상』(1983), 『신채호의 역사학과 민족운동』(2005) 등 세 권의 연구서를 펴냈다. 앞서 언급한 한말의 역사가이자 시인이었던 매천에 대한 연구로 학계에 주목을 받은 논문 「황현의 현실인식과 역사감각」(1980)을 학술지 『한국사상』에 집필 발표하는 계기가 되었다. 이 논문은 뒤에 일본에서 일본인 학자에 의해 일역되어 그곳 독자들에게 처음으로 선보였다.

대학원 때는 소홀했던 전공 분야에 관심을 보다 선택 집중하여 신채호와 황현의 저자, 곧 『매천야록(梅泉野錄)』, 『매천집』, 『오하기문(梧下記聞)』 등을 관련 문헌, 시대사와 대조하며 정독했고, 유형원, 이익, 박지원, 박제가, 정약용 등 조선후기 실학에도 깊은 관심을 기울였다. 이에 대한 구체적인 성과는 뒤에 80년대 중후반 해직시기에 실학의 선구자 박지원 탄생 250주년 기념으로 『국역 과농소초(課農小抄)』(아세아문화사, 1987)를 역간하고, 18세기 말 수원부 출신의 개성 있는 중농적인 실학자 취석실(醉石室) 우하영(禹夏永, 1741. 음2.12~1812. 음10.24)의 향촌과 농업사상을 발굴 연구하여 학계의 주목을 받기도 했다. 80년대 말 재야실학자 우하영의 향촌, 가계, 묘소를 최초로 발굴하고, 그의 저작 『천일록(千一錄)』, 『관수만록(觀水漫錄)』, 『수원유생 우하영경륜』 등에 대한 구조적인 연구를 시도하여 박사학위 논문으로 제출한 지 6년 후 그 내용을 수정 보완하여 1995년 일지사에서 저서 『우하영의 실학사상 연구』로 출간, 이듬해 우수 학술도서로 선정되었다.

나는 1950년대 말의 혼란된 사회 분위기 속에서 특히 체코 프라하 출신의 역사학자 한스 콘이 당시 나찌스 독일의 탄압을 피해 미국에 망명, 대학 재직 중에 펴낸 민족주의 이론서들을 애독했다. 몇 해 전 프라하에 갔을 때 한스 콘과 학생 때부터 그 선율이 담백 순수하여 즐겨 듣던 심포니「신세계에서」를 작곡한 드보르자크의 생가를 찾아본 일이 있었다. 이때 역사적 전통이 있는 문화국이지만 같은 약소국이었던 체코와 한국의 운명은 물론 민족적 기질이나 취향, 예술적 정서면에서 무언가 많이 공감되는 부분이 결코 우연이 아님을 실감할 수 있었다.

이 시기에 철학과 사회과학서도 나의 깊은 관심의 대상이 되었다. 해방 직후에 나온 마르크스의 『자본론』 국역본(전석담 외역)을 그 난해한 용어를 제대로 이해하지 못한 채 읽어 제치던 고교시절 당시 사법고시 준비 중이던 유무형 선생님(뒤에 판사를 거쳐 한양대 교수 역임) 담당의 상업경제와 법학통론(논문의 중요성을 강조해 두 과목 모두 주관식 출제) 과목에서 만점을 주면서 각별히 편애해 주시던 그때가 회상된다.

50년대 말 문화계를 풍미하던 니체, 하이데거, 키엘케고르, 베르그송, 싸르트르, 까뮈, M.퐁티, 알베레스 등 실존주의 관련 이론서를 비롯하여 아우구스티누스, 플라톤, 아리스토텔레스, 헤로도토스, 헤겔, 마르크스, 트로츠키, 파스칼, 토마스 모어, 쇼펜하우어, 니체, 루소, 크로포트킨, 프로이트, 횔덜린, 토인비, H.G.웰즈, 랑케, W.듀란트, B.러셀, W.제임스, J.듀이, 레이몽 아롱, 화이트헤드, E.카실러, E.버크, 부르크하르트, 막스 베버, 간디, 프란츠 파농, H.마르쿠제, E.프롬, 레비 스트로스 등 서구 사상가의 대표작들을 탐독했다. 그리고 중국의 양계초, 호적, 풍우란 등의 저술, 그리고 한국의 박지원, 우하영, 정약용, 황현 등을 비롯하여 신채호, 최남선, 정인보, 문일평, 안재홍, 손진태, 고유섭, 백남운, 전석담, 박시형, 김석형, 신남철, 이병도, 함석헌, 박종홍, 조지훈, 홍이섭, 차기벽, 이상은, 조기준, 최문환, 이우성, 김용덕, 이기백, 김용섭, 신용하 등의 저술도 이 시기의 애독서들이었다. 또한 소년시절부터 깊은 인연을 가졌던 4서3경을 비롯하여 『노자』, 『장자』, 『삼국사기』, 『삼국유사』, 원효, 지눌, 퇴계, 율곡, 『채근담』, 『선가귀감』 등과 당시 전공 관련의 한문 고전도 틈틈이 읽는 것을 잊지 않았다.

고2 때부터 대학생 시기까지 나는 주로 중고서점에서 구입한 책은 문학, 역사, 철학, 사상, 경제 관련 책들, 곧 인문과학, 사회과학에서 자연과학에 이르기까지 다양하였다. 또한 일제 시대에서 해방 전후 시기의 발행된 잡지를 비롯하여 창간호부터 현재까지 전질의 『사상계』, 『현대문학』, 『문학예술』 등의 잡지까지 합치면 거의 3천여 권을 상회하는 장서를 소장하게 되었다. 현재 나는 62평의 아파트 공간을 거의 차지하고 있을 만큼 약 3만 여 권의 장서를 헤아리는데, 이에 견주어 본다면 정년기에 나는 이미 그 10퍼센트 분량의 책들을 수집, 소장했던 셈이다.

나의 장서 가운데 국내 유일본으로 자부하는 금석문과 몇 권의 희귀도서와 자료가 있다. 예컨대 1987년 탁본한 중국 지안(集安)의 「광개토왕비 탁본」(진본), 독일 작가 토마스 만(1875~1955)이 편집한 러시아 작가와 시인 사진첩(1922), 독일 사상가이자 정치가 K.J.카우츠키(1854~1938)의 교주본 『Das Kapital』(자본론) 초판본, 그리고 연암 박지원의 손자로 한말의 우의정이자 선구적인 해외통상론자였던 박규수(朴珪壽, 호 瓛齋, 1807~1876)와 조선후기의 문신·학자인 송내희(宋來熙, 1791~1867, 호 錦谷)의 친필 간찰(편지) 5,6통 등이 그것이다. 또한 일본의 근대 무정부주의 사상가이자 노동운동가로 한국과 중국의 연대 등을 주장하다가 관동대진재 때 학살당한 오스기 사카에(大杉榮, 1885~1923)의 일어본 전집(초판본)과 그밖에 해방 전후에 출간된 다음의 희귀본 시집, 소설집, 평론집, 역사, 철학서, 사회과학서, 잡지(창간호 포함) 등 다수가 있다.

1) 소장된 금석학, 문학, 역사, 철학 관련 주요 이론서는 다음과 같다. 중국 지안(集安)의 「광개토왕비 탁본」(1987년, 진본), 조동원편저 『한국금석문대계』2,3,4,5,6(1979~1985, 원광대출판국), 김교헌의 『신단민사』 (1923), 조헌영의 『통속한의학원론』(1934), 지석영의 『자전석요』(1928), 남광우의 『고어사전』(1960), 이기문의 『속담사전』(1962), 조선홍문회(길천문태랑)의 『조선제종교』(1922), 안확의 『조선무사영웅전』(1940), 『시조시학』(1940), 안재홍의 『조선상고사감』상,하(1947-8), 『신민족주의와 신민주주의』(1945), 『규장전운』(한말본), 신채호의 『조선사연구초』 (1929), 『조선상고사』(1948), 정인보의 『조선사연구』상,하(1946), 『담원국학산고』(1955),박은식의 『한국독립운동지혈사』(서울신문사), 『한국통사』(중국본), 『박은식전서』상,중,하(1975), 장지연의 『장지연전서』3책

(1979), 문일평의『한미50년사』(초판),『호암전서』3책(1939),『조선사화』(1945), 김성칠의『조선역사』(1946),『용비어천가』상,하(1956), 민태원의『갑신정변과 김옥균』(1947), 이여성의『조선복식고』(1947),『숫자조선연구』3책(+김세용, 1935), 박지원의『열하일기』2책(1948),『도강록』(1946), 마르크스, 전석담·최영철·허동 공역『자본론』2권(1947), 카알 카우츠키, 한철, 윤일사 공역『자본론해설』(1949), 백남운의『조선민족의 진로』(1946), 이청원의『조선역사독본』(1937), 최남선의『심춘순례』(1926),『조선상식문답』(1946),『조선상식문답 속편』(1947),『조선상식풍속편』(1947),『증보삼국유사』(1954),『고사통』(1943),현상윤의『조선유학사』(1949),전석담의『조선사교정』(1948), 이북만의『이조사회경제사연구』(1948), 고유섭의『한국탑파의 연구』(1948),『송도고적』(1946),『고려청자』(1954),『전별의 병』(1958), 김상기의『동학과 동학란』(1947),『고려시대사』(1961),『동방문화사논고』(1976), 배종호의『한국유학사』(1974), 유자후의『한국화폐고』(1947),『율곡선생전』(1947), 리차드 라우터 백크의『한국미군정사』(1948),어윤적의『동사연표』,김두종의『조선의학사』2책(1955),『조선의학사』연표(1966), 조선사료간행회의『조선야사전집』(1949), 전진한의『자유협동주의』(1957), 대검찰청 수사국의『좌익사건실록』1(1965), 장복성의『조선공산당파쟁사』(1949), 권덕규의『조선사』(1945),『을지문덕』(1948), 채근식의『무장독립운동비사』(1949), 김승학의『한국독립사』(1966), 양주동의『고가연구』(1942),『문주반생기』(1960),『무애시문선』(1960),『민족문화독본』(1946), 주시경의『조선어문법』(1946), 홍기문의『정음발달사』상,하(1947),『조선문법연구』(1947),『조선문화총화』(1946), 김윤경의『조신문자급어학사』(1954), 김태준의『조선한문학사』(1931),『조선소설사』(1933),『청구영언』(1939),

구자균의 『조선평민문학사』(1936), 김재철의 『조선연극사』(1939), 정노식의 『조선창극사』(1940), 이명선의 『조선문학사』(1948), 『조선고전문학독본』(1947), 조윤제의 『조선시가사강』(1937), 『국문학사』(1949), 『국문학개론』(1955), 박지원 · 이윤재역의 『도강록』(1946), 고정옥의 『조선민요연구』(1949), 『국문학개론』(공저, 1949), 『국어국문학요강』(1949), 임화의 『문학의 논리』(1940), 김기림의 『시론』(1947), 『문장론신강』(1950), 윤곤강의 『시와 진실』(1948), 이광수의 『문장독본』(1954), 김동인의 『춘원연구』(1956), 이태준의 『상허문학독본』(1946), 『문장강화』(1940), 『무서록』(1941), 이무영의 『소설작법』(1957), 정비석의 『소설작법』(1946), 박영희의 『문학의 이론과 실제』(1947), 백철의 『조선신문학사조사』(1947), 『문학의 개조』(1958), 『문학개론』(1948), 『국문학전사』(이병기 공저, 1957), 이희승의 『한글맞춤법강의』(1946), 『조선문학연구초』(1948), 『역대조선문학정화』(1938), 『벙어리냉가슴』(1956), 장덕순의 『국문학통론』(1960), 이두현의 『한국연극사』(1973), 이윤재의 『문예독본』(1945), 정지용의 『문학독본』(1948), 설의식의 『소오문장선』(1953), 비나그로도프, 조선문예연구회 역 『문학입문』(1946), 엄항섭의 『김구선생혈투사』(1949), 이승만의 『독립정신』(1954), 서정주의 『이승만박사전』, 반민자해부판의 『민족정기의 심판』(1949), 서인식의 『역사와 문화』(1939), 김진섭의 『생활인의 철학』(1948), 『청천수필평론집』(1958), 신남철의 『역사철학』(1946), 이만규의 『조선교육사』상, 하(1947~9), 『여운형선생투쟁사』(1946), 김용준의 『근원수필』(1948), 『조선미술대요』(1949), 김동석의 『부르조아의 인간상』(1949), 『예술과 생활』(1947), 양계초의 『음빙실문집』 10책(1972 대만본 및 한말본 2종), 이상백의 『조선문화사연구논고』(1947), 송석하의 『조선민속고』(1960), 이능화의 『조선여속고』(1927), 이인영의 『국사

요론』(1950),『한국만주관계사의 연구』(1954), 손진태의『국사대요』(1948),
『조선민족설화의 연구』(1947),『조선민족문화의 연구』(1948), 모리스 쿠
랑, 김수경 역의『조선문화사서설』(1946), 김두헌의『민족이론의 전망』
(1948),『한국가족제도연구』(1949), 심우성의『한국의 민속극』(1975), 니
오라체,이홍직역의『서백리아 제민족의 원시종교』(1949), 이병도의『역
주 삼국사기』(3권;박문출판사, 을유문화사;1977 2종),『신증본 삼국유사』
(1943-7),『한국고대사연구』(1985),『국사상의 제문제』(일조각),『한국유
학사』(1987), 박종홍의『인식논리학』(1953),『철학개설』(1964),『지성의
방향』(1956),『한국사상사-불교,유교사상』(1972,77),『현실과 구상(1972),
김오성(1972)의『지도자군상』1(1946), 선우훈의『민족의 수난』, 이극로
의『고투40년』(1947), 김계숙의『근세철학사』(1955), 이상은의『퇴계의
생애와 사상』(1974), 최문환의『민족주의의 전개과정』(1958), 조지훈의
『시의 원리』(1959),『지조론』(1962),『한국문화사서설』(1964),『신채근
담』(1959), 박태원의『약산과 의열단』(1947),『조선독립순국열사전』1집
(1946), 안종화의『신극사이야기』(1955), 인정식의『조선농업경제론』
(1949), 김사엽의『이조시대의 가요연구』(1956),『송강가사교주』(1959),
『현대시론』(1954), 조선문학가동맹의『건설기의 조선문학』(1946), 이을
규의『시야 김종진선생전』(1963), 크로포트킨 저, 이을규 역『현대과학과
아나키즘』(1973), 김창숙의『벽옹일대기』(1965), 신숙의『나의 일생』
(1963), 엄항섭의『도왜실기』(1946), 여운홍의『몽양여운형』(1967), 이정
규의『우관문존』(1975), 이석태 편의『사회과학대사전』(1948), 현규환의
『한국유이민사』상,하(1967), 이광수의『도산 안창호』(1973),『문장독본』
(1954), 채근식의『무장독립운동비사』(1949), 류사명의『나의 회억』
(1984), 윤효정의『한말비사』(1946), 애국동지원호회편의『한국독립운동

사』(1966), 1950년판 『도보 독립혈사』2책(1950), 오지영의 『동학사』(1940), 차상찬의『조선사외사』(1947), 한우근의『동학란 기인에 관한 연구』(1971), 이선근의『화랑도연구』(1949),『조선최근정치사』(1950), 홍이섭의『조선과학사』(1946),『한국정신사서설』(1975), 김원룡의『한국미술사』(1973), 김상협의『모택동사상』(1964), 김기석의『남강 이승훈』(1964), 김도태의『서재필박사전』(1948),『남강 이승훈전』(1950), 이헌구의『문화와 자유』(1953), 김붕구의『불문학산고』(1958), C.D.루이스,조병화역『현대시론』(1956), 경북경찰국의『고등경찰요사』(1967), 이석훈의 『조선혁명가열전』(1947), 호춘혜의 『한국독립운동재중국』(대만본, 1976), 이병헌의『3,1운동비사』(1959), 지헌모의『청천장군의 혁명투쟁사』(1949), 김을한의『월남선생일화집』(1956), 변영로의『명정40년』(1953), 김영기의『조선의 농업』(1946), 박치우의『사상과 현실』(1946), 이일선의『슈바이처의 생애와 사상』(1954), 장사훈의『국악개요』(1961), 박정희의『국가와 혁명과 나』(1963), 임병직의『회고록』(1964), 양동주의『광주학생독립운동사』, 이범석의『우등불』(1971), 함석헌의『인간혁명』(1961), 최호진의『한국경제사』(1970), 조기준의『한국경제사』(1962),『한국자본주의성립사론』(1977), 김용섭의『조선후기농업사연구』(1970), 김용덕의『조선후기사상사연구』(1977), 이호철의『조선전기농업경제사』(1986), 차주환의『한국도교사상연구』(1978), 동아일보사편의『3.1운동50주년기념논집』(1969), 이동주의『한국회화소사』(1980), 안휘준의『한국회화사』(1980), 이훈구의 『조선농업론』(1935), 영목무웅의 『조선의 경제』(1941, 일어초판), 이춘녕의『이조농업기술사』(1964), 이광린의『이조수리사연구』(1961), 현규환의『한국유이민사』(1967), 고승제의『한국유이민사연구』(1973), 김광언의『한국농기구고』(1961), 조순승의『한국분단사』(1982) 등외 다수.

2) 소장된 주요 시집과 수필류는 다음과 같다. 함화진의 『증보가곡원
류』(1943), 양주동의 『조선의 맥박』(1930), 『미른수필선』(1948), 역주
『T.S.엘리옽시전집』(1955), 『세계기문선』(1948), 『민족문화독본』상,하
2책(1947), 정지용의 『백록담』(1941), 『지용시선』(1946), 『정지용시집』
(1935), 『해방기념시집』(+홍명희 외, 1945), 백기만의 『상화와 고월』
(1951), 김기림의 『새노래』(1948), 『바다와 육체』(1948), 임화의 『찬가』
(1947), 『회상시집-현해탄』(1947), 정인보의 『담원시조집』(1955), 이은상
의 『노산문선』(1954), 『노변필담』(1953), 『성웅 이순신』(1969), 『이충무
공일대기』(1946), 이병기의 『가람문선』(1966), 『가람시조집』(1947), 『의
유당일기』(의유당김씨,1946), 『역대시조선』(1946), 『요로원야화기』(1949),
『시조의 개설과 창작』(1957), 『한중록』(1947), 정음사판 『소월시집』정본
(1956), 김정식의 『소월시집』(1958), 박종화의 『청자부』(1946), 『월탄문
학선』(1952), 『월탄시선』(1961), 『청태집』(수필집,1942), 김윤식의 『영
랑시선』(1949), 『영랑시집』(1959), 심훈의 『그날이 오면』(1949), 유치환
의 『보병과 더불어』(1951), 『예루살렘의 닭』(1953), 『유치환시선』(1958),
『생명의서』(1955), 『청마시집』(1954), 『제9시집』(1957),한용운의 『님의
침묵』(1955),조지훈의 『풀잎단장』(1952), 『청록집』(+박목월,박두
진,1949), 『조지훈시선』(1958), 박두진의 『해』(1949), 『오도』(1953), 『박
두진시선』(1956), 『시인의 고향』(1958), 박목월의 『난,기타』(1959), 『산
도화』(1955), 신석정의 『촛불』(1954), 『슬픈 빙하』(정음사). 이광수의 『춘
원시가집』(1954), 김안서의 『꽃다발』(1944), 서정주의 『귀촉도』(1948),
『서정주시선』(1956), 『작고시인선』(1950), 『시창작법』(+박목월, 조지

훈, 1954, 초판), 『신라초』(1961), 이육사의 『육사시집』(1946), 윤동주의 『하늘과 바람과 별과 시』(1955), 권환 외 『삼일기념시집』(1946, 조선문학가동맹), 1945년판 『지나명시선』1(1945), 박인환의 『선시집』(1955), 신석초의 『바라춤』(1959), 신동집의 『서정의 유형』(1954), 박남수의 『갈매기의 소묘』(1958), 김동명의 『진주만』(1954), 『적과 동지』(1955), 김규동의 『나비와 광장』(1955), 김경린.박인환.김수영 외 『새로운 도시와 시민들의 합창』(1949), 구상의 『초토의 시』(1956), 신동문의 『풍선과 제3포복』(1956), 박봉우의 『휴전선』(1957), 『사월의 화요일』(1964), 조병화의 『사랑이 가기 전에』(1955), 정한모의 『카오스의 사족』(1958), 노천명의 『사슴의 노래』(1958), 『나의 생활백서』(1954), 윤선도의 『고산시가』(1957), 김입의 『김삿갓(金笠)시집』(이응수 역, 1949), 이하윤 편 『시집』(1955, 초판), 김춘수의 『한국현대시형태론』(1958), 신동엽의 『금강』(1967), 김지하의 『황토』(1970), 고석규 · 김재섭의 『초극』(1957), 전영경의 『선사시대』(1956), 김용호의 『푸른 별』(1956), 『남해찬가』(1949), 『시문학입문』(1950), 김소운의 『삼오당잡기』(1955), 장호의 『파충류의 합창』(1957), 김안서역 『투르게네프 산문시』(1960), 신구문화사의 『한국전후문제시집』(1960), 박희진의 『실내악』(1960), 전숙희의 『탕자의 변』(수필집,1954), 정진규의 『마른 수수깡의 평화』(1966), 백양당판 『이상선집』(1949), 임종국 편 『이상전집』3책(초판) , 이병주의 『한국한시선』(1977), 민중서관판 『한국문학전집-시집』(1959), 『조선야사전집』제1권(1949), 『현대조선문학전집』수필,단편집 2책(1946), 1959년간 『사화집.시론』(1959) 등외 다수.

3) 소장된 주요 소설은 다음과 같다. 김동인의 『태형』(1946), 『감자』

(소설집, 1935), 이광수의 『돌베개』(1948), 채만식의 『단편집』(1939), 『탁류』(1939), 『당랑의 전설』(1940), 『허생전』(1946), 한설야의 『이녕』(1946), 이기영의 『서화』(1937), 『고향』 상,하(1936~7), 이태준의 『돌다리』(1946), 『구원의 여상』(1948), 『상허문학독본』(1946), 『이태준단편집』(1941) 『해방전후』(1947), 이태준 외 『현대조선문학전집』3권(1946), 박태원의 『천변풍경』(1949), 『소설가 구보씨의 1일』(1938), 『홍길동전』(1946), 안회남의 『안회남단편집』(1939), 『탁류를 헤치고』(1942), 『조선단편문학선집』1집(1946), 김시습, 이가원 역주의 『금오신화』(1959), 박지원의 『양반전』(1947,금융도서), 『연암선집』제1집(1956), 김영석의 『이춘풍전』(1947, 금융도서), 이효석의 『이효석단편선』(1946), 『화분』(1939), 『성화』(1939), 『황제』(단편집,1943), 강경애 외의 『현대조선여류문학선집』(1938), 연안김씨의 『의유당일기』(1948), 설의식의 『해방이후』(1947), 현진건의 『무영탑』(1954), 김영수의 『소복』(1949), 김송의 『남사당』(단편집,1949), 김남천의 『맥』(1947), 『3.1운동』(1947,희곡), 최명익의 『장삼이사』(1947), 허준의 『잔등』(1946), 계용묵의 『별을 헨다』(1949), 『상아탑』(1955), 『단편4인선집』(+김동리, 황순원, 허윤석,1955), 김동리의 『황토기』(1959), 『무녀도』(1947), 『귀환장정』(1951), 『실존무』(1955), 『등신불』(1963),안수길의 『제삼인간형』(1954), 『북간도』(1967), 김광주, 이용주역의 『노신단편소설집』(1946), 방기환의 『동첩』(1952), 최정희의 『천맥』(1952), 황순원의 『곡예사』(1952), 『기러기』(1951), 『학』(1953), 『목넘이마을의 개』(1948), 『잃어버린 사람들』(1958), 『나무들 비탈에 서다』(1960), 염상섭의 『1대의 유업』(1960), 이무영의 『삼년』(1956), 곽하신의 『신작로』(1955), 김정한의 『수라도』(1969), 『인간단지』(1971), 선우휘의 『귀환』(1954), 『불꽃』(1959), 김성한의 『바비도』(1956), 『암야행』

(1958), 『5분간』(1957), 손창섭의 『비오는 날』(1957), 정한숙의 『묘안묘심』(1958), 전광용의 『흑산도』(1959), 오영수의 『머루』(1954), 『갯마을』(1956), 『명암』(1958), 『메아리』(1960), 『수련』(1965), 이종환의 『인간보』(1955), 한무숙의 『역사는 흐른다』(1956), 『월훈』(1956), 『감정이 있는 심연』(1957), 『빛의 계단』(1960), 신지성사의 『신춘문예당선소설집』(1959, 초판), 이범선의 『오발탄』(1960), 손소희의 『태양의 계곡』(1959), 박경리의 『시장과 전장』(1966), 『김약국의 딸들』(1967), 오상원의 『백지의 기록』(1959), 장용학의 『원형의 전설』(1962), 방영웅의 『분례기』(1968), 김춘광의 『안중근사기』(1946), 『현대조선여류문학선집』(1937), 『조선문학전집』단편집(1948), 『조선문학선집』제3권(1940), 『현대조선문학전집』(1938), 『신춘문예당선소설집』(1959) 등외 다수.

4) 소장된 주요 잡지류는 다음과 같다. 『문예』(창간호, 1949.8~1954.3,), 『문학예술』(창간호, 1954.4~1957.12,32권), 『현대문학』(창간호, 1955.1~1981.1,256권), 『사상계』(창간호, 1953.4~1970.4,205권), 『사상』(1952.10~12,2권), 『사조』(창간호, 1958.6~11,5권), 『자유문학』(창간호, 1957.6), 『지성』(창간호, 1958.1~3,3권), 『창조』(창간호, 1971.9~1972.11,15권), 『창작과 비평』(창간호, 1966.1~46호, 46권), 『문학과 지성』(1970.8~1980.6,40권), 『문학』(조선문학가동맹, 창간호, 1947 및 서울대 문리대 각 1권), 『학술계』(창간호, 1958) 등. 그리고 낱권 간행물로는 『삼천리』(1929.1~), 『신천지』(1946.2~), 『학풍』(1948.9~), 『별건곤』(1926.11~), 『신가정』(1920년대), 『현대공론』(1953~7), 『뿌리깊은나무』(창간호, 1976~), 『문학사상』(창간호, 1972~), 『예술원보』(1958) 등외 다수.

5) 전공과 관련하여 소장된 역사관련 주요 학술지는 다음과 같다. 『진단학보』(29~105,20권), 『동방학지』(1~56), 『역사학연구』(창간호,해방직후), 『역사학보』(7~176,67권), 『한국사연구』(12~125,36권), 『역사교육』(3~53,19권), 『아세아학보』(1~17,15권), 『사총』(2~42,14권), 『동양학』(5~21,12권), 『대동문화연구』(25~48,21권), 『나라사랑』(1~30),』(1~24), 『한국사론』(1~24), 『사학연구』(2~51,25권), 『한국문화』(1~31,16권), 『국사관논총』(1~89), 『퇴계학보』(118~133,7권), 『한국민족운동사연구』(21~104,83권), 『향토서울』(3~56,10권), 『동학연구』(1~12,8권), 『동학학보』(1~57), 『경기사학』(1~10), 『경기사론』(1~8), 『정조사상연구』(1~6), 『기전문화』(1~10), 『기전문화연구』(1~20), 『수원문화사연구』(1~7), 『향토사연구』(4~15), 『한국학보』(1~90,13권), 『군사』(2~30,16권), 『한국의 농경문화』(2~6, 5권), 조선은행조사부편 『1948 조선경제연보』(1948) 등외 다수.

한편 이 시기 독서와 함께 내가 즐긴 것은 역사문화유산을 찾는 현장답사였다. 그러나 나의 답사여행은 전공이나 취미를 빙자한 허울 좋은 명분일 뿐 뚜렷하고 구체적인 목표나 계획을 세워 실행된 것은 아니었다. 젊음의 번뇌와 현실의 갈등이 솟구칠 때마다 거의 방랑생활에 가까우리만큼 수시로 등산이나 역사문화유적을 찾아 길을 떠나는 일이 잦았다고 할 수 있다. 그중 대학 새내기시절 여름방학을 맞아 친구와 함께 경주, 부여, 익산, 장흥, 남원 등지를 10여 일 가까이 무작정 떠돌아다닌 일이 아직도 뇌리에 인상 깊게 남아 있다.

50년대 말 완행열차로 찾은 경주에서는 찌는 듯한 무더위에 흐르는 땀을 무릅쓰고 먼지 나는 비포장길을 터덜터덜 걷던 길 한복판에서 앞으로의 진로와 역사란 무엇인가를 스스로 자문해 보기도 했다. 이때 경주에서 종교적 신심을 가진 장인바치에 의해 이루어진 석굴암 부처의 뛰어난 예술적 완성미, 에밀레종의 완성도 높은 뛰어난 제작 솜씨, 불국사와 감은사 터의 신라 3층 석탑 등에서 역사와 예술의 흥취와 숨결을 느꼈다. 특히 석가탑이 로고스적인 오드리 헵번형이라면 다보탑은 파토스적인 마르린 몬로형이라고 너스레를 떨면서 크게 웃던 그 젊은 시절의 센스티브했던 패기가 그리워진다.

계림과 김알지 탄생지, 안압지와 첨성대, 황룡사터와 분황사, 최부잣집과 도처에 산재한 큰 규모의 왕릉급 고분군, 그리고 석불의 보고라 할 남산 일대의 불교유적을 찾아 종주하면서 역사의 무상함과 문화유적의 의미에 대해 느끼는 바가 많았다. 폐허나 다름없이 변한 익산 미륵사 터에서는 세월의 무상함과 더불어 규모 면에서 경주 황룡사와 함께 당시 동양최대의 사찰 뿐 아니라 한국 탑의 시원을 이루는 장엄한 오랜 석탑 앞에서 좀처럼 떠날 줄을 몰랐다.

장흥을 찾았을 때는 읍내에서 맛본 한정식도 일품인 데다가 비록 규모는 작지만 일찍이 신라 선종의 요람지였던 보림사의 뛰어난 길지풍수형국과 3층 석탑이 깊은 인상을 주었고, 특히 세련된 철조비노자나불좌상은 철원 도피안사의 그것과 쌍벽을 이루는 통일신라시대의 국보급 문화재임을 실감했다.

또한 그해 겨울방학 때는 군부대가 통제하던 눈 덮인 내설악을 등반하면서 젊음의 가능성을 확인했고, 주지 스님의 호의로『님의 침묵』의 산실 백담사에서 참선을 한 뒤 하룻밤을 지낸 일도 잊을 수 없다. 이런 인연과 체험은 20대 중반 만해 한용운을 비롯한 일제하 민족시인군에 대한 관심으로 확대 집약되어 앞에서도 언급한 문학평론「일제 암흑기의 시인의식」,

「윤동주-존재·생성·죽음」을 집필 발표하는 직,간접적인 계기가 되었다.

무엇보다 겨울방학이면 귀향길에 향우들을 만나 무너진 화성 성곽 일대를 일주 답사하면서 포화로 인해 전화를 입거나 자연풍화로 황폐함을 드러낸 현실을 보고 역사의 비감을 반추했고, 봄이면 서호에서 뱃놀이를 즐기면서 젊음과 낭만의 한때를 보내기도 했다. 특히 석양이 저무는 저녁 어스름 무렵 눈 내린 정조의 유택인 건릉을 찾았을 때의 일이었다. 그곳에서 바라본 독성산성 일대의 안개 자욱한 겨울풍경에 대한 감흥은 반세기의 세월이 지난 지금까지도 잊을 수 없다. 그 경관이 마치 한 폭의 동양화인양 다가와 사도세자의 아들인 정조의 비원과 함께 감회를 무어라 표현할 수 없으리만큼 아름다웠던 것 같다.

이런 인연은 훗날 조선후기, 그중에서도 정조와 화성 연구로 이어져 새로운 대학에 복직된 80년대 후반부터 이 방면의 연구서 서너 권을 집중적으로 펴내는 직,간접적인 계기가 되었다. 2002년 대한민국 학술원 인문분야 우수학술도서로 선정된『정조의 화성건설』(일지사, 2001)을 비롯하여『조선후기향촌사회연구』(일조각, 2001),『정조의 화성경영연구』(일지사, 2005),『한국 근대정신사의 탐구』(경인문화사, 2005), 그리고 대학 정년 후에 출간된『정조와 화성관련 주요자료집』I ,II(수원문화원부설 수원학연구소, 2008) 등은 그 대표적인 저술들이다. 대학 정년 후에도 지방사와 관련하여 조선중기의 성리학자이자 남인 당색의 관료 출신으로 임란 초기부터 경기지역 수원에서부터 강화, 임진강, 한강 유역에 이르는 지역에서 의병장으로 활약한 추연 우성전의 학문과 의병활동에 대한 두 편의 논문을 집필하는 것으로 관심의 영역이 확대되었다.

아아, 그러나 노년의 삶을 살고 있는 지금 생각하면 이 모든 게 다 무슨 소용이랴~! 머잖아 젊은 날 우리들의 뜻있고 아름다웠던 기억들도 결국

형체도 없이 사라지고 말 것을……. 지난날 청순하고 고귀했던 젊은 영혼을 불태우며 고뇌하고 시도했던 삶과 사색의 모든 흔적들……. 이젠 정말 과거의 모든 시간이 순수하고 싱그럽던 한 역사학도로서의 의미 있는 탐구가 아닌 한갓 부질없는 젊은 날의 꿈이 서린 단순한 추억이 되어버릴는지도 알 수 없다.

4. 36년만에 완성된 회상기

고교와 대학에 진학한 청소년기 겨울방학 때 서둘러 고향에 돌아와 마을 동구 앞에 들어서면 벌써 개 짖는 소리를 듣고 서둘러 마중 나오시던 어머니……. 그 다정하고 기품 있고 자애롭던 중년기에서 노년기에 이르기까지 어머니의 그리운 모습이 지금도 추억인양 아련히 떠오른다.

어머니께서는 일찍이 3.1운동이 일어나기 두 해 전인 1917년 음 10월 10일 현 화성시 서해안지역의 전주이씨 집성촌에서 양녕대군의 후손으로 태어났다. 외조모께서는 아들을 생산하지 못하고 딸 셋을 낳았는데, 어머니는 둘째로 그중 인물과 솜씨가 가장 출중했다고 한다. 허나 외조부께서 아들을 얻기 위해 작은 외조모(소실)를 들이는 바람에 소박맞은 친모를 따라 당시 안산 일리에서 수십 척의 배를 부리며 많은 전장을 소유할 만큼 대부호였던 청주한씨 외가에서 성장하였다. 어머니의 소녀시절은 진외가의 외조부께서 출타하실 때면 항상 남복을 입은 채 외손녀를 말에 태워 동행할 만큼 외가 어른들의 사랑 속에서 비교적 유족하고 행복했었던 것 같다. 일찍이 한문의 기초와 한글을 깨치셨던 어머니는 외가에서 집안 가득히 소장했던 고대소설을 즐겨 읽는 틈틈이 요리와 재봉기술도 익혀 그 솜씨 또한 빼어났다.

당시 외조모의 동생, 곧 어머니의 이모님께서는 또한 아기를 생산하지 못해 소박맞은 채 안산 일리 친정집에 돌아와 아버지가 마련해준 별채의 집에 살았는데, 그분은 인근에서 여중군자라 일컬을 만큼 대단한 독서가이자 궁체본의 고대소설 수장가였다. 내가 소년 시절에도 어머니가 혹 진외가에 다녀오실 때면 머슴의 지게 위에 늘 푸짐한 생선 꾸러미들과 함께 이야기책들이 가득히 담겨 있던 기억이 지금도 생생히 생각난다.

아무튼 어머니께서는 1935년 19세 되던 해 안산 진외가에서 중매로 한 살 연하의 내 선친이 계신 시골 벽촌 대농가로 시집오셔서 마침내 23세 때 나를 생산하시기에 이르렀다. 그러나 어머니의 신혼생활은 잠시였을 뿐 서울, 하얼빈, 시베리아 등지를 떠돌며 역려의 자유분방한 생활을 보내신 내 선친의 젊은 날의 행적으로 인해 무던히도 속을 썩으셨던 모양이다.

내 선친께서는 1남3녀 중 맏아들로 태어나 일찍이 한학과 신교육을 받은 재사로 착실히 농사일을 돌보면서 가정에 안주하기에는 뜻이 높고 매우 활동적인 성품을 지닌 분이었다. 선친은 집안 어른들과 주위의 촉망을 받았으나 불행히도 25세라는 젊은 나이에 가슴에 품었던 큰 뜻을 펴지 못하고 불의의 사고로 객지에서 요절했다. 집안의 기둥이자 외아들인 선친의 별세는 우리 집안에는 청천벽력이나 다름없었다. 특히 결혼한 지 7년 만에 지아비를 비명으로 잃은 어머니의 슬픔은 이루 말할 수 없으리만큼 크고 충격적이었던 것 같다.

이후 26세라는 꽃다운 나이에 청상이 되신 어머니는 시골 벽촌에서 솔바람 소리를 들으시면서 인고의 한스러운 일생을 보내셨다. 어머니께서는 누에도 치고 목화도 심어 길쌈도 하시고 틈틈이 고대소설과 화초 가꾸기 등을 벗하시며 외로움을 극복하려 했다. 특히 상주하는 머슴만 두 서너 명에 이를 만큼 일이 많은 대농가의 살림을 뒷바라지하는 가운데 오로지 일점혈육인 나에 대한 교육에 기대를 걸고 온갖 정성과 힘을 다 기울이셨다. 훗날의 나의 입신, 삶과 학문이 그나마 가능할 수 있었던 것은 오로지 어머니를 비롯해 할아버지, 할머니의 한없이 크고 깊었던 그 사랑의 은공 덕분이다.

이 글은 수년 전 초가을 증조부님과 어머님 제사가 겹쳐 있어서 성묘 차 고향집에 들렀을 때 우연히 1986년에 기필한 미완의 구고를 발견했다. 그리하여 그 내용의 첨삭 작업을 더 이상 미루지 말고 더 늙기 전에 한 편의 완성된 글로 서둘러 마무리 짓자는 생각이 불현듯 솟구친 데서 비롯되었다. 그것은 아마도 현재 앞일을 무어라 예측할 수 없는 노년의 삶을 살고 있는 내가 더는 후일로 또 미룰 수 없다는 남은 세월의 무상함과 절박함을 인식한 때문은 아니었을까?

내가 처음 동명의 제목으로 미완인 채 그 일부의 집필을 시도했던 것은 대학에서 해직의 회오리바람에 휩싸여 갈등하던 40대 중후반 때의 일이었다. 대학 졸업 후 대학원 진학과 삼성출판사(사장 김봉규)에 입사하여『세계사상전집』전56권을 기획 편집을 주도하는 편집국장으로 1970년대 말까지 10년 가까이 재직한 것도 가정생활은 물론 학문적으로나 개인사적인 면에서 큰 도움을 준 행운이라 할 만한 경험이었다.

나는 이때 편집 책임자로서『한국문학전집』과『세계문학전집』각각 100권 편집에 참여했으며, 특히『세계사상전집』전56권(한국출판문화상 수상)을 책임 편집하면서 지식과 학문적인 면에서 대학 학부와 대학원의 수학 시절 이상의 절호의 수학시기라고 생각했다. 나는 이 책의 기획 편집자로서 또 지식수업을 받는 학생이라고 생각하니 회사 출근 자체가 그렇게 즐겁고 보람될 수밖에 없었다.

30대에서 40대에 이르는 이 시기에 나는 각 분야 세계와 한국사상가,

석학들의 지식과 사상의 이해를 통해 보다 폭넓고 깊은 안목과 문제의식을 갖추는 계기가 된 것은 정말 행운이었다고 생각한다. 그러고 보니 일찍이 정상적인 학교 교육을 제 대로 받지 못한 러시아의 문호 M. 고리키가 자신의 다양한 하층생활 경험을 작가가 되기 위한 대학에 비유한 것은 너무 공감되는 대목이다. 그런 뜻에서 삼성출판사에 재직하면서 『세계사상전집』을 기획 편집하던 그때의 경험은 내 생애에 다른 무엇에 견줄 수 없으리만큼 나의 학문생활에 매우 소중하고 유익한 자산이 되었다.

10여 년 간에 걸친 출판계 생활을 거쳐 대학원에서 뒤늦게 박사학위를 받은 후 학계에 진출, 한동안 비교적 안정된 학구생활에 전념하면서 나는 자족했다. 일찍이 나는 처음으로 학부 재학 중 1960년 4.19혁명에 적극 참가한 이후 두 번째로 어둠의 연대로 특징짓는 1980년대 초반 역사적 상황에 직면, 지식인으로서 새로운 변화를 위한 고뇌와 저항의 시간에 직면했다. 즉, 당시 박정희 대통령의 시해를 계기로 유신정권의 몰락과 함께 모두 열망하던 서울의 봄 대신 설상가상으로 신군부의 쿠데타로 인해 전례 없는 군사독재체제가 강화되자 이에 대해 항거하는 지식인 시국선언에 자연스레 동참하기에 이르렀다.

여기에 학과 교수 간의 예상치 못한 갈등과 반목까지 겹치고 신군부의 반민주적 군사폭거와 부조리에 대응한 사실이 드러나 나는 마침내 봉직하던 직장에서 해직되고 말았다. 이후 5년간 해직교수로써 온갖 고난과 시련, 절망적인 갈등에 시달리는 등 절박하리만큼 극심한 개인사의 위기를 겪게 되었다. 이때 어머니를 뵙고 성묘차 고향에 들렀을 때 고난의 운명과 조우하여 그 소회를 담았던 글이 바로 1985년경 빛바랜 2백자 원고시에 푸른색 잉크의 만년필 글씨로 써두었던 그 미완의 짧은 글이나.

특히 2009년은 어머니께서 별세하신 지 10주기가 되는 해였다. 따라서 이 글은 나의 삶과 학문을 회고하는 가운데 바로 숭엄하리만큼 인고와 헌신의 생애를 살아오신 내 어머니를 위한 헌사로써 이 미완의 글을 완성해야 한다는 새로운 각오와 깨달음을 절감했다. 그리고 이 장문의 개인사와 학문적 회고를 통해 얼마 남지 않은 내 삶과 사색을 간추려 정리하고 새로운 분발과 성찰의 계기를 삼으려는 나름대로의 깊은 뜻을 담아 기필한 지 거의 36년 만에 이 글을 마무리짓게 되었다.

5. 지방사 연구-민족에서 향촌으로

패기 넘친 40대에 접어들 무렵 나는 일찍이 경험해 보지 못한 고난과 시련의 운명과 대면하게 되었다. 1970년대 중 후반 『세계사상전집』 전56권을 기획 편집하면서 학문적인 면에서 지식 습득과 안목을 크게 확대 고양시키는 행운의 시기였다면, 1980년대는 대학 진출 후 개인사적으로 순탄했던 내 삶과 학문생활을 송두리째 흔들어 놓은 위기와 격동의 시대이자 변화와 고난의 연대였다.

이 시기 학문에만 힘쓰던 나는 권력을 탈취한 신군부 세력과 이에 추종하는 야비한 악덕 학교 재단과 학과 교수 간의 반목, 갈등까지 겹쳐 봉직해오던 직장에서 해직되고 말았다. 학문에 대한 열정과 시대현실에 대한 갈등으로 들끓던 이 시기의 나는 번민과 불안에 떠는 한 마리의 외로운 짐승처럼 경기도 각 지방의 향토유적 현장조사에 임하면서 갈등과 고난의 해직생활을 이어갔다.

그러한 와중에서 1980년대 중반 초봄 어느 날 나는 착잡한 마음을 가슴 깊이 감추고 고향집에 돌아왔다. 그리고 그날 밤 청소년시대 이래 귀에 익숙했던 예의 그 솔바람 소리를 다시 들었다. 아직도 찬바람에 잔설이 휘날리고 영하의 추위를 느끼게 하는 적막한 산촌의 밤. 앞 동네 어디

선가 컹컹 개 짖는 소리가 멎고, 캄캄한 정적이 흐르는 밤의 공간을 온통 메우면서 들창문을 흔드는 솔바람 소리는 간단없이 계속되었다.

어둡고 어지러운 시국을 만나 예기치 못한 고뇌와 시련을 겪고 있던 40 대 전반의 내 시운. 시대의 아픔을 온몸으로 느끼면서 고뇌를 동반한 대낮과 같은 현실의 소용돌이의 한가운데 휩싸여 온갖 상념으로 스스로 심신을 괴롭히던 나날들…… 그 황량했던 어둠의 그늘과 같은 도시를 떠나 해쓱해진 몰골로 고향집을 찾은 것은 노년의 어머니를 뵙고 조상님의 산소에 성묘하기 위함이었다. 그리고 일신상 겪고 있던 예기치 못했던 불운과 시련을 딛고 꿋꿋이 재기하기 위해 집안의 유일한 혈손인 내가 후손으로서의 불민함을 조상께 고하고 새로운 용기를 북돋아 주십사~! 하는 기도하듯이 간절한 염원도 깃들어 있었다.

그러나 당장 좀처럼 풀릴 기미도, 빛이 보이지 않던 모순에 찬 착잡한 어두운 시대현실이 던져주는 문제의식…… 그 갈등과 고뇌를 잊고 그동안의 좌절감과 피로로 황폐해진 나의 심신을 고향의 솔바람 소리에 의탁하여 잠시나마 위로받고자 하는 마음이 무엇보다 절실했던 것은 아니었을까. 그것은 당시 고뇌와 피로감 속에서 고단하기 이를 데 없던 나의 처지로서는 단순한 도피가 아니라 고향의 품속에서 과거에 대한 성찰을 통해 또 다른 삶의 도약을 위한 새로운 시도이자 몸짓이라고 생각되었다.

12·12사태 이후 1980년에 접어들면서 쿠데타 세력인 신군부가 권력의 핵심으로 떠오르자 한국현대사는 캄캄한 어둠의 연대를 맞게 되었다. 이때 군사정권의 재등장에 반대 항거하여 민주화를 촉구하는 운동이 각계각층에서 봇물처럼 쏟아져 나왔다. 4월에는 먼저 대학을 중심으로 학원민주화 성명이 나오고, 5월에는 계엄령 해제를 요구하는 대학생들 시위에 이어 또다른 군사정권 등장에 반대하는 지식인 민주화 선언이 속속 발표

되었다. 그리고 마침내 계엄군이 무고한 일반시민과 학생들을 무차별 학살한 저 비극의 광주민중항쟁이 일어났다. 이러한 격동과 어둠의 시대를 맞아 신군부의 폭압적인 만행에 대해 뜻있는 양심적인 지식인과 종교인들의 반정부. 민주화 운동이 급격히 고양되었다. 이후 역사의 변화를 요구하는 움직임은 마침내 1987년 6월 민주화운동으로 큰 정점을 이루었다.

이 무렵 아직도 젊음의 혈기가 남아있던 지식인, 역사학도로서 나는 현실의 부조리에 심한 갈등과 절망감에 빠져 있었다. 그리고 학구생활에 안주하기보다는 신군부 군사정권에 저항하여 지식인선언 등 반정부. 민주화운동에 서명, 활동하게 된 것은 매우 자연스러운 일이었다. 이후 학교 측과의 갈등까지 얽혀 5년간에 걸친 불안, 초조의 해직생활을 하는 과정에서 전국해직교수협의회 총무에 선임되었다. 그리고 전국해직교수협의회 발기문을 비롯하여 관련 관청 발송과 신문, 방송에 발표되는 각종 선언서를 전담해 집필하는 등의 현실참여를 통해 80년대라는 어두운 시대의 터널 한복판을 통과하는 고난과 갈등의 나날을 보냈다.

그러한 고통의 한가운데서 1985년 초여름 평소에 내게 관심을 베풀어오던 김용래 경기도지사의 호의로 도내 각 시군의 향토유적유물에 대한 조사 책임을 내게 맡기는 기회가 주워졌다. 나는 조사단장이 되어 프로젝트를 수행할 조사단을 구성하고, 1년 가까이 조사연구팀과 함께 각 시군의 구석구석을 누볐다. 그리고 그때까지 세상에 드러내지 않은, 다시 말해서 아직 공인되지 않은 경기도 내 향토유적유물의 위치, 관리 현황, 그 지역적 특성과 유래 등에 대한 최초의 현장조사에 심혈을 기울이는 것으로 분노와도 같은 울분을 달랬다.

이 시기 나와 조사연구팀이 이슬비 내리는 날 안성 죽주산성에서 올랐다가 촬영팀의 카메라가 건전지 합선으로 말미암아 예정했던 작업 일정이 무산되고 황급히 서울 세운상가 부근 수선소에 들러 고쳐 오던 일 등 같은 에피소드가 수없이 많았다. 무엇보다 서해안 백령도 어느 낡고 허름한 여관에서 맞던 1986년 겨울밤 크리스마스 이브를 지금도 잊을 수 없다. 나와 젊은 조사원들은 창문을 뒤흔드는 거칠고 드센 서해의 바닷바람을 들으면서 밤새도록 해산물을 안주 삼아 소주잔을 기울이며 어둠에 휩싸인 우리들 시대와 사회 구석구석의 부조리를 성토하면서 역사의 동인과 그 흥망성쇠를 토론하였다.

비록 지금은 역사가 자칫 악의 편인 것처럼 인식될지 모르나 언젠가 역사의 신은 결국 모래성처럼 무너지고 만다는 등 권력의 무상함을 논하였다. 그리고 18년간에 걸친 강진 유배시기에 실학자 다산 정약용이 현실의 불운과 시련에 좌절하지 않고 굳센 의지로 시종일관 연구에 매진한 점이 우리들 화제의 결론이 되었다. 즉, 다산이 실의에 찬 가운데서도 시대현실에 절망, 한갓 주색에 탐닉하거나 절망하지 않고 사색과 학문 탐구에 매진한 결과 필생의 대작 『여유당전서』를 남길 수 있었음을 상기시켰다. 뿐만 아니라 그를 박해했던 권력자들은 모두 스러졌으나 다산은 결국 역사의 빛나는 성좌를 지키고 있다는 결론에 모두 공감하였다.

아아, 외로움과 시련은 절망을 낳고, 절망은 역으로 불가의 말처럼 더욱 굳세게 단련된 희망을 꿈꿀 수 있다는 것을 나는 그때야 비로소 깨달을 수 있었다. 또 "조문도(朝聞道)면 석사가의(夕死可矣)라-아침에 도를 깨닫는다면 저녁에 죽어도 좋다!"는 공자의 말씀이 내 뇌리를 쾅쾅 울려오고 비장하면서 굳센 의지로 분발을 스스로 다짐하던 일 등이 지금도 어제 일인 듯 생생히 기억된다.

이 무렵 경기지역의 향토유적조사는 전국적으로도 선발적인 초유의 일로서 이때의 현장 경험은 중년기 이후 내 역사 연구의 대상이나 방법론 모색과 결부되어 학문생활에도 큰 변화와 영향을 주었다. 이제까지 오랫동안 나를 사로잡았던 민족주의 인식이나 문헌사학의 좁은 틀에서 한 걸음 나아가 국가사의 기초단위를 이루는 향촌 중심의 지방사와 지방문화의 중요성을 깊이 깨닫는 단초가 되었다.

이러한 향촌 중심의 학문적 관심사와 함께 화성행궁의 복원 문제에도 적극 참여 활동했다. 이미 1975~1979년 5개년 계획으로 수원의 상징인 화성 성곽이 복원한 뒤, 이와 쌍벽을 이루는 화성행궁을 복원해야 한다는 목소리가 높아지게 되었다. 내가 기회있을 때마다 주장해온 화성행궁의 복원 문제가 구체적으로 본격화된 것은 1989년에 이르러서였다.

1989년 10월 화성행궁복원추진위원회(준비위원장 심재덕;수원문화원장, 추진위원장 김동휘;등잔박물관장)를 구성, 나도 이사의 한 사람으로 참여 활동했다. 1993년 수원시가 장기계획을 수립한 끝에 1996년 7월 역사적인 화성행궁 복원이 착공하게 되었다. 이후 심재덕 수원시장의 요청으로 1997년 12월 화성 전체가 유네스코 세계문화유산으로 지정 등록되기까지 수시로 자문에 응해 소기의 성과를 낸 것을 큰 보람으로 생각한다. 심시장은 비록 출신학교는 달랐으나 학번과 나이, 관심사도 같고 같은 외아들이라는 공통점에서 특히 친밀감을 느꼈다. 그는 특히 나의 논문「정조시대 화성에 대한 식목과 조경정책」과 편집 경험을 높이 평가, 수원시의 시수를 소나무(적송)로 바꾸고,『수원시사』편찬위원으로 실질적인 자문을 의뢰하기도 했다.

이러한 관심사와 경험을 토대로 새로운 대학에 복직이후 나는 향토사 내지 지방사를 개척한다는 선구적인 사명감 아래 적지 않은 연구 성과를 내게 되었다.『경기향토유적총람』(경기도, 1987),『우하영의 실학사상연구』(일지사, 1995),『조선후기향촌사회연구』(일조각, 2001),『조선시대

지방사연구』(일조각, 2001), 한국사연구회편『한국지방사 연구의 현황과 과제』(공저, 경인문화사, 2000), 편저 『수원·화성군읍지』(국학자료원, 2001), 공역『수원부(군)·남양부(군)읍지』(화성시, 2007) 등의 저술들은 그 이전의 연구 경향과는 크게 구별되는 것이었다. 즉, 이는 한 나라 국가사의 기초를 이루는 지방사와 지방문화에 새로운 인식과 방법론을 모색하는 과정의 성과로서 나타난 것이었다.

이러한 경험은 종래까지 문헌사학의 좁은 틀에 갇혀 있던 안이한 인식에서 벗어나 아직 드러나지 않은 역사의 기본단위와 원형을 탐구한다는 연구 의욕과 사명감을 갖게 되었다. 이러한 과정에서 예컨대 미궁에 가려져 있던 우하영이라는 조선후기 실학자의 향촌, 가계, 당색, 학풍 등을 현지답사를 통해 구체적으로 밝히는 등 보다 깊이 있고 구조적인 연구 성과를 내는 데 결정적인 계기가 되었다.

이로써 본다면 사람의 운명이란 지극히 야릇하기 짝이 없는 것 같다. 인간은 아무리 어려운 처지에서도 좌절하지 말고 목표를 향해 자기가 처한 현실에 성심성의로 최선을 다할 때 새로운 활로가 열린다는 옛 성현의 말씀이 내 인생행로에도 그대로 들어맞았다. 5년간의 해직시기를 살면서 나는 온갖 시련과 회의적인 상념을 떨치지 못한 가운데 좌절하지 않고 스스로 분발을 다짐하며 오히려 이전보다 더 왕성한 연구생활을 계속할 수 있었다. 그리고 나름의 일정한 성과를 낼 수 있었던 것은 어머니의 간절한 염원과 조상님들의 음덕, 일찍부터 사숙해온 선현들의 삶의 지표가 큰 교훈으로 내 삶과 학구생활에 거울로 크게 작용했던 것 같다.

1980년대 말 질망스러운 어둠의 현실과 울분 속에서 학위논문『우하영의 '천일록(千一錄)' 연구』가 집필되기까지는 무엇보다 지도교수 우인(又仁) 김용덕(金龍德, 작고) 선생님과 심사위원장 벽사(碧史) 이우성(李佑

成, 작고) 선생님 두 분 석학의 학은과 진정어린 격려가 크게 작용했다.

복직 후 이 장편논문에 수정 보완을 거쳐 『우하영의 실학사상 연구』(1995.11, 418쪽)가 학술서의 명문 일지사에서 출간되기까지에는 사계의 석학 신용하(서울대) 교수님의 각별한 추천에 힘입었다, 신교수님은 일찍이 내 저서 『신채호의 민족주의사상』(1983)의 서문을 써주신 데다가 나 또한 신교수님의 부탁으로 1984년 『신동아』5월호와 유네스코 영문 코리아 저널(24호)에 그의 저서 『신채호의 사회사상연구』에 대한 장문의 서평을 각각 기고한 인연과 교우가 있었다. 거의 반세기 가까이 나의 학문적 역정에 큰 관심과 도움을 주신 신교수님의 학은에 깊은 감사를 드린다.

신채호 연구와 함께 나의 대표작이기도 한 『우하영의 실학사상연구』서문을 통해 나는 80년대 중반 내가 겪고 있던 현실적 고뇌와 학은을 세세히 피력했다. 특히 내가 당시의 암담하리만큼 절망적인 환경을 딛고 학문적 성취가 가능하기까지에는 신앙과도 같은 부모님의 은덕과 조상님의 음덕에서 비롯되었음을 술회했다. 나의 이러한 신념은 이 책 첫 머리에서, "이 책을 인고의 일생을 살아오시다가 환후 중이신 자친과 역려(逆旅)의 세월 속에 뜻을 펴지 못하고 요서(夭逝)하신 선친의 영전에 바칩니다." 라고 쓴 헌사에 잘 집약되어 있다고 생각한다. 이 책은 출간 직후 다행히 우수학술도서의 선정과 함께 출판사측에 재정 지원도 이루어져 곧 재판을 찍을 수 있게 되었다. 집필과정에서 당시까지 불명확했던 재야실학자 우하영의 향촌과 가계를 구명하기까지에는 단양우씨 정평공파(靖平公派) 28세손인 우희성씨(당시 70세, 작고)의 열성어린 도움이 컸음을 밝혀둔다.

내가 평소에 숭상하고 연구의 대상이나 주제가 되어준 역사적 인물들은 특히 내 삶과 사색, 학문 영위의 사표로 삼았다. 청년기 이래 고난의 시대에 삼엄한 자세로 간난을 극한 삶을 살면서 민족해방운동과 역사 연구에 헌신해온 20세기 초의 단재 신채호는 내 삶과 사색이 가능케 하고 본받아야 할 지표이자 극복의 대상이기도 했다. 또한 18세기 말 연암학파를 이끌면서 형용할 수 없는 빈궁 속에서도 선구자적인 긍지를 잃지 않은 일세의 문호 연암 박지원, 조선후기 개혁군주 정조의 괴임을 받았으나 왕의 서거 후 노론 벽파 세력에 의해 서학파로 몰려 18년 간의 유배생활을 보낸 천재적인 대학자 다산 정약용의 삶과 학문에 대한 태도는 늘 내가 삶과 학문 영위 과정에서 그 본보기이자 극복의 과제로 삼았다. 한말의 역사가이자 우국시인 황현, 일제 강점기하에서 민족시인으로서의 개결한 삶과 치열한 사색 끝에 순절한 이육사와 윤동주도 내 관심의 대상으로 논문화하는 직접적인 단서로 작용했다.

6. 삶과 사색의 원천-어머니

1980년대 중반 마치 방랑자처럼, 집을 나간 탕아처럼 해직교수로서의 울분과 좌절감을 간직한 채 오랜만에 고향집에 돌아온 첫날 저녁. 나는 노모께서 정성스레 차려주시는 저녁상을 대하면서 애써 참았던 눈물을 비추시던 70대의 어머니가 아들을 바라보는 안쓰러운 듯 초췌해진 모습이 지금도 잊히지 않는다. 그리고 중년기까지 수려한 외모와 자애로운 덕성을 지니셨던 어머니 모습을 떠올리며 가슴이 짠해지고 슬픔인 양 목이 가득 메어옴을 느꼈다. 저녁에는 장작불로 더워진 건넛방의 따뜻한 잠자리에 누워 그 적막한 산촌의 골짜기를 가득 채우듯이 불어대는 초봄의 솔바람 소리를 들으며 좀처럼 잠을 이룰 수 없었다.

나는 어머니의 다듬이질 솜씨로 비릿한 향 내음을 풍기는 빳빳하게 풀먹인 솜이불 홋깃의 사각사각한 감촉을 느끼며 피곤하고 황량해진 심신을 뉘었다. 그리고 중학교 이래 오랜 객지의 도시생활에서 보낸 지난날과 현재의 삶의 자취들을 되돌아보고 불확실한 미래의 삶을 막연히 그리면서 적이 불안감을 감출 수 없었다.

언제나 구원의 모성인양 따스하고 포근했던 가슴과 자애로운 품성을 지니셨던 어머니의 내음과 추억. 나는 때로는 세차고 때로는 리드미컬하게 불어오는 솔바람 소리를 들으면서 어린 시절 이래 아들을 향한 사랑과 헌신으로 일관해 오신 어머니의 갖가지 모습들이 영상인양 뚜렷이 떠올랐다. 그리고 적막한 솔바람 소리와 함께 벽촌의 고향집을 지키시면서 고단하고 외로운 일생을 살아오신 어머니를 향한 형언할 수 없으리만큼 안쓰러운 연민과 정감이 뒤섞인 갖가지 향념들이 꼬리에 꼬리를 물고 이어졌다.

내 나이 네, 다섯 살 무렵의 어느 여름날 맨발로 이웃집 마당에서 놀다가 깨어진 병 조각에 뼈가 드러날 만큼 오른쪽 발바닥을 크게 벤 일이 먼저 떠올랐다. 소식을 듣고 달려온 어머니는 눈물을 흘리시면서 흰 앞치마를 찢어 응급처치를 한 다음 피투성이의 나를 안고 2Km 떨어진 읍내 병원까지 황급히 달려가 입원시키고 병원에서 온 밤을 뜬눈으로 지새우셨다고 한다. 이때의 상처가 심각하리만큼 매우 크고 깊었던 듯 75,6여 년이 훨씬 지난 아직까지도 그 자국이 선명하게 남아 있다. 이때의 어머니께서 얼마나 놀라시고 마음 또한 얼마나 아프셨을까 생각하면 지금도 자식으로서 그저 죄스러울 뿐이다.

또 서울로 고등학교 진학차 상경했던 중 고종사촌 동생과 함께 서울운동장에서 열린 정복수 선수의 권투시합장에 구경간 일이 있었다. 그러나 아쉽게도 촌놈으로서 생전 처음 선망하던 권투시합을 끝까지 구경하지 못하고 중도에 포기할 수밖에 없는 사고가 일어났다. 구경하던 내게 갑자기 심한 고열과 복통이 일어나 도저히 참을 수 없으리만큼 불행한 지경에 이르렀다. 크게 놀라신 어머니는 인편으로 시골 할아버지께 이 사실을 급히 기별함과 동시에 나를 설득해 부득이 시험을 포기시키고 숙소 근처인 명륜동 소재의 고명한 박석연 내과에 입원, 급성맹장염이란 진단에 따라 (사실은 오진이었음) 부랴부랴 수술을 받게 되었다. 박원장님은 세브란스 의전 출신으로 오랫동안 명륜동에서 개업하시다가 뒤에 한양대병원장을 역임했으며, 바로 한나라당 외교통이었던 박진 의원의 선친이 되시는 분 이다.

당시는 50년대 전반 서울이 수복된 지 얼마 되지 않은 때라서 외과병원 아닌 내과병원에서도 맹장염 수술이 가능했던 모양이다. 헌데 배 우측 부 분을 절개해 보니 맹장은 이상이 없고 대장에 심한 염증이 생겨 의사 선 생님도 크게 당황, 세로로 더 크게 절개하여 다행히 3시간에 걸쳐 성공리 에 어려운 수술을 마쳤다고 한다. 이때 입원기간만 2개월, 당시로써는 구 하기 힘든 고가의 미제 테라마이신 주사만 수십 병을 투입하는 등 박내과 로서는 개원 이래 최고의 약과 치료비를 아끼지 않고 고가 약을 내게 투 여해 치료할 만큼 원장님 이하 간호사들이 비상체제로 각별한 신경을 썼 다고 한다. 당시 할아버지께서는 손자의 생명을 구하기 위해 20여 마지기 논을 서둘러 헐값에 처분해 막대한 치료비를 마련하셨으며, 오랫동안 어 머니와 교대로 내 병상을 지키셨으니 지금도 걱정만 끼친 후손으로서 그 저 죄송할 따름이다.

퇴원 후 어머니께서는 같은 고향 마을 출신의 어른으로 일본 명치대 유 학 후 당시 경복고에 재직하던 최석찬 교감에게 매달렸다. 그리고 내 진 학을 적극 추진한 결과 비록 목표했던 고교는 아니나 역시 이웃에 위치한 공립학교 교무실에서 뒤늦게 혼자 시험을 치르고 5월부터 입학이 허가되었다. 또 뒤늦게 들어간 고교 1년 때는 연이어 귀가 도중 지프차에 치어 교통사고를 당하는 불운이 뒤따랐고, 자주 복통과 알 수 없는 임파선염으로 큰 고통이 뒤따르는 등 병원 치레가 잦았으니 그때 불민한 나로 인한 어머니를 비롯해 조부모님 등 온 집안 식구의 상심이 얼마나 크셨을까 생각하면 그저 몸 둘 바를 모를 지경이다.

7. 4·19혁명, 군입대와 어머니

1960년 4월 3학년에 재학 중이던 고려대학교에서는 18일에 이어 19일까지 대규모 학생 데모가 가장 먼저 발생했으니 이것이 바로 4.19혁명의 시발이었다. 처음부터 이 학생의거에 논설과 행동으로 적극 참여했던 나는 18일 급우들과 함께 스크램을 짜고 안암동에서 국회의사당에까지 진출하여 자유당의 부정 선거를 규탄했다. 이어서 데모대는 귀로에 남대문을 거쳐 퇴계로 대한극장 앞을 지나면서 자유당과 이승만 정권을 타도하자는 격렬한 구호를 외치던 중 당시 고려대생 대오를 따르던 학생처장 현승종 교수에게 느닷없이 멱살을 잡히고 따귀를 맞은 것도 이때의 일이었다.

이날 저녁 어스름이 깃들던 귀로에 같은 학과 1년 선배 김종기형(당시 4학년, 시인)과 어깨에 스크램을 짜고 18일 저녁 청계천4가 천일백화점 앞에 이르렀을 때 맞은편 골목에 대기하고 있던 자유당 하수인인 유지광, 임화수 휘하 깡패들의 무자비한 습격을 받았다. 어둠 속에서 그들이 무차별 휘두르는 쇠파이프를 맞아 내 머리와 어깨는 심한 타박상을 입었고, 특히 머리 두피 두세 곳이 10센티 정도로 찢어져 유혈이 낭자할 만큼 상처를 입기도 하였다. 김선배와 주위 교우들의 도움으로 급히 인근 병원에서 약식 응급치료를 받은 후 다시 고모댁 근처 명륜동 소재 박석연내과에서 찢어진 상처를 봉합하는 치료를 받았다.

이튿날 4월 19일 동아일보를 비롯한 도하 각 신문에서는 고려대 학생들의 4.18의거와 깡패들의 습격사건을 여러 사진까지 곁들여 대대적으로 보도했다. 이 날 아침 친구들과의 약속에 따라 머리에 붕대를 감은 채 학교에 등교했을 때 이미 안암동에서 신설동에 이르는 구간 도로 양편에는 평소 드나들던 학교 인근 술집 아가씨들이 바케츠에 물을 담아 물수건과 함께 학생들에게 서비스해 주는 등 감격스러운 진풍경이 벌어지기도 했다.

우리는 늦은 아침 안암동 로타리의 경찰 방어선을 뚫고 신설동 로타리 대광고교 앞을 돌아 동대문을 경유해 시청 앞까지 진출했다. 그러나 이미 시청에서 광화문 구간에는 먼저 도착한 각 대학 데모대로 인산인해를 가운데 서울대, 동국대 등의 데모대들이 도보와 자동차편으로 태극기를 휘두르며 경무대로 진격하는 등 맹렬한 활동을 전개하고 있었다. 우리는 경무대로 올라갔던 데모대들이 얼마 후 경찰의 총격을 받고 피를 흘리는 장면과 저녁때는 자유당 정권에 주구 노릇을 해온 서울신문사가 습격을 받고 불태워지는 광경이 속출하는 가운데 학생들은 목이 쉬도록 구호를 외치고 별다른 사고 없이 해산, 귀가했다.

한편 시골집에서 라디오를 통해 4.19학생데모가 터졌다는 소식을 뒤늦게 듣고 크게 놀란 어머니께서는 서둘러 상경, 내가 소속한 대학을 찾아 시청과 광화문 일대를 무작정 헤매셨던 모양이다. 이때 흰 고무신 한 짝을 밀리는 학생 데모 대열 속에서 잃으시고 날이 저문 저녁때에서야 내 숙소가 있던 혜화동까지 버선발로 정신없이 걸어오셨다. 다행히 먼저 숙소에 도착한 내가 무사한 것을 확인하시고는 하염없이 감사의 눈물을 흘리시던 그때의 어머니 모습을 생각하면 지금도 내 가슴이 찢어지듯 아파져 온다.

그 이듬해 5·16군사혁명 후 나는 4학년 재학 중 육군에 입대, 전방에 근무하게 되었다. 헌데 중부전선에 배치되어 한탄강 너머 GOP에 근무하던 어느 추운 겨울날 어머니의 성화에 못이겨 평소 친교를 맺고 있던 당시 육본 병기감실에 근무하시던 이인만 중령님의 성의있는 배려로 함께 면회를 오셨다. 당시 이중령님의 미군 친구분으로 파주 법원리를 중심으로 서부전선 일대의 방어를 담당하고 있던 미 기갑사단 부대장 차편으로 내가 소속한 중부전선 제28사단 제80연대를 방문, 우리 부대 대대장과 중대장의 양해를 얻어 내게 하루 외박이 허가되었다. 나는 미군 부대장의 지프 편으로 살벌한 중부전선과 서부전선을 가로질러 임진강을 지나 파주 법원리 미군 기갑사단에 도착했다. 그리고 부대장의 호의로 미군 영내 장교 샤워실에서 깨끗이 머리와 몸을 씻고 나서 어머니가 묵고 계시던 여관까지 데려다 주었다.

아아, 입대 후 처음 뵙는 그리운 어머니 모습~! 헌데 어머니께서는 그 수려한 얼굴 대부분이 옻으로 중독되어 있어서 몹시 당황하고 가슴 아팠다. 당시 어머니께서는 내가 입대한 후 전방에서 고생하고 있을 아들의 처지를 생각하시곤 아침 녁으로 조석을 끓이시기 위한 군불만 조금 때실 뿐 거의 춥게 지내셨던 모양이다. 헌데 머슴이 해다 준 땔감에 옻나무가 섞인 것을 모르시고 아궁이에서 화기를 쪼이신 어머니는 옻독이 올라 뜻밖에 고생을 겪고 계셨다.

더욱이 이에 앞서 어느 날 꿈속에서 내가 군에서 고생하는 장면을 목격하시곤 그 길로 이중령님에게 연락, 나를 면회할 수 있도록 거절하지 못할 정도로 거의 떼를 써 겨우 승낙을 받아냈던 모양이다. 그러나 이미 육본 고위 장교가 겨우 어려운 시간을 내어 면회를 함께 가기로 예정한 날에 어머니께서는 생각지도 않은 옻에 중독되었으니 얼마나 당혹스러우셨겠는가? 그럼에도 아들의 안위를 걱정하던 끝에 직접 만나야 한다는 일념

이외의 것은 일체 개의치 않으시고 그냥 면회 오신 것이었다.

아아, 이 세상에서 내 어머니처럼 지극 정성의 절대적인 모성애와 과감하고 군센 의지를 가진 분이 또 어디 계시랴~! 어머니와 하룻밤을 꿈결처럼 보낸 이튿날 어머니를 낯선 시외버스 정거장에서 배웅해 드린 후 나는 예정했던 대로 미군 지프 편으로 다시 서부전선을 가로질러 중부전선에 있는 내 부대로 복귀했음은 물론이다.

어머니에 대한 잊지 못할 크고 작은 헌신적인 사랑과 추억을 말하자면 일일이 예거하지 못할 정도로 너무 많지만 여기서는 모두 생략한다.

8. 고난을 넘어, 절망을 넘어

중년의 나이에 뜻하지 않던 시련을 겪다가 초췌한 몰골로 오랜만에 고향에 돌아온 초봄의 그날 밤. 나는 갖가지 상념으로 뒤척이면서 좀처럼 잠을 쉽게 이루지 못했다. 이날따라 시골집 후면을 빼곡히 에워싼 적송 소나무 숲을 스치고 지나가는 솔바람 소리가 유별나리만큼 너무 세차고 리드미컬하게 들려왔다. 이미 안방에서 잠이 드신 벌써 칠십을 바라보시는 어머니의 숨결……. 열아홉 청춘에 한 살 연하의 내 선친께 시집 오셔서 혼인 7년 만인 26세에 청상이 되신 내 어머니……. 아아, 봉황동 벽촌에서 그 기나긴 연륜만큼이나 오랜 외롭고 인고의 세월을 살아오신 내 어머니의 외로운 생애…….

그리고 거의 반세기에 이르도록 적막한 산촌에서 솔바람 소리를 들으시면서 살아오신 어머니의 한 많은 일생. 오로지 자식의 성공과 입신에 기대와 바람으로 점철된 어머니의 꿈과 삶을 생각할 때 당시 불운을 겪고 있던 나 자신이 그 명분에 앞서 한없이 초라하고 어머니께 죄송스럽기 그지없이 느껴졌다.

하지만 어머니께서는 나에 대한 믿음으로 당시 나의 현실참여와 민주화 운동, 해직생활의 갈등과 위기를 겪고 있던 내게 한 마디의 불만의 책망도 실망의 말씀을 일절 하지 않으셨다. 오히려 약간의 저서가 쌓이면서 학문적 명성이 조금 떨치기 시작하던 당시의 나를 한없이 자랑스러워하셨고, 만일 어두운 세월이 계속되어 복직이 안 된다면 실망하지 말고 그냥 시골에 묻혀 농사일을 거들면서 자연을 벗삼아 지내는 것도 선비의 일이 아니냐 ~! 하고 오히려 내게 위안을 느끼도록 배려하는 말씀까지 잊지 않으셨다.

어머니께서는 은근히 내가 선친의 격정적인 성품을 닮은 사실을 절감하신 듯 언젠가 남 앞에서 "그래 그 피는 절대 못 속이지 하고~!" 하고 우려 섞인 탄식을 한 일이 있어 나 자신이 찔끔 놀란 일이 있었다. 그리고 어머니께서는 이참에 내가 복잡하고 격랑과도 같은 도시생활을 접고 귀향하여 평온한 생활을 즐기며 시골집을 지켜 주었으면 하는 바람도 없지 않아 있었던 것 같다. 거기에는 일찍이 젊은 날을 거의 객지에서 보내시다가 요절한 선친의 불행을 자식인 내가 다시는 답습해 되풀이하지 않았으면 하는 간절한 뜻이 은연중 배여 있었다. 허나 나는 어머니의 우려 섞인 바람에 순종하지 않고 거의 내 의지대로 행동했던 만큼 늘 어머니껜 고분고분하지 못한 불효막심한 아들이었던 셈이니 그저 지금까지도 죄송할 따름이다.

이일 저일 회상에 잠기는 동안에도 솔바람 소리는 계속 간단없이 들려왔다. 그리고 어린 시절부터 중년에 이르기까지 친숙하게 들어온 그 적막한 솔바람 소리를 들으면서 웬일인지 내 내면 깊숙이에서 새로운 용기와 희망이 북받쳐 오르는 듯한 강한 느낌을 받았다. 오랜만에 듣는 솔바람 소리를 통해 고향의 포근한 자연 정취와 어머니의 일생이 용해된 그 정감 어린 구원의 모성의 내음을 확인하고 또다시 새로운 분발을 촉구하는 내면의 소리에 서서히 눈뜨고 있었다. 그리고 그동안 세파에 지쳐 황량해진 내 중년의 영혼과 도시생활에서 거칠어지고 삭막해진 내 가슴이 어느새 신선감과 쾌적감으로 가득 충만해짐을 느꼈다.

아, 그러고 보니 솔바람 소리는 내 어머니에겐 외로움과 고뇌를 극복하는 의지를, 또 아들인 내겐 새로운 부활을 꿈꾸게 하는 신선하고 정감 어린 구원의 모성을 상징하는 불멸의 아이콘이었던 셈이다. 아무튼 시련을 겪던 중년의 나이에 고향집에서 묵는 첫날밤, 나는 리드미컬한 솔바람 소리에 실려 어린 시절 어머니의 치마폭에 휘감겼던 일에서 성인에 이르기까지의 갖가지 추억을 회상하며 실로 오랜만에 어머니의 따스한 품과도 같은 고향의 정취를 음미하며 깊은 행복감에 젖어들 수 있었다.

이제 고난과 시련, 어둠과 절망 저 너머에 내 굽히지 않는 도전의 굳센 의지와 열망이 신앙처럼 잉태되고 있음을 예감했다. 그리고 막연하나마 저 희망의 산봉우리를 향해 힘찬 비약을 준비하는 상서로운 징조라고 자위하면서 나는 달콤한 꿈속으로 서서히 빠져들었다.

9. 복직과 학문 활동

세월의 흐름이 약이라 했던가. 1980년대 말 어느덧 내 삶에도 불안과 시련의 시간이 끝나고 봄바람과 같은 평화와 안정의 시간들이 찾아왔다. 대학 은사님과 동문들의 적극적인 소개와 도움으로 나는 50세가 갓 넘은 나이에 보다 자유로운 분위기와 안정적인 학풍을 지닌 수원 소재 규모가 큰 대학교 사학과에 복직이 된 것이다.

5년간의 해직생활은 새로운 대학에 취업한 이후 내 삶과 학문생활에 있어서도 많은 성찰의 산 거울이 되었다. 나 자신의 내면적인 심성 수양은 물론 사회와 인간을 바라보는 시각에도 많은 변화를 주었으며, 세상살이와 학문에 대한 인식도 한층 신중하고 성숙해진 느낌이었다. 특히 해직 시기에 가졌던 도전과 탐구정신은 내 학문생활에 일상화된 기본태도로 자리 잡아 새로운 대학에 복직 이후 보다 치열하게 끓어올랐다. 시간을 아껴 자료를 탐색하고 논문을 쓰는 데 주력하다 보니 내 연구실은 늘 전쟁터를 방불하리만큼 자료와 원고 더미로 어질러진 채 밤늦도록 불이 밝혀져 때로는 퇴근시간이 자정을 훌쩍 넘기기 일쑤였다.

새로운 대학에 복직 이후 정년에 이르기까지 15년 간에 걸친 나의 일상화된 동선은 거의 강의실과 연구실, 학회 등을 중심으로 펼쳐졌고, 관련 사회 각 분야의 초청강연 등도 활발하여 늘 바쁜 나날의 연속이었다. 무엇보다 치열하고 절제된 선택과 집중은 이후 그 전 시기에는 볼 수 없었던 전공분야의 개척적인 확대와 함께 많은 학문적 성과를 낼 수 있었다. 해마다 7,8편의 전공논문 집필 발표와 거의 1년의 한 두 권의 저서를 낼 정도로 내 후반 생애에 학문적 절정기를 맞은 셈이다. 이러한 가운데 1993년 10월 나의 학문으로서의 지방사 연구가 공인되어 경기도문화상 학술부분 수상의 영예를 안았다.

그동안 반세기 가까이 한국사를 중심으로 학문 연구에 매진해 오는 과정에서 남긴 25여 권의 저작물과 150여 편에 이르는 논문의 연구 주제나 경향은 크게 민족, 실학, 향촌으로 요약할 수 있을 것이다. 저작 시기 면에서 볼 때 민족 관련 주제에 대한 관심은 주로 1960년대 중반 이래 1980년대 중반까지 청, 장년기를 통해 집중적으로 나타났으며, 특히 그 핵심은 단재 신채호의 역사학과 민족운동 연구에 있었다고 해도 과언은 아니다. 물론 민족과 민족의식 문제는 20대 청년기 이래 현재까지 한때 몰두했던 문학평론을 포함하여 전공인 역사학에 이르도록 나의 뇌리에서 잠시도

떠난 적이 없는 연구 주제가 아니었나 싶다.

신채호 연구 관련 학술대회는 1970년대를 전후한 시기부터 단재신채호기념사업회를 중심으로 꾸준히 전개되었다. 특히 단재의 외아들 신수범씨의 요청으로 『개정판 단재신채호전집』 발간 때 그 교정 책임을 맡은 것을 계기로 수범씨가 세상을 떠날 때까지 거의 학술대회 개최와 연구 논집의 발간 계획을 도맡다시피 하였다. 그리고 단재기념사업회를 중심으로 각 기관에서 개최되는 단재 연구 학술대회에서 나는 거의 발표를 맡았다.

그중 규모 있는 대표적인 것으로는 1994년 12월 1일 충북대 인문과학연구소와 청주문화원 주최로 열린 <신채호연구 국제학술대회>를 꼽을 수 있다. 단재의 고향 청주에서 열린 이 대회에는 신용하(서울대), 이만열(숙명여대), 최홍규(경기대) 등 국내 학자와 양기선(미 매리 워싱턴대), 김병민(중국 연변대 총장) 등 외국 학자들이 참여, 성황을 이루었다. 나는 이 학술대회 첫 발표자로 논문 「신채호연구의 동향과 성과」를 통해 그동안의 미개지나 다름없던 단재 연구사를 체계적으로 정리 분석하여 주목을 받았다. 이 본격적인 학술대회에서 발표된 8편의 논문은 『단재신채호 연구논집』이란 품격 있는 책자 속에 수록되었다. 뒤이어 1995년 9월 30일 경기대 민족문제연구소 주최로 수운회관에서 열린 <한국민족주의와 국제주의> 국제학술대회에서 발표된 논문 「동학의 민족주의와 역사의식」을 통해 19세기 말 서세동점(西勢東漸)시기의 동학이 지향한 한국 민족주의의 양태와 특성을 밝히고자 했다.

뒤이어 1996년 9월 경기대 대학원(원장 이문영) 주최 <제3회 동아시아 국제학술 심포지움>(서울 프레스센터) 또한 규모와 수준 높은 연구 발표회였다. 이 대회는 윤사순(고려대), 신용하(서울대) 교수 등이 참여한 가운데 나는 논문 「정조대의 화성경영과 장용외영 문제」를 발표, 당시 학계와 지역의 관심사로 떠오른 정조의 화성 건설 과정에서 친위군영인 장용외영 설치가 핵심 내용임을 밝혀 좋은 반응을 받았다. 또한 그해 11월 27일 한국사연구회와 경기사학회 공동으로 당시 학계에서 현안의 문제로 떠오른 <지방사 연구의 현황과 새로운 방법론의 모색>이란 주제하에 학술대회(경기대 호연관)가 열렸다. 원유한(동국대) 한국사연구회장의 개회사를 시작으로 진행된 이 전국적인 규모의 대회에서 나는 「수원지방 역사연구의 현황」을, 조성을(아주대) 교수는 「경기지역의 지방사 연구현황과 과제」를 각각 발표, 이 고장 지방사 내지 향토사의 중요성과 새로운 연구방법론을 모색해 보려고 했다.

조선후기의 실학 또한 학창시절 이래 깊은 관심의 대상이 되어 오다가 1980년대 후반 거의 미개지나 다름없던 재야실학자 우하영의 실학 연구를 학위논문으로 제출하는 과정에서 본격적으로 불타올랐다. 1999년 10월 22일 한국실학연구회와 경기사학회 공동으로 <경기지역과 실학사상>이란 주제하에 수원지방 최초라고 할 본격적이고 규모 있는 학술대회(경기대 호연관)가 개최되었다. 이 대회는 이우성 한국실학연구회장의 개회사, 송재소(성균관대), 서굉일(한신대)의 주제발표 진행, 종합토론은 정창열(한양대)의 사회로 진행되고 정만조(국민대), 조성을(아주대) 등이 토론을 맡았다. 주제는 이우성(기조강연), 이성무(국편위원장), 김문식(서울대 규장각), 최홍규(경기대), 유봉학(한신대), 안병직(서울대) 등 학계의 일급학자들이 참여한 가운데 이익, 안정복, 우하영, 정조, 정약용 등의 실학사상이 알차고 심도 있게 조명되었다. 이 대회가 끝난 후에는 축사를 맡았던 심재덕 수원시장이 내 요청을 받아들여 이 고장을 방문한 학계를 대표하는 저명한 연구자들이기도 한 발표자와 토론자, 참석자들을 저녁 만찬에 초대하여 그 노고를 치하했다.

한편 이 시기에 주력해온 경기지역 향촌사회 관련 연구는 80년대 중반 해직을 계기로 지역과 전국 단위의 향토사연구회를 조직하면서 한층 촉진되었다. 나는 이들 단체를 주도적으로 이끌면서 당시까지 미개척 분야인 지방사를 학문적 방법론으로 심화시키고 체계화하는 데 힘을 쏟았다. 그 대표적인 단체의 하나가 1980년대 중반 전국 각 지역 향토사가들의 참여하에 결성된 한국향토사연구전국협의회였다. 나는 경기지역을 대표하여 이 단체의 이사에 선임되고 매년 전국 각 지역에서 열리는 학술대회에 거의 빠짐없이 발표를 맡아 참여하면서 당시 해직교수로서의 울적한 심회를 달랬다.

나와 당시 김종기 경기도향토사연구협의회 회장은 이인제 경기도지사를 방문, 양인석 관광국장이 함께 배석한 자리에서 뒤늦게나마 이 대회의 경기도 개최의 필요성을 역설, 어렵게 재정 지원의 약속을 받아냈다. 그 결과 1996년 12월 7, 8일 양일간 <성곽>을 주제로 화성축성 200주년을 기념하는 제10회 전국학술대회(경기도)가 마침내 수원시민회관에서 열렸다. 이 대회는 김종기 회장의 대회사, 이인제 지사의 축사, 심재덕 수원시장의 환영사, 김택규 한국향토사연구전국협의회장의 치사에 이어 내가 기조강연을 맡았다. 나는 「성곽연구-화성축성 200주년의 의미」란 기조강연을 통해 그동안 타지역에 비해 관심도 덜하고 연구 또한 부진했던 경기지역 향토사연구 분위기를 이번 학술대회를 활성화의 계기로 삼자고 역설했다. 특히 화성축성 200주년을 맞아 성곽 자체의 연구도 그렇지만 정조와 화성 관련 연구가 다양하고 깊이 있게 천착할 필요성을 제언했다.

한편 1980년대 중반 이후 학문으로서의 경기지역사 연구에 앞장섰던 나는 조선시대를 기준으로 옛 수원과 남양지역, 곧 현재의 수원, 오산, 화성의 <행정구역 광역화 타당성에 관한 세미나>가 2000년 2월 25일 수원시와 경기사회연구소의 주최로 캐슬호텔 영빈관에서 개최되었다. 나는 이 대회의 권두논문으로 발표된 「수원지방의 역사적 변천과 행정구역의 변화」에서 흔히 수원지방이라 불리는 이 고장의 행정구역의 역사적 변화와 특성을 사료를 통해 정확히 고증하고 보다 큰 지역 발전과 전국적 위상 제고를 위해서 행정구역의 통합과 광역화 필요성을 역설했다. 나의 이러한 광역화 필요성의 주장은 그 동안의 체계적인 지방사 연구에서 도출된 결론임은 물론이다.

아무튼 80년대 말 새로운 대학에 복직 이후 2005년 2월 대학 정년을 거쳐 노년의 후반 나이 80대에 접어든 현재에 이르기까지 나는 나름의 특별한 사명감을 갖고 정조와 화성을 비롯한 학문으로서의 지방사 연구에 전념해왔다. 그러나 경기도 각 지역의 지방사 연구는 아직도 그 주제와 연구 방법론 면에서 그 수준이 낮고 독창성 또한 결여되어 있는 것이 사실이다.

그런 점에서 시대사와 각 분야에 걸쳐 실력 있는 전문 연구 인력의 양성 확충과 함께 안이하고 문제의식이 없는 연구 태도에 일대 반성이 요청된다는 것이 평소 나의 지론이다. 아직도 나는 연구자로서의 특별한 사명감 아래 문제의식이 담긴 관련 주제를 집중적으로 연구하는 데 대한 관심의 끈을 놓지 않고 있음을 이 기회를 빌어 고백하지 않을 수 없다. 그러나 스스로 군사(君師)를 자처하리만큼 학자군주이기도 했던 정조도 말년에 안타깝게 탄식삼아 술회했듯이 일모도원(日暮途遠), 곧 날은 저무는데 할 일은 많고 갈 길은 먼 것 같아 서글퍼짐은 어쩔 수 없는 것일까?

10. 어머님 별세와 아버님 합장묘

하지만 이 시기 고향을 지키시던 어머니는 칠순을 넘기시면서부터 노환으로 때로는 입원과 퇴원을 거듭하며 오랫동안 투병생활을 하고 계셨다. 다행히 당숙모님께서 병수발을 맡아주신 데다가 직장과 향리가 그리 멀지 않아 나는 자주 고향을 찾는 한편 병원을 모시고 다니는 일이 잦았다. 시간이 지날수록 어머니의 용모는 날로 수척해 가고 종아리는 가늘게 야위어 거동이 거의 여의치 않아 병석에 자리를 보전하고 누워 계시는 날이 많았다.

그럼에도 어머니께서는 주말이면 고향집 대문 앞에 자리를 잡고 앉으셔서 아들이 올 때를 기다리시는 일이 가장 즐겁고 설레는 시간이었다고 한다. 이 무렵 거동이 불편하신 어머니가 가장 부러워한 것은 텃밭에서 일하는 당숙모님이나 이웃집 사람들의 일하는 모습이었다. 병석에 눕기 전까지 늘 일손을 놓지 않고 부지런하셨던 분이라 농사는 어머니에게 창조의 근원인 생산 활동의 주체로서 자부심이자 자신이 살아있다는 증거였던 셈이다.

7,8년간 노환으로 고통을 겪으시던 어머니는 1999년 여름방학이 끝날 무렵 마침내 83세를 일기로 외롭고 한 많은 생애를 마감하셨다. 돌아가시기 전날엔 유난히 비바람이 드세게 몰아쳐 울안의 오래된 창죽나무와 텃밭 앞 큰 미루나무가 쓰러져 숭엄하리만큼 헌신의 생애를 살아오신 고인의 죽음을 예고하는 듯 보였다.

아, 한스러운 생애를 인고와 헌신으로 일관해 오신 내 어머니의 일생~! 선친과의 7년간에 걸친 여인으로서의 삶을 제외하면 거의 60년간을 '어머니'라는 이름으로 아들을 위해 천륜의 멍에를 한시도 벗지 않으셨던 내 어머니~!

2021년 현재 기준에서 뒤돌아볼 때 어머니께서 별세하신 지 어느덧 22년이란 세월이 흘렀다. 부모님과 조상님의 영혼이 깃들어 있는 시골집과 뒷동산의 묘역은 나에겐 신성함의 성지나 다름없다. 나의 아들과 딸, 손자와 손녀가 나의 이런 한스러운 마음을 얼마나 깊이 이해하고 헤아릴 수 있을런지?

　현재도 시골집을 오가며 텃밭에 작물을 심고, 간단없는 제초와 함께 집의 안팎 마당과 길을 청소하고, 조상님 산소에 참배하는 것이 거의 일과처럼 되어 있다. 그리고 노년 후반의 삶을 살고 있는 현재에도 때때로 젊은 날에서 노년에 이르기까지 어머니의 생전 모습이 문득문득 파노라마처럼 영상으로 떠오를 때가 많다. 아울러 어머니의 생전 모습과 함께 어김없이 고향집 창문을 뒤흔들던 솔바람 소리가 너무도 생생히 내 귓전을 맴도는 듯하다. 아니 그 솔바람 소리는 부모님을 비롯한 조상님들의 후손에 대한 간절한 염원이 담긴 신령스러운 영혼의 소리가 아니었을까?

　대학 정년 후 나는 70대에 이르는 몇 년 동안에는 집안 제사와 명절 때마다 성묘차 향리를 찾아 하루나 이틀 밤을 시골집에 묵고 오는 게 관례처럼 되었었다. 그러나 6,7년 전부터는 잠자리가 불편하고 모기와 벌레 등 해충에 대한 거부감이 생겨 이젠 숙박이 아닌 당일로 아침 일찍 수원 연구실을 출발하여 저녁 때까지 농사일을 행하고 집과 산을 관리하는 것으로 그 일정을 바꿔 행하고 있다. 내가 어머니 생전에 집안과 대문 밖에 심은 두 그루의 백목련은 이젠 거수가 되어 초봄이 되면 순백의 탐스럽고 우아한 꽃봉오리를 터뜨리며 그 아름다운 자태를 드러내 고향집을 찾은 감회를 더욱 새롭게 한다.

　그러나 내게 지극정성의 사랑을 베푸시던 어른들은 모두 고인이 되었다. 이제 앞일을 무어라 예측하기 어려운 노년의 삶을 살고 있는 내게 솔바람 소리는 정겨운 고향집 뒷동산에 묻혀 잠드신 직계 조상님들에 대한 외경을 불러일으키는 신앙과도 같은 신성한 소리로 인식될 때가 많아졌다.

　나지막한 고향집 뒷동산 동쪽 기슭에는 집안 어른들의 기대와 촉망받던 외아드님인 내 선친을 불의의 사고로 앞세우고 나서 오로지 유일한 혈손인 나의 교육과 발신을 위해 끝까지 헌신하셨던 두 분, 곧 할아버지(崔永植,1896.11.9~1968. 음 4.23)와 할머니(李英緖,1894.6.9~1974. 음 4.18) 함평이씨가 잠드신 합장 묘소가 위치해 있다. 생전에 조부모님이 손자인 내게 쏟으신 믿음과 사랑은 이루 표현할 수 없으리만큼 지극했거니와, 두 어른 모두 내가 대학을 나와 직장생활을 하던 청년시대에 별세하셨다. 미력하나마 내가 종손으로서 아들을 대신하여 두 분의 상주 노릇을 했음은 물론이다.

봉황산 남쪽 줄기 산기슭 끝자락에는 증조부님(崔澈恂, 자 聖道,1872.3.28~1936. 음 7.15)과 증조모님(林圭,1872.1.3~1944.음 11.13) 평택임씨의 합장묘가 자리 잡고 있다. 학식이 높고 관대한 도량을 지니셨다는 증조부님께서는 자신의 시문집과 많은 서책을 남기실 만큼 시문에 능하시고 인근에서 빼어난 문장가로 이름 높으셨다. 그리고 흉년에는 소작료를 면제하고 곳간을 풀어 소작인들에게 많은 자혜를 베풀 만큼 너그럽고도 반상 차별을 도외시했던 분으로 내가 태어나기 몇 해 전에 이미 별세하셨다.

평택에서 손꼽히는 부잣집 따님으로 우리 가문에 시집오신 증조모님께서는 그 성품이 너무도 인자하고 여성적이셨던 분으로 내 나이 다섯 살 무렵에 돌아가셨다. 증조모와는 대조적으로 역시 친정이 평택이신 내 조모께서는 기백이 씩씩하여 치마를 입고 밤나무에 올라가 서슴지 않고 밤을 딸 만큼 활달한 성품을 지닌 분이었다. 아무튼 증조모께서 노환으로 돌아가시자 그 사랑을 잊지 못했던지 갓난장이었던 나는 밤마다 안방 미닫이를 열고 " 증조할머니~!" 하고 묘소 쪽을 향해 연호했다는 말을 할머니와 어머니로부터 들었다. 그리고 제사 때마다 지방과 축문은 어린 나의 담당이었고, 제사 때도 종손으로서 정성스레 즐겨 참여하여 절을 올리곤 했다. 따라서 집안 어른들은 증조할머니에 대한 나이 어린 증손자의 철없고 앙징맞은 효심을 크게 기특히 여겼다고 한다.

한편 1999년에 조성된 어머님(李鍾倫, 1917.10.10~1999. 음 7.20) 묘는 봉황산 동남쪽 끝자락 증조부모님 묘 바로 발치 아래에 위치해 있다. 일제 말기에 객지에서 불의의 사고로 25세를 일기로 1942년에 요절하신 아버지(崔炳彪, 1918.8.26~1942. 음 12·12) 묘는 본래 일제 당국의 불허가로 선산에 쓰지 못하고 부득이 향리에서 2킬로미터 거리의 백리 공동묘지에 묻히셨다. 할아버지께서는 어린 손자인 나를 대동하고 잡초와 칡넝쿨로 뒤엉킨 공동묘지 길을 헤쳐 올라가면서 눈가에 이슬을 머금은 채 "네 아비의 묘를 절대 잊어버려서는 안 된다."고 당부하시던 그 처연한 모습이 지금도 생생히 회상된다(나는 1960년대 말 조부의 유지를 되새겨 일제시대에 조성된 공동묘지 중턱 선친의 묘 앞에 자그마한 묘비를 세웠다).

늘 마음속 숙제로 남아 있던 선친의 묘는 1999년 여름이 끝날 무렵 세상을 떠나신 어머님 장례 때 유골을 수습하여 57년만에 이장, 비로소 숙원이던 부모님의 합장묘를 마련해 드릴 수 있었다. 부모님의 묏자리는 동남 방향의 시야가 확 트인 데다가 푸슬푸슬한 황토 땅인지라 장례에 참여한 모든 분이 다시없는 명당 터라고 상주인 내게 상서롭다는 덕담을 건네 적이 위안이 되었다.

25세라는 젊은 나이에 비명으로 요절하신 내 선친은 물론 26세에 청상이 되신 이래 오로지 아들만을 위해 헌신해 오신 내 어머니는 60년 만에 이승을 등지고서야 비로소 두 분의 영혼과 육신을 함께 모실 수 있게 되었다. 아버지 사후 정말 기막힐 만큼 57년간의 외롭고 한스러운 생애를 살아오신 어머니를 상기할 때 합장묘를 조성하면서 내 가슴은 무어라 형언할 수 없으리만큼 큰 슬픔과 함께 어떤 감격과도 같은 뜨거운 무엇이 북받쳐 끓어올랐다.

부모님의 묘 앞에는 장례 후 오랜 숙고 끝에 7년이 지난 2006년 5월 14일에야 비로소 숙원이던 직사각형 가로의 오석 묘비를 세웠다. 특히 이 묘비 뒷면에는 2021년 기준으로 나와 아들 종원(鍾元, 재 호주, 고려대 전산과학과 졸, 회사원, 54세), 딸 선영(善英, 이화여대 신문방송학과 졸, 대학교수, 문학박사, 52세), 그리고 손녀 효주(孝州, 호주명 리사: Lisa Choi, 국립 시드니대 교육학과생, 20세)와 손자 인우(仁瑀, 호주명 요한: Johan Choi, 시드니고교생, 18세)의 이름을 새겨 넣어 감회가 남달랐다.

이와 함께 윤달이 들던 2006년 늦봄 3대 직계 조상 합장묘에 평소 계획해 두었던 상석과 원형의 호석을 설치하고 잔디를 새로 심는 등 묘역을 크게 수치했다. 그리고 생전에 못다한 증손자, 손자, 자식으로서의 도리와 효를 조금이나마 다하려 했다. 부모님의 묘비도 이때 설치된 것이었다. 한식과 추석 전에 벌초를 시행하고, 2010년부터는 기제사를 직접 산소에서 지내면서 그때마다 외롭고 불민한 후손으로서의 처지와 불효를 탓할 때가 많아졌다.

어느덧 봉직해 오던 대학에서 정년퇴임한 지 16년, 이제 내 나이 팔순의 고개를 넘어 결코 앞일을 무어라 예단할 수 없는 노년 후반의 삶을 이어가고 있다. 내 선조들의 묘소 주변에는 전보다는 듬성듬성해졌지만 아직도 오래된 적송들이 그 품격 있는 모습을 드러내고 있다. 이젠 늦가을에서 잔설이 남아 있는 초봄에 이르기까지 밤이면 후손의 안위를 걱정하는 조상님들의 간절한 염원인양 솔바람 소리가 간간이 불어올 뿐이다. 이 글을 처음 구상했던 1980년대 중반 정정하신 모습으로 오로지 자식의 입신과 장래만을 걱정하시던 어머니의 생전 모습도 이 세상 어디에서 다시 찾아뵐 수 없다.

그러나 특별한 종교를 갖고 있지 않은 나는 믿는다. 내 조상님들의 신령스러운 혼령들은 노년에 이르도록 아직도 방황을 거듭하는 외로운 영혼을 지닌 유일한 혈손의 처지와 안위를 걱정하시며 굳게 지켜보고 계는 수호신이란 것을……

11. 3권 저서와 『정년기념사학논총』 출판기념회

2005년 2월 28일 나는 경기대 사학과 교수로 취업한 지 15년 만에 박물관장의 보직을 연임한 상태에서 정년을 맞았다. 나는 그동안 20여 권에 이르는 학술적인 저서, 공저, 역서의 발간과 150여 편의 학술논문을 집필 발표했다. 그러나 학문에 종사하는 사람에게는 당연한 일상사라는 생각에서 한 번도 출판기념 모임을 가진 적이 없었다. 그러나 나는 대학의 퇴임을 앞두고 계획된 3권의 저서와 1년 전부터 동학과 후학들에 의해 1천 쪽 가까운 정년기념사학논총 발간이 추진되었는데, 특히 실무를 맡은 편집간사 김경표군(대학원생)의 노고가 컸다. 정년퇴임을 앞두고 3권 저서와 기념논총이 발간이 계획 진행되는 과정에서 주변의 권유도 있었지만 스스로 생각할 때도 일단 나의 학문적 일생을 기념 모임 같은 것을 통해 한번쯤은 정리할 필요성이 있다고 느꼈다.

앞에서 이미 밝힌 바와 같이 나는 1980년대 중반 모대학 사학과 교수로 근무 중 정부와 학교측 비리에 대한 비판자라는 실로 황당하고 어처구니없는 이유까지 겹쳐 해직을 당한 바 있다. 이후 전국해직교수협의회의 총무로 선임, 이 협의회의 발기문을 비롯하여 신문, 방송과 기관에 발표되는 각종 성명서를 집필 발표하느라 너무도 바쁜 나날을 보냈다. 나는 당시 학위논문을 비롯 학술논문을 준비 집필하고 있던 때여서 총무직을 사임하고 이후 오로지 학구생활에만 전념했다.

해직기간에도 김용래 경기도지사의 배려로 향토유적조사단장이 되어 1년간 도내 각 지역 구석구석을 누비며 전국 최초로 현장조사를 했고, 그 결과물로 『향토유적총람』(1987, 경기도)이 발간되었다. 또 이 시기 지방사 내지 향토사 연구에 전념하면서 앞에서도 언급한 기전향토문화연구회, 한국향토사연구전국협의회 발족에 참여했고, 『향토사연구』, 『기전문화』 등 매호마다 지방사 관련 논문을 기고했다.

특히 1986년 이후 2001년까지 『경기인물지』 2권(경기도, 1991)의 편집위원 및 집필위원, 수원시, 화성시를 비롯하여 시흥군, 광명시, 과천시, 안양시, 의정부시, 동두천시, 광주시, 오산시, 용인시 등의 시·군지 발간의 편집위원과 집필위원, 감수위원, 『경기도사』 집필위원, 『여주군 문화재대관』(1992) 편찬위원 등으로 참여하여 지방사 연구에 힘쓴 것도 특기할 점이었다.

1990년 대학에 복직한 이후 정년을 맞기까지 경기대사학회, 경기사학회, 정조사상연구회, 수원문화사연구회 등을 주도하면서 학회지 『경기사론』, 『경기사학』, 『정조사상연구』 등에 한 호도 거르지 않고 논문을 기고했다. 또 매년 분기마다 정기적으로 학술대회를 개최하는 등 경기지역사 연구와 학회 발전에 헌신적인 역할을 했다고 자부한다. 또한 진단학회, 한국실학연구회, 역사학회, 한국사연구회, 한국민족운동사연구회, 정조사상연구회 등 학회와 공동발표를 추진하거나 『진단학보』, 『아세아학보』, 『한국실학연구』, 『한국민족운동사연구』, 『향토서울』, 『한국학보』, 『국사관논총』 등에 학술논문을 발표하기도 했다.

1990년대 중반 이후 나의 학문적 관심사는 정조의 화성 건설과 수원부 출신 실학자 우하영의 실학사상을 지방사적 시각에서 연구하는 데 심혈을 기울였다. 그 과정에서 진단학회(회장 홍승기, 서강대) 주최 제29회 한국고전연구 심포지엄으로 <『화성성역의궤』의 종합적 검토>라는 주제의 학술대회(2001년 11월 24일)가 경기문화재단 3층 다산홀에서 열렸다. 나는 이 비중 높은 학회의 학술대회에서 권두논문으로 「『화성성역의궤』의 구성과 역사적 의의」를 집필 발표하여 학계와 언론에서 주목을 받았다(토론자 김문식 단국대 교수). 또한 2004년 11월 4일 수원에서 열린 전국문화원 연합회 주최 <문화관광부 지원 특성화된 문화사업 발굴 2004 학술세미나>에서는 「국내 세계문화유산의 현황과 복원. 보존 방향」이란 권두논문을 발표, 특히 향후 화성의 복원 문제를 둘러싸고 지역사회의 관심을 환기시켰다(2004.12, 『수원문화사연구』제6호 재수록). 이어서 2005년 10월 6일 (사) 한국 효사상 연구회 주최로 열린 <정조대왕과 효 학술대회>에서 발표한 권두논문 「정조의 화성건축의 현대적 의의」는 효사상과 관련하여 평소에 느껴온 내 나름의 생각을 대중적 관점에서 정리 피력한 것이다.

회고하건대, 대학에 진학한 청년기에서 정년퇴임 후 노년기에 이르기까지 나의 학문적 주요 관심사가 된 것은 사상사 내지 정신사 분야가 아니었나 싶다. 여기에는 그 시대적 상황에 대한 성찰과 함께 역사적 인물의 저술, 활동에 결부된 상관관계를 천착하지 않으면 안된다. 그러한 과정에서 관심의 표적이 된 역사적 인물로는 정조(正祖), 우하영(禹夏永), 박지원(朴趾源), 신채호(申采浩), 황현(黃玹) 등을 꼽을 수 있고, 김자수(金自粹), 우성전(禹性傳), 안중근(安重根), 최익현(崔益鉉), 박열(朴烈), 박은식(朴殷植), 한용운(韓龍雲), 이상화(李相和), 이육사(李陸史), 윤동주(尹東柱)

등 인물도 내 저술의 주제로 간헐적이지만 관심의 표적이 되었다.

무엇보다 나는 앞에서 말한 대로 학문으로서의 경기지역의 지방사 연구를 개척하고 활성화시키는 데 스스로 선발적인 노력과 열정을 기울이는 데 그치지 않았다. 즉, 청년기 이래 단재 신채호와 매천 황현 연구를 비롯하여 정조와 화성 연구, 취석실 우하영과 박지원 등 조선후기 실학연구 등 비중이 큰 주제 연구에 매진했다. 아울러 학술서 전문으로 성가 높은 저명출판사에서 비중있는 저서 10여 권을 발간하여 학문적인 면에서 이 방면의 전문 연구자로서 공인과 주목의 대상이 되기도 했다. 또한 경기대 박물관장과 화성학연구소장 등을 겸직 연임하면서 경기지역 내 문화유적에 대한 30여 건의 지표조사, 시·발굴조사와 조사보고서를 발간하는 등 경기대 박물관 발전을 위해서도 나름의 노력을 기울여 성과도 냈다. 이러한 나의 삶과 활동, 학문적 업적이 대학 정년을 맞아 그 정리 차원에서라도 학계와 언론, 동학과 친지들이 한자리에 모여 공개된 장소에서 직접 소통 점검할 수 있는 기회가 필요하다고 느꼈던 것이다.

그 결과 2005년 2월 15일 수원 캐슬호텔 영빈관에서 오후 6시 『정조의 화성경영연구』(일지사), 『신채호의 역사학과 민족운동』(일지사), 『한국 근대정신사의 탐구』(경인문화사) 등 3권의 저서와 『남곡재 최홍규교수 정년기념사학논총-한국사의 탐구』(논총발간회)의 발간을 계기로 3권 저서 및 정년기념사학논총 출판기념회가 열렸다.

수원에서 열린 이 초유의 규모 있는 출판기념회를 전후해서 중앙과 주요 지역신문 문화면에서는 나의 정년퇴임과 학문적 성과를 큰 비중을 두어 대대적으로 보도했다. 조선일보(경기판 2월 21일자, 채성진 기자) A16면에서는 상단에서부터 7단 크기로 <역사 연구를 향한 열정, 영원히 식지 않을 것>이란 큰 표제하에 <이달 말 정년퇴임하는 최홍규 경기대교

수>,<경기지역 향토사 연구에 큰 획-독립운동하듯 치열하게 학문했다>고 중간 부제와 기사, 오른쪽엔 3.5단 크기의 인터뷰 사진을 함께 실었다. 기사 내용은 나의 고향과 청소년기의 한학 수학, 대학 전공과 학문적 관심사, 신채호와 우하영, 학문으로서의 경기지방사에 대한 선발적인 연구 내용, 그리고 주요 저서명과 80년대 해직교수로서의 불운과 갈등을 극복하고 학문적 성취를 이룬 과정, 포부, 소신 등을 비교적 상세히 보도했다.

지역신문인 경기일보(2월 11일자, 이형복 기자)는 1면 상단에 내 사진과 <경기향토사 연구 큰 획>(15면 참조)이라 게시한 뒤 15면 전체를 하단 광고도 없이 <최홍규 경기대교수 이달 말 퇴임>, <한국사. 향토사 40년 연구>란 큰 표제하에, <신채호의 민족사상 저서 발간-정년기념 『정조의 화성경영연구』 등 책3권, 『사학논총』 펴내>란 중간 제목을 달고 그 내용을 상세히 보도했다. 이 신문에서는 평소 몇 차례의 좌담회, 나의 학문활동과 저술에 대해 비중 있게 보도를 해준 인연이 있지만 신문사 측에서 나의 정년퇴임과 저서 및 기념논총 출판을 광고도 없이 15면 전면을 특집기사로 다룬 것은 매우 이례적인 일이었다는 후일담을 들었다.

중부일보(2월 14일자, 13면, 강경묵 기자)는 <정년퇴임 앞둔 경기대 사학과 최홍규 교수>, <날은 저무는데 갈 길은 머네요>라는 큰 표제하의 인터뷰 사진과 함께 13면 전체 지면의 5분의 4 부분을 내 생애와 학문활동, 그리고 3권 저서와 기념논총 책 사진과 그 내용, 15일의 출판기념회 개최 사실을 대대적으로 보도했다. 이어서 『화성오산신문』(2월 21일자, 이미숙 기자, 발행인 임성규) 화성오산 기획판에서는 광고 없는 전면 특집기사로 <향토사 연구 40년 최홍규 교수-정년기념 사학논총 발간>, <정조와 화성에 대한 연구의 결실 맺어>란 표제 하 여러 컷의 사진과 함께 내가 태어난 정남면 향촌, 수학 과정, 학문 활동과 저술, 나에 대한 학계, 친지와 제자들의 평가 등을 상세히 보도했다. 이어서 경기신문 (2월 15일자, 8면, 김영주 기자) 문화면은 <40년 역사연구 결실 완결판>이란 표제와 <경기대 사학과 최홍규 교수 정년기념 논총, 신간 발간-15일 출판기념회>란 중간 제목 아래 책 내용을 사진과 함께 소개했다. 경인일보 (2월 14일자, 8면, 유재명 기자) 또한 <40년 외길 열정 사학지킴이>란 표제와 <최홍규 경기대 교수 『정년기념사학논총』 출판기념회>란 중간 제목 아래 나의 사진과 함께 학문적 업적과 포부에 대한 인터뷰 기사를 5단 크기로 요약, 비중 있게 다루었다.

드디어 2월 15일 오후 6시 캐슬호텔 영빈관에서 내 최초이자 마지막인 출판기념회가 개최되었다. 서굉일 교수(한신대)가 꽤 긴 시간을 할애 받아 내 약력을 소개했고, 이정우 정조사상연구회 회장대행이 사회를 맡아 회순을 진행했다. 김용서 수원시장, 윤사순 고려대 명예교수, 이영수 경기대 총장대행, 이문영 전 고려대 교수, 김종규 한국박물관협회 회장 등의 축사에 이어 영상물 「최홍규 교수가 걸어온 길」이 상영되었다. 이날 회장에는 백재현 광명시장 및 화성시장 대행, 우봉제 수원상공회의 소장, 홍기언 경기도언론인클럽 이사장, 경기일보의 신창기 사장, 임양은 주필, 박홍석 편집국장, 우제찬 경인일보 사장, 경기대의 석희태 대학원장, 유성룡 기획처장, 안병균 인문대학장, 김광길 학생처장, 탤런트 여운계, 그리고 대학과 고등, 초등학교 동창 등을 비롯한 학계와 지역사회의 유지, 친지, 제자 등 300여 명의 손님이 왕림하여 일대 성황을 이루었다. 또한 사전에 정중히 사양했음에도 50여 점의 각계에서 보내온 축하 화환과 화분이 답지하여 회장을 한층 빛냈다. 참석 하객들에게는 고급 뷔페의 음식과 주류, 음료수 등이 제공되었으며, 부피가 나가는 4권의 책은 안내 접수에서 저서 및 정년기념사학논총 발간 기념이라는 문구와 격조 있는 홍매화(조병록 그림)가 인쇄된 연푸른 보자기에 싸서 하객들에게 증정되었다.

이 모임에서는 접수와 안내를 맡은 이기선 군과 김형태 군을 비롯한 경기대 사학과 학생들의 노고가 특히 컸다. 참석하신 이문영 전 고려대 교수가 이런 격조 있고 실속 있는 출판기념회는 처음 본다는 진정성이 담긴 소감을 피력해 주셔서 적이 위안이 되었다. 특히 미처 예상하지 못한 일이지만 경주김씨 종친회와 상촌사상연구회, 정조사상연구회, 경기대 박물관, 단양우씨 수원종친회 등에서 물심양면의 큰 지원을 해주신데 대해 이 기회를 빌려 깊이 감사드린다.

한편 대학 정년을 기념하는 출판기념회와 함께 내가 학회장 등으로 활동한 지역 사학회의 기관지에서도 기념 특집호를 꾸렸다. 즉, 1996년 가을 경기지역 소재의 대학과 각급 기관을 비롯하여 개인 연구자들의 참여 하에 경기사학회가 창립되고 이듬해 2월『경기사학』창간호를 발행한 바 있다. 경기사학회는 경기지역의 연구자들이 모인 대표적인 역사학회로서 매년 분기별로 정기적인 학술 발표회를 시행하고 기관지『경기사학』을 발간해 왔다. 이 학회는 한국실학연구회, 정조사상연구회, 진단학회, 역사학회, 한국사연구회 등과 연계 하에 공동으로 연구발표회를 수원에서 갖는 등 지역사 연구 의욕 제고와 발전에 힘을 기울여 왔다. 나의 정년퇴임을 앞두고『경기사학』제8호(2004. 12)는 <남곡재 최홍규 교수 정년기념 특집호>로서 18편의 동학들 논문을 수록 발간했다. 또한 창립 이래 사학과 교수와 동문들 중심으로 운영해온 경기대 사학회(사학과)의 기관지『경기사론』제8호(2004. 12)에서도 <남곡재 최홍규 교수 정년기념논총>이란 표제하에 교내외의 역사 연구자들의 논문 13편과 나의 약력, 저술 목록을 수록한 정년기념 특집호를 발간했다. 이 자리를 빌려 평소 한 호도 빠지지 않고 논문을 기고하고 애정 어린 관심을 기울여왔던 앞의 두 학회의 호의에 깊은 감사를 드린다.

12. 정년 후의 연구와 농경생활

2005년 1월 하순 정년이 눈앞에 다가오자 퇴임 후 정기적으로 출근해 소일하고 학교 연구실에 있던 책도 옮겨 비치할 독립된 연구 공간의 필요성을 느꼈다. 그리하여 수원 한일타운 전면 대로변의 북수원 홈플러스 옆 오피스텔 8층 18평짜리 방 한 칸을 매수 계약했다. 이 시기는 부동산 침체기여서 다행히 분양가보다 약간 헐한 값으로 연구실을 마련할 수 있었다.

그 해 3월 초 평소에 교우가 깊던 실학자 우하영 선생의 후손으로 전각가인 우광성씨가 고맙게도 나의 초상과 아호를 전각한 실외용 <南谷齋研究所>란 현판과 <醉石室>(우하영 호)이란 호를 전각한 실내용 현판, 퇴계 이황의 글씨<敬>자, 영수증 보관함 등 4건의 뜻 깊고 귀한 목판 전각물을 선물해 주었다. 나는 감사의 뜻을 표하고 당일로 실내외에 목각 전각 작품들을 게시하자 방문객들마다 우선생의 전각작품에 대해 연구실 분위기와 잘 어울린다는 찬사를 표해 기분이 좋았다. 소일할 연구실이 마련되어 퇴임 후 매일 아침 일찍 아침밥을 먹으면 집 아파트에서 5분 거리인 연구실에 출근하는 것이 너무 즐거웠다.

나는 현직 때 저서나 논문의 타자 등 모든 것을 제자들에게 의존하는 그야말로 기계치나 다름없는 컴맹이었다. 그러나 퇴임 후 마련된 연구실에는 사업하는 친지가 기념 삼아 기증해준 고가의 기능 좋은 삼성컴퓨터가 책상 중앙에 설치되어 있었다. 그리하여 뒤늦게 사학과 제자 김형태군 코치 하에 컴퓨터와 마주앉아 워드 프로세스의 기본을 익혔다. 나는 각각 네이버와 다음의 이메일을 만들고, 가급적 청탁받은 분량이 짧은 원고는 직접 작성하려 했지만, 캄캄한 컴맹에서 유치원 초년생도 못되는 수준으로 겨우 진화한 상태였다.

퇴임 후에도 현직 때 청탁받은 원고 집필과 각급 기관의 강의를 수행하느라 매우 바쁜 나날을 보냈다. 경기대와 중앙대 대학원 석·박사과정 강의, 현직 때부터 맡아온 보훈연수원 초·중·고 교사연수 과정 강의를 이후에도 거의 10년간 정기적으로 맡아왔다. 또한 경기문화재단, 수원시 문화재 해설사 양성과정, 화성시와 화성문화원의 각급 자문과 강의, 경기도의 실학박물관과 수원시의 화성박물관 설립과 관련된 심사와 자문회의 등의 일도 빈번했다. 특히 그해 4월 유병헌 수원문화원장의 특청으로 문화원 부설 수원학연구소 소장직을 떠맡아 정기적인 운영 모임과 학술 발표 관련 일을 정기적으로 자문했다. 그러한 과정의 성과물로 수원학사료총서 2로 발간된 것이 『국역 정조와 화성관련 주요자료집』 I , II(수원문화원 부설 수원학연구소, 2008)이었다.

퇴임 직후인 3월에는 손학규 경기도지사의 요청으로 경기도 문화재위원에 위촉되어 위원장 김병모 교수(전 문화재전통학교 총장), 위원인 이형구 교수(전 선문대 부총장)와 김용기 교수(성균관대 조경학과) 등과 함께 도청 회의실과 각 지역 유적 현장에 모여 매월 문화재의 시, 발굴조사, 문화재 지정 심의, 현장 출장조사 등에 관련된 일을 정기적으로 시행했다. 또한 경기대 재직시 우장문씨의 박사학위 논문 『경기지역의 고인돌 연구』(뒤에 2006년 출판) 심사와 성신여대 이현희 교수의 요청으로 배용일 교수(포항대)의 박사학위 논문 『박은식과 신채호사상의 비교연구』 심사에 이어 2007년에는 성균관대 김용기 교수의 요청으로 백종철(산업경재연구원)의 박사학위 논문 정조대 화성의 조경정책에 대한 논문 심사에 참여하기도 했다.

2001년 화성시(시장 우호태)의 일부 후원 아래 펴낸『수원·화성군읍지』(국학자료원)는 조선후기와 말기의 수원, 남양지방의 역사적 사정을 담은 지방사 내지 향토사 연구를 위한 기본자료이다. 그러나 원문이 한문이어서 일반인과 연구자들이 쉽게 접근하는 데는 한계가 있었다. 그리하여 내가 대표역자를 맡아 화성시의 옛 지역인 수원부(군)와 남양부(군)의 각종 읍지를 모아 국역하고 그 내용에 간략한 해설을 첨부한『국역 수원부(군)·남양부(군)읍지』(화성시, 2006)가 화성시역사자료총서 I 로 퇴임한 지 1년 후에 발간되었다.

이어서 화성시역사자료총서 IV로 이 고장 출신의 유학자, 의병장으로 16세기 중·후반에 활약했던 추연 우성전의 유고 국역『추연선생일기』(화성시, 2008. 1)가 내가 쓴 권두 해설을 첨부하여 발간되었다. 일찍이 나는 실학자 우하영 연구와 함께 그 선조인 우성전이 모두 화성 출신으로 남인의 영수이자 임진왜란 당시에는 의병장으로 활약한 사실을 논문과 강의 등을 통해 최초로 세상에 알린 장본인이기도 했다. 그러한 인연과 관련선상에서 그의 저작 국역본 발간이 화성시에서 계획되어 내게 그 해설을 청탁해왔다. 이에 부응하여 16세기 남인 유학자 우성전의 학문, 사상과 그 활동을 국역본 권두에 넣어 발간한 것이다. 이 책의 해설 집필에 뒤이어 나는 별고로 추연선생의 학문, 사상과 의병활동을 스승인 퇴계와 왕래한 서한(『퇴계집』 수록)을 분석해 상세히 밝히고, 동시대의 각종 문집들을 탐색해 집필한 별고가 미발표 상태로 있음을 이 자리를 빌려 첨언해 둔다.

한편 2006년 5월 독립기념관 한국독립운동사연구소에서『단재신채호전집』(9권) 발간이 기획되어 윤병석(위원장, 인하대), 신용하(서울대), 이

만열(숙명여대), 최광식(고려대) 교수 등과 함께 편찬위원회의의 편집위원 및 집필위원에 선임되었다. 나는 이 전집의 제4권 전기 『을지문덕』, 『수군제일위인 이순신』, 『동국거걸 최도통』, 『이태리건국 3걸전』 해제의 집필을 담당했다. 또한 편찬회의는 전집이 발간되던 2007년 8월까지 매월 서울 퇴계로 화식집에서 1회 꼴로 정기적인 모임을 갖고 진행했다.

이 무렵 나는 각급기관에서 자문과 강의, 주로 경기지역의 역사적 사실과 관련 이에 대한 조사연구와 집필을 요청하는 일이 적지 않아 매우 분주한 나날을 보내게 된다. 그 대표적인 연구 성과로는 배성식 넥스젠경영연구소장의 요청으로 안성지역 3.1운동 관련 자료수집 학술 용역을 의뢰받은 일을 들 수 있다. 그러나 조사기간이 너무 짧고 보고서 발간 기한도 여유가 없는 데다가 용역 연구비 또한 너무도 부족했다. 그러나 배소장의 간곡한 요청과 이전에 족보 조사연구 용역 때의 일과의 인연까지 겹쳐 거의 희생적으로 책임연구원으로서의 일을 수행했다. 안성시와 넥슨경영연구소에서 발간한 『안성지역의 3.1운동 관련 학술자료 조사보고서』(2006. 12, 415쪽)는 조사, 집필과 제작비의 부족으로 그 책의 인쇄와 제본 등이 불만족스러운 상태로 제출될 수 밖에 없었다. 적어도 그 조사보서의 중요성과 3.1운동이 지역사의 전개에 차지하는 비중을 고려해 볼 때 향후에는 소기의 연구 성과를 위해서라도 충분한 예산을 확보한 연후에 진행할 수 있도록 문화행정을 펴는 지방정부에게 고언을 드린다.

뒤이어 착수한 『만년제의 역사와 가치성 평가 조사연구』((주)원동방건설, 경기사학회, 2007.10)는 2007년 3월 발주자인 (주)원동방건설(회장 장조순)로부터 경기사학회가 용역을 수주, 당초에는 7월 말로 학술조사연구의 성과물을 내놓을 예정이었다. 그러나 조사지역인 만년제의 위치, 기능, 규모, 운영 등에 대해 주민, 소유자, 연구자들 사이에서 이견이 속출되고, 수리시설로서 제언의 물길이 되어주는 산계와 수계의 범위가 예상보다 늘어나 현장조사에 대한 인력과 공력이 그만큼 더 많이 소요될 수밖에 없었다. 더욱이 18세기 말 정조시대에 조성된 수리시설 만년제(경기도기념물 제161호)는 오랜 시대변천과 자연풍화, 산업의 변화로 인해 오늘날 그 형태와 기능이 크게 달라져 있어서 주변의 주민, 소유자와 지방정부 해당 부서 간에 큰 마찰을 빚기도 했다. 헌데 이 유적이 도문화재로 지정된 이후 그 관리과정에서 주변에 거주하는 주민과 지주, 규모가 큰 아파트 건립 업체와 입주민, 그리고 행정기관과의 이해관계까지 가미되어 법과 현실간의 괴리 등이 작용하여 간단없는 갈등과 분쟁의 표적이 된 것이다.

더욱이 정조시대는 농업, 그중에서도 수전농이 대종을 이루고 3남지역보다 농업기술이 후진한 수원지방에 수리시설 개간사업이 크게 일고 있었다. 현륭원 천봉과 읍치의 이전을 계기로 이 고장이 근대적 신도시로 성장되는 과정에서 선친의 묘가 있는 구읍치 지역의 농업 진흥을 위해서도 수리시설 조성은 그만큼 중요 사안이 아닐 수 없었다.

따라서 수리시설 만년제와 주변의 농업환경을 구조적으로 파악하기 위해서는 그 시대 농업사와 수리사에 대한 보다 전문적인 지식을 필요로 했다. 아울러 조선후기에서 현대에 이르기까지 이 고장의 지방사에 대한 풍부한 식견과 연구 경험이 필수여건으로 인식되었다. 나는 1980년대부터 경기지역의 대표적인 농업이론가였던 우하영의 『천일록』에 반영된 농업기술, 농업경영 등을 심층적으로 분석 연구했고, 더욱이 1987년엔 조선후기 실학자 박지원(朴趾源) 탄생 250주년을 맞아 그의 농업사상이 담긴 『국역 과농소초(課農小抄)』(아세아문화사)를 국내 최초로 역간한 바 있었다.

일찍이 나는 또한 이 고장 농촌 출신으로 역사학에 뜻을 두던 청년기 이후 조선시대 농서에 흥미를 가진 바 있었고, 때로는 이 분야의 석학인 김용섭(金容燮, 작고) 연세대 교수를 찾아뵙고 그의 농업사 연구 업적에 크게 계몽받은 바가 많았다. 따라서 조선후기 농업기술과 농업경영면에서도 일대 변화를 맞고 있던 역사현상에 주목, 수원부 매송면 출신 재야농학자 우하영의 향촌과 저작, 특히 농업경제사상을 구조적으로 깊이 있게 연구함으로써 학계에서 이 방면의 대표적인 연구자로 공인되기에 이르렀다.

이 만년제 학술조사연구 과업을 수행함에 있어서 나는 관련 문헌자료와 연구 성과를 면밀히 검토했고, 오랜 시간에 걸쳐 만년제와 그 주변의 수리와 농업환경을 철저하게 현장조사했다. 그리고 만년제를 둘러싼 다양한 의견과 이론(異論)을 검토, 가능한 올바른 관점을 유지하려고 했다. 그리고 이 학술조사연구를 통해 얻어진 기본 자료와 연구 성과를 토대로 향후 만년제의 복원 정비와 그 활용방안을 모색함으로써 그동안 현실적으로 경기도기념물 제161호 만년제로 인해 야기되었던 지역주민과 토지소유자에게 끼친 물질적 정신적 피해를 최소화하려고 노력했다. 그리고 이들 주민, 토지소유자와 화성시, 경기도 문화행정 담당자들 간의 갈등을 해소하고, 문화재 주변 도시개발사업의 효율적인 운영과 활성화를 어디까지나 주민의 입장에서 조화와 상생의 차원에서 모색해야 한다는 보다 발전적 인식을 담으려고 했다.

이 과업을 수행하는 과정에서 나는 많은 분들의 호의어린 도움을 받았다. 물심양면의 지원을 해주신 (주)원동방건설의 장조순 회장과 해박한 토목공학 지식으로 조언해주신 예병주 사장, 그리고 현장조사와 관련 자료의 수집, 증언 등으로 협조를 아끼지 않은 열정적인 주찬범 향토사연구가, 그리고 270여 쪽에 달하는 연구보고서가 발간되기까지 밤늦도록 워드 프로세스작업을 성실히 수행한 제자 김형태(경기대 대학원생, 현 고교 교사) 간사의 노고에 힘입은 바가 크다.

2014년 10월 23일에는 화성시 주최의 <다시 여는 『천일록』과 그 시대-취석실 우하영의 삶과 학문>이란 제하의 학술세미나가 서울대 규장각 한국학연구원 강당에서 개최되었다. 나는 이 학술회의에서 「우하영의 향촌인식과 화성발전론-정조대 향촌 지식인의 대화성관」을 권두 발제 논문으로 발표했다. 그리고 그해 12월 말 염정섭(한림대) 교수의 「우하영의 『천일록』 편찬과 농법정리」등 9편의 논문과 함께 그해 12월 『취석실 우하영의 삶과 학문』(화성시)이란 단행본으로 출간되었다.

13. 교우 관계(1)-초등학교에서 고교시기까지

이제까지 어머니, 독서 편력과 저술, 해직과 학문 생활을 중점적으로 서술하다 보니 학창시절 이래 노년에 이르기까지 각별한 친분과 우정을 나누었던 친구와 친지, 스승에 대한 것은 좀 소홀해 하지 않았나 하는 아쉬움과 자책감이 든다. 우리가 세상에 태어나 삶을 영위해 나가는 과정에서 교우 관계는 부모, 자식, 형제, 친척 못지않게 중요하고 때로는 자기의 꿈을 실현하고 성장해 나가는 과정에서 오히려 더 중요하게 인식되는 경우도 있다.

1940년대 중후반에서 50년대 초의 초등학교(당시는 국민학교) 시절을 회상할 때 먼저 떠오르는 친구로는 바로 김인식군이 있다. 김군과는 문학리 당마루 소재 정문분교에서 3학년 때 만나 가린내(갈천) 소재 본교인 정남초교로 복귀하던 5학년 무렵부터 2년간 책상을 나란히 한 짝궁이다. 그의 집은 내 선친이 묻혀 있던 백리 공동묘지 맞은편 마을에 위치해 있고, 그의 부모님은 비교적 부농의 가계를 이어가는 가운데 맏아들 김군의 교육에 열정을 가진 분들이었다. 거무스러운 얼굴에 기골이 장대했던 그와 나는 개구쟁이로 장난이 보통이 아니었다. 걸핏하면 수업 중에도 서로 갖고 있던 만년필 잉크를 옷에 뿌리기가 일수여서 선생님으로부터 자주 주의를 받고 벌을 선 경우도 있었다. 그러나 우리 어머니와 김군 어머니는 칠월칠석 때마다 같은 단골인 증거울 만신집에 함께 다니시며 친교를 나누는 인연까지 겹쳐 김군과는 늘 살갑고 가까운 사이로 지냈다.

헌데 어쩐 일인지 김군은 나보다 1년 늦게 같은 중학교에 입학했고, 고교는 내가 서울 소재 학교로 진학하는 바람에 별도의 만남이 없었다. 그 뒤 김군은 고교 졸업 후 내가 진학한 고려대 경영학과에 지원했다가 실패, 재수 끝에 수원의 서울대 농대 농업경제학과에 진학함으로써 나보다는 2년 뒤늦게 대학생활을 했다. 여름과 겨울방학이 되면 귀향 때마다 수원이나 시골집에서 만나 친교를 나누었고, 글씨체가 조악하고 문장력 또한 약해서인지 짝사랑하는 여학생에게 보내는 연애편지를 내가 두 차례나 대필해 준적도 있었다. 그는 친구를 좋아해 주위에는 늘 친구들이 들끓었고, 혹 서울에 올 때는 내 숙소로 찾아와 묵어가곤 했다.

5·16 군사혁명 후 뒤늦게 각각 시차를 두고 자원 입대한 우리는 논산훈련소 후반기 교육대에서 반갑게 상봉했다. 그러나 이때 그의 잃어버린 군모와 용돈을 내가 마련해 주고, 낯빛이 초췌하고 건강 또한 좋지 않다는 말을 들었는데, 어쩐지 평소 적극적이고 활달했던 그답지 않게 소극적이고 침체된 인상을 받았다. 제대 후 복학하면서 그는 농대학생회장 후보로 출마, 그 연설문 원고를 내게 의뢰해와 수원에서 며칠간 함께 묵으면서 선거 유세를 지원했으나 결과는 아깝게 차점에 근소한 차이로 낙선했다.

그 후 김군은 대학원에 진학한 얼마 뒤 갑자기 건강이 나빠졌다. 그는 서울 명륜동 내 숙소에서 하룻밤을 묵고 예약된 서울대병원에서 종합검진을 받던 도중 갑자기 20대 중반의 나이로 요절하고 말았다. 고인의 죽음을 슬퍼하듯 비가 억수로 쏟아지는 가운데 김군의 유해는 수원화장장에 운구되었다. 고교와 대학동창 등 많은 친구, 친지들이 운집한 가운데 서울고 출신으로 농대 학생회장을 지낸 라이벌 원광식군(뒤에 농림부 차관보, 작고)이 내게 추모사를 청해와 눈물바램 속에서 목이 멘 채 낭독하던 일이 어제런 듯싶다. 귀향할 때나 공동묘지 내 선친의 묘를 성묘할 때마다 저 멀리 그의 집을 바라보면 김군 생각이 절로 나고 눈시울이 뜨거워질 때가 많았다. 아아, 청소년기를 통해 남자의 우정을 최초로 알려준 김인식군의 명복을 삼가 빈다.

초교시절의 교우와 관련하여 2004년경부터 수원에서 모이는 19정우회(정남초등학교 졸업 19회) 모임에 대해 잠깐 언급하고 싶다. 이 모임은 이듬해 2월 캐슬 호텔에서 열린 나의 저서 및 정년기념논총 출판기념회에 최옥균 회장(수원시 총무국장)을 비롯 김진택(총무, 작고), 최덕렬, 공재천, 최병권, 최우혁, 최세혁(작고), 강종구 등 교우들이 참석해 반가웠다. 그 뒤 정창현(국회의원), 최찬용(농협조합장, 시의원)군 등이 회장을 역임하고 최덕렬(오산중 교장), 최병상(연암농대 교수) 군 등이 총무를 맡아 모임 활성화에 큰 역할을 하고 있다. 이 모임에는 앞의 교우 외에 심홍보, 최영규, 장계훈, 한덕수, 김광모, 최병직, 차병문 등 제형들이 참여, 초교시절에 얽힌 아름다운 추억과 우정을 나누는 즐거운 자리가 되고 있음을 덧붙여 둔다.

고교에 진학 후 서울의 복잡한 도시환경 속에서 외로운 촌놈인 내게 살갑고 따뜻한 우정을 베푼 친구로는 윤경구군(작고)이 생각난다. 서울 토박이로 명륜동 같은 동네에 살면서 늘 도보로 등하교를 함께 한 두 살 연상의 윤군은 동네 조무래기 깡패들로부터 나를 보호해준 형과 같은 존재였다. 또 고2 때부터 하교 후 청운동에서 적선동, 효자동을 거쳐 남대문에 이르기까지 노점과 숭고서점을 함께 순례했던 심양호군(작고), 호리호리한 키의 김인식군(작고)은 그의 삼촌 장서인 해방 전에 출판한 마르크스 『정치경제학 비판』을 비롯한 번역본 좌익서적(당시 불온문서로 분류) 몇 권을 내게 주면서 내 독서열을 격려한 장본인이었다. 그는 뒤에 고향 파주에서 국회의원 선거에 출마했다가 낙선한 매우 엉뚱 기발하고 유머러스한 친구였다.

고3시절 짝꿍이었던 양승달군(쌍방울다반 사장)은 나와 같은 대학 상학과에 진학한 모범생으로 시험기간에도 『사상계』 등을 열독하던 나를 경이롭게 바라보곤 했다. 키가 커서 싱겁초로 불리던 두 살 연상의 김문식군(한국은행 부장, 금융결제원 상무)은 영어를 잘하던 수재로 고려대 상학과에 진학, 내가 대학원을 다닐 무렵 같은 보문동 동네에 살면서 때때로 성격 좋은 그의 누님이 운영하던 시장 떡집에서 맛있는 떡을 대접받곤 했다. 김군과 나는 자주 만나 오목 바둑을 두기도 하고 일요일에 군자동 부근의 수영장을 함께 다니면서 놀러온 한국은행 여행원들에게 수영을 가르쳐 준다는 핑계로 물을 먹이게 하는 등 재미있는 일화를 남겼다.

이 무렵 김군은 여학생회장직에 있던 사학과 여학생과 연애 중이었는데 뒤에 결혼, 독실한 불교신자로 불교단체 간부직을 맡고 있던 부인을 따라 불교신자가 되었다. 그는 한국은행 뉴욕지점에 책임자로 근무한 적이 있고 홍익대 등에 출강하면서 자기 분야의 전공서 두 서권을 내기도 했으며 역사와 고고학에도 조예가 있어 나와는 대화가 잘 되었다. 2005년 2월 내 정년퇴임 출판기념회에는 양승달군과 함께 참석해 각별한 우정을 느꼈다.

14. 교우관계(2)-대학시기에서 정년기까지

1950년대 후반 고려대에 진학하면서 나는 전공 학과를 넘어 많은 친구, 선배, 스승들과 사귈 수 있었다. 스승님으로는 시인이자 국학자로 일세의 지사이기도 했던 조지훈(趙芝薰, 1920~1968, 본명 東卓) 교수님이 가장 먼저 떠오른다. 학교와 성북동 자택에서 뵌 선생님은 40대 중반의 연세임에도 자칫 5,60대로 착각할 정도로 중후하면서도 범접할 수 없는 카리스마와 노성한 풍모를 갖춘 분이었다. 선생님은 경북 영양의 명문 출신으로 시인, 학자로서의 높은 품격과 함께 역사, 한학에도 조예가 깊으셨다. 개인적으로도 나의 결혼 주례를 집전해준 선생님께서는 안타깝게도 지병인 기관지염이 악화되어 49세를 일기로 별세하셨다. 아아, 선생님께서도 내가 일찍이 사숙(私淑)했던 정조, 율곡이 단명(短命)한 것처럼 49세에 생을 마감하시니, 이것이 천재들의 공통된 운명이란 말인가!

진학 직후 고교 동창 서동찬군(당시 외국어대 재학)으로부터 나에 대한 정보를 들은 2년 선배인 인권환형(고려대 교수, 작고)이 강의실로 찾아와 권유해 가입한 문학 서클이 바로 청탑회였다. 청탑회는 교내 재능있는 문학인력들이 망라한 엘리트 조직으로 회원들이 돌아가면서 품평회를 갖고 분기마다 발표회를 가졌다. 그 회원으로는 2년 선배인 이기서형(고려대 부총장), 박노준형(한양대 교수), 김기현형(순천향대 교수), 조세형형(건국대 교수) 등이 있었고, 같은 1학년 동기로는 정진규군(시인, 한국시인협회장)과 철학과 홍선희군(철학박사)과 나 세 사람이었다.

정진규군은 입학 초부터 서클활동은 물론 개인적으로도 친밀해져 겨울방학 때는 함께 향리인 안성 본가에 가서 그의 형제들과 그곳 문학청년들을 만난 일이 있었다. 학우들 몇과 함께 중앙극장에서 영화 「지상에서 영원으로」를 관람한 후 센스티브한 소회를 쓴 시 「나팔서정」이 그해 동아일보 신춘문예에 입선된 후 시인으로 등단했다. 뒤에 그는 한국시인협회장, 만해문학상 수상, 현대시학 주간 등을 역임한 후 당뇨 등 지병으로 3년 전 작고했다. 그와 결혼한 1년 윗반 변영림 교우는 장학금을 받는 성실표 모범생으로 역시 같은 청탑회 회원이었다.

같은 학과 1년 윗반인 이중흡형(작고, 동아일보 기자)과 이규항형(KBS 아나운서 실장)도 재학 때부터 졸업 후까지 간헐적이지만 친교가 있었다. 이중흡형은 주로 원고와 관련해 인연을 맺었고, 멋진 풍모와 미성을 갖춘 이규항형은 재학 중 아나운서 시험에 합격 후에도 개인적인 만남이 이어졌다. 씨름과 야구 중계 캐스터로 명성이 높던 그는 노래 「네잎클로바」로 남자신인가수상을 받기도 했고, 『표준한국어 발음사전』과 『아나운서로 가는 길』 등을 저술하는 등 한국어 연구에도 힘썼다. 퇴임 후 그가 저술한 불교의 중도와 유교의 중용을 품격있게 비교 구사한 사색의 서 『0의 행복』 (1909)이 베스트 셀러가 되기도 했다. 이때 내게도 서평을 청해와 이 책을 읽는 동안 불교의 공(空)사상과 중용의 도를 추구한 그 사색의 폭과 깊이에 매료된 적이 있었다.

영문과 2년 선배로 전쟁문학의 대가인 홍성원형(작고)은 수원농고 출신으로 중년 이후 수원에서 만나 그가 별세할 때까지 교우가 있었다. 홍형의 장편소설 『먼동』은 구한말의 수원과 남양지역을 배경으로 했고, 특히 대하소설 『남과 북』(6권)은 내가 강의하던 한국현대사 과목의 리포트용 참고도서여서 그와 나는 이를 계기로 더욱 친밀해졌다. 철학과 1년 선배인 김병총형(본명 김성탁), 나와 같은 학과 2년 후배인 최창학형(서울예전 교수, 작고), 그리고 언론인 이광훈형(경향신문 논설고문) 등도 졸업 후까지 직, 간접의 교우가 있었다. 입학 동기인 영문과의 이재옥형(국회의원, 작고)은 한때 토플영어를 석권한 전설적인 인물로서, 80년대 중반 내가 전국해직교수협의회 총무로서 국회문공위 소속의 그와 자주 접촉하면서 해직자들의 활로를 모색할 때 많은 정보와 도움을 주려고 애쓴 친구였다.

한편 나와 같은 해 철학과에 진학한 청주고 출신의 홍선희군은 전교 3

위로 입학한 수재로서 역시 앞에서 언급한 청탑회 회원이었다. 그는 서양 철학과 한국사상, 그중 불교사상과 독일어에 대해서도 조예가 깊었으며 성격 또한 원만하여 졸업 후에도 나와는 절친 중의 절친으로 지냈다. 그는 제대 후 4학년 때 나의 권유로 당시 교외 엘리트 문학이론 조직인『비평작업』동인으로 참여하기도 했다. 여기에는 조동일(서울대), 주섭일(서울대), 최홍규(고려대), 홍선희(고려대, 작고), 이광훈(고려대), 임중빈(성균관대, 작고) 등이 주요 회원으로 조선일보 문화면 지면을 통해 기성 평단을 날카롭게 비판하는 6차례에 걸친 회원들의 신예평론을 연재해 한때 문단의 주목을 받았다.

독실한 철학자였던 홍군은 모교 철학과에서 헤겔철학 연구로 박사학위를 받았으며, 그가 저술한『조소앙 사상』은 지금까지도 수준 높은 연구성과로 평가받고 있다. 홍군은 친형 홍윤희 사장이 운영하던 태극출판사에서 한국현대인물전집을 기획할 때『단재 신채호』집필을 내게 적극 권유한 장본인으로 내가 뒤에 단재 연구의 대표적인 학자로 성장하고 인정받는 계기를 마련해준 친구이자 동지였다. 홍군은 또한 친형인 홍사장에게 당시 추진 중이던 세계대백과사전의 기획 편집 책임과 집필자로 나를 천거할 만큼 나의 능력과 지식을 크게 지지하고 인정해 주었다. 나에 대한 그의 믿음과 우정은 그가 요절할 때까지 일관되게 지속되었다.

회고컨대 변함없는 우정으로 학문적 동지가 되어준 홍군과 같은 인재를 만날 수 있었던 것은 정말 행운이었다. 그는 오로지 모교 교수 자리를 염두에 두고 당시 추천된 동국대 교수 취업을 마다했던 인물이었다. 그러나 드높은 꿈과 인격을 지녔던 그는 1981년 초 세브란스병원에서 몇 차례 뇌종양 수술을 받았으나 끝내 회복하지 못하고 별세하니 향년 41세였다. 그가 세상을 떠난 후 1주기를 맞아 유고집『삶에 대한 명상』이 출간되었다. 이때 나는 추도문 「한들 홍선희형을 추모함」과 함께 「한들 홍선희박사 연보」를 작성, 이 책 말미에 헌정 삼아 수록했다. 비록 학과는 달랐으나 같은 해 고려대 입학 동기로써 23년간 변함없는 우정을 나누었던 친구 홍선희 박사! 오늘날 훌륭한 인품과 함께 뛰어난 실력과 재능을 지녔던 그를 다시 한 번 추모하면서 그의 요절을 두고두고 애석해 함은 어찌 나 한 사람 뿐이겠는가? 이 자리를 빌려 진심으로 삼가 명복을 빈다.

철학과 출신으로 대학원 이후 사회와 학문활동 과정에서 친교를 맺은 분으로는 윤사순 선배(고려대 교수)를 들 수 있다. 윤선배는 이퇴계 연구를 비롯해 이 시대 한국유학 연구의 제1인자로 삼성출판사 『세계사상전집』중 이퇴계 부분, 경기대 국제학술대회 때 한국사상 분야를 담당 발표했다. 또한 내 아들 종원(鍾元, 재 호주)의 결혼 때는 주례를, 그리고 2005년 내 정년기념 저서 및 정년논총 기념출판회 때는 축사를 해주는 등 은덕을 입은 분으로 내가 평소 그 학덕을 존경해온 실력파 선배였다.

한편 우리 동기들이 입학 당시 강사로 철학개론의 첫 강의를 담당했던 대선배 신일철 교수(고려대 대학원장, 작고)와의 깊은 인연도 잊을 길이 없다. 재학 중에도 때때로 찾아뵙고 부탁 겸 상담을 드렸던 신교수께서는 학문과 편집 안목이 뛰어났던 분으로 뒤에 이용희 교수(서울대)와 함께 삼성출판사 상임편집위원으로 오랫동안 『세계사상전집』56권의 상담역을 맡아 큰 도움을 준 분이다. 또한 신교수께서는 내 논문 「암흑기의 시인의식」(1977)과 「황현의 현실인식과 역사감각」(1980)의 학술지 게재를 추천해준 장본인으로, 70년대 중반 여름 낚시광인 신교수님과 함께 동해안과 경포대를 함께 여행한 개인적인 인연도 추억으로 남아 있다.

그러고 보니 1980년대 초반 『신채호의 민족주의사상』(1983.6)을 발간할 때 말미에 첨부할 영문초록을 담당해준 손유택 교수(수원대 영문과)의 우정어린 도움을 잊을 수 없다. 손교수는 고려대 철학과 손명현 교수님 (작고)의 외아들로 태어나 『Y.B.예이츠 연구』로 고려대에서 박사학위를 받았다. 그는 나보다 10여 년 연하이나 도량이 넓고 인품과 학식 모두 훌륭한 매력적인 분이었다. 부임 초부터 친교가 있던 그 역시 해직되어 10여 년간 해직생활을 하던 기간 내내 늘 술을 벗삼아 울분을 달래던 중 안타깝게도 한 쪽 눈을 실명하는 불운을 겪었다. 그러나 다행히 만년에 복직되어 정년 때까지 강의는 물론 연금을 받을 수 있게 된 것은, 그의 일관된 지식인으로서의 양심과 높은 인격의 당연한 결과라고 생각한다. 손교수의 만년이 부디 건강하고 행복하기를 축원한다.

80년대 중반 해직으로 갈등과 번민을 겪던 시기 내게 많은 위로와 학은을 입은 동국대 출신의 최범훈 교수(동국대)가 생각난다. 3살 연상의 최교수는 청년기 이래 책 수집에 열정을 쏟아 일찍이 한국출판문화협회로부터 모범장서가로 선정, 표창을 받은 분이다. 그는 국어학자로 비록 전공은 달랐으나 안목이 높고 박학다식에 유머가 풍부했던 분으로, 이 시기 내가 겪고있던 불운과 학문을 크게 지지 평가해준 분이다. 그의 주선으로 짜여진 일정에 따라 경기도 각 시군 지역을 순회 동행하며 함께 강연에 참가했던 일이 어제의 일인 듯싶다. 그러나 1990년 봄 자가운전 중 불의의 사고로 입원차 메디칼센터에 수송 도중 50대 초반의 나이로 애석하게도 별세하고 말았다. 나는 사후에 발간된 유고집 『청연기』에 추도문 「한계 최범훈 인형의 영전에」를 기고, 그와 얽혔던 일화와 애통한 마음을 토로했다.

한편 타학과 입학 동기로써 친우이자 동지적 관계를 유지해온 인물로는 법학과의 홍영유군(현대차량 이사)을 꼽을 수 있다. 그는 3학년 재학시절 고대신문 기자로 활동하면서 4.19학생혁명을 취재, 공저 『기직과 환상』을 발간했다. 졸업 후에도 내가 관여하던 시·군지 등에 간헐적으로 글을 기고했으며, 나의 적극적인 권유가 주효했는지 수년 전 『4월혁명통사』 (12권)란 대작을 집필, 자비 출판으로 발간했다. 홍군의 이 저술은 4.19혁명의 전모를 밝힌 대작으로 이 방면 연구의 완결판이라고 할 수 있는 저작이다. 그는 노년의 나이에도 불구하고 학문적 성과를 이루어낸 뛰어난 재능과 열정을 갖춘 인재이자 신뢰감을 주는 친구이다.

홍형은 현재 안면도에서 취미삼아 밭작물을 재배하면서 서울에 규모 있는 빌딩도 소유하고 있어 비교적 안정된 노후생활을 영위해 나가는 중이다. 그는 재학 중은 물론 졸업 후에도 연락을 취하며 이제까지 간단없는 우정을 나누어왔다. 현재도 그가 거주하는 지역의 역사유적을 탐방하고 간간히 집필 활동을 계속하는 그의 열정과 정신력에 경의를 표한다.

한편 나와 같은 학과 동기 중 영화평론가로 활동해온 변인식군(작고)도 입학 초부터 자주 만나 우정을 나눈 친우이자 문우였다. 그는 일찍이 서울신문 신춘문예 영화평론 분야에 당선된 이후 『영상미의 반란』 등과 같은 저술을 냈고, 각종 신문과 잡지에 영화평을 꾸준히 기고하는 등 손꼽히는 중진의 영화평론가로 활동했다. 그러나 불행히도 노년에 아들의 요절로 인해 크게 상심해 오던 중 지병인 알츠하이머병까지 겹쳐 큰 고생을 겪다가 70대 중반의 나이로 별세했다. 변군과는 대학 1년 때부터 친해져 그의 한때 거처였던 중랑교 밖 벌판에 세운 천막집에서 어두운 사회현실의 고통과 젊음의 번민을 함께 나눈 일도 있어 불치의 지병으로 고통받는 그의 노년이 너무 안타까웠다.

이와 함께 같은 학과 입학 동기로 일찍이 대학 재학 중 시나리오 『내일의 지점』이 한국일보에 당선된 재사로 이유황(필명 이유민)군이 있다. 그는 졸업 후 kbs와 sbs 등 방송국에서 문예물을 연출한 품격 있고 실력을 갖춘 재능 있는 연출가로 주목을 받았다. 그는 이들 방송국에서 제작부

간부로 활동하다가 만년에는 지방의 건양대 교수를 역임한 후 최근에 지병으로 갑자기 세상을 떠났다. 당시 우리 동기 중 방송과 영화 동인으로 활동한 친구로는 류호석군이 있다. 그는 독실한 천주교 신자로 졸업 후 동양방송을 비롯한 여러 방송국에서 능력있는 PD로 활동했고, 명사들의 서예 작품을 다수 수집한 소장가로 알려져 있다.

같은 학과 여학생 동기로는 여운계와 조병록 교우가 있다. 이들은 우리 나라 연예계와 교육계, 예술계에서 제 몫을 다하는 엘리트로 활약했다는 점에서 동문으로서 감사하게 생각한다. 여운계 교우는 화성 출신으로 나와는 동향이었으나 재학 중에는 살가운 대화나 별다른 교우가 없었다. 그녀는 재학 중 고려대연극반에서 활동하다가 KBS 공채 탤런트로 채용된 이래 연기파 배우로 주목을 받았으며, 한국방송대상 공로상, KBS 인기대상 등을 수상했다. 졸업 후에야 나와 살가운 대화를 자주 나누던 그녀는 2005년 2월 수원 캐슬 호텔에서 열린 나의 저서와 정년기념논총 출판기념회에 참석했다. 2009년 지병인 암으로 70세를 일기로 세상을 떠나자 동기들과 함께 세브란스병원 장례식장에 참석해 그녀의 별세를 애도했는데, 12년 전 그녀의 죽음을 슬퍼했던 일이 바로 어제런듯 싶게 느껴온다.

한편 조병록 교우는 재학 중 고대신보에 소설이 당선될 만큼 문재가 있었으나 졸업 후 교편생활을 하면서 궁체를 격조 있게 잘 쓰는 서예가, 문인화가, 수필가로 활동했다. 재학 중에는 역시 별다른 교우가 없었으나 중년 이후 인천과 서울 인사동에서 각각 열린 그림과 서예전시회에 각각 참석하면서 친밀해졌다. 2004년 정년을 앞두고 불현듯 그녀의 글씨와 그림이 생각나 이듬해 2월에 간행할 『정년기념 사학논총』의 표지화(홍매화)와 권두화보에 수록할 작품으로 이육사의 시 「광야」를 부탁했다. 그녀는 시간과 품이 많이 드는 작업임에도 불구하고 또 건강도 썩 좋지 않은 상태에서 쾌락했다. 그리고 얼마 후 심성이 착하신 부군 박창규 선생편에 작품을 보내왔다. 내 정년논총의 편집을 맡은 모든 사람들이 그녀의 품격 있는 궁체 글씨와 순수하면서도 화사한 홍매화 그림을 보고 모두 탄복하자 그녀의 성의와 배려가 새삼 고마웠다.

한편 2017년 봄 조교우가 서울 모출판사에서 수필집『행간을 읽다』의 간행을 앞두고 내게「작가와 작품 해설」을 간곡히 부탁해 왔다. 그녀는 오래 종사해온 교직에서 퇴임한 후 거처를 부천에서 전남 진도로 옮겼다. 그리고 그곳에서 솔마루미술관을 운영하면서 기품있는 글씨와 그림, 글을 쓰는 등 청년 못지않은 활발한 작품 활동을 하고 있었다.

12년 전 그때의 인연도 있고 해서 나는 곧 그녀의 작품들을 꼼꼼히 읽고 성의를 다해 그해 5월 중순 70매에 달하는 장문의「작가와 작품해설」을 탈고해 이메일로 전송했다. 그녀는 전화를 통해 나의 해설이 너무 마음에 든다는 치하의 말과 함께 진도 특산 전복 한 상자를 보내왔다. 얼마 뒤 홍매화 표지의 그녀의 아담한 작품집『행간을 읽다』가 그해 8월 서울에서 발간되자 나는 스스로 그 서평 겸 소개의 글을 경기일보에 기고, 이 신문에서 비중 있게 다룬 기사를 그녀에게 보낼 수 있어서 매우 기뻤다.

그러나 어이 하랴! 조교우는 책을 낸지 1년 후 어느 날 갑자기 암으로 별세했다는 연락을 부군으로부터 받았다. 나는 동기인 최명균(동기회장), 이유황(건양대 교수) 학형과 함께 부천 장례식장에 가서 조문한 일이 어제인 듯싶다. 그런데 아플사! 몇 달 전 코로나19 정국 속에서 함께 조문 갔던 이유황형마저 갑자기 세상을 떠났다는 슬픈 소식을 뒤늦게 접하게 되니, 인생무상과 애석한 마음 금할 길이 없다.

그리고 보니 재학 중은 물론 60대 중반 나이에 이르기까지 오랫동안 인간적인 우정을 나눈 친구 이은윤군(작고)의 모습이 떠오른다. 이군은 김포 출신으로 조실부모한 탓인지 유난히 친구의 우정에 목말라 했다. 그는 졸업 후 초등학교 교사였던 부인과 결혼, 처가의 연줄로 퇴계로에서 합판상을 개업하면서 내가 작명한 <금성합판>을 간판으로 내걸었다. 그는 딸만 셋을 두었는데 우리 가족과도 가까워 함께 안양유원지에 피크닉을 다녀오기도 했다. 만년에 그는 불교에 귀의, 경전을 탐독하며 강남에서 주차장을 운영했다. 그러나 불행히도 암수술의 경과가 좋지 않아 60대 중반의 나이로 세상을 떠났다.

학과 동기로 대학원을 거쳐 대학교수로 활동한 대표적인 교우로는 김종균군(한국외국어대 교수)과 이원직군(순천향대 부총장), 그리고 성실근면한 학자이자 저술가로는 황충기군을 들수 있다. 김종균군은 일찍이 『염상섭 연구』(고려대 출판부)를 비롯하여 비중 있는 많은 저술을 냈고, 내가 뒤늦게 대학에 취업하는 과정에서 그리고 나의 해직과 복직과정에서 많은 조언을 해준 매우 고마운 친구였다. 특히 해직시기에 초면의 김하우 교수(고려대)와 함께 셋이서 약 5일간 보림사를 비롯한 남도지방의 역사 유적지 탐방을 시행했던 일이 아직도 인상 깊게 남아 있다. 요즘은 어떻게 지내는지 그의 건승을 빈다.

자그마한 체구의 이원직군은 전공이 국어학으로 기개가 매우 당차고 전공은 물론 대학 행정에도 뛰어난 식견을 갖고 있었다. 그는 항공대 교수시절엔 신문 주간으로 그곳 학보에 나의 신채호 관련 글을 게재한 일이 있었다. 또 내가 대학으로 뒤늦게 취업하는 과정에서 또 해직과 복직과정에서 지혜롭고 실질적인 조언과 충고를 해준 사려깊고 고마운 친구였다. 이군은 뒤늦게 결혼했으나 그의 아들과 딸이 모두 수재여서 매우 성공적인 그의 삶이 부러울 때가 많다. 2년 전 그의 집이 있는 천안에 들러 맛있는 점심을 대접받으며 정답고 즐거운 담소를 나눈 일이 아름다운 추억으로 남아 있다.

재학 중 이군과 단짝으로 나와도 술자리 등을 통해 친교가 깊던 김영묵 군이 갑자기 그리워진다. 경북 영덕 출신인 그는 호방하고 스케일이 있는 의리파 기질의 소유자로 전형적인 '경상도 사나이'였다. 그는 경북 영덕 지방고교를 우등으로 졸업하고 서울로 유학, 대학에 진학한 뒤 당초에는 국어학 전공을 꿈꿨으나 졸업 후에는 방향을 전환, 관계와 사업 등에 몸담았다. 세칭 TK세력이 잘 나가던 시절 그는 법무부장관 비서실장(이선중 장관)에 재직하면서 때때로 연락, 당시 법제처에서 간행한 국역『경국대전』을 비롯한 조선시대의 각종 국역 법전 100여 권을 통크게 기증해준 일도 있었다. 그리고 서울역 세브란스 부근 화식집에서 술자리를 마련해 즐거운 우정의 시간을 가졌다. 만년에 그는 플라스틱 사업에 종사하기도 했으나 과로 끝에 병을 얻어 오랫동안 외부 출입을 하지 않았다. 이 자리를 빌어 의리파 사나이 김형의 쾌유와 함께 건강, 행운, 은총이 깃든 노후를 보내기를 기원한다.

한편 우리 동기 중 항상 부지런하고 근면한 자세로『한국학사전』,『한국시조사전』,『한국아호사전』등을 비롯해 많은 저술을 펴낸 황충기군이야 말로 정말 존경할 만한 친구라고 생각한다. 학자 중의 학자다운 진중한 자세로 쉼 없이 늘 매진을 거듭하는 그의 앞날에 문운이 가득 깃들기를 빈다. 아울러 도깨비 같은 인상에 재빠른 직관력을 지닌 인물이 바로 윤강로군(시인)이다. 윤군의 교사로서의 실력과 카리스마는 일찍이 보성고 출신의 제자로부터 직접 들은 바 있거니와 그는 박목월 시인의 노선을 따르는 잡지『심상』의 대표적인 시인으로 활동하고 인정받은 데서 시인으로서 그의 위상을 엿볼 수 있다. 또한 항상 조용하고 성실 근면한 태도로 일관해온 교육자 조규룡군(오산중 교장)과 연극과 방송드라마의 연출자로 이름 높은 유길촌군(MBC미술센터 사장) 등의 교육자로서, 연출가로서의 활약과 업적에 대해서도 경의를 표한다. 조군은 동기들의 경조사를 비롯한 각종 모임에 빠짐없이 참여하는 성실표 모범생이며, 유군은 수년 전 세계무형문화유산엑스포 조직위원회 사무총장으로 재임 시 동기들을 초청해 맛있는 음식과 구경거리를 즐기는 시간을 마련해줘 고마웠다.

무엇보다 우리 동기회를 묵묵히, 한결 같이 실질적으로 이끌고 있는 인물이 바로 최명균 동기회장이다. 그는 일찍이 규모 있고 알찬 외국인 회사에 상무로 있으면서 그 능력과 성실성을 인정받은 인물이다. 김포가 고향인 그는 재학 중 행동과 목소리가 요란했던 우리들 무리와는 달리 조용하고 겸손하고 성실한 자세로 매사에 실학적인 자세와 인품을 관철해왔다. 1988년 고려대 입학 30주년 기념행사에 이어 2018년 3월 입학 60주년의 기념행사를 학교 당국과 동창회 주최로 추진하고 있었다.

최회장은 거교적인 차원에서 추진된 이 행사에 적극 참여하여 주요 역할을 한 결과 학과 동기 다수가 이 행사에 참여하는 등 결정적인 역할을 했다. 이날 오랜만에 만난 동기들과 새로 건축된 모교의 여러 첨단 시설물을 둘러보고 입학 당시에 비해 크게 변모된 모습에서 금석지금을 새삼 실감하면서 후배 전문가에 의해 미래사회에 전개될 제4차 산업의 혁명적 변화에 대한 특강을 들었다. 그리고 학교와 동창회측이 마련한 맛있는 음식, 학교와 58동기회 로고가 인쇄된 각종 선물을 받는 등 뜻 깊고 즐거운 시간을 가질 수 있어서 감회가 깊었다.

한편 교우관계를 주마간산(走馬看山)격으로 살펴보는 가운데 다음 몇 분과의 깊은 인연은 결코 지나칠 수 없다. 나의 첫 대학 데뷔과정에서 사부격의 많은 도움을 주신 분은 바로 국민대 정범석 총장님(작고)이었다. 그분은 처이모부님이라는 관계 이외에도 소설집 『빛과 어둠의 연대』때 내가 그 산파역을 했지만, 첫 외국 여행도 주선해 주실 만큼 여러 가지 면에서 은혜로운 분이었다. 이 기회에 삼가 명복을 빈다.

또한 80년대 중반 번민과 방황을 거듭하던 해직시기에 나에게 연구비를 마련해 주며 격려해준 분이 바로 박영석 국사편찬위원장님이었다. 박위원장님은 사학과 3년 선배로 내가 겪고 있던 학문적 불운에 대해 늘 위로해 주며 대학 강의도 주선해준 고마운 분이었다. 정년 후 오랫동안 와병생활 끝에 3년 전 세상을 떠나신 그분의 명복을 빈다.

90년대 초 새로운 대학의 복직과정에서는 고려대 동문 유성룡 교수(수학과)의 적극적인 추진력과 노태구 교수(행정학과)의 신의있는 권유가 큰 역할을 했다. 재직 중에는 안병균 교수(중문학과)의 선비다운 의리와 인격, 그리고 동갑나기로 마음을 진솔하게 터놓고 허교한 김광길 교수(국문학과)와의 우정은 지금까지도 잊을 수 없다. 이러한 우의와 함께 안교수의 따님과 김교수의 아드님 결혼 주례를 각각 내게 맡겨 집전할 만큼의 깊은 인연으로도 이어졌다. 재직 때부터 이제까지 변치 않는 이분들의 우의에 대해 감사드린다.

또 후배인 영문과의 김경석 교수는 바쁜 가운데서도 내 논문의 영문 초록 번역을 담당해 주는 등 동문교수로서의 성의와 수고로움을 마다하지 않았다. 몇 년 전부터 정년 후 같은 대학에 재직하던 남상철(교정학과), 유성룡(수학과), 노태구(행정학과), 김홍기(총무, 산업공학과), 정진원(건축학과), 정세웅(회계학과), 김시업(교양전공) 등 대학 동문 교수들과는 두 달에 한번 꼴로 정기적인 모임을 가져오고 있다. 그러나 한 해 전부터 코로나19 정국으로 인해 잠정 중단된 이 모임도 하루빨리 풀려 만남이 재개되기를 손꼽아 기다려본다.

끝으로 집과 직장이 있던 수원에서 90년대 중반부터 보람을 느끼며 애정을 기울여 주력한 학술단체는 경기사학회와 함께 정조사상연구회(회장 이대균, 작고)였다. 정조사상연구회는 처음 1994년 5월 이완선 전주이씨 종친회장, 정희준 홍난파기념사업회 이사장, 임성규 화성오산신문 사장 등 11명을 중심으로 발족했다. 나는 이듬해 12월 창립 1주년 학술대강연회(수원 브라운 관광호텔) 때부터 발표자로 참여한 이후 매년 수원 유림회관에서 큰 규모로 개최된 정기적인 행사에 빠짐없이 권두논문 발표자로 참여했다.

이 단체는 1998년 11월 『정조사상연구』창간호를 발간한 이후 2003년 12월 제6호를 발간하기까지 매년 수준과 품위를 갖춘 학회지를 발간했다. 이 단체와 학회지가 전국 차원의 내실과 권위있 는 학술단체, 학술지로 성장하기까지는 이대균 회장의 열정과 헌신적인 노력이 큰 역할을 했다. 이회장은 향남면 출신으로 일찍이 이재형 국회의장 비서, 민의원 출마, 전주이씨종친회 조직이사 등을 거쳐 만년에는 정조사상연구회를 발전시키는데 주력했다. 이회장의 진정성 있는 후원 아래 나는 학술대회 개최와 학술지『정조사상연구』발간의 주체가 되어 일하는 과정에서 그의 남다른 열정과 추진력에 경의를 표하지 않을 수 없었다. 그러나 그는 2000년대 초 애석하게도 지병인 당뇨가 악화되어 투병 끝에 별세했다. 장례날 남양의 임성규 사장과 동행, 장지인 향남 선산까지 가서 조문하던 일이 어제런듯 떠오른다. 이회장께서는 나의 외가가 전주이씨(양녕대군파)라는 인연까지 겹쳐 당시 주력하던 나의 정조와 화성에 대한 연구열을 한층 제고시키는 데 큰 도움을 준 분이다. 삼가 명복을 빈다.

1996년 3월 앞의 정조사상연구회 활동과정에서 친교를 맺은 이승억씨(건릉봉향회장)의 권유로 오산.화성지역 경재정의실천시민연합 공동대표를 맡게 되었다. 그리고 2001년 2월에는 이 시민단체의 광명시지역 자문위원으로 활동했다. 또 이러한 학문 외적인 지역사회 활동과 관련하여 앞의 임성규 사장과 주변의 권유로 화성시민포럼 공동대표를 맡아 약 5년간 각 면리지역 젊은 유지들과 남양에서 모임을 갖고 친교를 맺은 것도 이 무렵의 일이었다.

또한 내가 사는 수원에서 오랜 우정의 끈을 잊지 않고 친교를 맺고 있는 분으로는 김종기 전 수원문화원장이 있다. 세 살 연상의 그는 학교는 다르나 학번은 같은 데다 종손으로서 외아들이라는 공통점에서 더욱 친밀감을 느꼈다. 특히 경기도향토사연구협의회 결성과 한국향토사연구전국협의회 주최 경기도 행사 때의 인연 이후 지금까지 여러 가지 면에서 개인적으로 살가운 우정을 나눠오고 있다. 오랫동안 와병 중인 부인의 쾌유를 빌어마지 않는다.

끝으로 막내외숙님(이종윤, 전 사업)의 때로는 친구 같은, 부성애가 담긴 우정을 기억하고 싶다. 외숙께서는 나보다 다섯 살 연상이시지만 현직에 계실 때도 자주 만남이 있었고, 정년 후에는 함께 산행을 즐겨 도봉산, 백운대 등지를 오르기도 하였다. 미식가인 외숙님과 함께 한 만남의 자리는 늘 정겹고, 푸근하고, 즐거운 추억으로 남아 있다. 인생 후반기를 사시는 외숙님의 건승을 빈다.

또 시골집에 농사일을 돌보는 데는 마을 후배 최명광씨로부터 많은 도움을 받고 있다. 전기공학을 전공한 명광씨는 일찍이 마을 유래비를 세우는데 주동적 역할을 했거니와, 젊어서부터 고향산에 나무를 심고 제초와 청소 등을 시행하는 등 향촌 가꾸기에 헌신적인 역할을 해오고 있다.

15. 에필로그

오늘날 손이 귀한 우리 집안의 가계를 이어갈 유일한 혈손인 나를 지극 정성으로 지켜 주면서 늘 걱정해 주고, 후원과 사랑을 쏟으시던 분들은 모두 고인이 되었다. 고향집은 어머니 사후 10여 년간 병약하신 당숙모님 (沈淑姬, 청송 심씨)이 홀로 지키고 계시다가 지병으로 요양원으로 거처를 옮긴 후 83세를 일기로 2017년 10월 26일 세상을 떠났다.

당숙모님은 일찍이 내가 중학생 때 수원(용인) 산의실에서 중매로 우리집 이웃 둘째당숙에게 시집오셔서 소생 없이 사시다가 당숙이 세상을 떠난 후 내 조부께서 마련해준 집을 팔아 정리했다. 그리고 나의 간청에 따라 노환으로 거동이 불편하신 말년의 어머니 곁에서 믿음이 가는 벗이 되어 정성껏 수발을 들어주신 정말 성품이 착하시고 은혜로운 분이다. 어머니 별세 후 고향집을 찾을 때마다 당숙모님께서는 당신의 처지보다는 노년의 삶을 사는 조카의 안위를 늘 걱정하며 어느새 눈가에는 이슬이 맺혀 있음을 보고 나도 어느새 눈시울을 붉히실 때가 많았다. 이 자리를 빌어 삼가 당숙모님의 명복을 빈다.

허나 이젠 그분마저 세상을 떠난 지금 건축한 지 130여 년을 헤아리는 향리 고가는 현재 사람이 살지 않고 열쇠로 잠가둔 빈 집이 되어버렸다. 대학 퇴임 후 나는 시골집도 돌볼 겸 농업경영인 등록과 함께 정남농협의 조합원으로 가입했다. 농협에서는 고령 조합원들에게 2년마다 무상 종합 검진의 혜택을 주고 구정과 추석 때는 흰떡과 송편, 하나로마트 이용 상품권과 농자재 구입 상품권을 각각 배포하는 등 많은 도움을 주고 있다. 고향의 단위농협 운영이 본궤도에 올라 조합원들을 위해 애쓰는 위상 높아진 그 모습이 너무 보기 좋고 날로 크게 발전하기를 기원한다.

한편 당숙모님이 요양원으로 거처를 옮기신 이후 나는 주말마다 아침 일찍 고향집을 찾아 안마당과 길 등 집 주변을 깨끗이 청소하는 일이 일과처럼 되었다. 소일삼아 텃밭을 제초하고 무와 배추, 감자와 고구마, 강낭콩과 완두콩, 고추와 가지, 더덕 등의 작물을 심고 관리하는 생활이 정례화되었다. 내가 시골집을 찾을 때마다 내 부모님을 비롯해 조상님들의 영혼이 깃든 이 고가는 노년의 삶을 살고 있는 필자를 쓸쓸하게 반길 뿐이다.

근래에 이르러 삼면이 나지막한 산으로 둘러싼 삼태기 모양의 고향 마을도 어느새 개발 바람이 불어 토지가가 치솟고 좌청룡에 해당하는 왼쪽 산기슭이 모두 파헤쳐져 고급 전원주택이 건립되는 등 날로 옛 모습을 거의 찾을 수 없을 정도로 그 형질이 큰 변화를 거듭하고 있다. 다만 우백호에 해당되는 고향집을 에워싼 뒷산만이 자연풍화와 적지 않은 벌목이 이뤄졌음에도 불구하고 그나마 옛 소나무 숲의 잔영을 겨우 유지해 오는 형편이다.

따라서 실로 오랜만에 고향집에서 듣는 솔바람 소리와 풍광은 그 전보다는 훨씬 미약해졌지만, 내겐 옛일을 회상하고 현재의 의미를 반추하는 데는 크게 손색이 없다고 생각된다. 그것은 이제 어머님의 숨결과 이승의 염원이 담겼던 소리가 아니라 후손을 걱정하는 지하에 잠드신 내 조상님들의 혼령들이 염원하는 저승의 간절한 바람이 담긴 언어인양 느껴질 때가 많다.

조상님들의 묘소를 휘돌아 불어오는 솔바람 소리는 노년의 내가 느끼고 의지할 수 있는 신앙으로서 의미를 지니게 되었으니, 이제 내 나이도 어지간히 심약해질 만큼 늙기는 늙은 모양이다. 아, 어린 시절부터 청, 장년기를 거쳐 노년에 이르기까지 고향집에서 친숙하고 정겹게 들었던 그 솔바람 소리……. 특히 가랑잎이 사각사각 흩날리는 늦가을 밤이나 밤새도록 눈이 내려 산촌을 백색의 설경으로 바꿔 놓은 겨울밤에 듣던 그 세찬 솔바람 소리가 새삼 그립다.

특히 한 많은 내 어머니의 삶 속에서 그리움과 외로움을 달래주던 그 신비의 솔바람 소리……. 자연경관과 소리가 운치 있게 어우러진 데다가 젊은 날의 센스티브한 상상력이 절묘한 조화를 이룬 한 편의 악장 없는 드라마틱한 교향시라고나 할까? 아무튼 시각(경관), 청각(소리), 상상력이 하모니를 이루어 그지없는 아름다운 시정과 적막감을 불러 일으켜 주던 그 귀에 익은 솔바람 소리여~! 소년시절에서 노년에 이르기까지 나의 학문적 열정과 문학적 감성은 어머니와 관련된 각별한 상념, 그리고 고향집과 주변의 자연경관에서 음양의 영향을 받았던 것으로 스스로 느낄 때가 많다.

아, 노년 후반기의 삶을 살고 있는 지금 날이 갈수록 세월의 무상함과 인사의 덧없음을 실감케 할 때마다 청, 장년기 고향집에서 듣던 그 비애와도 같은 허허로움과 어머니의 정겨운 내음과 소리를 동시에 자아내게 하던 그 신비의 솔바람 소리가 때때로 그리워진다. 그것은 나의 삶과도 깊이 연결되어 있는 사색의 무한한 원천으로서도 의미를 갖는다.

외로운 노년을 살고 있는 지금 머잖아 얼마 남지 않은 내 삶과 사색의 자취들도 솔바람 소리에 실려 저 무한한 우주 공간을 떠돌다 흔적도 없이 사라질 날을 미리 예감해 본다.

제2장 조선후기 – 향촌과 실학

I.추연 우성전의 학문과 의병장 활동

1. 머리말

추연(秋淵) 우성전(禹性傳, 1542~1593)은 16세기 중, 후반 대내적으로는 정쟁이 격화된 끝에 당색이 동, 서, 남, 북인으로 분화되고, 대외적으로는 임진왜란이라는 조선 역사상 미증유의 전란기를 맞아 관료·학자·의병장으로서 그 격동과 위기의 시대가 던져주는 문제의식과 온몸으로 부딪히며 치열하게 사색하고 행동했던 역사적 인물이다.

일찍이 그는 청년기에 퇴계(退溪) 이황(李滉)의 문하에 수학, 학봉(鶴峯) 김성일(金誠一), 서애(西厓) 유성룡(柳成龍)과 함께 퇴계의 3대 제자로 꼽힐 만큼 스승으로부터 각별한 관심과 촉망의 대상이 되었으며, 뛰어난 성리학자로서 학문적 탐구의 끈을 끝까지 견지했던 당대의 주목받던 학자였다. 무엇보다 높은 안목과 경륜, 그리고 강직한 성품의 소유자였던 그는 그 시대적 정치현실로 치열하게 전개되던 당쟁의 한가운데서 남인 당색을 이끄는 정계의 중견 관료로서 온갖 시련과 질시를 마다하지 않는 가운데 때로는 실의와 불우한 세월을 경험하기도 했다.

그러나 1592년(선조 25년) 4월 임진왜란이 일어나 육전에서 조선 관군이 패망을 거듭한 끝에 왜군이 삽시간에 북상하자 향리에서 노모를 모시고 은거생활을 하던 우성전은 분연히 떨쳐 일어났다. 그는 선영과 관직의 연고지였던 수원을 중심으로 경기도 각 지역에서 의병을 모집, 추의군(秋義軍)이라는 경기지역 최대의 의병부대(전성기 3천여 병력)를 조직, 경기 남북부와 서울지역에서 의병장으로 활동하며 큰 전과를 올렸다.

우성전이 지휘하는 추의군은 창의 근거지였던 수원과 인근지역에서 전라도 관찰사 권율(權慄)이 지휘하는 독성산성(禿城山城) 전투, 삼천병마골 전투, 금천전투, 강화와 인천, 부평전투 등에 참여했으며, 경기 북부지역에서는 행주산성 전투, 고양전투, 서울 용산과 한강 부근 수호 작전에 참여하는 등 여러 전투에서 크게 활약하였다. 추의군은 권율의 관군과 나주에서 북상한 김천일(金千鎰)의 의병부대, 그리고 수원에서 창의한 유생 최흘(崔屹)의 의병부대와 연합하여 합동작전을 펼치기도 했으며, 말년에는 퇴각하는 왜군을 경상도 의령까지 뒤쫓아 집요한 추격전을 펼치기도 하였다. 우성전의 추의군은 임란 초기 안성지방에서 과감한 유격전으로 큰 전과를 올린 홍계남(洪季男)의 의병부대와 함께 경기 남부지역에서 창의하여 왜군 섬멸작전을 수행한 대표적인 의병부대였다.

특히 추의군은 나주에서 북상한 김천일의 의병부대와 연합하여 당시 왜군의 손길이 못 미치는 강화와 인천에 들어가 전투 병력 강화와 군수품 조달을 도모하면서 경기 북부 고양과 한강, 서울지역 전투에서 왜적에게 심대한 타격을 가하였다. 그 결과 조정에서는 우성전의 뛰어난 활동과 전공을 기려 의병장으로서 최대의 영예인 '추의사(秋義使)'라는 직첩을 내렸으며[1], 의병장 김천일에게 내린 창의사(倡義使)와 함께 경기지역을 통틀어 두 사람이 의병장으로서는 최고의 대표적인 지휘관임을 공인하였다. 오늘날에도 예컨대 당시 우성전이 서울 숭례문 밖에서 용산 일대에 이르

---

1) 崔東立,「行狀」,『秋淵先生遺事』.

는 서울 수호 작전에서 얼마나 크게 활약했는가는 현재까지 전해오는 지명에서도 확인할 수 있다. 즉, 임란 후 현재까지 서울 도동에서 후암동으로 넘어가는 고개와 마을 이름이 '우수현(禹守峴)'이라 불려오는데2), 이는 왜군이 창궐하던 이 일대의 지역을 의병장 우성전이 잘 수호했다는 데서 유래된 것이다. 우수현이라는 지명은 당시 서울 도성 수호작전의 일환으로 용산지역에 주둔한 왜군을 섬멸하고 축출하는 작전 임무를 지녔던 우성전의 의병부대의 활약상을 알려주는 하나의 실례라고 할 수 있다.

임진왜란 발발 이후 왜군의 진군 목표였던 수도 서울을 둘러싼 경기지역 일대는 거의 왜군의 발길이 미치지 않은 곳이 없을 정도였다. 즉, 경기지역은 관할 37개 군읍 가운데 서해안 중심부에 위치한 강화·교동만을 제외한 광주·여주·파주·양주·수원·부평·이천·인천·장단·남양·양근·풍덕·가평·안산·삭령·안성·마전·고양·용인·진위·영평·양천·김포·지평·포천·적성·과천·금천·통진·교하·연천·음죽·양성·양지·죽산 등 35개 군읍이 왜군의 침략을 겪거나 점거된 적이 있을 만큼 그 피해가 욱심하였다.3) 그중에서 의병이 봉기 활동한 대표적인 지역은 수원(우성전, 김천일, 최흘), 안성(홍계남), 고양(신거상, 이산휘, 이신의, 이로), 양지(김충수), 양근(이일), 삭령(김적),

---

2) 앞의 글. 그러나 『서울지명사전』(서울시사편찬위원회, 2009) p.29에는 "牛首峴 : 용산구 후암동에 있는 마을로서 도동에서 후암동으로 넘어가는 고개 이름. 인근 마을 이름으로 불리는 데서 유래. 일설에서 '우수선생'이라는 학자가 이 부근에 살았던 데서 붙여진 이름. 이 부근에서 해마다 정월 보름이면 남문 안과 남문 밖 청년들이 이곳에 모여 편싸움을 하던 터가 되어 마포 만리재, 종로 비파점, 동대문 밖 안갑내, 신당동 무당내와 함께 서울의 편 싸움으로 유명"이라고 '우수현'이라는 한문 표기와 역사적 사실을 잘못 설명하고 있다. '牛首峴'은 '禹守峴'으로, 또한 인근에 살았던 '우수선생' 운운……의 기사는 의병장 우성전의 이 지역 수복과 수호작전에서 전공을 세운 데서 '禹守峴' 또는 '禹守재'로 불리게 되었다고 그 역사적 유래를 바로 잡아 기술해야 한다.
3) 『선조실록』권39, 선조 26년 6월 5일(무자) 기사.

강화와 인천(우성전, 김천일) 등지였다.[4]

원군인 명나라 군사의 참전으로 1593년 1월 그동안 점령당했던 평양성이 7개월여 만에 수복되고, 고양의 벽제관(碧蹄館) 전투를 거쳐 2월 권율의 행주대첩(幸州大捷) 이후 퇴각한 왜군이 한성으로 집결하자 퇴각하는 왜군을 섬멸하고 수도인 서울 도성을 회복하는 일이 현안의 과제로 떠오르고 있었다. 이때 추의사 우성전이 지휘하는 의병부대 추의군은 창의사 김천일의 의병부대와 때로는 관군과 연합작전을 펼치면서 용산과 한강에서 도성 회복을 위해 왜군과 치열한 격전을 벌리는 등 큰 전과를 올렸다.

그런데 도성의 외곽인 경기지역은 개전 초반부터 중반에 이르기까지 왜군의 북상 진격로와 남하 퇴각로에 위치해 그 피해가 심각할 정도로 컸다. 왜군의 분탕질이 매우 컸던 경기지역에서 이례(吏隷)와 사민(士民)을 규합해 대규모 의병부대 추의군을 결성하고, 수원을 비롯한 강화·고양, 그리고 한성 수복전 등 결정적 고비마다 참여해 활약한 우성전의 활동은 각 지역의 향촌 수호는 물론 근왕(勤王)과 도성 회복을 위한 경기지역 의병운동의 상징적 성과와 의미를 지니는 존재라고 할 수 있다.

그러나 이러한 활동과 역사적 역할에도 불구하고 학계에서는 경기지역 의병과 우성전의 의병운동에 대해서는 이제까지 별로 주목하지 않았다. 또한 서애·학봉과 함께 퇴계의 고제(高弟)이자 성리학자로서 일생동안 탐구와 연찬을 게을리하지 않은 그의 학문, 그리고 분화를 거듭하던 당시 격동적인 정계의 한가운데서 남인의 영수로서 한 정파를 이끈 관료로서, 또한 시대의식에 투철한 지식인으로서의 치열한 삶과 역할에 대한

---

4) 정해은, 「중부지역 임진란 의병활동에 관한 연구 ―경기 지역을 중심으로―」, 『중·북부지역 임진란 항쟁활동의 역사적 재조명』, 사단법인 임진란정신문화선양회, 2011, p.80 및 p.87 참조.

역사적 평가 또한 소극적이라 하리만큼 지나치게 미미하였다. 이 글을 계기로 의병장 우성전의 의병운동은 물론 학자, 관료로서의 역사적 역할과 의미에 대한 보다 깊은 관심과 평가가 이루어지기를 기대해 본다.

2. 출생과 가계

우성전(禹性傳, 1542~1593)은 중종 37년(1542) 음 8월 16일 한성부(漢城府) 낙선방(樂善坊)에서 우언겸(禹彦謙)과 연안김씨 부인(현감 金碩鱗의 딸) 사이에서 둘째아들로 태어났다. 위로는 맏형인 심전(心傳), 밑으로는 동생 도전(道傳, 字 景中, 사헌부 감찰)이 있었다. 그의 자는 경선(景善), 호는 추연(秋淵)·연암(淵庵)이라고 하였다.

우성전의 본관은 단양(丹陽)으로, 시조는 고려 현종 때 정조호장(正朝戶長)을 지낸 우현(禹玄)이며 고려 말의 애국적인 무장으로 경상도원수(元帥)와 문하시랑찬성사(門下侍郞贊成事)·판삼사사(判三司事)를 거쳐 조선 태종 초에 검교좌정승(檢校左政丞)을 지낸 우인열(禹仁烈, 1337~1403)를 분파시조로 하는 정평공파(靖平公派)의 17세손이 된다. 단양우씨는 앞의 정평공 우인열 이외에 고려조에서 성균좨주(成均祭主)를 지냈고 한국 성리학의 개척자로서 경사(經史)와 『주역(周易)』에 달통했던 역동(易東) 우탁(禹倬 : 1263~1342), 우왕~공양왕 때 문하찬성사(門下贊成事)·좌시중(左侍中)·판삼사사를 지낸 단양부원군(丹陽府院君) 우현보(禹玄寶, 1333~1400) 등 역사적 인물을 배출한 명문의 하나이다.[5]

---

5) 『단양우씨족보』및 『단양우씨대동보』에 의하면, 그 派系가 ① 대제학공파(洪壽), ② 예안군파(洪富), ③ 안정공파(洪康), ④ 집의공파(洪得), ⑤ 판서공파(洪命), ⑥ 참의공파(元光), ⑦ 봉상정공파(元明), ⑧ 문강공파, ⑨ 정평공파(仁烈), ⑩ 문숙공파(希烈) 등 10개의 분파시조로 갈라져 가계를 이어온 것으로 되어 있다.

우성전의 직계 선조가 세거(世居)해 오고 또 묘가 있는 수원부 호매절면(好梅折面) 외촌(현 화성시 매송면 어천리)은 바로 그의 선산이 있는 본향(本鄕)으로서, 추연의 증조가 되는 우수(禹樹, 14세 손 : 延安府使 역임)대에 이르러 그동안 세거해 오던 파주군 내포(內浦) 2리에서 이곳으로 이사해온 것이 시초라고 한다.[6] 우성전이 수원현감을 역임하고 정계에서물러나 노모를 봉양하며 한때 살았던 현재의 매송면 어천리의 주변 일대는 명고서원(明皐書院)·매곡서원(梅谷書院) 터가 남아 있어서 조선중기 사림들의 활동 근거지로서 위상을 갖추고 있음을 실감할 수 있다. 어천리동쪽으로 우뚝 솟아있는 칠보산(七寶山)은 일찍이 산삼·맷돌·백송(栢松)·황계(黃鷄)·수탉·범·절·장사(壯士) 등 7가지 보물이 유명했다는 데서 그 이름이 유래되었다고 하는데[7], 그 빼어난 산수와 함께 이 고장의 유서 깊은인문과 자연환경의 분위기를 자아내게 한다. 그리고 어천리 외촌에서 서남향으로 관옥골, 능골이라 불리는 나지막한 야산과 골짜기가 펼쳐져 있는데, 이곳에는 우성전과 그의 7세손인 조선후기 실학자 우하영(禹夏永,醉石室, 1741-1812)을 비롯하여 최초로 이 고장에 이주했던 정평공과 14세손 우수 이후 단양우씨 선대의 묘군이 위치해 있다.[8]

우성전의 선대는 대대로 학문을 숭상하고 관도(官途)에 나아가 비교적현달한 가문이었다. 고조인 우기(禹圻)는 평양판관을, 증조인 우수(禹樹)는 연안부사를 지냈고, 조부 성훈(成勳)은 김굉필(金宏弼)의 문인으로 학문이 깊었으며, 생부 언겸(彦謙, 字 益之, 1509~1573)은 제용감첨정(濟用

---

6) 『단양우씨족보』및 정평공파 28세손으로 현재 화수회 고문인 禹熙成翁(작고, 매송면 어천리 출신으로 수원시 정자동 거주)과 선조의 현창사업에 힘쓰는 32세손 禹光聖씨(54세, 매송면 어천리에 거주하며 매현서각 운영) 증언 참조.

7) 『한국지명총람』18, 한글학회, 1986, 화성군 매송면 조.

8) 최홍규, 『우하영의 실학사상연구』, 일지사, 1995, pp.45~46.

監僉正)·의빈부경력(儀賓府經歷)을 거쳐 함종현령(咸從縣令) 등을 역임하였다. 그는 언겸의 둘째아들로 태어났으나 뒤에 아들이 없던 백부인 준겸(俊謙, 司饔奉事를 지냄, 贈 左承旨)에게 입양 출계(出系, 양모는 밀양박씨)되어 청소년시절과 중년 이후 주로 서울 낙선방, 남산 밑 초정(草亭), 숭례문 밖 등지에 있던 생가와 양가(養家)를 오가며 살았다.

장성해서는 서경덕(徐敬德)의 문인으로 대사성·대사간 등을 역임하며 동인(東人)의 영수로 명성이 높던 초당(草堂) 허엽(許曄, 1517~1580)의 둘째딸 양천허씨와 혼인하였다. 추연의 장모가 되는 초당의 초취부인 한씨는 서평군 한숙창의 딸로서 소생으로는 아들 성(筬, 자 功彦, 호 岳麓, 1548~1612, 대사성·대사간·부제학에 이어 예조·병조·이조판서 역임)과 군수 박순원에게 출가한 맏딸 등 1남 2녀를 두었다. 또한 초당의 재취부인 김씨는 예조판서 김광철의 딸로서, 소생으로는 봉(篈, 자 美叔, 호 荷谷, 1551~1558, 예조·이조좌랑을 거쳐 홍문관·예문관의 應教, 典翰을 역임)·난설헌(蘭雪軒, 초명 楚姬, 1563~1589)·균(筠, 자 端甫, 호 蛟山, 1569~1618, 검열·세자시강원 說書 등 역임) 2남 1녀를 두었다. 이들 처가붙이가 바로 추연의 동복과 이복처남·처제가 되는데, 특히 처족들은 하나같이 제제다사(濟濟多士)의 인물들로써 관직 또한 현달하였다.

추연은 청소년시절부터 천자영매(天資英邁)하여 학문에 힘쓴 결과 20세가 되던 명종 16년(1561), 진사시(進士試)에 입격하고, 1564년 성균관 유생들을 거느리고 당시 명종의 모후 문정왕후(文定王后) 윤씨의 비호 아래 정치에 깊이 개입하던 승 보우(普雨)를 참수할 것을 상소, 사림(士林)들의 주목을 받았다.

3. 퇴계 문하에서 학문 수업

추연 우성전이 당대 최고의 석학 퇴계(退溪) 이황(李滉, 1501~1570)의 문하에서 성리학을 배우기 위해 예안(禮安, 지금의 안동)에 유학(遊學)하여 학문을 본격적으로 깊이있게 연찬(硏鑽)하기 시작한 것은 그가 진사시에 합격한 이듬해인 21세 때의 일이었다. 이 시기는 벼슬에서 물러난 퇴계가 61세가 되던 1561년 11월 현 경북 안동시 도산면 토계리 도산 남쪽에 도산서당(陶山書堂)과 부속건물들을 완공하고, 또 이듬해에는 그 곁에 제자들이 힘을 모아 역락서재를 지었으며, 『근사록(近思錄)』을 강의하던 무렵이었다. 추연의 나이 22세가 되던 1563년 추연의 생부 우언겸(禹彦謙)과 여답(與答)한 서간 1편이 있는 것으로 보아9), 한 해 전부터 예안에서 직접 퇴계의 지도 아래 유학 경전 강의가 이루어지고, 또 서간을 통해 학문 지도와 연찬이 본격화되었던 것으로 추측된다.

추연이 1562년 퇴계의 문하에 유학할 때 동문·동갑의 유성룡(柳成龍, 1542~1607, 호 西厓)을 만났는데, 그와는 뜻이 맞는 평생 친구이자 정치적 동지가 되었다. 서애는 "내가 용궁(龍宮)에 내려가서 외삼촌의 상례를 치를 때 경선(景善)을 만났으니, 수회촌(水回村) 여관방에서였다. 다음해에 경선이 한성부 낙선방(樂善坊)의 집으로 돌아갔으니, 나와 함께 같은 곳에서 독서한 지가 거의 반년쯤 되었는데, 이때부터 우정이 돈독하였다."10)고 추연과의 각별한 인연을 회고하였다. 고우(故友)에 대한 감회어린 서애의 회고로 미루어 이때 두 사람이 도산서당에 머문 것은 약 6개월 정도의 기간이었음을 알 수 있다. 1564년(명종 19, 갑자) 퇴계의 답서 「우경성의 문목(問目)에 답함」11)에서 추연에게 거경(居敬) 공부에서 지나치

---

9) 권오봉, 『퇴계가연표』, 퇴계학연구원, 1989.
10) 『추연선생일기』(『계갑일록』) 書禹景善日錄後(유성룡)

게 마음을 잡아두려는 의사를 가져서는 안되고, 또 그 공효(功效)를 너무 빨리 기대해서는 안된다고 충고했으며, 그 별지(別紙)에서는 안자(顔子)·증자(曾子)·주자(朱子)의 말을 들어 경(敬)을 지키는 요체를 초학자인 제자에게 설유(說諭)하고 있다.

또 도산서당에서 함께 수업한 동문 김성일(金誠一, 1538~1593, 호 鶴峯))이 경전에 대한 독서의 경중(輕重)을 퇴계에게 질의한데 대하여 그 답서만 보더라도 이 시기 추연과 서애의 학문적 생각과 취향의 일단이 어떠했는가를 가늠해 볼 수 있을 것이다. 즉, 학봉이 퇴계에게 "우성전과 유성룡이 이르기를, 『주서(朱書)』는 『심경(心經)』처럼 중요치 않다고 하니, 그 말이 어떠합니까" 하였다. 이에 퇴계는 "일찍이 다 읽기 전에 지레 어떻다고 단정하는 것은 옳지 못한 일이니, 반드시 여러 해 동안 깊은 공력을 거쳐 익숙히 읽고, 자세히 맛들인 연후에야 바야흐로 그 친절함을 알 것이다. 또 학문을 한다면 그다지 졸속을 좋아하고 수고를 싫어해서야 되겠는가"12) 하고 깨우쳐 주고 있는 대목이 바로 그 단적인 예이다.

24세가 되던 1565년(명종 19, 을축) 성균관에 재학 중이던 추연은 낙향한 퇴계에게 기준(奇遵, 1492~1521, 호 服齋)의 저술 『덕양유고(德陽遺藁)』를 구해 보내드리면서 자신의 근황을 피력하자, 퇴계는 제자의 배려에 대해 감사의 마음과 함께 성균관생들이 요승 보우의 죄를 상소한 소식을 듣고, 당시 성균관에서 보우의 탄핵운동을 주도하던 제자 우성전에 대하여 우려의 뜻을 간략히 피력하고 있다.13)

이로부터 몇 달 후인 이해 7월 추연은 스승의 역학(易學) 강론을 직접 듣기 위해 다시 도산서당을 찾았다. 이번 방문은 동문인 김성일과 함께

---

11) 『퇴계선생문집』권31, 書, 「答禹景善問目性傳 ○ 甲子, 別紙」.
12) 권오봉, 앞의 책.
13) 『퇴계선생문집』권31, 書, 「우성전에게 답함」.

독서를 하면서 스승으로부터 직접 지도를 받는 기회였던 만큼 특히 학구열이 남다르던 그의 기대 또한 컸다. 65세의 퇴계가 맏손자 이안도(李安道, 호 蒙齋, 당시 25세)에게 보낸 이 해 8월 1일자와 8월 3일자, 그리고 11월 하순의 서간 「안도에게 보낸다(安道寄書)」에 의하면, 이때 추연은 학봉과 함께 계재에 머무르면서 스승의 지도하에 정지운(鄭之雲, 1509~1561, 호 秋巒) 소장의 『역학계몽(易學啓蒙)』2책을 강독하는데 깊이 잠심하고 있었음을 알 수 있다.

　　…(지금) 계재에서는 우성전이 다시 와서 묵고 있고, 오늘은 이덕홍(李德弘) 일행 세 사람이 또 왔다. 그러나 거처할 곳이 좁고 사람도 많아서 이덕홍 일행은 오래 머물 수 없겠다고 하는구나.14)

　　김성일과 우성전은 지금 『역학계몽』을 읽으려고 한다. 네가 이미 『주역』을 읽었다고 하더라도 『역학계몽』을 읽지 않을 수 없다.……곧바로 산에서 내려와서 이들과 함께 『역학계몽』을 읽었으면 참 좋겠다. ……요사이 김성일과 우성전 두 사람을 살펴보니, 목표하는 것이 매우 좋아서 오로지 올바른 학문에 전념하고 있다. 이처럼 뜻을 세운 것이 진실되고 간절하다면 무엇을 구한들 얻지 못할 것이며, 무슨 공부를 한들 이루지 못하겠느냐. 이와 같은 벗이 현재 서재에 있는데도 너는 크게 도움을 받을 생각은 하지 않고 한결같이 네 멋대로 해서 끝내 정자(程子)께서 너무 멀리 사냥을 나가서 돌아올 줄 모른다고 한 잘못을 하고 있으니, 진정 이래서야 되겠느냐.15)

　　김성일과 우성전은 계재에 묵으면서 다시 『역학계몽』을 읽기 시작해서 이미 다 마쳤다. 그 사이 새로 깨우친 곳이 더러 있지만, 네가 이것을 하지 못한 것이 아쉽구나.16)

14) 이황 저, 정석태 역, 『안도에게 보낸다』(을축 8월 1일 자), 들녘, 2005, p. 95.
15) 앞의 책, 을축 8월 3일자.

위의 서간에서도 나타나 있듯이 퇴계는 당시 도산서당에 있던 『역학계몽』의 학문적 중요성을 강조하면서 추연과 학봉 두 문인의 뛰어난 학문적 자질과 열성적인 학습 태도를 높이 평가, 이들의 재능과 태도에 못미치는 자기의 맏손자 이안도가 함께 참여하지 못하고 자신의 계도를 미처 깨닫지 못하는 방만한 자세에 대하여 깊은 우려와 개탄을 금치 못하고 있음을 알 수 있다. 이에 대해 퇴계는 자신의 지도에 충실히 부응해서 일취월장(日就月將)하는 제자인 추연과 학봉의 학문적 태도와 재능에 대하여 큰 기대와 경이로움을 느낀 듯하다. 이 무렵 추연의 학문적 관심사는 온통 『역학계몽』에 쏠려 재독, 3독을 하면서 그 물리를 터득하는데 힘쓰고 있었음을 알 수 있으며, 추연이 도산서당을 떠난 이듬해에도 서간을 통해 스승에게 정독 후 남은 의문점에 대해 몇 차례 질의를 계속하였다.

1565년 한 해만 해도 퇴계는 문도(門徒)들에게 6월에는 『논어(論語)』, 8월에는 『역학계몽』, 그리고 12월에는 『심경』강의를 했던 만큼 추연은 이를 수강하면서 많은 학문적 깨우침을 얻었던 것 같다. 이 해 한 해동안 퇴계와 추연이 여답(與答)하여 『퇴계선생문집』에 수록한 서간만 해도 4편에 이르고 있으며, 특히 이듬해인 1566년(병인) 1월 퇴계는 학봉·추연 두 제자와 『역학계몽』을 논한 자신의 학문적 즐거움과 보람을 손수 시로 옮어 제자들을 크게 격려하였다.

東風猶似北風嶺	동녘 바람 오히려 북풍처럼 사나울제
精鑛明窓對篆烟	밝은 창을 잠그고는 향로 연기 다했어라.
二子同來論舊學	두 벗이 함께 와서 옛 학문을 강론하니
喜將新益作新年)[17]	새해라 새 공부를 나는 기뻐하여라.

---

16) 앞의 책, 을축 11월 하순.
17) 『퇴계선생문집』권4, 詩, 「士純·景善論啓蒙」(丙寅).

이 무렵 추연의 학문적 관심사는 온통 『역학계몽』에 쏠린 듯, 그는 도산서당을 떠난 뒤에도 이 책을 재독, 3독하는 가운에 느낀 세세한 의문점에 대하여 서간을 통해 퇴계에게 질의하고 있음이 퇴계문집에 수록된 서간에서 확인된다. 이러한 제자의 질의에 대해 퇴계는 1566년경 장문의 서간을 보내 추연이 질의한 문목(問目)에 대해 성심을 다해 조목조목 세세히 답해 주고 있는 것으로 보아[18], 사제(師弟) 간의 도타운 정의(情誼)는 물론 학문에 대한 탐구열과 태도가 얼마나 진지했는가를 엿볼 수 있다.

1565년경, 추연은 스승 퇴계의 학문을 존경한 나머지 시문(詩文)을 모아서 책으로 엮기에 이르렀는데, 이에 대하여 퇴계는 추연을 비롯한 문도(門徒)들로 인해 '지나치게 추중(推重)'하는 태도로 인해 외부의 비방(誹謗)이 있음을 상기시키면서 행동에 각별히 조심할 것과 그 엮은 책을 불태워 없앨 것을 간곡히 당부하기도 하였다.

······우리 경선(景善)과 같은 사람이야 다른 것은 근심할 것이 없으나, 다만 지나치게 추중하는 말을 하여 남들의 웃음과 꾸짖음을 사게 될까 염려스러운데, 시문을 모아서 책을 만드는 일 같은 것도 그 중에 한 가지 일이오.[19)

근래에 연(蓮)을 구해 심는 일로 인하여 염치없이 몇 줄 편지를 올렸더니, 이내 간곡한 답서와 아울러 약간의 연뿌리를 부쳐 주어서 새로 만든 연못에 충분히 심을 수 있게 되었으니 감사하고 다행이오.
······그대가 이미 알다시피 황(滉)은 그대의 지나치게 추중하는 것을 걱정하고 있거늘, 그대는 도로 '태산(泰山)·북두(北斗)와 같다'는 등의 말을 더하고 있으니, 이 말을 가지고 앞서 한 말을 헤아려 본다면

---

18) 앞의 책, 권 31, 書, 「答禹景善問目 啓蒙」.
19) 앞의 책, 「答禹景善, 別紙」.

그 어찌 자기를 위한 계획은 때를 씻기 위해 세탁하기를 생각하듯이
하면서도 남을 위한 계획은 타는 불에 바람을 부채질 하는 것처럼 하
시오.[20]

당시 신병으로 공조판서와 홍문관·예문관 대제학의 관직 제수를 사양
하고 낙향해 있던 퇴계는 서간을 통해 추연이 지나치게 스승을 숭상하고
찬양하는 말과 태도에 대하여 그 후유증을 우려해서 몇 차례 주의를 환기
시키고 있음은 매우 인상적이다. 그리고 이 무렵 추연은 퇴계에게 『중용
(中庸)』제12장에 나오는 비은(非隱)에 대해 질의, 퇴계는 그 해석을 두고
제자의 의문점에 대해 두어 차례 자세한 설명을 답서에서 밝히기도 하였
다. 『주역』계사(繫辭)의 일음일양지위도(一陰一陽之謂道)라는 '도(道)'가
이(理)인가 기(氣)인가를 묻자, 비은에 대한 논리를 반성케 하였다.[21]

그밖에 상제절차(喪祭節次), 존양(存養) 공부에 관한 것, 분상(奔喪) 절
차, 처세와 면학(勉學)에 대한 것, 조관(朝官)으로 언사(言事)에 대한 문제,
거상중(居喪中)에 있는 추연에게 보낸 답서, 생지위성(生之謂性)에 대한
주자(朱子)에 분절(分節)에 관한 것과 노수신(盧守慎)·서경덕(徐敬德) 등
이 흥(興)이 나면 일어나 춤을 춘다는 사실에 대한 논평, 『근사록(近思錄)』
문목에 답변 등 상례(喪禮)를 비롯한 추연의 질의에 대하여 퇴계는 친절
할이만큼 세세한 답서를 보냈다. 『퇴계전서』권 31~32 서(書)에는 별지
를 포함하여 총 26건의 퇴계가 추연에게 보낸 답서가 수록되어 있다. 퇴
계가 추연에게 여답한 서간은 확인된 것만 해도, 24세의 추연이 퇴계의
지도 아래 『역학계몽』을 강독하던 1565년(을축)에 4편, 1566년(병인) 3
편, 1568년(무진) 3편, 1569년(기사) 4편, 1570년(경오) 5편 등 별지를 포

---

20) 앞의 책, 「答禹景善, 別紙」.
21) 앞의 책, 권 32, 書, 「答禹景善, 別紙 問目在下」, 「答禹景善」. 「答禹景善問目」.

함하여 모두 26편을 헤아린다.

시기적으로 퇴계가 추연에게 보낸 답서는 1564년(명종 19, 갑자) 퇴계가 70세를 일기로 서거하던 1570년(선조 3, 경오)에 이르기까지 6년간에 걸쳐 집중적으로 이루어졌다. 추연보다 4세 연상인 석학 김성일(金誠一)에게 보낸 퇴계의 답서가 총 17건[22]을 비롯한 다른 문도들과 여답한 것이 대부분 10건 미만인데 비하여 퇴계의 주요 문인들 중 추연에 대한 답서가 편수·회수나 분량면에서 단연 가장 많은 편이다. 이는 성심성의를 다해 스승을 받드는 추연의 열성과 존경심에서도 연유되는 것이었지만, 학문에 대한 탐구열이 남다르고 또한 당시 중앙 정계에서 활약하던 추연의 활동에 대한 각별한 관심과 제자애(弟子愛)를 보여주는 확연한 증거임을 단적으로 말해 주는 것이다.

퇴계의 문도 중 추연에 대한 스승의 관심과 제자애는 비단 서간으로서만 끝나지 않았다. 앞에서 예거한 1566년(병인) 1월 「김성일·우성전과『역학계몽』을 논하면서 읊다(士純·景善論啓蒙)」를 비롯하여 다음에 소개하는 4편의 시가『퇴계선생문집』권 5, 시에 별도로 수록되어 있다. 즉, 추연이 28세 때인 선조 3년(1569, 기사) 9월에 지은 69세의 노스승 퇴계의 시「정자 우경선을 증별하여 관서로 가다(贈別禹景善正字之關西)」는 다음과 같다.[23]

昔月蒙君訪野夫	옛날 그대 와서 돌지아비 찾았었지
長安重見豈曾圖	서울에서 다시 만날 줄 어찌 미리 알았으리
非無對衆開顔面	여러 사람 모인 자리에서 대면한 일 있었건만
不似臨溪講典謨	시내에 다다라서 경서 강론 다르도다.

22)『퇴계선생문집』권34, 書.
23)『퇴계선생문집』권5, 詩, p.260.

正學只應功在熟	올바른 학문이란 공부 성숙함에 있고
浮名一任事歸迂	뜬 이름은 마침내 헛됨으로 돌아가리
丈夫別恨非女兒	대장부의 이별이란 아녀자와 다를지니
愼勿因循作小儒	그럭저럭 지나면서 작은 선비 되지 말라.

또 같은 무렵에 지어 읊은 퇴계의 시 「우경선의 시를 차운하니 두 마디이다(次韻答禹景善二首)」는 다음과 같다.[24]

1. 故人在日下	나의 좋은 벗이 서울에 있으면서
寄我一封書	나에게 글월 봉해 멀리 보내왔도다.
非恨稽全退	나의 시름은 완전히 물러가지 못함이요
君嫌近美除	그대의 계면쩍음은 좋은 벼슬 오른 것이라.
未期論舊學	옛 학문을 의론함은 기약하기 어려우니
空憶共精廬	옛날 도산정사에서 함께 한 일 생각나도다.
宦海多飜覆	벼슬바다 물결 일어 번복이 하도 할샤
寧忘賦遂初	애당초 품은 뜻을 어찌 잊을 수 있으랴.

2. 山趣無他只晏如	산중 취미 다름없이 마음 편안한 따름이니
回頭時復獨愁予	머리를 때로 돌려 내 홀로 시름토다.
明年好待花君子	내년에는 꽃군자를 기필코 기다리리니
不尙雲霞恨索居	구름·노을과 함께 외롭게 살지는 않으리라.

한편 추연이 국화와 문답한 시에 대해 스승 퇴계가 지어 읊은 「우경선이 국화와 문답한 시를 차운하니 여섯 절이다(次韻禹景善答 六首)」의 국역시는 다음과 같다.[25]

---

24) 앞의 책.
25) 앞의 책, pp. 261~262.

1. 국화에게 묻는다(問菊)

　•물성이 때따라 변한다기에 나는 늘 의심했노라.
아름다운 것 오래잖고 악한 것은 불어나네.
어찌 뜨락 가득한 서리 아래 호걸이
태반은 다북쑥 되고 병들 줄을 알았으리.

　•올해 여름 장마 심해 땅덩이에 병이드니
누른 국화 빛이 없고 곧은 절개 변했도다.
오히려 작은 떨기가 옛빛이 의구하여
여느 꽃과 함께 함을 부끄러워하는구나.

　•옆 동원(東園) 이슬 서리에 날마다 홀로 찾을제
오히려 옛 흥취가 깊었던 것 생각나라.
만일 두어 떨기에 누른 빛 없었다면
어느 곳 한 항아리 술로 남은 광경 완상하리.

2. 국화가 답하다(菊答)

　•하늘에 타고난 빛이 어이 변할 줄 있으랴
초췌키 그지없으나 이슬비에 자라도다.
대지 가득한 풍상 아늑한 삼경 속에
도옹(陶翁)은 기다리며 지탱하고 있으련다.

　•어지러이 변해가니 그게 과연 무슨 일고
잠자코 절조 지켜 이때를 기다렸노라.
영균(靈均)에게 말 붙이노니 탄식할 것 없으리라.
남은 꽃다움으로 그대 함께 기약하리.

이처럼 추연 우성전은 학봉 김성일·서애 유성룡과 함께 퇴계의 문하에서
수학하며 스승의 기대를 모으던 3대 수제자의 한 사람이었다. 이들은 안동을

중심으로 한 영남지역에서 형성된 이황학파(李滉學派, 영남학파)의 중심적 인물이었으며, 학문적인 면에서도 스승으로부터 각별한 사랑과 촉망을 받았다.

일찍이 스승 퇴계는 50세 이후 잠시 성균관 대사성을 지낸 것을 제외하고도 거의 관직을 사양하고 고향 부근 계상서당(溪上書堂)·도산서당(陶山書堂) 등에서 교육과 저술에 힘썼다. 그의 문하에서 배출한 문인들은 무려 368명이나[26] 이를 만큼 서당교육을 통한 후진 양성에 주력, 김성일·우성전·유성룡·조목(趙穆)·이덕홍(李德弘)·정구(鄭逑)·김우옹(金宇顒)·정탁(鄭琢)·유운룡(柳雲龍)·권호문(權好文)·구봉령(具鳳齡)·황준량(黃俊良)·정유일(鄭惟一)·조호익(曺好益) 등 학계와 정계에서 크게 활약한 인물들을 배출하였다.

퇴계의 사후에도 우성전을 비롯한 유성룡·김성일·구봉령 등을 중심으로 중앙 정계에서 광범위한 세력을 형성, 서경덕(徐敬德)·조식(曺植)학파와 함께 동인으로 활약했으며, 동인의 남·북인 분리 이후에는 남인의 중심세력이 되었다. 특히 퇴계학파(영남학파)는 율곡학파(기호학파)와 함께 조선 중기 사상계의 주류를 이루면서 조선 성리학 발전은 물론 중·후기 역사 전개에 있어서 큰 영향을 미치기에 이르렀다.

4. 관직생활-남인 영수로 활약

추연은 27세가 되던 1568년(선조 1) 별시문과에 병과로 급제한 후 한림원(翰林院)에 들어가 예문관 검열(檢閱)·봉교(奉敎), 홍문관 정자(正字)·

---

26) 『한국사』28, 국사편찬위원회, 1996, P.332. 한편 강주진 「이조사에 있어서의 퇴계」(『퇴계학연구』, 이퇴계선생 400주년기념사업회, 1972, P.290)에 의하면, 퇴계의 문인은 학문적 淵源면에서 東人(南人)을 중심으로 西人에 이르기까지 서울 59인, 예안 55인, 안동 47인 등 저명한 퇴계의 문인수를 총 249인으로 추산하였다.

수찬(修撰)을 거쳐 1572년 홍문관 부수찬을 역임하였다. 1573년(선조 6) 생부상을 당해 부임지였던 관서에서 돌아와 3년간 묘소가 있는 광주 대왕리(大旺里)에서 시묘살이를 하던 중 눈병이 난 가운데서도 이 해 6월과 8월 스승 퇴계에게 상제(喪制)와 『근사록』에 관한 문목을 서간을 보내 문의하였다.[27]

추연은 35세가 되던 1576년(선조 9) 당시 수원부 호매절면 외촌(현 화성시 매송면 어천리)에 계신 부모를 봉양하기 위해 수원현감(水原縣監)으로 나갔다. 재임하는 동안 그는 이 고장의 적폐(積弊)를 일소하고 교화로서 선정(善政)을 베풀어 그가 이임할 때 당시 주민들이 지방관으로서 추연의 업적을 칭송하는 거사비(去思碑)를 세웠다. 이해 5월 청주로 출가한 누님이 별세하였다.

그는 한때 파직되었다가 1581년 경연(經筵)에 들어가 홍문관 수찬·사헌부 장령(掌令)·사옹원정(司饔院正) 등을 역임한 뒤 1583년(선조 16) 예문관 응교(應敎)를 거쳐 여러 번 검상(檢詳)·의정부 사인(舍人) 등을 지냈다. 이해 6월 사간(司諫)·군자감(軍資監) 군자정(軍資正), 7월에는 홍문관 부수찬·부교리, 8월과 10월에는 성균관 사성(司成), 11월에는 사옹정, 그리고 외직으로는 강화부사(江華府使) 등을 역임하였다.

그가 자술(自述)한 『추연선생일기(秋淵先生日記)』(『癸甲日錄』)에 의하면 1583년(癸未) 여름 관직생활과 학질로 간간이 고통을 겪는 가운데서도 독서와 학문 연구에 게을리하지 않았다. 이해 6월에는 『논어(論語)』를 읽고 「두시(杜詩)」를 보았으며, 6월~9월에는 『강목(綱目)』을 읽고 교정하였다. 또 정유일의 『명현록(名賢錄)』을 교열하고 『심경(心經)』과 『시전(詩傳)』을 읽고 구두점을 찍는 데도 힘썼다. 또 10월~12월에는 습창(濕瘡)

---

27) 『퇴계선생문집』권 32, 서, 「답우경선, 별지」.

으로 고통을 겪으면서도 『맹자(孟子)』를 읽고, 11월~12월에는 제자인 최동식(崔東式) 등과 함께 『논어(論語)』와 『심경(心經)』을 강론하였다. 또한 그는 동인(뒤의 남인)의 중심인물로써 1583년 6월~12월 6개월 동안 김성일·유성룡·김취려(金就礪)·김우옹·허성·허봉·최동식(제자)·우도전(禹道傳, 동생)·김익현(金翼賢)·박국보(朴國寶)·최변(崔抃)·최담령(崔聃齡)·김위(金偉)·심대(沈岱)·홍혼(洪渾) 등과 교유하면서 남인 당색의 여론을 주도하였다. 이 시기에 그는 남산 초정(草亭)과 도성문 밖 사가(私家)를 자주 왕래하면서 생활하였다.

앞의 『추연선생일기』중 1584년(甲申) 1월~3월 기록을 보면, 습창과 종기로 오랫동안 고통스러운 가운데서도 제자인 최동식과 『논어』와 『대학(大學)』·『통감』·『초사(楚辭)』에 대한 강론, 『맹자』·『연주시(聯珠詩)』·『중용(中庸)』·『혹문(或問)』·『시전』·『시경(詩經)』 등을 읽고, 『대학(大學)』·『논어』·『맹자』에 대한 구두점을 찍었다. 특히 4월 중순에 이르기까지 『시전』에 대한 3독을 끝내고 다시 미숙한 것을 새삼 눈여겨보았으며, 5월~8월에는 20대 초부터 퇴계 지도하에 학문적으로 각별한 관심을 기울인 『역학계몽』·『계몽전의(啓蒙傳疑)』를 정독하였다.

이해 6월에는 연안부사(延安府使)에 임명되어 임지로 떠났는데[28], 이 외직은 추연의 증조 우수(禹樹)도 역임한 바 있어 특히 감회가 남달랐다. 앞서 3월에는 이희염(李希恬)의 서자 지달(枝達)을 사위로 맞이하는 경사가 있었다. 그러나 5월에는 출가한 청주 누님의 부음(訃音)을 들었으며, 8월 연안부사직을 사임한 뒤 수원 선영(先塋)에 참배하고 남양홍씨 익창(翼昌)에게 출가했다가 죽은 큰누님의 산소로 가서 장례에 곡하였다.

1584년 한 해만 해도 병환 중임에도 불구하고 경전을 비롯한 여러 서

---

28) 『추연선생일기』萬曆 12년 甲申(1584), 6월 6일~6월 24일.

책에 대한 독서와 교열·강론에 힘쓰는 한편 동인의 중심 인물답게 정계와 학계의 많은 인사들과 널리 교유하였다. 이해에 자주 접촉하고 교유한 인사로는 유성룡·허성·허봉·최숙(崔叔) 3부자(崔扑·崔東立·崔東式)·심대·이언직(李彦直)·김취려·한인급(韓仁及)·정여인(鄭汝仁)·이양중(李養中)·최인령(崔仁齡)·최담령 형제·홍훈·이경중(李敬中)·정선(鄭瑄)·정유길(鄭惟吉)·조종도(趙宗道)·윤돈(尹暾)·황혁(黃赫)·김대전(金大田)·한준(韓俊) 등의 인사들과 자주 만났다.

이해는 2월부터 습창과 종기로 오랫동안 병중임에도 분재한 매화가 흰 꽃을 피우자 「분매에게(贈盆梅)」·「매화가 주인에게(梅贈主人)」 등 두 편의 시를 지었다.

護得饕雪虐餘	모진 바람과 서리에도 몸을 보전하여
客顏不改着根初	뿌리 내리던 처음 모습 변치 않았네.
明窓靜對清如水	창가에 조용히 대함에 물같이 맑으니
鈍滯何須恨索居)29)	미련하게 쓸쓸히 삶을 어찌 한탄하랴.
芳盟偏與主人深	특별히 주인님과 꽃다운 맹세가 깊어
小窨寒齋取次尋	작은 지하실 찬 집을 번갈아 찾았네.
歲暮風霜知有托	세모의 비바람에도 의탁할 분이 있어
好將疎影倚清陰)30)	성긴 그림자를 그 맑은 그늘에 기대네.

또한 이때 추연은 윤돈(尹暾, 汝昇)의 시에 차운하여 다음과 같은 절구(絶句) 한 수를 지었다.

地僻雲深山月傾	구름 깊은 구석진 산골에 달은 기우는데

---

29) 앞의 책, 2월 15일, 「贈盆梅」.
30) 앞의 책, 2월 15일, 「梅贈主人」.

枕邊唯聽一溪鳴   베개머리에서 시냇물 흐르는 소리 듣네.

臥看耒耜四隣出   보자 하니 이웃들 다 농사하러 나가거늘

布穀河心苦勸耕)31)   뻐꾹새는 무슨 마음으로 농사일 전하는고.

또한 추연은 이해 3월 최담령(崔聃齡)이 보내온 절구 한 수에 대하여 다음과 같은 화답시를 지어 보냈는데, 이 시에는 이 무렵 갈등을 겪고 있던 추연의 처지와 심경이 잘 드러나 있다.

竹外寒梅絶點埃   대숲 밖 찬 매화는 먼지 한 점 없는데

一城紅杏漫相誇   온 성에 살구꽃이 흐드러지게 피었네.

可憐風雨宵起   가련하다, 한밤중에 비바람이 일어나서

落盡梅花惟杏花)32)   매화는 다 떨어지고 살구꽃만 남아 있네.

특히 1584년에는 친우 유성룡과의 서신 왕래가 빈번하고, 정계는 동·서인이 대립되어 당론이 치열하게 들끓는 가운데 그는 병환 중임에도 독서와 시작(詩作)에 깊이 잠심하였다.

『추연선생일기』(『계갑일록』)에서도 확연히 엿볼 수 있는 것처럼, 그는 정치적인 면에서도 동인의 영수 허엽(許曄)의 둘째딸을 아내로 맞아들일 만큼 동인의 맹장(猛將)으로 활약했으며, 학계는 물론 관계(官界)에서도 중요한 위치를 차지하였다.

이 시기는 당쟁이 불타오르던 초기에 해당되는데, 동서분당(東西分黨)이 이루어질 때 추연은 장인인 허엽과의 관련에서도 그러했지만, 유성룡·김성일·김효원(金孝元) 등과 함께 동인의 핵심인물로 활동하였다. 또 동인 집권하에 남·북인으로 분당할 때도 그는 유성룡·정구(鄭逑)·정탁(鄭

---

31) 앞의 책, 3월 7일.
32) 앞의 책, 3월 7일.

琢)·이원익(李元翼) 등과 함께 남인이 되었다. 남·북인으로 분리 호칭하
게 된 연유나 배경은 추연의 집이 당시 남산 밑 초정(草亭)에 있다는 데서
연유, 그 당파를 남인(南人)으로 호칭하게 되었다고 하니, 그는 남인의 실
질적인 영수였던 셈이다.[33] 그는 뒤에 남인의 거두(巨頭)로서 남인 당색
의 여론을 실질적으로 이끄는데 앞장섰으며, 동서분당 때도 그러했지만
남·북인으로 분리 파쟁하는 가운데 그 와중에서 많은 질시와 함께 미움
도 사고 화를 당하기도 하였다.

　추연은 1583년(선조 16) 이래 대두된 동·서인 양 당파의 분열로 권력
을 노리는 상대방 서인 세력을 대응함에 있어서 동인 내 공서파(攻西派)
에 가담하지 않고, 공평하고 온건한 입장에서 분쟁을 조정(調停)하는데
힘써 친우이자 당색을 함께 한 유성룡과 더불어 남인 온건파를 대변하였
다. 그 결과 그는 뒤에 동인이 다시 남·북인으로 분열할 때 남인의 거두
가 되어 당내 여론을 이끌면서 이발(李潑)·이산해(李山海) 등 강경파인
북인 세력과 대립하였다.

　그러나 그는 예송(禮訟)을 중심으로 야기된 당쟁의 한가운데서 당시 서
인 세력에 의해 실세(失勢)를 당하기에 이르렀다. 선조 24년(1591) 대간
(臺諫)에서 서인의 우두머리인 송강(松江) 정철(鄭澈, 1536~1593)의 죄를
논하려 할 때 홍문관 부제학 김수(金粹)에게 논쟁을 만류한 바 있었다. 그
럼에도 오히려 대사간 홍여순(洪汝諄)이 정철에게 아첨해서 추연을 탄핵,
마침내 파직되기에 이른 것이다. 서인이 집권함에 따라 이후 추연의 생애
는 서애의 표현 그대로 '세로(世路)에 막힘이 많아 부침(浮沈)'이 매우 무
상하고 불운의 세월을 보내게 된다.

---

33) 동서분당 후 李潑과 틈이 생겨 우성전의 집이 남산 밑에 있어서 南人, 이발은 北岳
　에 살아서 北人으로 호칭, 분당되었다고 한다.

5. 추의사(秋義使)로서 의병장 활동

정계에서 실세한 추연은 선산이 있는 수원부 호매절면 외촌으로 퇴거 (退去)하여 노모를 봉양하며 학문에 전념하던 중 선조 25년(1592) 4월 임 진왜란이 일어났다. 왜란의 발발로 국가가 존망 위기에 처하게 되자 그는 자신의 향촌이자 한때 현감으로 재임한 바 있는 연고지 수원을 중심으로 경기지역에서 수천 명의 의병(義兵)을 모집, 전성기에는 병력이 3천여 명 에 이를 만큼 경기지역으로서는 최대 규모의 의병부대 추의군(秋義軍)을 결성하였다. 그리고 얼마 후 나주(羅州)에서 북상한 의병장 김천일(金千 鎰, 1537~1593, 호 健齋) 휘하의 의병부대와 함께 연합작전을 펴면서 강 화에 들어가 도처에서 활약하며 크게 전공(戰功)을 세우게 된다.

이 무렵 김천일은 나주에서 의병을 일으켜 의병장 고경명(高敬命)이 금 산(錦山) 전투에서 전사한 뒤 의병을 이끌고 수원지방으로 북상, 최원(崔 遠)과 합세하여 전라도 순찰사 권율 지휘하의 관군과 함께 수원 독성산성 (禿城山城)에 주둔하며 연합작전을 펴 승전하는 등 크게 기세를 올린 바 있었다. 수원 유생 최흘이 의병을 모집하여 의병장으로 활동하고, 홍계남 이 안성에서 창의하여 명성을 떨친 것도 이 무렵의 일이었다.

추연이 지휘하는 의병부대 추연군은 독성산성에 주둔하던 전라도관찰 사 겸 순찰사 권율이 지휘하는 관군, 김천일과 최흘의 의병부대와 합세하 여 독성산성 전투를 승리로 이끌었고 , 이어서 수원 삼천병마골 전투, 금 천전투에 참여 활동하였다. 김천일은 이해 7월 왕세자의 소모의병(召募 義兵) 수서(手書)를 전달받아 각도의 의병장에게 전달했고, 조정으로부터 판결사(判決事)의 관직과 창의사(倡義使)의 군호를 하사받았다. 추연 또 한 강화로 들어가 수비하라는 조정의 명에 따라 그의 의병부대 추연군은 김천일의 의병부대와 연합하여 강화에 들어가 활약하게 된다.

추연이 국가의 위기를 구하고자 분연히 몸을 던져 대규모 의병부대 추의군을 결성, 왜적과 항전하여 큰 전과를 거두자 그는 마침내 홍성민(洪聖民)·김우옹(金宇顒)·이해수(李海壽) 등과 함께 다시 서용(叙用)되어 1592년 7월에 인천도호부사(仁川都護府使), 9월에 봉상시정(奉常寺正)에 이어 포상과 함께 성균관 대사성(大司成)에 특진되었다. 왜란으로 인해 조성된 국가적 위기를 척결하고자 일어선 그의 과감한 실천활동은, 추연이 실천력·행동력이 거세된 관념적인 성리학자·관인이 아님을 보여준 단적인 예이거니와, 조정에서도 그의 뛰어난 실천력과 국가에 헌신한 공로를 높이 평가, 그에게 다시 한번 국사에 헌신할 수 있는 기회를 준 것이다.

추연이 임란 직후 경기지역에서 의병을 초모(招募)하여 결진한 추의군의 군세는 왜란 중 중부지역에서 활동한 가장 규모가 크고 대표적인 의병부대였다. 당시 활약한 추의군의 군세와 활동에 대해서 『선조실록』선조 25년 10월 기사에는,

　　……임금께서 김천일의 군사는 어떠한가 하고 묻자, 박충간(朴忠侃)이 대답하기를, "천일의 군사는 태반이 유생이라서 누차 패하여 유명무실했사오나, 우성전이 거느린 군사(추의군)은 매우 출중합니다."

라는 기록과 전성기에는 3천여 명의 대규모 전투병력을 헤아린 것으로 미루어, 우성전이 지휘하는 추의군은 다른 의병부대보다는 그 조직과 전력이 비교적 우세하고 실제로도 왜군에 대한 여러 전투에서 많은 전과를 올렸음은 특기할 점이다.

우성전의 추의군은 권율의 관군과 김천일의 의병부대가 임란 당시 수원부 구읍치에서 약 2㎞ 떨어진 수원 독성산성에 주둔하며 견고한 진지

를 구축, 지구전(持久戰)과 유격전을 전개하던 중 왜장 우끼다(宇喜多秀家) 부대의 공격을 받자 관군과의 연계(連繫) 작전으로 전승을 거두었는데, 이 전투에도 의병을 이끌고 힘써 지원했던 것으로 추측된다. 또 삼봉면(三峯面, 현 화성시 봉담읍) 상리(上里, 윗말·上洞·上村) 저수지 남쪽에 위치한 '삼천병마골(三千兵馬洞)'은 임란 당시 3천 병마가 매복해 있었다는 전설적인 전승지(戰勝地)로 알려져 있는데[34], 이 전투에도 추의군이 참여, 활동했을 것으로 보인다.

얼마 후 우성전의 추의군은 김천일·최원(崔遠) 의병부대와 함께 강화도에 들어가서 활약하면서 권율의 관군과 연합하여 고양 전투와 행주산성대첩, 한강 유역과 용산지역에서 서울 수복작전에 참여 활동하기도 했고, 황해도지역으로 진격하여 큰 전과를 올리기도 하였다. 조정에서는 경기지역과 서울 도성 회복작전에서 크게 활약한 추연의 전공을 인정, '추의사(秋義使)'라는 직첩과 인장을 내림으로써 창의사(倡義使) 김천일과 함께 경기지역에서 활동한 의병장으로서는 최고 지휘관의 상징적인 존재가 되었다.

우성전이 지휘하는 의병부대 추의군이 강화도 해상에 주둔하고 있을 때는 소금을 구워 군자금을 마련하여 식량을 조달하였다. 이듬해인 1593년(선조 26) 1월에는 그의 예하부대 400여 명의 의병이 수원지방에 진출하여 활동하기도 했고, 2월에는 약 2천 명의 의병부대를 이끌고 경기도 고양(高陽)에 주둔 활동하였다. 특히 이해 1월 평양의 전첩(戰捷)으로 쫓긴 왜적들이 서울로 들어오자 그의 의병부대는 먼 곳까지 왕래하면서 유

---

34) 광무 3년(1899)간 『수원군읍지』古蹟 조 및 『한국지명총람』18, 한글학회, 1987, p.501 참조.
　　"삼천병마골(三千兵馬洞):부에서 서쪽으로 30리 삼봉면에 있다. 속칭으로 임진왜란 때 3천 병마가 매복했었다고 한다"(『수원군읍지』고적 조).

격전술(遊擊戰術)로 이에 맞섰다. 추연의 추의군은 명장(明將)이 용산에 있던 주사(舟師) 김천일·이빈(李薲) 등을 성원하는 가운데 쫓겨 돌아가는 왜적을 섬멸하는데 진력하였다.

특히 우성전의 추연군은 관군과 합세하여 고양과 한강유역 전투에 이어 서울 도성 수복작전의 중요 임무를 부여받았다. 그의 의병부대는 왜군이 창궐하던 숭례문 밖에서 용산 일대에 이르는 왜적을 섬멸하는데 진력, 큰 전과를 올렸다. 그 증례의 하나가 오늘날 서울 도동에서 용산구 후암동으로 넘어가는 고개와 마을 이름이 이곳을 수호한 그의 성을 따서 '우수현(禹守峴)'이라 불려오는 데서도 찾아볼 수 있다. 이 지명은 최고의 지휘관인 의병장으로서 이 지역 일대로 몰려드는 왜군을 효과적으로 소탕하며 한성 수복과 수호작전을 굳건히 수행한 추연 우성전의 상징적인 활동을 단적으로 보여주는 사례라고 할 수 있으며, 주민들 간에 그의 전공을 기리는 뜻에서 오랜 시기를 연면히 전승되어 왔다고 할 수 있다.

1593년 6월 추연은 바닥난 군량으로 많은 관군과 의군이 어려움을 겪자 비변사(備邊司)에게 정부의 군량미 조달을 위한 비상대책을 건의하였다. 그의 건의에 의하면, 당시 문경(聞慶) 이하 각 참(站)에는 명나라 군사를 위한 군량이 수만 석이나 쌓여 있는데도, 정작 어려운 조건 아래서 싸우고 있는 조선군은 기아에 허덕이며 피폐한 가운데 왜적에 맞서 전투 수행에 크게 어려움을 겪고 있는 실상을 토로하였다. 그리고 명군을 위해 예축해 놓은 군량미를 아군에게 공급해 줄 것을 간곡히 주장함으로써 마침내 그의 건의가 그대로 받아들여져 비로소 관군과 의군의 자량(資糧)을 삼을 수 있게 되었다.

추연의 추의군은 왜군이 평양으로부터 패퇴하자 한강에서 이를 맞아 크게 무찔렀고 숭례문 밖에 주둔하며 경기감사 성영(成泳)과 함께 왜군이 가설한 한강의 부교(浮橋)를 불태워버림으로써 도강(渡江)이 어려워진 왜적에게 큰 타격을 가하였다. 이후 그의 의병부대는 퇴각하는 왜군을 뒤쫓아 멀리 경상도 의령(宜寧)까지 추격하면서 여러 차례 큰 전공을 세웠다.

그러나 돌아오던 도중 추연은 마침내 과로로 병을 얻어 이해(1593, 선조 26) 7월 19일 향년 52세를 일기로 부평(富平)의 노상에서 별세, 당쟁의 와중에서 기복(起伏)과 파란(波瀾)으로 점철된 불우했던 그의 삶을 마감하였다.

20대 초반 이후 그의 생애 전반기는 퇴계의 각별한 촉망을 받는 가운데 학문에 힘쓰는 성리학자로써, 중년 이후에는 동·서인 분당과 다시 남·북인 분리라는 당쟁의 한가운데서 남인 당색을 이끌면서 관인(官人)으로서 '세로(世路)에 막힘이 많아 부침(浮沈)'이 빈번한 고난의 삶을 살았다. 그리고 말년에는 임진왜란이라는 미증유의 국가 존망의 위기를 당해 불우한 처지에서 과감히 떨쳐 일어나 수원을 비롯한 경기지역 각지의 향토 수호와 서울 도성 수복작전에 큰 전공을 세워 의병장으로서는 최고 지위의 지휘관 명예직인 추의사라는 직첩을 하사받았다.

그는 남인의 영수로서 평탄하지 못한 관료생활을 끝으로 수원 향촌에서 은거생활을 하던 중 임진왜란이 일어나자 고난과 위기에 처한 국가와 민생을 구하는 데 혼신의 힘을 다 바침으로써 애국적이고 실천적인 학자·문신·의병장으로서 삼위일체의 진면목과 역사적 소임을 마치고 세상을 떠났다.

추연이 세상을 떠난 지 7년 후인 1600년(선조 33) 5월 동문·동갑의 친우 유성룡은35) 생전에 보여준 추연의 고고한 인품과 절조, 그리고 20대

---

35) 서애 유성룡(1542~1607)은 추연과 같은 21세 때인 1561년 함께 퇴계 문하에서 수학 후 별시문과에 병과로 급제한 뒤 두 사람은 평생 학문과 당색면에서 함께 했다.

초 이후 퇴계의 문하에서 수학하고 관직생활을 함께 하면서 나눈 각별하고도 도타운 우정을 다음과 같이 토로해 놓았다.

> 나와 경선(景善)은 동년으로 퇴계 선생의 문하에서 유학할 때 뜻이 맞는 친구가 되었다. ……대각(臺閣)에 있을 때엔 언론과 처사(處事)가 비록 모의하지 않아도 거의 부합되었고, 세로(世路)에 막힘이 많아 부침(浮沈)은 서로 같지 않았지만, 평소 좋은 뜻을 하루도 처음과 다르지 않았다.
>
> 경선은 눈이 높아서 세간(世間)의 사람들을 인정해 줌이 적었고, 뜻이 맞지 않는 자와는 비록 대면하고 있다 할지라도 서로 말하지 않았으며, 때로는 문을 닫고 사람을 거절하기도 하였다. 이 때문에 당시 사람들에게 원망을 많이 사서 불우하고 곤궁하게 지냈지만, 끝내 변하지 않고 죽었고, 죽은 후에도 오히려 삭탈관직의 화(禍)까지 입었으니, 슬프다.[36]

서애의 비감 어린 회고대로 생전의 우성전은 성품이 매우 강직하고, 또 인품 또한 고고(孤高)해서 평소에 마음을 허락하는 사람이 적었으며, 이러한 성격으로 인해 남에게 본의 아닌 질시와 원한을 사는 요인이 되기도 하였다. 그러나 서애가 별세한 옛 벗을 당세(當世)의 학문적 자질과 안목이 드높은 인물로 술회했을 정도로 그는 도학(道學)과 절의, 그리고 원대한 경륜(經綸)과 자질을 갖춘 성리학자이자 관인이기도 하였다.

추연은 관직에 있는 동안 남인으로서 관도(官途)에 현달했던 유성룡의

그러나 서애는 1592년 임란 중 병조판서·都體察使를 역임, 왕을 호종하여 의주에 갔다. 그는 화합과 조정의 명수로 영의정·평안도도체찰사, 이듬해 다시 영의정에 오를 만큼 현달했다. 추연과는 생전에 많은 서간을 주고 받았는데, 추연 사후 허씨 부인이 추연의 서간을 모아 서애에게 보냈다. 따라서 추연의 많은 서간들은 西厓家에 소장되어 있을 것으로 추정된다.

36)『추연선생일기』, 書禹景善日錄後(유성룡).

신임받는 심복의 친우로 지목을 받아 사후에도 서애가 정치적으로 탄핵을 받을 때는 함께 곤욕을 당하기도 하였다. 이 두 사람 간에는 돈독한 우정과 함께 학문과 정치에 대한 생전의 많은 서간과 시문을 주고 받았는데, 스승 퇴계에게 보낸 추연의 서간과 시문을 포함하여 안타깝게도 현재 유전해 오지 않고 있다.

서애는 친우의 『일록』을 읽고 난 다음 추연의 불운과 재앙이 모두 당화(黨禍)에서 비롯되었음을 세 번 탄식하고 심지어는 눈물까지 흘리면서 고인을 새삼 추모하는 뜻에서 「우경선을 애도함(哭禹景善)」에서 그 절실한 마음을 다음과 같이 읊었다.[37]

고인께서 오늘 유명을 달리하셨으니
만사가 아득하여 한 꿈인양 놀랍구나.
난실(蘭室)에서 흔쾌하게 취미를 같이했고
바람서리에도 끝내 마음 변치 않았다네.
생전에 불우함이 어찌 운명이 아닐까
사후에는 중상모략 더욱 말이 많았지.
한 권의 책을 못난 친구에게 남기시니
해 지나도 무덤 풀이 울음소리를 내네.

한 세상 눈이 높아 어울리는 이 적었고
당대의 대소 인물 대수롭지 않게 여겼네.
수레와 말 오가는 중에 늘 문을 닫았고
추상 같은 곧은 말로 좌중을 놀라게 했네.
해우에 깃발 적시며 나라일에 애쓰더니
영문 하늘에 별이 지고 목숨이 떨어졌네.
죽지 않고 남은 벗은 가시덤불 속에서

---

37) 앞의 책.

호소할 길이 없어 마음만 상해하는구려.

6. 맺음말

추연 우성전은 21세 때 퇴계의 문하에서 유성룡, 김성일 등과 동문수학
하여 성리학자, 관료로서 입신했으며, 임진왜란 때는 수원에서 의병을 일
으켜 경기지역으로서는 최대 규모의 의병부대 추의군을 조직, 경기도 각
지역과 도성지역에서 큰 전공을 세우고 의병 군진에서 세상을 떠났다.

그는 앞의 유성룡의 술회대로 높은 안목과 뛰어난 경륜, 그리고 강직한
성품의 소유자로서 세인들과의 허여(許與) 또한 지극히 엄정하여 남인의
영수로서 당색을 주도하는 과정에서 정적들로부터 극심한 질시와 모략을
받아 그의 관직생활은 늘 평탄치 못하고 불우하였다. 추연의 이러한 성품
과 면모는 유성룡의 기록 외에도 친우인 윤국형(尹國馨, 恩省)의『문소만
록(聞韶漫錄)』속에서도 찾아볼 수 있다.

> 공(公)은 사람됨이 강경하고 정직해서 남에게 허여함이 적었고, 부
> 앙(俯仰)하며 세태에 영합하지 않았으므로 당시 무리들에게 크게 미
> 움을 받았다. 30년 동안 침체되어 있었으나 개의치 않았다. 그를 알아
> 주는 사람은 서애(西厓, 유성룡), 파곡(坡谷, 李誠中), 백곡(柏谷, 鄭崑
> 壽), 시우(時雨, 洪渾), 자앙(子昻, 金睟), 그리고 나(윤국형) 몇 사람 뿐
> 이었다. 계미년에 응교가 되어 차자(箚子)를 올렸는데, 언론이 매우 정
> 당해서 비록 그를 모르는 자라 하더라도 또한 더욱 탄복하였다. 그러
> 나 사우(士友) 사이에서는 의심을 풀고 다시 이해해주는 자가 끝까지
> 없었으니, 천명(天命)인 것을 어쩌겠는가?38)

---

38) 국역『추연선생일기』, 화성시, 2008, p.223.

생전에 추연은 관직생활 중에도 항상 틈틈이 독서와 강론, 학문에 힘쓰며 많은 저술을 남긴 것으로 알려져 있다. 그러나 스스로 저술해서 간직하고 있던 원고·서적들은 유성룡의 술회대로 대부분 "전란 중에 산실(散失)되어 거의 다 없어지고 유독 이 일기 한 권만 있었다. 또 나와 주고받은 편지 뭉치가 그 집에 남아 있었는데, 경선의 아내 허씨 부인이 모두 모아서 나에게 보내왔다. 나는 책을 어루만지며 세 번 탄식하고, 심지어 눈물까지 흘렸으니, 대개 마음을 알아주는 친구를 다시는 얻을 수 없음을 생각하고, 우리 무리가 더욱 쇠퇴해진 것을 슬퍼했기 때문이다"[39] 라고 먼저 간 친우의 불우한 처지에 대한 비감(悲感)어린 탄식을 토로할 만큼 현존하는 추연의 저술은 『계갑일록』(『추연선생일기』)을 제외하고는 거의 세상에 널리 알려진 것이 없다. 그가 집필한 대부분의 원고들이 전란 중에 산실된 까닭에 추연의 학문과 사상에 대한 접근과 평가가 매우 저조하고 제한되는 주요 원인이 되어준다고 할 수 있다.

추연이 생전에 퇴계와 서애, 그리고 당대의 많은 인사들과 주고 받은 많은 서간과 시문들도 몇 편을 제외하고는 현재까지 거의 전해지는 것이 없어서, 아쉽지만 그의 유고를 가능한 발굴하는 일이 향후 하나의 학문적 과제로 남겨두고 있다. 현재 『퇴계선생문집』권31과 권32 서(書)에는 별지(別紙)를 포함하여 26편의 퇴계의 답서가 수록되어 있는데, 아마도 퇴계가(退溪家)나 서애가(西厓家)에 혹시 추연이 스승과 친우에게 보낸 많은 서간과 시문들이 소장되어 있을 것으로 추정된다.

현존하는 추연의 저술로는 후손 우광성(전각가)이 소장한 『계갑일록』외에 스승 퇴계의 언행과 역상(易象)·예학(禮學) 방면에 조예가 깊었던 그의 학문적 관심사를 그때그때 기록한 『추연수록(秋淵手錄)』이 있고, 성리

---

39) 앞의 책, 書禹景善日錄後(유성룡).

론에 대한 그의 견해를 밝힌『이기설(理氣說)』등이 있다. 특히『역설(易說)』은 추연이 20대 초반에서 40대 초반에 이르기까지 퇴계의 지도하에 읽은『역학계몽(易學啓蒙)』과 평소『주역』에 밝았던 그의 학문적 관심과 성향, 이론 등을 반영한 저술이라는 점에서 특히 주목해야 할 것 같다.

추연에 대한 사림의 여망과 추앙은 그가 별세한 지 2백 년 후인 정조 12년(1788) 4월 경기유학 조한진(趙漢璡) 등이 임금의 행차길에 학행과 절의가 뛰어나고 경학(經學)에 조예가 깊었던 그에게 증직(贈職)해 줄 것을 간곡히 요청한 데서도 잘 나타나 있다.[40] 그리고 정조 14년 10월 성균관 대사성을 지낸 추연에게 수원유학 유황(柳煌) 등이 시호를 내려줄 것을 상소했고[41], 마침내 정조 17년(1793) 12월[42] 그를 이조판서에 추증하고, 문강(文康)이란 시호가 내려졌다. 추연에게는 대를 이을 아들이 없었으므로 조정에서는 윤두수(尹斗壽)의 주청으로 영길(永吉)을 사후 양자로 입양케 하여 후사(後嗣)를 잇도록 조치하였다.

추연의 묘는 선대의 묘소가 있는 현 화성시 매송면 어천리 능골에 추연의 사후 8년 뒤인1601년에 별세한 부인 양천허씨(陽川許氏)와 쌍분(雙墳)을 이루고 있다. 묘소 입구 산허리에는 남인계의 후배 학자로 조선후기 실학 학풍을 중흥시킨 대학자 성호(星湖) 이익(李瀷)이 비문을 지은 신도비가 위치해 있다. 그의 묘와 학자·관인·의병장으로서의 역사적 업적은 오랫동안 세인의 관심 속에 멀어져 오다가, 2003년 4월 추연의 직계 7대손인 조선후기의 재야 실학자 우하영(禹夏永, 1741~1812, 호 醉石室·醒石堂)의 묘와 함께 경기도 문화재자료 제 121호로 지정되었다.

추연의 저술로 세상에 비교적 널리 알려진『계갑일록』은 1583년(선조

---

40)『日省錄』정조 12년(1788) 4월 4일.
41) 앞의 책, 정조 14년 10월 3일.
42) 앞의 책, 정조 17년 12월 21일.

16, 癸未) 6월 1일부터 이듬해인 1584년(선조 17, 甲申) 8월 30일까지 1년 2개월 간 그의 관계 활동과 교유, 당쟁으로 첨예화하기 시작한 정국의 동향을 구체적으로 기록한 그의 일기이다. 이때 그의 나이는 42세~43세 때의 일로써 사간·장령·응교·사인 등의 요직에 재임하면서 당시 정계의 동향은 물론 유교 경전에 대한 일상화된 독서와 강론에 이르기까지 정확하고 세세히 기록해 놓고 있다. 더욱이 이 시기는 동·서인으로 당파가 분화되고 다시 동인은 남·북인으로 분리 대립되어 당쟁이 격화되던 초기인데다가 당시 그 자신이 동인의 맹장(猛將)으로, 또 뒤에는 남인의 우두머리로서 당쟁의 한가운데 서있던 핵심인물이었던 만큼 그의 학문적 관심사와 함께 이 시대 당파의 분열과 당색의 특성, 가담 인물의 동태 등 당쟁의 양상과 전개를 구체적으로 연구 파악하는 데 주요 자료가 되어 준다.

특히 추연의 이『일록』에는 당시 병조판서·이조판서를 역임하며 당시 정계의 영향력을 발휘하던 율곡(栗谷) 이이(李珥, 1536~1584)와 우계(牛溪) 성혼(成渾, 1535~1598) 등의 정치적 거취 문제와 동·서인 당파의 갈등이 상세히 구체적으로 기록되어 있다. 또한 학문적·정치적으로 우정과 당색을 함께 하고 있던 친우 유성룡과 김성일, 처남인 허성, 허봉, 그리고 반대당인 송강(松江) 정철(鄭澈, 1536~1593) 등 인물들의 언행과 동향도 상세히 기록되어 있다. 추연이 조선 중기 동인과 남인의 당색을 주도한 역사적 인물임을 생각할 때 이『일록』은 16세기 말 초기 첨예화되던 정국의 동향과 당쟁사 연구에 주요 자료라는 점에서 개인 저술로는 관찬자료 이상으로 사료적 가치가 높은 기록물이라는 데 주목해야 할 것 같다.

이『일록』에는 퇴계의 수제자로 등문·동갑의 친우인 유성룡의 후서를 비롯하여, 조선후기 남인계 후배 실학자인 이익의 추연우선생묘갈(秋淵禹先生墓碣), 번암(樊巖) 채제공(蔡濟恭)의 추연우공시장(秋淵禹公諡狀),

윤국형의『문소만록(聞韶漫錄)』기사 등이 부록으로 수록되어 있어 남인
계를 주도했던 학자·관인으로써의 추연의 높은 비중을 실감케 해준다.
특히 18세기 말 추연의 직계 7대 후손인 실학자 우하영이 선조의 문집을
간행하기 위해 당대 남인계의 걸출한 학자와 문신인 성호·번암 등에게『
일록』의 부록으로 첨부될 글을 청탁하는 등 그 산파역의 역할을 했음도
부분적으로 확인되어 더욱 흥미를 더해준다.

이『일록』을 읽고 후서(後序)를 쓴 남인계의 후배 학자로서 조선후기 실
학을 중흥시킨 성호 이익은 추연의 불우함과 가문의 몰락이 모두 당쟁에서
비롯되었음을 상기시키면서 당론(黨論)의 폐해를 이렇게 지적하였다.

> 지금 세상의 재앙이 당론보다 더 큰 것이 없고, 당론이 발생하기 시
> 작한 것이 또한 오래되었다. 그러나 한때 여항(閭巷) 간에서 지목하던
> 것에 불과했는데, 계미(癸未)·갑신(甲申)년에 이르러 다시는 막을 수
> 가 없게 되었다. 집안을 망친 것도 여기에서 말미암았고, 나라를 망친
> 것도 여기에서 말미암았으며, 백성의 마음이 사특해지고 공론의 시비
> 가 뒤섞인 것도 여기에서 말미암지 않은 것이 없어서 사람이 사람다
> 울 수가 없었다.43)

성호는 추연의 이 일기가 당화(黨禍)의 조짐과 양상이 돌이킬 수 없을
만큼 심화되고 있음을 보여주는 저술이라고 상기시키면서, 추연을 관인
으로서보다는 이 일기가 씌어진 1년 2개월 동안 관직생활 중에도 추연
이 틈틈이 강론한『논어』·『맹자』·『중용』·『혹문』·『시전』·『강목』·
『심경』등과 또한『두시』·『연주시』·『노재집(魯齋集)』·『명현록』등을
읽고 공부한 그 학자적 태도를 높이 평가하였다.

---

43)『추연선생일기』, 癸甲日錄後書.

성호는 추연이 퇴계의 지도하에 공부할 때부터 "학문과 사상이 상호 바탕이 되고 실천과 지식이 모두 도저하여 부지런히 노력한" 학구적 태도에 경의를 표하면서, "뒤에 전쟁이 잔혹하고 사무가 뒤얽혀 비록 말고삐를 잡고 활을 동개에 넣고 다녔으나 평소 긴요하게 공부했던 것을 나라를 보존하고 백성을 구제하는데 썼던"[44] 추연의 지행합일(知行合一)의 뛰어난 탐구정신과 실천력이야 말로 추연이 지향한 학문과 사색의 본령이었다고 강조한 점은 매우 인상적이다.

---

44) 앞의 책.

II. 연암 박지원의 농업경제사상

─『과농소초(課農小抄)』를 중심으로─

1. 생애와 저술

농서 『과농소초(課農小抄)』는 조선후기의 대표적인 실학자 연암(燕巖) 박지원(朴趾源, 1737.음 10.20~1805.음 2.22)의 농업경제사상을 대변해 주는 주요 저작의 하나이다.

연암은 흔히 「양반전(兩班傳)」, 「허생전(許生傳)」, 「호질(虎叱)」, 「마장전(馬駔傳)」, 「예덕선생전(穢德先生傳)」, 「민옹전(閔翁傳)」, 「김신선전(金神仙傳)」, 「광문자전(廣文者傳)」, 「역학대도전(易學大盜傳)」, 「봉산학자전(鳳山學者傳)」, 「열녀함양박씨전(烈女咸陽朴氏傳)」 등의 한문소설을 지은 문학자로서 널리 알려져 있어서 그 시대의 실학자들 가운데서 가장 두터운 독자층을 거느리고 있을 만큼 친숙한 존재이다.

그는 또한 사상 성향면에서 서울의 도시적 환경을 배경으로 상공업 중심의 이용후생계(利用厚生系) 북학파(北學派)의 영수로서 경기도 안산의 성호(星湖) 이익(李瀷)의 경세치용계(經世致用系)의 중농학파와는 구별되는 특색을 지니고 있다. 그러나 조선후기 사회는 여전히 국가의 재정과 산업면에서 농업이 주류를 이루고 있었던 만큼 연암 또한 이 문제를 현안의 과제로 삼지 않을 수 없었다. 그리하여 『열하일기(熱河日記)』, 『연암집(燕巖集)』문집에 나타난 우국제민(憂國濟民)의 실학사상 가운데 가장 주목을 끄는 것의 하나가 바로『과농소초』,「한민명전의(限民名田議)」로 대표되는 농학사상과 토지제도론이라고 할 수 있다.

박지원은 1737년(영조 13) 음력 2월 5일 서울 반송방(盤松坊) 야동(冶洞, 현 서대문구 아현동)에서 아버지 사유(師愈, 1703~1767)와 어머니 함평이씨 사이에서 2남 2녀 중 막내로 태어났다. 본관은 반남(潘南), 자는 중미(仲美), 호는 41세 때 이거(移居)한 황해도 금천(金川)의 연암협(燕巖峽)에서 유래되는 '연암(燕巖)'이란 호를 즐겨 썼으며, 때로는 연상(煙湘), 열상외사(洌上外史) 등을 호로 쓰기도 했다. 조부는 지돈녕부사(知敦寧府事)를 지낸 필균(弼均)으로 연암은 어린 시절부터 조부의 슬하에서 자랐다.

16세가 되던 1752년(영조 28) 이보천(李輔天, 전주이씨)의 딸과 결혼, 이후 장인과 처삼촌 이양천(李亮天)에게 수학, 장인에게서는『맹자』를, 처삼촌으로부터는『사기』를 배웠다. 결혼을 계기로 뒤늦게 학문에 전념하게 된 이를테면 만학(晚學)인 셈이었다. 더욱이 1760년 어릴 때부터 연암을 양육해오던 조부가 별세하자 그의 생활은 더욱 곤궁해졌다.

그는 학문에 뛰어난 재능을 보였으나 1765년 처음 응시한 과거에서 실패하자 이후 과거나 벼슬에 뜻을 두지 않고 유학경전에서 제자백가(諸子百家)에 이르기까지 폭넓게 두루 섭렵하였다. 32세가 되던 1768년 백탑(白塔) 근처로 이사했는데, 이 백탑은 현재 서울 종로3가 탑골공원에 있는 원각사지 10층석탑(국보 2호)이 화강암이 아닌 대리석으로 조성된 데서 그 이름이 유래되었다. 박지원은 이곳에서 이웃인 박제가(朴齊家), 이서구(李書九). 서상수(徐常修). 유득공(柳得恭). 유금(柳琴) 등과 학문적인 깊은 교우를 가졌다.

그는 병(兵)·농(農)·전곡(錢穀) 등 현실문제와 이용후생의 실용적인 학문에 점차 기울어졌다. 특히 이 무렵 홍대용(洪大容), 이덕무(李德懋). 정철조(鄭喆祚) 등과 이용후생에 대해 지식과 정보를 심도있게 나누었고, 유득공, 이덕무 등과 서부지방을 여행하기도 했다.

이에 앞서 박지원은 18~30세 사이에 앞에서 예거한 한문소설을 지어 문명을 높였고, 당시 첨예화되던 양반사회의 모순과 부조리를 비판적인 시각에서 신랄하게 풍자하였다. 세상에서 흔히 백탑파(白塔派)라고 참칭하는 박지원, 홍대용, 박제가, 이덕무, 유득공 등 일군의 학자들은 서울의 도시적인 환경 속에서 변화를 거듭하던 조선후기사회의 새로운 사상을 대변하는 진보적인 지식인 집단이었다. 박지원은 이 집단의 한가운데서 서로의 학문적인 관심사를 강론하며 「양반전」, 「호질」과 같은 작품을 통해 당시 세도가와 위학자(僞學者)들의 행태를 공격. 비판하였다.

천문.지리에도 밝은 식견을 가졌던 그는, 서구의 자연과학사상을 수용, 특히 지구의 자전설(自轉說)에 관한 토론을 통해 담헌(湛軒) 홍대용(洪大容)의 지동설(地動說)을 지지하면서 담헌과는 평생의 지기(知己)가 되었다. 또 뒤에 청나라에 다녀온 후『북학의(北學議)』를 저술한 박제가 등 일군의 청년 학자들이 연암과 담헌을 중심으로 이용후생을 위주로 북학파를 형성한 것은 자연스러운 현상이었다. 연암의 집안은 본래 가세(家勢)가 청빈한 데다가 연암 자신이 학문에만 매진한 나머지 조부의 별세 이후에는 더욱 영락(零落)한 생활을 면치 못했다. 그러한 가운데서도 그는 당시 장안의 귀재(鬼才)로 불리울 만큼 그의 문명(文名)은 날로 떨쳐 올랐다.

그러나 41세가 되던 1774년(정조 1) 권신(權臣) 홍국영(洪國榮)이 세도를 업고 전권을 휘두르게 되자 당시 벽파(辟派)에 속해 있던 연암은 시(時).벽파의 싸움에 화(禍)를 당할까 우려했다. 그는 곧 가족을 이끌고 황해도 연암협으로 옮겨 은거하면서 이때부터 자호를 '연암'으로 쓰게 되었다. 이즈음 연암의 생활은 매우 곤궁하여 그를 위해 개성유수로 자원해온 친우 유언호(兪彦鎬, 1730~1796, 號 則止軒)의 도움으로 생계를 이어 나갔다. 이 두 사람은 정치적으로도 같은 벽파인 데다가 우정 또한 각별한 바 있어, 연암은 유언호의 사후 친우의 문집을 수습·정리하여 그 간행을 주도하기도 했다.

금천시대에 연암은 양잠을 위한 뽕(桑)·밤(栗)·배(梨)·복숭아(桃)·감(柿)나무 등의 재배와 종어(種魚)·양봉(養蜂)·목우(牧牛)·적마(績麻)·착유(搾油) 등에 힘쓰는 한편, 황무지의 개간, 노농(老農)의 농사 경험을 참고로 농서를 연구하는 등 이론과 실천이라는 측면에서 학문적으로 농학(農學)에 깊은 관심을 기울였다. 물론 그는 금천 이거 이전에 당대 조야(朝野)의 관심사였던 농학의 발전과 귀농에 대비하여 중국과 한국의 농서를 읽고 농사지식과 그 문제점을 검토했던 것으로 추측된다.

이 무렵 그에겐 경험도 경험이지만 실제 농사지을 전답이 없었으므로 본격적인 영농은 이룰 수는 없었다. 그보다는 가사협(賈思勰)의 『제민요술(齊民要術)』을 비롯하여 서광계(徐光啓)의 『농정전서(農政全書)』, 유정목의 『종수서(種樹書)』, 『주자권농문(朱子勸農文)』, 『신은(神隱)』, 『농상통결(農桑通訣)』, 『종시직설(種蒔直說)』, 『한씨직설(韓氏直說)』, 『전원필고(田園必攷)』 등 중국 측 농서와, 신속(申洬)의 『농가집성(農家集成)』을 비롯하여 강희맹(姜希孟)의 『금양잡록(衿陽雜錄)』, 『사시찬요초(四時纂要抄)』, 유중임(柳重臨)의 『증보산림경제(增補山林經濟)』, 박세당(朴世堂)의 『색경(穡經)』, 유형원(柳馨遠)의 『반계수록(磻溪隧錄)』, 서명응(徐命膺)의 『고사신서(攷事新書)』, 허균(許筠)의 『한정록(閑情錄)』, 박제가(朴齊家)의 『북학의(北學議)』 등 한국 측 농서를 비교해 읽고 그 요점과 문제점을 메모했다. 뿐만 아니라 『금양잡록』 등의 음양서(陰陽書)·속방(俗方)·농가월

령(農家月令)에 이르기까지 광범위한 독서와 이해를 통해 농학연구를 체계화하는 한편, 후학을 지도하는데 보다 큰 보람을 찾으려 하였다.

이 시기 그는 농서에서 얻은 정보와 지혜를 이 고장 농부들에게 들려주기도 했다. 예컨대 옛 농서에 기록된 조과(趙過)·가사협·왕정(王禎) 등의 옛 농법을 설명한 것들이 그 예이다. 중국의 옛 농서에 대한 관심에서 비롯된 그의 농학연구는 그 후에도 계속되었고, 중국과 한국의 역대 농서는 물론 이 문제와 관련된 다양한 독서와 견문. 경험을 통하여 농학에 대한 보다 전문적이고 체계적인 식견을 갖게 되었다.

연암이 44세가 되던 1780년(정조 4) 세도가 홍국영이 몰락하자 서둘러 상경, 처남 이재성(李在誠)의 집에 머물렀다. 이재성과는 평생 문우(文友) 관계를 이어갔으며 연암에게 학문적 조언자 역할을 하기도 했다.

이해 5월 영조의 부마(和平翁主와 결혼)인 삼종형(8촌형) 금성도위(錦城都尉) 박명원(朴明源, 1725~1790, 號 晩葆亭)이 청의 고종 70세의 진하겸사은사(進賀兼謝恩使) 정사로 북경에 갈 때 자제군관(子弟軍官)으로 이에 수행하였다. 이때 연암은 1780년 음력 5월 25일 한양을 출발, 의주, 압록강을 건너 요동, 심양, 산해관(山海關)을 거쳐 8월 1일 북경에 도착. 8월 5일까지 머물다가 건륭제가 열하(熱河)에서 휴가를 보내고 있다는 소식을 들었다. 이에 연암 일행은 4일만에 500리를 서둘러 달려 만리장성을 넘어 8월 9일 열하에 도착, 이때 판첸 라마 6세를 만나보았으며 중국의 여러 곳을 여행한 끝에 4개월 후인 10월 27일에 귀국하였다. 연행사절(燕行使節)로서 청나라의 문물, 학자들과의 접촉 등 이때의 견문과 체험은 귀국 후 저술한 『열하일기(熱河日記)』에 집약되어 있으며, 이후 그의 학문과 사상에 큰 영향을 미쳤다.

이번 연행(燕行)을 통해 그는 청조(淸朝)의 문물과 과학기술에 대해 깊이 관찰하는 한편, 그곳 학자들과 만나 문학·역사·음악·종교·자연과학 등 여러 분야의 토론을 통해 깊은 감명을 받았다. 그는 『열하일기』를 통해 평소 생각해온 이용후생에 대한 견지에서 존주대의(尊周大義). 존화양이(尊華攘夷)의 주자학적 명분에 사로잡혀 명(明)을 숭상하고 청의 문명을 이적시(夷狄視)하는 유학자들의 고루하고 비현실적인 태도를 신랄하게 비판했다. 그는 이 저술에서 과감히 이용후생과 실사구시(實事求是)의 입장에서 '학중국(學中國)'할 것을 주장하는 등 북학사상(北學思想)을 폭넓게 피력했다. 이용후생 위주의 사고에서 집필된 『열하일기』는 단순한 일기나 기행문이 아니라 「호질」, 「허생전」 등 한문 단편소설과 함께 청의 문물·풍속·제도 등에 대한 깊이 있는 이해와 관찰, 그리고 조선의 낙후된 제도. 문물에 대한 비교와 비판으로 쓰인 문명 비평서라고 할 수 있다.

그러나 그의 저술은 탈고 전에 세상에 유포되어 칭찬과 비방의 소리가 뒤섞인 가운데 특히 숭명반청(崇明反淸) 의식이 지배적이던 당시 사상계의 분위기 속에서 비방의 소리가 비등, 호된 비판의 대상이 되기도 했다. 그러나 그가 이 저술에서 강조하려 한 것은 존명(尊明) 사대주의라는 형식논리에서 벗어나 당시 서구와의 접촉을 통해 번창하고 있던 청의 문물을 과감히 받아들여 낙후한 조선의 현실을 개혁하자는 것이었다.

그의 북학사상은 제자격인 초정(楚亭) 박제가(朴齊家)의 『북학의(北學議)』를 통해 한층 심화된 바 있거니와, 이후 연암은 북학파의 영수격(領袖格)인 대표적인 학자로 주목되었다. 그의 사상은 『열하일기』12책 26권 속에 구체화되어 있으며, 정치. 제도. 국방. 천문지리. 문학 등 광범위한 문제에 걸쳐 새로운 문체로 개혁적인 사상을 개진한 문제의식을 지닌 저술로 큰 영향을 미쳤다.

50세가 되던 1786년(정조 10) 연암은 음서(蔭敍)로 선공감감역(繕工監監役)에 임명되면서 그의 첫 관인(官人)생활이 시작되었다. 이후 1789년 평시서주부(平市署主簿)를 거쳐 사복시주부(司僕寺主簿). 의금부도사(義禁府都事). 제능령(齊陵令)을 거쳐 1791년(정조 15) 한성부판관(漢城府判官)이 되었다. 1792년(정조 16) 현재 경남 함양인 안의현감(安義縣監)이 되어 1796년까지 지방관으로 4년간 재직하는 동안 연행 때의 경험과 소신을 살려 농사의 실험적 작업을 시도하기도 했으며, 뒤에 안의현에서의 경험을 살려 57세 때 「열녀함양박씨전」과 이 고장 출신인 유학 이성택(李聖擇)의 「이처사묘갈명」을 지었다. 이 시기가 연암의 생애 중에서 가장 안정된 생활을 보낸 때라고 할 수 있다.

이 해 국왕 정조가 「열하일기」를 보고 그 문체가 순정(醇正)하지 못하다고 규장각직각(奎章閣直閣) 남공철(南公轍)을 통해 순정한 문장을 지어 속죄(贖罪)할 것을 명하였다. 그는 60세가 되던 1796년 잠시 벼슬을 그만두었다가, 이듬해 충청도 면천(沔川, 현재 당진군)군수에 임명되었다.

이 무렵 정조의 윤음(綸音)으로 전국에 걸쳐 농서를 구할 때 연암은 63세 때인 1799년(정조 23) 그간 자신이 연구해온 농학이론과 지방관으로서 농촌의 현장경험을 토대로 그의 해박한 농학사상이 담긴 『과농소초』와 한전론(限田論)에 입각한 토지개혁안인 「한민명전의(限民名田議)」를 덧붙여 지어 올림으로써 국왕의 속죄 요구와 구언교(求言敎)에 답하였다. 그가 찬진(撰進) 한 농서 2권은 정조에게 크게 인정되어 1800년(순조즉위) 양양부사(襄陽府使)로 승진하기에 이르렀다.

그러나 이 해 정조가 갑자기 세상을 떠나고 노론 완고파(頑固派)가 집권하게 되자 그는 병을 핑계로 사직하고 금천 연암협으로 돌아가 저술 활동에 힘을 기울였다. 그러던 1805년(순조 5) 10월 20일, 18세기 말 북학파의 영수로 이용후생의 학문을 주도했던 혁신적인 학자였고, 한 시대의 역사 발전을 모색했던 민본주의적 지식인이자 문호(文豪)였던 그는, 마침내 69세를 일기로 서울 가회방(嘉會坊)의 재동(齋洞) 자택에서 별세하였다.

별세 전에 자신의 몸을 깨끗이 목욕시켜 달라는 유언만을 남겼다고 하며, 묘는 선영이 있는 경기도 장단군 송서면(松西面) 대세현(大世峴)에 있다. 종의(宗儀)·종채(宗采)·종간(宗侃) 세 아들을 두었는데, 둘째 종채는 아버지의 언행과 가르침을 기록한『과정록(過庭錄)』을 남겼다. 종채의 장남 규수(珪壽)는 예조판서, 우의정, 판중추부사를 지냈으며 개화사상의 선구를 이루었다.

2.『과농소초』에 대하여

이용후생에 입각한 연암의 북학사상이 담긴 유고『연암집(燕巖集)』은 저작자의 자유분방하고 혁신적인 비판정신으로 인하여, 그의 사후에도 주자학을 지도이념으로 떠받들던 왕조사회에서는 쉽게 용납되지 않아 그 내용 전부가 공간(公刊)되지 못하였다. 왕조 말에 그의 손자 환재(瓛齋) 박규수(朴珪壽, 1807~1876)가 평양감사로 있을 때 조부의 문집 간행을 제의해 오자, "문집을 간행하여 공연히 말썽을 불러일으키지 말라"고 답변한 데서 연암에 대한 그 시대적 사회 분위기가 어떠했는가를 단적으로 가늠해볼 수 있을 것이다.

아무튼 생애 전반기에 불우하고 가난한 삶이 큰 자리를 차지한 가운데, 개혁적. 비판적 시각에서 자주적인 근대인을 꿈꾸던 연암의 북학사상은 그의 사후 왕조사회가 종말을 고할 때까지 크게 자유롭지 못하였다. 개혁적인 민본주의 군주였던 정조조차『열하일기』의 문체를 패관잡기(稗官雜記)로 못마땅해 했고,『과농소초』와「한민명전의」찬진으로 그의 진면목을 인정받을 즈음해서는 국왕은 안타깝게도 승하하고 말았다.

그러나 봉건적인 조선왕조가 무너져 내리던 한말 사회에서 개화사상 (開化思想)이 대두됨에 따라 그의 이용후생의 북학사상은 큰 주목을 받았다. 즉, 연암의 실학사상은 구시대에서 새시대로 넘어가는 전환기적 역할을 하게 되었다. 즉, 새로운 시대의 근대사상을 매개. 발아(發芽)하는데 촉진제와 징검다리의 구실을 했음은 크게 놀라울 점이라고 생각한다.

그러한 사실을 전제로 필자가 국역하던 1987년을 기준으로 볼 때 이제까지 주력해온 문학 부문 뿐만 아니라 탄생 250주년을 맞아 그동안 소홀히 해온 그의 사상과 학문의 한 축인 『과농소초』에 담긴 농업경제사상을 재평가할 시점에 이른 것이 아닌가 하고 그 소감을 피력한 바 있다. 이러한 사실을 염두에 두면서 전통적인 농본사회가 해체된 20세기 말에서 21세기초 말기 산업사회에서 18세기 말 그 시대 최대의 관심 화두로 대두된 연암이 모색했던 역사의 한 단면과 마주한 필자의 학문적인 소회 또한 각별하다. 이 『과농소초』와 「한민명전의」는 조선후기 사상계의 진보적인 거인(巨人)이었던 연암 박지원이 고투(苦鬪)하듯 탐구했던 국가적 최대의 관심사이자 사색의 경정체로 그의 전체상의 주요 축을 이룬다는 점을 깊이 유념해야 할 것이다.

『과농소초』와 그 말미에 덧붙인 「한민명전의」는 연암의 나이 63세가 되던 1799년(정조 23) 충청도 면천군수 재직 중 정조가 농서를 지어 바치라는 구언교(求言敎)와 연암이 연행 후 찬술한 『열하일기』의 문체반정(文體反正)에 대하여 순정한 문장을 지어 속죄하라는 요구에 부응해 찬진된 저술이다. 연암은 관계로 나아가기 이전 41세 이후 황해도 금천시대에 농학에 대한 학문적 연구를 시작, 진하사 사절로 연행 때 중국의 농업과 농학에 대한 인식과 안목을 넓히면서 그 연구의 깊이와 폭을 확대할 수 있었다.

연행 후 제자인 초정 박제가의『북학의』의 서문을 쓰면서 연암보다 앞서 몇 차례 연행 경험과 총민한 관찰력을 지닌 초정의 선진적인 북학사상 가운데 농학의 내용을 보다 체계적으로 살필 수 있었다. 또한 1791년 이후 경상도 안의현과 충청도 면천군의 지방관으로 근무하면서 농촌실태를 구체적으로 관찰하고 토지 재분배의 필요성을 절감했다. 그 결과 당시 국가 산업과 재정의 중심축을 이루고 있는 농업에 대한 현실 가능한 개혁사상을 한층 성숙. 체계화시킬 수 있었다.

연암은『과농소초』를 찬술함에 있어서 한국과 중국의 농서를 면밀히 비교 검토하고 개혁 가능한 농업경제사상을 견지하려고 하였다. 즉, 금천 시대 때부터 읽어온 신속(申洬)의『농가집서』, 강희맹(姜希孟)의『금양잡록』,『사시찬요초』, 유중임(柳重臨)의『증보산림경제』, 박세당(朴世堂)의『색경』, 서명응(徐命膺)의『고사신서』, 허균(許筠)의『한정록』등 한국의 농서와, 가사협(賈思勰)의『제민요술』,『주자권농문』.『농상통결』.『종시직설』, 특히 중국 농서의 최신 결정판인 서광계(徐光啓)의『농정전서(農政全書)』등 중국 농서를 자료로 이용, 이를 면밀히 비교 검토하려고 하였다.

그리고 무엇보다 지방관으로서의 실제적인 농촌관찰 체험을 바탕으로 하여 한국 농학과 토지제도론의 결함을 보완하려고 한 것이다. 물론 그의 저술에는 금천에서의 농사 체험과 안의, 면천의 지방관으로서 파악된 토지소유의 모순과 농촌현실의 관찰이 직접 작용했다. 또한 한국의 기후와 토질, 농사관행에 걸맞는 우리의 농학을 기본 뼈대로 하는 가운데 중국의 선진적인 농학을 받아들여 그 체계성과 실천성을 꾀한다는 의도가 그대로 반영되어 있다.

『과농소초』와「한민명전의」에 나타난 연암의 농학과 토지제도의 개

혁을 골자로 하는 그의 농업경제사상과 그 저술의 집필의도. 입장. 배경
등을 몇 가지로 요약해서 정리한다면 다음과 같다.

첫째, 연암은 이용후생 이후에야 정덕(正德)을 이룬다는 입장에서 생업
과 경제생활의 중요성을 강조했으며, 그 실현을 위한 전제조건으로 과학
기술의 발전을 주장했다. 즉, 그는 "이용이 있은 다음에야 후생, 즉 경제
새활을 풍부하게 할 수 있고 , 경제생활을 풍부하게 한 다음에라야 도덕
을 바로잡을 수 있다"고 당시 주자학적인 명분론과 형식논리에 사로잡혀
이용후생의 측면을 도외시하는 비실용과 명분론적인 태도와 현실을 통렬
히 비판했다. 그는 이미 『북학의』의 서문에서 "소위 사농공상의 4민이라
는 것은 겨우 명목만 남았고, 이용후생하는 재원은 날로 곤궁해지기만 한
다. 이것이 다름아닌 학문의 도(道)를 모르기 때문이다" 라고 사대부들의
주자학이 가진 비실용. 비현실의 태도를 지적하면서 농학 또한 어디까지
나 상(商).공(工)의 학과 함께 실학임을 밝혔다.

연암은 이미 『열하일기』에서 "참으로 백성에게 이롭고 나라의 도움이
되는 것이라면, 비록 그 법이 이적(夷狄)에게서 나왔다고 할지라도 진실
로 취해 본받아야 한다"고 했다. 또한 『북학의』서문에서도 "장차 학문을
하려면 중국을 배우지 않고는 어찌 할 것인가....법이 좋고 제도가 아름답
다면 아무리 오랑캐라 할지라도 덧떳이 스승으로 삼아야 한다"고 이용후
생 위주의 북학파로서의 입장과 태도를 분명히 하였다. 즉, 이용후생과
경세치용(經世致用)을 위해 그 합리성이 인정된다면, 청의 경농법(耕農
法). 양잠법 · 도자기 제조술 · 야금술(冶金術) 등 선진기술의 과감한 수용
과 그 응용을 주장하였다.

둘째, 연암은 농 · 상 · 공에 대한 학문, 곧 실학을 발전시킬 담당의 주체
를 사대부로 보고, 사농공상(士農工商)의 4민 중 '사(士)계급'은 농 · 상 · 공

·등 서민계층의 생활 영위에 이바지하는 데 그 사명이 있음을 강조했다.

그는 『과농소초』제가총론(諸家總論)에서 우리나라 농학이 후진적인 요인으로는, (1) 사대부들이 이론을 위한 성리(性理)나 헛된 사화(詞華)만을 숭상하고 경제를 도외시한 데서 연유됨을 지적했다. (2) 부자계층은 따뜻하고 따뜻하고 배부른 의식주에 안주하며 의식의 생산과정과 중요성을 도외시한 점을 지적했다. (3) 빈민계층은 농업을 배우고자 하나 토지가 없음을 지적했다. 따라서 농상공에 대한 학문, 곧 실학을 발전시킬 주체를 사대부로 보는 관점에서 이『과농소초』가 서술되었음을 밝히고 있다.

셋째, 연암은 기왕의 우리나라 농서가 지닌 결함을 보충하고 새로운 농법을 모색 발전시킨다는 데 그 서술 목표를 두었다. 이러한 전제하에 영농방법의 혁신을 위해서는 농지제도의 개량, 노동력 절감, 농기구 개량과 분양법(糞壤法)의 개선, 관개 수리시설의 개선 등이 뒤따라야 할 것을 주장했다.

ㄱ) 연암은 먼저 농작물에 대한 지력(地力)을 잘 이용할 수 있기 위해서는 농지제도, 곧 경종법(耕種法)을 개량해야 한다고 믿었으며, 그 농법으로 구전법(區田法)과 대전법(代田法)을 검토하고 이를 권장했다. 그는 벼농사에 있어서도 지력을 최대한 이용하려는 농지경영론에 대해 언급했다. 연암에 의하면, 노동력 절감뿐만 아니라 농작물 재배의 기본요건인 지력의 이용면에 있어서도 이앙법(移秧法)이 유리하다는 것이다.

ㄴ) 연암은 노동력 관리와 절감을 통한 영농방법의 효율성과 합리화를 모색하려고 했다. 그는 먼저 농지경영에 있어서 노동력의 절감 방법을 통해 소기의 성과를 거둘 수 있는 농법 개량에 큰 관심을 기울였다. 농작물 재배과정에 있어서 노동력이 가장 많이 소요되는 것은 중경제초(中耕除草)를 중심으로 한 일련의 작업이므로 농법 개량을 위한 그의 관심도 여

기에 집중되었다. 그러한 효과를 거두기 위해서 심경역욕(深耕易耨)과 근면한 농사 관리가 농민들이 유념해야 할 기본요건으로 예거하였다.

ㄷ) 그는 농법개량에 우선하여 노동관리 차원에서 노동력을 낭비하지 않도록 만전을 기할 것을 역설했다. 연암에 의하면, 조선시대 농촌에서 노동관리가 잘 되지 않는 큰 요인으로 먼저 국가 권력에 의해 농민이 무차별 사역(使役)당하는 데 있음을 지적 비판했다. 즉, 그는 옛부터 농민이 성지역사(城池役事)에 빈번히 동원되고, 전투에 징발되며, 1년에 규정된 3일 이상을 훨씬 초과해 요역(徭役)을 부과하거나, 농한기가 아닌 때에 동원하는 부역노동 등을 예거했다. 이러한 것들은 모두 국가 권력에 의한 강제 탈농(奪農)행위로 간주하고, 농민들에게서 농시(農時)를 빼앗는 일이 없도록 지방행정 담당자들은 이 점에 각별히 유념할 것을 지적했다.

ㄹ) 그는 또한 농민 스스로 탈농(奪農) 행위를 자행하는 일탈현상도 지적했다. 즉, 소와 양식이 없어서 남이 일을 다 마친 뒤에야 소를 빌려 경간(耕墾)하게 됨으로써 농시를 놓치는 일, 농민 자제들이 분수에 않맞게 호의호식(好衣好食)이나 방탕생활에 탐익(耽溺)하여 제 초(除草)의 기회를 놓치는 일 등을 들었다. 또한 도시 근교의 농민들이 농번기에 농사보다는 돈벌이에만 급급하여 도시의 시장을 떠돌거나 경우(耕牛)에 신자(薪紫)을 실어다 파는 일, 제초보다는 남의 품삯이나 바라며 돈벌이에만 급급하며 역농(力農)을 소홀히 하는 등의 한심한 작태 등의 탈농현상으로 인해 농업경영면에서 노동력 관리의 문제점임을 지적 비판했다.

넷째, 영농의 합리화를 위해 노동력 절감 문제와 관련하여 효율적인 농기구의 개량을 제안했다. 연암은 이미 『열하일기』에서 각종의 차제(車制)를 연구하고, 수레와 선박의 보급. 이용이 국내 상업과 해외 무역에서 생활 편리의 요건임을 지적한 바 있었다. 연암은 『과농소초』에서 농기구 개선에 유념하여 당시 농촌의 타곡장(打穀場)에서 관용되고 있는 키(箕)나 소석(小席) 등이 비능률적임을 지적하고 중국의 양선(颺扇)으로 대체 사용할 것을 제안했다. 실제로 그는 안의현감 재직시에 중국식 양선을 모방하여 이를 제작, 보급한 바 있었다. 그는 또한 경종법(耕種法)의 개량과 능률화를 위해 중경제초 때의 장병서(長柄鋤)나 누차(樓車)의 제작, 보급을 제언하기도 했다.

다섯째, 연암은 농작물 소출의 다과(多寡)는 시비(施肥,거름주기)의 적절한 투여 여부에 달려 있다는 견지에서, 취분(取糞,거름장만)과 시비 등 토양법의 일대 개선을 제언했다. 그는 거름을 저장할 시설물 설치와 박제가가 『북학의』에서 논의한 것처럼 중국인들의 분양법(糞壤法)을 배울 것을 말하였다. 그밖에도 초분(草糞), 화분(火糞)·이분(泥糞) 등과 콩·마(麻). 밀 등의 작물 재배에 있어서 묘양법(苗養法)을 시험해 볼 것도 제안했다.

여섯째, 관개(灌漑) 수리시설의 중요성에 유념하여 용수(用水)와 배수(排水)시설로써 수리를 갖출 수 있다면 한전(旱田, 밭)과 수전(水田, 논)에 있어서 소출을 늘릴 수 있다고 보았으며, 수차(水車)를 제조.·활용한다면 한재(旱災,가뭄)도 두려울 것이 없다고 하였다. 그는 당시까지의 농촌현실이 수리시설이 부실 낙후했음을 지적하고, 중국 농촌의 경우 이미 일반화된 수차가 그 편부(便否)에 어둡거나 제작 재원을 이유로 널리 보급. 사용되지 못하고 있는 현실을 개탄하고 안타까워했다.

연암은 『과농소초』에서 우리나라 농서로서는 최초로 수리조(水利條)를 마련하는 선진성을 보였다. 그는 중국 서광계의 『농정전서』로부터 산향수리법(山鄕水利法)·한전용수법(旱田用水法)·간천법(看泉法)·수책(水柵)·번차(翻車)·통차(筒車)·괄차(刮車)·수차 등 28종의 수리법을 소개하면서 그 보급·활용을 제의했다.

이와 같이 연암은 학문의 초점을 이용후생, 곧 실용에 기초하여 백성들에게 유익하고 국가에 유용할 때는 비록 오랑캐의 법이라 할지라도 주저 없이 배워야 한다고 생각했다. 그 요체로서 생산력의 발전을 급선무라고 보았으며, 생산력의 발전을 위해서는 청의 선진기술을 과감히 수용 활용해야 할 것을 촉구했다.

연암은 이『과농소초』를 통해 농업부문에서 생산력을 발전시키기 위해서는 생산도구인 농기구의 개선, 영농법의 개량, 새로운 농사시설의 필요성을 강조했다. 특히 절기에 따른 전답(田畓)의 구획법, 농기구 개량, 토지의 경작과 개간, 수리사업과 시설, 토양 · 거름 · 곡물 품종 · 파종, 제초 · 수확 등과 해충 구제. 곡물 저장 등 다방면에 걸쳐 구체적인 개선책을 제시했다. 특히 한국 농서로는 최초로 '수리조'를 마련, 관개수리사업의 중요성을 강조, 저수지를 구축하고 수차(水車) 등의 수리시설을 광범위하게 제작 사용할 것과 수레의 도입이 급선무라고 주장하였다.

3. 「한민명전의」에 대하여

1780년 연행 후 그 견문을 기록한『열하일기』의 문체가 정조 때 진행된 문체반정(文體反正) 과정에서 문제시되고, 그뒤 정조의 속죄 요구와 당시 전국에 내린 농서의 구언교에 부응해서 찬진된 저술이 농서『과농소초』와 그 부록으로 덧붙인 글이 바로 「한민명전의(限民名田議)」이다. 『과농소초』가 일찍이 금천 연암골에서의 농사 경험과 한국 및 중국 농서에 대한 지식, 연행 때의 중국의 선진농업에 대한 관찰 경험을 바탕으로 저술된 것이라면, 이 「한민명전의」는 1792년 경상도 안의현감, 1797년 충청도 면천군수로 지방행정을 관장하면서 관찰하고 절감한 경험을 토대로 농촌과 토지 문제, 곧 토지제도의 개혁안을 담은 글이다.

연암은 앞의 저술에서 영농방법의 혁신, 농기구의 개선과 수리시설의 확충 등을 통해 농업생산력을 높이는데 관심을 기울였다면, 「한민명전의」는 당시 생산력의 발전을 생산관계가 저지하고 있음을 인식하고 생산관계의 개혁, 곧 불합리한 토지소유의 개혁 문제에 주목했다. 연암은 당시 농촌현장에서 농민경제의 실태를 관찰하고 토지소유를 일정하게 제한하여 토지를 균등히 소유케 한다는 한전론(限田論)을 주장하였다. 연암은 본래 주대(周代)의 정전제(井田制)를 이상적 토지제도라고 생각했으나 당시의 조선에는 정전제가 재현할 수 없다고 생각했다. 그 대신 정전제가 목적한 바 균전균부(均田均賦)의 정신을 실현한다는 뜻에서 한전론을 주장한 것이다.

연암은 당시의 토지소유관계의 형편에 대하여,

> 농민들의 속담에 '일년내내 뼈 빠지게 일해도 소금 값도 남지 않는다'는 말이 있다. 농가 중에서 자기의 토지를 경작하는 것은 부농의 경우로서 열에 겨우 한 둘밖에 지나지 않는다.

고 했다. 그의 한전론은 전국의 토지 면적과 호구를 조사하여 1호당 평균 경작면적을 국가가 제정하고, 법률적으로 누구든지 그 이상의 토지소유를 제한하되, 이 법을 시행하기 이전의 토지소유는 대토지소유라 할지라도 그대로 인정하고, 새로운 매입은 금지케 한다는 것이다.

또한 토지의 분할 상속을 허용하며, 법령 공포 후 상한선 이상을 매입한 지주의 토지를 몰수한다면 수십 년이 못 되어 나라 안의 토지가 균등하게 되리라고 전망했다. 이에 부수되어 농업기술의 혁신, 노동력 관리의 효율화에도 큰 관심을 기울였다.

연암의 한전론은 점진적인 토지개혁안이라 할 수 있는 것으로서, 한전제의 법을 공포한 이후 토지소유에 있어서 일정한 제한을 두려고 했다. 그리고 그 이전부터 소유해온 토지는 상속·매매 등의 방법으로 수십년이 지난 후에 자연스러운 균분을 꾀한다는 취지를 담고 있는 것이다. 연암의 한전론은 그가 지방관으로 있던 면천군의 농촌시태를 분석·관찰한 결과에서 비롯된 것이라고 할 수 있다.

당시 그는 지주. 호부층(豪富層)의 토지 집적(集積)으로 일반 농민들이 영세화되거나 토지 이탈 등 농민분해의 현실을 보고, 사회의 물의를 일으키지 않는 범위 내에서 점진적인 토지개혁안으로서의 한전론을 주장하기에 이른 것이다.

연암은 「한민명전의」에서,

> "농사를 짓는다는 것은 비유하자면 그림을 그리는 것과 같아서, 붉고 푸른 물감이 비록 구비되어 있고, 비록 그림 그리기를 교묘하게 한다 하더라도, 종이나 비단의 바탕이 되는 근본이 없으면 붓을 댈 수가 없다."

라고 비유삼아 지적했다. 이처럼 연암은 국가의 농업진흥과 농민경제의 개선, 실효를 거두기 위해서는 최소한 농민들이 먹고 살 수 있는 농경지를 확보하는데 있다고 보았다. 그리고 현재와 같이 대다수 영세농들에게 농경지가 줄어드는 현실은 마치 화가에게 화판(畵板)이 없는 것과 같다고 비유하였다.

조선후기 농촌 문제의 핵심은 지주전호제(地主佃戶制)에 의한 토지경병(兼倂)이 널리 성행하고 영세농이 증가하는 농촌구조하에서는 토지겸병의 폐단을 제거하는 것이 급선무였다. 따라서 겸병자의 토지 소유를 제한하는 한전론을 점진적으로 시행함으로써 농민경제의 안정을 도모하자는 것이 연암의 주장이었다.

연암은「한민명전의」에서,

> 한전(限田)을 실시한 다음에 겸병자가 없어질 것이고, 겸병자가 없
> 어진 다음에 산업이 균등하게 될 것이고, 산업이 균등하게 된 다음에
> 백성들이 토착(土着)하여 각각 자기의 토지를 경작하고 근면 한 사람
> 과 게으른 사람의 구별이 드러날 것이다. 근면한 사람과 게으른 사람
> 의 구별이 드러난 다음 에야 농업을 권장할 수 있고, 백성들을 교훈할
> 수 있다.

라고 표명했다. 연암은 겸병의 폐단을 없앤 뒤 토지의 상한선을 정하고
법령이 공포된 뒤 일정 기간이 지난 다음에는 상한선 이상의 토지매점을
엄금하자고 했다.

그의 한전론은 토지 소유의 상한선을 설정하는 토지개혁론으로서그
하한선을 설정하지 않음으로써 그 한계를 드러내고 있는 것도 사실이다.
또한 상한선을 초과한 토지를 매입하거나 몰수해 재분배하기를 주장하는
대신 상속제도 등에 의해 토지가 상한선 이하로 축소되기를 기다려야 하
는 한계도 지니고 있다. "토지의 경계를 정리하고 백성의 소유를 균등하
게 하려는 것 "을 목표로 한 연암의 한전론 토지개혁론은 사농공상의 봉
건적 신분제에 따른 토지재분배 원칙이 전제된 것이었다. 또한 그 시행방
법 역시 점진적인 것이라는 시대적 한계도 있다.

연암이 구상한 한전론의 기본발상은 고대 중국(周代)의 정전제의 농지
경영을 흠모한 데서 연유, 이 제도가 평양에 잔존(殘存)한다는 기전(箕田)
을 관찰한 결과에서 얻어질 만큼 오랜 전통에 기초하고 있다. 여러 한계
에도 불구하고 당시 지주층의 반발을 최소회하면서 장기간에 걸쳐 토지

문제를 해결하는데 연암이 토지소유의 상한선 주장이 그 대안이 될 수 있다는 긍정적인 평가도 있다.

연암은 농지경영의 개혁문제와 관련하여 서울 근교(近郊)에 모범농장을 설치, 농사기술을 실험적으로 보급시킬 것을 제안하기도 했다. 그가 구상한 실험교육장으로서의 모범농장은 고선왕(古先王)의 정전제적 원리에 의해 정전(井田)과 기전(箕田)을 각기 하나씩 마련하고 이를 운영한다는 것이다. 또 이 모범농장에는 농학에 밝은 학자를 임명하고, 각지에서 선발해온 역전자제(力田子弟)를 농업실험에 종사케 한 뒤, 각 지방에서 교사가 되어 그들이 배운 농법을 농민들에게 교육시킴으로써 민산(民産)을 떨치게 한다는 것이다.

되풀이해서 말한다면, 연암의 토지론은 전통과 단절된 돌출적인 개혁론이 아니라 중국과 한국을 통해 고선왕의 정전제에 가까운 한전론이라는 점에 그 원리적 특성이 있다. 즉, 그 자신이 밝힌 것처럼 전통적인 우리 나라 농업의 기반 위에서 그 결함과 모순을 시정. 극복하려고 한 것이다. 그 방법도 사회적으로 물의를 일으키지 않는 범위 내에서 점진적인 토지의 재분배를 통해 농민경제를 안정시키고, 농지경영을 보다 합리화하자는 데 그 주안점(主眼點)을 두었다. 연암은 『과농소초』에서 제시한 영농방법의 혁신, 농기구의 개량, 수리시설 확충 등 문제가 실효를 거두기 위해서는 토지소유의 문제에 있어서도 특히 중국 옛 성인의 치세법(治世法)에 기초한 개혁론을 편다는 점을 강조했다.

그러나 우리가 주목해야 할 것은, 연암의 농학은 결코 주자학적 체계에 순응하려는 것이 아니었다는 사실이다. 이미 『열하일기』와 한문소설을 통해 주자학적 명분론을 허학(虛學)으로 신랄하게 풍자 비판한 바 있거니와, 연암은 주자학 이전 옛 성왕의 법을 좇되 그보다는 주자학적 윤리와

질서가 지배하는 사회현실을 극복. 개선하자는 데 「한민명전의」속에 그 근본적인 의도가 담겨 있는 것이다. 마치 이것은 유럽 르네상스시기의 지식인들이 중세적인 사회모순과 불합리를 극복하고 문예부흥을 하기 위해서 고대 그리스. 로마의 체제와 사고에 기초해서 그 개혁의 활로를 모색한 것과 맥을 같이 하는 것이다.

4. 요약-연암사상의 선진성

연암 박지원은 18세기 후반을 대표하는 실학사상가로서『열하일기』와「양반전」,「호질」,「허생전」,「광문자전」,「마장전」등의 한문소설을 통해 양반사회의 몰염치한 작태와 직업윤리, 주자학적 명분론과 신분제의 모순 등 당시 봉건사회의 이중성과 여러 문제점을 비판 · 풍자했다. 예컨대「허생전」에서는 북벌론의 비현실적인 허구성을 비판하고 유자인 허생이 사농공상의 제약을 뛰어넘어 상인으로서 상업행위에 종사하여 부를 축적해 나가는 중상적인 모습을 부각시켰고,「호질」·「양반전」은 주자학적 윤리의 이중성과 양반사회의 허위의식을 신랄하게 풍자하고 비판했다.

그는 연행 이전부터 문하생에 양반 · 중인 · 서자들을 차별하지 않고 받아들여 서얼차별에 반대했으며, 저술을 통해 능력과 실력에 따라 균등한 인재등용을 주장했다. 1760년대 말 박지원을 중심으로 박제가 · 이덕무 · 이서구 · 이희경(李喜儆) · 서상수(徐常修) · 유금(柳琴) · 유득공 등 서울 종로 백탑파(白塔派)라 불리는 인재들 중 이서구를 제외하면 거의 서얼 출신이라는 점이 흥미롭다. 연암은 또한 홍대용과의 교우를 통해 서학(西學)의 자연과학적 지식 흡수에도 적극적이었다. 그는 기왕의 주자학자들의 입론인 지방지정설(地方地靜說)에 반대, 지구자전설을 지지하고 지구가 우주의 중심이 아니라 무수한 별들 중의 하나라고 보았으며, 연행길에 북경에서 천주당이나 관상대를 구경하고 서양인에 대한 호기심과 그 만남을 기대하기도 했다.

연행 후에는 북학론의 대표적인 이론가로서 이용후생 이후에야 정덕(正德)이룬다는 견지에서 『열하일기』를 저술, 화폐의 유통, 국내와 해외무역 등 상공업 활성화 문제와 함께 수레, 벽돌, 농기구의 제조·유통 등 기술의 혁신, 영농방법의 혁신, 상업적 농업 장려, 수차와 같은 수리시설의 확충 등 생산도구의 개선을 통해 농업생산력을 증대시킬 것을 주장했다. 그는 특히 중국의 수레제도와 선박에 주목, 도로의 수치(修治)와 수레를 통한 유통의 용이성과 상공업 진흥, 심지어 농업생산력을 높이기 위해서 수리시설로서 수차의 효율성을 강조하기도 했다.

조선후기 성호학파의 흐름을 주도한 성호(星湖) 이익(李瀷,1681~1763)을 토지제도 및 행정기구, 농업을 중심으로 제도상의 개혁에 치중하는 경세치용파(經世致用派)의 대표자로 부른다면, 연암은 이용후생파(利用厚生派)의 중심적 인물로 간주하기도 한다(이우성,「실학연구서설」,『실학연구입문』,일조각 참조). 그런데 연암은 해외무역의 필요성과 상공업의 진흥, 양반계급의 상공업 종사, 수레의 제작과 보급, 도로의 수치를 통한 국내 상업 유통망의 확대 등 이용후생 측면 뿐만 아니라 영농방법의 혁신과 한전법의 토지제도 개혁론 등 경세치용 측면에도 비상한 관심을 기울였다. 앞에서 말한 『과농소초』.「한민명전의」는 연암의 이러한 입장을 나타낸 대표적인 저술인 것이며, 18세기 말 농업개혁론과 농업경제사 연구에도 귀중한 고전으로서 가치를 지니고 있다.

농학사적인 측면에서 볼 때 , 『과농소초』·「한민명전의」는 우리나라와 중국의 농서를 종합·검토하고, 특히 서광계의 『농정전서』를 비롯한 중국의 최신 농서를 광범위하게 참고, 소개하면서 한국 농서의 결함을 보충하려고 했다. 금천시대에 종사했던 농사경험과 노농의 역할, 안의현감과 면천군수 등 지방관으로서 파악하고 경험한 농촌현실과 농민경제의 실태와 문제점에 대한 구체적인 관찰의 결과 실천 가능한 논의를 서술의 원칙으로 삼았다. 『과농소초』에서 개진(開陳)한 각 조의 내용도 그렇지만, 특히 한전제의 발상이 비주자학적 흐름 위에서 전근대사회에 있어서 우리나라 농민경제의 안정과 발전, 농업생산력을 높이기 위한 개혁으로서 실현 가능한 측면을 목표로 삼았다는 데 그 특색이 있다.

『과농소초』가 지닌 또 하나의 역사적 의의는, 이 저술이 그 전대(前代)의 『농가집성』·『색경』·『산림경제』 등 우리나라 농서를 충실히 계승하면서, 연행 때에 관찰한 중국 농업의 발전 모습과 중국 농서의 최신 결정판인 『농정전서』의 내용을 참고로 서술했다는 점이다. 따라서 당시로서는 한국과 중국을 막론하고 최신의 내용을 담고 있는 이 농서는 18세기 말의 농학체계의 하나로 종합·진전시킨 것이며, 박제가의 『북학의』에 표현된 북학파의 농학사상과 일정한 조응(照應)관계를 갖고 있다.

또한 정조 말년 국왕의 구언교(求言敎)에 대한 지방관이나 재야 농촌지식인들의 응지상소(應旨上疏)에 나타난 한전론이나 균전론(均田論) 등의 토지개혁론 주장과도 일정하게 대응하고 있다. 그러한 뜻에서 『과농소초』는 『북학의』와 함께 18세기 후반 북학파의 농학사상을 반영한 대표적 저술로 농학사적인 의미를 갖고 있다. 상공업 진흥과 함께 수차와 농기구의 제작 보급, 영농방법의 혁신, 상업적 농업의 장려, 수리시설 확충 등을 통한 농민경제의 발전을 모색했다는 점에서 중상과 중농주의적 두 측면을 동시에 모색했다는 점을 간과해서는 않된다.

그러나 이러한 평가에도 불구하고 연암의 농업경제사상은 그의 한전론이 단적으로 말해주는 것처럼, 조선왕조의 봉건체제가 갖고 있는 구조적인 지주전호제(地主佃戶制)의 모순, 양반사회의 신분제적 질곡(桎梏)을 근본적으로 척결한 것이라고는 볼 수 없다. 현실적으로 실현 가능한 토지재분배론(土地再分配論)을 목표로 구상한 개혁론의 한계점은 뒷시대 정약용(丁若鏞)에 의해 한전제·균전제 등 토지개혁안의 문제점을 일대 보완한 여전론(閭田論)이라는 토지개혁론으로 나타났다. 연암의 주자학적 명분론을 벗어나 이용후생의 견지에서 중국의 선진문물과 기술을 배우자는 북학사상은 제자인 박제가, 친우 홍대용 등과 함께 동시대의 다른 학자들보다 훨씬 근대적인 것에 가까우리만큼 보다 진보적이고 비판적인 모습을 지니고 있다.

그러함에도 연암 역시 많은 변화를 예고하는 시대임에도 불구하고 한전제 토지개혁론에서 볼 수 있는 바 18세기라는 그 시대적인 벽을 뛰어넘는 데는 한계를 지니고 있었다. 그것은 강고한 왕조사회의 봉건체제하에서 역사적 인물의 사상을 평가할 때 '개인과 사회'의 상관성을 구명(究明)하고자 할 때 흔히 부딪치는 일반적인 경험의 한계이기도 하다.

그러함에도 불구하고 숭명배청(崇明排淸)의 주자학적 명분론을 지도이념으로 삼고 있던 당시 봉건적인 왕조사회에서 박지원을 중심으로 박제가. 홍대용 등이 지향한 북학사상은 왕조 말의 개화사상으로 넘어가는 과정에서 징검다리로서의 역할을 했다. 그것은 중세에서 근대사회로 전환하는 과정에서 근대화의 여명(黎明)을 알리는 신호이자 등불로서의 의미를 갖는다고 생각한다. 이러한 연암의 선진성으로 인해 박지원의 저술은 당대에서 자유롭지 못했다. 따라서 그의 문집 『연암집』은 19세기 후반 손자 박규수가 우의정을 지낼 정도로 현달했음에도 조부의 문집을 간행하는 데는 주저하고 소극적이었음은 저간의 사정이 어떠했는가를 잘 말해준다.

연암을 중심으로 한 북학파의 사상은 당대 봉건적인 양반사회의 제모순을 날카롭게 투시(透視)하고 비판하는 데 그치지 않았다. 더 나아가 이용후생의 견지에서 선진적인 중국 문물을 과감히 받아들여 근대화를 향한 유민익국(裕民益國)의 국부와 민본주의 사상으로 한말 개화사상의 선구를 이룬 선진사상이라는 점에서 큰 역사적 의의를 지닌다.

연암의 저술은 그의 사후 95년이 되던 1900년 창강(滄江) 김택영(金澤榮,1850~1927)이 선집 형태로 서울에서 6권 2책의 『연암집』을 간행했고, 이듬해에 『연암속집』을 발간했다. 1917년 중편 『연암집』의 간행에 이어, 박영철(朴榮喆)에 의해 1932년 17권 6책의 활자본 『연암집』 전집이 발간되었다. 그 내용은, 제11~15권 열하일기, 제16~17권은 과농소초와 부록으로 한민명전의가 첨부되어 있다. 국역본은 2007년 『국역 연암집』(신호열, 김명호 공역)에 이어 1968년 『국역 열하일기』(이가원역, 민족문화추진회), 2017년 김혈조에 의해 그 개정 신판이 발간되었다.

특히 농서 『국역 과농소초』(아세아문화사)는 필자에 의해 1987년 10월 연암탄생 250주년을 맞아 농기(農器)·택종(擇種)·양우(養牛) 조는 제외된 가운데 국내 초역으로 그 기념물로 간행되었다. 그 이전까지 연암 연구는 문학(특히 소설)을 중심으로 활발히 이루어졌으나 이후에는 농업과 상공업을 포함한 경제사상과 토지개혁론에 대한 연구로 그 영역이 보다 크게 확대되었다.

Ⅲ. 취석실 우하영의 실학사상

1. 향촌과 저술

조선후기의 계몽군주 정조가 고려시대 이래 터잡아 왔던 구읍치인 용복면(龍伏面 : 현 화성시 태안읍) 화산(花山) 기슭에서 현 수원시 지역인 팔달산 기슭으로 읍치를 옮겨 신도시 수원을 건설하던 시기에 활동한 수원부 출신의 유일한 실학자가 바로 우하영(禹夏永, 1741~1812, 호 醉石室·醒石堂)이다.

그는 18세기 중엽에서 19세기 초에 걸쳐 수원 신읍치 서쪽 현 화성시 매송면 어천리 향촌에서 가난하고 불우한 생애를 보내는 가운데 필생의 대작인『천일록(千一錄)』제1~11권을 저술한 18세기 말의 대표적인 실학자·농학사상가였다. 그는 수원 신도시건설과 화성성역에 큰 자극을 받아 1796년(정조 20)의「병진사월응지소」와 1804년(순조 4)의「갑자이월응지소」등 두 차례의 국왕의 구언윤음(求言綸音)에 대한 응지소(應旨疏)를 통하여 그의 존재와 경륜이 처음으로 조야에 드러났다. 부국유민(富國裕民)·민생보자(民生補資)의 이상이 담긴 그의 시무론의 편린이 정조·순조실록과『일성록』·『비변사등록』등 연대기자료에 등재되기에 이르렀다.

그러나 그의 학문적·사상적 본령은 농업을 비롯한 상공업·광업·어업 등 산업 문제에 있었다. 그 실체는 풍속·지리·군사·교통운수제도 및 운영상의 문제에서 향촌사회 문제에 이르기까지 그의 시대가 당면한 제문제에 대한 개혁책을 역사주의적 관점과 실증적 연구방법으로 제안한 저작『천일록』11권 속에 담겨져 있다. 그의 백과전서적인 저술 속에는 16세기 이래 이이·조헌(趙憲)·허엽(許曄)·유성룡(柳成龍)·이수광(李睟光)·유형원(柳馨遠) 등의 시무론적 경세사상과 이익에서 개화된 근기남인의 중농학풍을 수용, 이를 실천적 측면에서 적용하려는 보다 현실주의적 관점이 주류를 이룬다.

우하영의 저작 가운데 크게 돋보이는 부분은 첫째, 농민의 입장에서 농업정책·농업기술·농업경영 등 개혁적인 농업론을 모색하려한 점, 둘째 과거제·군제 및 군정·신분제·전제 및 전정·환정 등 정치·사회제도상의 개혁론을 개진하려했고, 셋째 정조대 현안의 역사적 과제로 추진된 신도시 건설과 성곽 축조 등으로 공전(空前)의 변화에 직면했던 신도시 화성 향촌사회의 발전을 위한 지역개발론 등으로 요약할 수 있을 것이다. 특히 화성을 중심으로 한 그의 향촌사회발전론은 정조 중엽에서 말엽에 걸쳐 추진된 국왕 주도하의 대(對) 화성 경영 문제와 결부되어 18세기 말 화성 향촌민의 입장과 향촌사회의 변화와 문제점을 구체적으로 파악하는 데 크게 주목된다.

우하영이 살던 18세기 말 후기사회는 기존의 체제·산업·사상·습속 등이 여러 부문에서 이완·해체되고, 새로운 질서·사상의 모색을 통하여 근대사회의 전환기적 동인도 아울러 움트던 시대였다. 특히 사회신분제의 변동은 봉건적인 위계질서에 의해 운영되던 향촌사회를 크게 변모시키기에 이르렀다. 이러한 사회동요에서 파생된 일부 양반층의 몰락과 평·천민의 신분상승 등 계층간의 갈등과 이해(利害)가 대립되어 농촌공동체의 분위기는 물론 농업생산력의 유지·향상을 위해서도 시급히 대응해야 할 농정상의 문제로 대두되었다. 우하영이 자주 지적한 바와 같이, 이 시대 근기지역 농촌에서는 사회기강이 해이되어 나농(懶農)과 유수자(遊手者)가 속출하고 있었고, 향폐(鄕弊) 또한 다양하였다.

우하영은 수원지방 유일의 향약(鄕約)인 「향약설」을 만들어, 당시 사회신분제의 해이로 향폐와 사풍(邪風)이 조장되고 분열되어가는 향촌사회의 붕괴적 양상에 대처, 향약을 향촌민 모두가 참여한 가운데 농촌공동체의 협동적 조직으로서 그 기능과 역할을 다하도록 하였다. 이것은 간접적으로는 소농민의 입장에 서서 향민의 고통을 생각하고 대변하려는 그의 기본적인 입장에서 연유되었다. 그는 향약을 인보(隣保)와 상조(相助)의 미풍을 진작시키는 향촌사회의 협동적인 자치조직으로 작동시킴으로써 대다수 소농민의 입장에서 위기에 직면한 농민경제를 안정시키는 일이었으며, 국가적인 차원에서는 농업생산력을 증대시켜 국부를 도모하는데 기본바탕이 된다고 인식하였다. 그는 향약이 농업생산력의 발전과 농민경제 안정을 위해 일면 통제, 일면 협동이라는 향촌사회 내의 강력한 자치협약기구로서 소농민을 중심으로 한 상·중·하계의 향촌민에게 큰 보탬이 되도록 배려하는 등 민본주의적인 시각을 드러냈다.

우하영의 백과전서적인 필생의 대작 『천일록』을 구성하는 『농가총람(農家撮覽)』, 『전제(田制)』, 『건도 부산천풍토관액(建都附山川風土關扼)』과 별책 『관수만록(觀水漫錄)』, 『수원유생우하영경륜(水原儒生禹夏永經編)』 등은, 조선후기 수원을 중심으로 한 근기지역의 농업기술 수준과 농업경영·농사관행 등을 담은 전문적인 농업관련 저술들이다. 특히 『농가총람』은 전국 차원을 목표로 하되 수원지방의 농업특성을 전제로 우하영의 노동집약적인 농업개혁론과 정농사상(精農思想)을 담은 농서이다. 이 농서는『산림경제(山林經濟)』를 포함하여 기존의 농서들이『농사직설(農事直說)』이나『농가집성(農家集成)』의 내용을 그대로 답습·조술하고 있는데 반하여, 18세기 이래의 새로운 농법과 재배기술을 수용, 저자의 체험적 농업론을 개혁적인 차원에서 전개하려고 한 것이 특색이다. 그 내용면에서『농가총람』은 경종법(耕種法)·농지이용론·경지법(耕地法)·시비론(施肥論)·제초론(除草論) 등 농업기술면에서 조선시대 농서의 교과서로 널리 인식되어온『농사직설』의 한계와 결함을 극복하려고 했다는 점에서 조선후기 농학사상 큰 의미를 갖는다.

더욱이 수원을 비롯한 경기지역은 조선전기 이래 17세기 말까지 삼남에 비하여 토지의 비옥도와 농업기술면에서 후진성을 면치 못하고 있었으며, 특히 수도작의 경우 그 토지조건과 재배기술은 크게 낙후되어 있었다. 따라서 수원지방의 농업생산방식과 농업관행에 크게 불만을 품고 있던 우하영은,『천일록』의 집필을 통하여 보다 실천적이고 선진적인 농업기술·농업경영·농업정책론을 모색하려고 하였다. 이와 동시에 그는 전국에 걸친 산천유력(山川遊歷)과 현지답사를 통하여 각 지역의 농업실태와 관행을 조사, 자연·인문환경과 선진농업기술을 비롯한 상업적 농업 등 각 지역의 농업지대적 특성과 생리(生利), 곧 부업을 소개하였다. 그의 농업지리서라고 할 수 있는『건도 부산천풍토관액』은 기전(畿甸, 경기)를 중심으로 북관·서관·해서·관동·영남·호남·탐라 등 각 지역의 군현별 민속·농업·생리 등을 산업지리적 관점에서 기술하였다.

우하영은 이 저술에서 전국의 지역별 농업환경과 관행을 관찰하고 토지의 비옥도와 농사절후의 조만(早晩), 전답의 비율과 재배작물의 경종방식, 제초와 시비, 수리문제, 주곡생산물 외의 농가부업 등을 조사하였다. 지역별 농업관행을 파악함에 있어서는 어느 경우에나 그 지역에 따른 토성의 비옥함과 척박함, 농민의 부지런함과 게으름 여부를 대비시킴으로써, 농업생산력의 증진을 위해서는 노동생산성이 기본요건임을 강조하였다. 특히 이 농서는 조선후기의 경기지역, 특히 수원지방의 낙후된 농업기술과 경영형태, 척박한 토성, 이앙광작(移秧廣作)과 나농(懶農) 풍조 등을 개선되어야 할 결점으로 지적·비판하였다.

13두락이지만 수원향촌에서 직접 소농경영을 영위하면서 노동력 투하를 통해 정경세작(精耕細作)의 집약농법을 지향하고 있던 우하영이 경험하고 관찰한 수원지방의 농업현실은, 결코 발전적인 측면보다는 오히려 타지역에 비하여 상대적으로 낙후되고 많은 문제점을 지닌 고장이었다.

한편 우하영은 자신의 향촌 부근에 위치한 남양만의 포구 빈정포(濱汀浦)의 재개발과 번영책을 구체적으로 검토, 포구상업의 중요성과 그 진흥을 역설하였다. 그에 의하면, 구포의 빈정촌은 옛부터 남양만의 유수한 포구의 하나로서, 수원을 중심으로 중부지방 일대에 어염을 비롯한 수산물 공급지의 역할을 하던 곳이었다. 특히 전성기에는 상선의 출입도 잦고, 자본을 갖춘 유력한 선주인(船主人)들에 의하여 각처 어상(魚商)들과 활발한 거래가 이루어지고 하나의 도회지를 이루었다. 이 시기에 이르러, 양성 옹포(甕浦)와 광주 송호(松湖, 송파)가 새로운 포구로서 각광을 받으면서 원래 살던 부호인 선주인들이 다른 곳으로 옮겨가면서 점차 폐촌으로 전락되고 말았다.

그러나 부내 어전과 가까운 거리에 있는 포구 빈정포의 재개발과 새로운 번영은, 신도시 화성의 상업진흥과 직결되는 문제인 만큼 관청에서 어선과 뱃사람들을 정박시키는 데 편리와 도움을 주는 제반 시설물과 자본을 갖춘 유력한 선주인의 상업자본을 유치하여 이를 육성하는 것이 가장 시급한 문제라고 지적하였다. 그에 의하면 충청도 이북에서 경기도 인천

이남에 있어서 주요 포구는 옹포·빈정포·송호 세 곳인데, 그중 남양만의 빈정포는 어선·상선이 정박하기에 편리하고 상업자본가(선주인)들이 상업활동을 영위하는데 적당한 조건을 갖추고 있다는 것이다. 따라서 행정적 조치를 취해서라도 빈정포에 상선 정박을 유도하는 정책을 편다면, 빈정포의 재흥(再興)이 가능할 것으로 전망하였다. 더욱이 이곳은 시전과 장시가 개설된 부중과는 30리 거리에 위치해 있는데다가, 수원부가 경기·서울·충청도 등 중부권에 어염의 유통 중심지의 역할을 하고 있기 때문에 빈정포를 해산물의 유통지로 진흥시키는 것이 신도시 화성의 상업번영의 한 방책이 되기도 한다는 것이다.

또한 신도시 화성의 상공업진흥과 소상인층의 자활을 도모하는 과정에서 강조한 박리다매(薄利多賣)의 보편적인 상행위 인식은 근대적인 시장원리에 접근한 것으로서, 중농적인 근기학파 실학의 충실한 계승자인 우하영의 상업관이 농업과 대립되는 측면이 아님을 보여 주었다. 그는 지역·가문·당색면에서 안산에서 학문을 영위하던 이익의 학풍과 가장 근접해 있다고 할 수 있다. 그러나 상업이나 수공업의 지나친 발전을 억제하고 금속화폐의 유통에 부정적이었던 선배학자 성호와는 달리 우하영은 상공업에 대한 보다 전진적인 관점을 드러낸 것이 특징이다. 이러한 상업관은 우하영이 『관수만록』을 통하여 화성부의 남·북장시와 주변 5일장시에서 거래되는 어염과 미곡, 그리고 미나리를 비롯한 각종 소채 등의 특용작물이 한층 지방적·도시근교적 특성을 갖춘 상업적 작물임을 내세운 그의 상업적 농업론과도 일정하게 조응된다.

화성 향촌사회의 발전을 위한 그의 개혁적인 입론은 『관수만록』중 여러 부문에 걸쳐 다양하게 펼쳐져 있다. 이 저작은 정조대의 화성지방에 대한 본격적인 연구서라고 할 수 있는 것으로서, 향촌민의 입장에서 향촌사회의 농업·상공업 등을 비롯하여 토지제도·환곡·군사제도·성곽제도·풍속·행정구역 개편 문제에 이르기까지 모든 문제점에 대한 처방책(處方策)으로서의 개혁론이 주류를 이루고 있다. 특히 소농민·소상인·군교(軍校)·이서(吏胥) 등 소민층의 입장에서 향촌사회의 문제점과 개혁책을 전개하고 있는 것이 특징이다.

2. 정조의 화성 경영과 실학

1789년(정조 13) 7월부터 단행된 수원 신도시 건설이나 화성성곽이 축조되기까지에는 조선후기에 대두된 선진적인 실학사상이나 실학자들의 경륜이 큰 역할을 하였다. 먼저 이읍과 수원 신도시 건설이 17세기 실학의 선구자 유형원의『반계수록』보유)「군현제」조에 제시된 선견지명(先見之明)과 경륜에서 크게 자극되었듯이, 축성의 필요성과 운영 또한 이 저술의 선진적인 혜안에 공명한 결과였다.

일찍이 120여 년 전에 유형원은 수원 신읍치 일대의 지형적 조건, 이읍과 축성의 필요성에 대하여,

> 북쪽 들 가운데 임천(臨川)의 지세를 보고 생각하니, 지금의 읍치(구읍치)도 좋기는 하나 북쪽들은 산이 크게 굽고 땅이 태평(太平)하여 농경지가 깊고 넓으며, 규모가 굉원(宏遠)하여 성을 쌓아 읍치로 삼는다. 참으로 대번진(大潘鎭)이 될 수 있는 기상(氣象)이다. 그 땅 내외에 1만 호는 수용할 수 있을 것이다.

라고 기록해 놓았다. 이 기록에 의하면 팔달산 아래에 펼쳐진 신읍기(新邑基)는 용복면 구읍치에 비하여 지형상 그 규모가 크고 넓어서, 이곳에 축성하여 읍치로 삼는다면 실로 대도회지로 발전할 수 있고, 읍 내외

에 가호 1만 호를 수용할 수 있는 적지 중의 적지라는 것이다.

당시 유형원의 유고『반계수록』은 이미 1770년(영조 46) 4월 경상도 감영에서 인간(印刊)된 바 있었고, 이 책의「군현제」도 정조 7년에 역시 같은 곳에서 인간되어 사대부들 사이에서 널리 읽혀졌다. 이러한 사실을 감안할 때, 호학숭문(好學崇文)의 군주 정조를 비롯한 조야에서 반계의 견해가 크게 주목된 것은 매우 자연스러운 현상이었다. 이익을 비롯한 18세기 근기학파 실학자들이 거의 반계의 저작에 의하여 자극과 계발을 받고, 경세치용·실용지학의 학풍을 지향하려 한 것도 바로 이러한 사회적 분위기나 학문적 경향과 결코 무관할 수 없는 것이었다.

반계는 이 책의「군현제」첫머리에서 읍치를 설치하기 위해서는 "산천의 형세, 전야(田野)와 인민, 관방(關防)과 성지(城池), 도로의 요해(要害) 등을 일일이 참작해서 마땅한 곳에 정해야 한다"고 설파, 당시 국가나 민인을 막론하고 조야에서 널리 관행되고 있던 풍수지리설을 전혀 고려하지 않았다. 오로지 실용적이고 과학적인 관찰에서 지형의 적당함과 부적합함을 판단해야 한다는 읍치의 설치요건을 내세운 것이다. 그것은 고려이래 일반화된 풍수지리설 이외에도 지난날 주부군현제의 운영이 그 고을의 대소나 관방 등의 지리적인 중요성에 비추어 획정했다기보다는 국가에 대한 지방민의 공죄(功罪) 여부 등 행정외적 요인이 더 크게 작용, 부군현제의 승강(昇降)이 거듭되는 등 주민에 대한 공동체벌적인 불합리한 측면을 가진 데 대해서도 간접적으로 비판적인 관점을 드러낸 것이었다. 아무튼 유형원은 이미 120여 년 전에 수원 신읍치 일대에 읍성을 축조하여 읍치를 옮겨 설치한다면, 성 내외에 1만 호를 수용할 수 있는 대번진·대도회로써 위용을 갖출 수 있을 것이라고, 이읍과 축성의 필요성을 제안한 것이다.

이처럼 이읍을 통한 신도시 건설과 화성성역이 계획되기까지에는 17세기 실학의 선구자 유형원의 경국지대계(經國之大計)의 탁견에 자극받고, 위로는 국왕으로부터 남인계의 경세가 채제공(蔡濟恭), 소장기예(少壯氣銳)의 실학자 정약용, 그리고 수원부사 조심태(趙心泰)의 열성 등이 결성 결집되어, 화성 축성 계획안이 입안된 것이다. 정조 자신도 왕 17년 12월에 유형원의 경륜에 감명을 받고,

> 유형원의 『반계수록』 보유에 수원의 읍치를 북평(北坪)으로 옮기고 성지를 건축해야 한다는 논설이 있다. 1백년 전에 마치 오늘의 이 역사(役事)를 본 것처럼 미리 이런 논설을 한 것은 참으로 기이한 일이다.

라고 크게 감탄할 정도였다. 따라서 축성계획의 수립을 전후해서, 『반계수록』 권22, 병제후록(兵制後錄) 또한 위로는 국왕에서 당로자 · 재야 실학자들에 이르기까지 큰 주목의 대상이 되었다.

유형원은 병제후록에서 축성에 관한 여러 가지 제안을 하면서, "서울과 지방의 각 병영에는 번을 서는 군사가 많은데, 평시에는 특별히 긴요한 방비가 없으니, 이 군병으로 하여금 축성을 하거나 그 요포(料布)로 부역케 할 것"을 주장한 바 있었다. 여기에서 축성재원으로 그 정번전(停番錢) 10년 분을 전용할 것을 제안한 반계의 탁견 또한 정조와 조신(朝臣)들 간에 크게 주목받아 뒤에 화성 성역을 실행하는데 결정적인 참고자료가 되었다.

그리하여 유형원은 정조로부터 "반계야 말로 오늘의 국사(國事)와 현실에 유용한 경국제세(經國濟世)의 대학자"라는 격찬을 들었다. 그리고 정조 17년 12월 10일, 이미 120년 전에 신읍치의 이전과 축성의 경륜을 선구적으로 토로하여 이 역사적인 대사(大事)를 일으키는 데 공헌한 처사

유형원에게 이조판서 및 성균관 좨주(祭酒)를 추증하고, 이조로 하여금 그 후손을 우대하도록 조처하였다.

한편 화성 축성은 그 계획단계 때부터 위로는 정조를 비롯하여 채제공 · 조심태 등의 중신과 정약용 · 우하영 등 실학자들에게 있어서도 연구해야 할 초미의 과제로 등장하고 있었다. 특히 화성 출신의 실학자 우하영은 『관수만록』을 통해 임진 · 병자 양란 당시 독성산성과 광교산전투에서 승첩을 거둔 수원지방의 국방상 요충, 곧 군사도시로서의 입지와 역할을 고려하여 화성의 내 · 외성 축성론을 주장하고 있는 것이 흥미롭다. 그의 외성 축성론은 비록 실현되지는 않았으나 그의 시대에 있어서 거의 독보적이라고 할 만큼 독특한 입론을 담고 있었다. 요컨대 그의 성제관은 수원유수부과 서울의 부도(副都)로서의 국방상 기능과 함께 임란 당시 내성만을 갖추었던 진주성 · 남원성이 공격 · 방어성으로서의 제 기능을 발휘하지 못했던 취약점을 고려, 그 실효성과 보완책을 마련하려는 역사적인 반성의 의미에서 발상된 것이었다.

아무튼 정조는 이읍 후 신도시 건설이 안정기에 접어들자 당시 홍문관 수찬으로 있던 정약용에게 읍성 축성을 위한 설계안을 내도록 명하였다. 이에 다산이 왕명을 받들어 읍성 축조 규제(規制)를 지어 올리니, 이것이 바로 축성에 관한 그 기본계획안이었다. 그 내용은 다산의 문집 『여유당전서(與猶堂全書)』 시문집, 설(說) 속에 수록된 「성설(城說)」과 같은 것이었을 것이다. 다산은 「성설」과 「자찬묘지명(自撰墓地銘)」에서 당시의 정황을 구체적으로 기록해 놓았다.

다산은 성곽 축조를 위한 기본계획안으로 먼저 분류 · 재료 · 호참 · 축기 · 벌석 · 치도 · 조차 · 성제 등 8조목으로 나누어 자신의 견해를 피력하였다. 이어서 다산은 김종서(金宗瑞)가 종성(鐘城)에 쌓은 성제를 비롯한 국내의 많은 축성례와 유성룡의 문루(門樓) 및 누조(漏槽)에 관한 의견, 윤경(尹耕)의 「보약」, 중국의 축성례 등을 종합 검토해서 모두 7편의 글을 지어 바쳤다. 이때 다산이 정조에게 제출한 것은 성설·옹성도설(甕城圖說)·포루도설(砲樓圖說)·현안도설(懸眼圖說)·기중도설(起重圖說)·총설 등이었으며, 국왕이 내려준 「고금도서집성(古今圖書集成)」과 「기기도설」에 의거하여 거중기와 유형거(游衡車)의 도설을 작성해 바쳤음을 알 수 있다. 이처럼 다산이 정조에게 올린 「성설」을 토대로 수정 보완을 거쳐 확정되기에 이르렀으며, 이 계획안은 뒤에 『화성성역의궤』권1, 「어제성화주략(御製城華籌略)」의 기본뼈대를 이루었다.

한편 화성 축성에 있어서 특기할 점은 17세기 이래 실학자와 선진적인 경세가들이 주장한 벽돌을 과감히 제조·활용한 사실이다. 벽돌은 그 사용 여부를 미루다가 마침내 정조 17년 12월 성역의 착공 직전에 성재로서 활용하기로 결정, 광주(廣州)의 왕륜와벽소(旺倫瓦甓所) 등에서 구워다가 운반해서 썼다. 실제로 화성 축성에는 석재를 본성의 주재료로 쓰면서 북문(長安門)·남문(八達門)·서문(華西門)·동문(蒼龍門) 등 4대문의 옹성(甕城)을 비롯하여 공심돈(空心墩)·노대(弩臺)·암문(暗門)·봉돈(烽墩)·각루(角樓)·포루(砲樓) 등에는 전재가 다수 쓰여져 다른 성에는 찾아볼 수 없는 그 견고성과 함께 건축공학적인 미려함을 자랑하게 되었다.

성축에 있어서 벽돌에 대한 인식은 17세기 『반계수록』에서 처음 나타났거니와, 이익을 거쳐 18세기 중엽 중국 연경을 다녀온 박지원·박제가 등 북학파 실학자들에 의해서 그 선진성과 실용성이 깊이 인식되고 있었다. 박지원은 『열하일기』 도강록(渡江錄)을 비롯하여 여러 곳에서 벽돌의 효용성을 설명했고, 그 제자 박제가는 『북학의』 내편 벽(甓) 조에서 누대·성곽·담장을 비롯하여 교량·분묘·구거(溝渠)·제언 등에 이르기까지 벽돌의 편리함과 유용성을 설명하면서 그 제조와 보급이 시급함을 주장한 바 있었다. 또한 이 책「성(城)」조에서는 중국에 보편화된 성곽 축조에 있어서 전축(塼築)의 견고성과 그 축성법에 대하여 다음과 같이 설명하고 있었다.

> 성은 모두 벽돌로 쌓았다. 벽돌은 회(灰)로 붙였고, 회 쓴 것이 너무 엷어서 간신히 붙을 정도였다. 쌓는 방법은 먼저 돌로 터를 닦거나, 혹은 큰 벽돌을 쌓아 터를 닦기도 하였다. 그런 다음에 벽돌을 쌓았는데, 혹은 가로로 혹은 세로로 쌓았으며, 혹은 눕히고 혹은 세우기도 하여 내외가 서로 어긋나게 하면서 성 두께대로 다 쌓아 올렸다. 겉과 안 사이에서 간혹 흙으로 채우기도 했으나, 그 넓이의 3분의 1이 못된다. 그러므로 엿뭉치와 같이 합쳐져서 대포(大砲)를 맞아도 다 부서지지 않도록 되었다.

유형원 이후 이익을 거쳐 박지원·박제가 등 실학자들의 성의 재료로서 벽돌에 대한 인식은 정약용에게 그대로 수용되었고, 그 보다 21년 연상인 동시대 수원부 출신의 실학자 우하영의 『천일록』과 『관수만록』에 의해서 더욱 강력히 주장되고 있는 것이다. 북학파의 맹장 박제가는 일찍이 정조의 지우(知遇)를 얻어 규장각의 4검서관의 한 사람으로 발탁되었고, 1778년(정조 2) 사은사 채제공의 수행원으로 청나라에 다녀온 이후『북학의』 내·외편을 저술한 바 있었다. 그리고 1798년(정조 22) 정조에게 이 책의 진소본(進疏本)을 제출했으며, 그 이전에 정조가 벽돌을 성재로 과감히 결정하는 데도 직·간접의 큰 영향을 미쳤을 것이다. 또한 정조의 측근으로 총애를 받던 정약용의 「성설」에서 벽돌을 성재로 인식하여 서술힘으로써 마침내 화성성역에 구체적으로 실용회되기에 이른 것이다.

또한 화성성역에 있어서 특기할 점은, 축성작업의 능률을 올리기 위하여 새로운 운반도구인 유형거와 거중기를 새로 제작, 활용한 점이다.『화성성역의궤』에 의하면 짐을 실어나르는 운반도구 유형거 11량이 창안·제작되었음을 기록하고 있는데, 이는 정약용의 건의에 의해서 이루어진 것이었다. 이 수레는 짐을 싣고도 경사지를 쉽게 올라갈 수 있어서 석재·전돌·목재 등을 운반하는데 편리하고, 바퀴가 튼튼한 것이 특징이었다. 따라서 보통의 수레 100대로 324일 걸려서 운반할 짐을 이 유형거로는 70대를 사용하여 154일에 나를 수 있었으므로 공기 단축은 물론 인력과 재용 절약에도 큰 보탬이 되었다.

그리고 화성성역 당시 운반도구로써 특기할 점은 거중기를 제작 활용한 사실이다. 거중기는 이전에 민간에서 사용하던 녹로(轆轤)의 원리를 한층 발전시킨 것으로, 성역 이전에 정조가 내려준『기기도설(奇器圖說)』을 참고하여 역시 정약용이 왕명을 받들어 설계한 것이었다. 이 거중기는 무거운 물건을 들어올리는 데 쓰는 기구로, 여러 개의 활차(滑車: 들어올리는 물체를 상하 각각 8개의 이동활차에 걸리고 다시 8개의 고정활차에 연결시켜, 그것들을 좌우 양쪽의 큰 활차에 걸어서 녹로의 틀에 감기게 되어 있음)를 이용하여 무거운 물체를 작은 힘으로 들어올릴 수 있도록 고안된 장치였다. 정약용의「기중도설(起重圖說)」에 의하면,

> 활차가 무거운 물건을 움직이는 데 편리한 점이 두 가지가 있으니, 하나는 힘을 더는 것이요, 둘째는 무거운 물건을 떨어뜨리지 않는 것이다. 물건을 드는 데 100근짜리 물건은 100근의 힘이 필요하나, 활차 1구를 쓰면 50구, 2구를 쓰면 무게의 4분의 1에 해당하는 25근의 힘으로도 들 수 있다. 활차의 수가 늘어나면 같은 이치로 힘이 배가 된다. 지금 상하 8륜(輪)이면 힘은 25배를 얻을 수 있다.

라고 하였다. 여기에다 녹로라고 하는 밧줄을 감는 장치를 덧붙인다면 40근의 힘으로 2만 5천근의 무게도 능히 들 수 있다고 하였다.

이와 같이 거중기는 무거운 건축자재를 들어올리는 데 작업능률을 4,5 배 향상시킬 수 있는 구조역학적인 원리를 이용한 매우 과학적인 기자재였다. 이 거중기의 활용으로 『화성성역의궤』 권수 도설에 의하면, "큰 돌 1개의 무게가 1만 2천근(7.2톤)인데, 불과 30명밖에 안되는 장정으로도 아차하는 사이에 쉽게 힘이 쓰여 한 사람이 400근의 무게를 들어올린 셈"이라고 기록하였다. 이는 앞의 정약용의 「기중도설」의 "40근의 힘으로 능히 2만 5천근의 무게를 움직일 수 있다"는 설명과 거의 부합되고 있다.

이밖에도 화성성역에는 많은 수레와 기자재가 새로 제작, 실용화되었다. 성재인 장대석(長臺石)이나 원주목(圓柱木) 등을 운반하기 위하여 대차(大車)라고 불리는 우차(牛車) 8량이 사용되었고, 이보다 규모는 작으나 중석(中石)이나 누주(樓柱) 등의 운반을 위하여 소가 이끄는 별평차(別平車) 17량과 평차(平車) 76량이 사용되었다. 또한 이보다 더욱 작은 발차(發車) 2량과 손으로 끄는 동차(童車) 192량, 그리고 구판(駒板)·썰매(雪馬)라고 불리는 운반 용구가 성역에 활용되어, 종래의 소·말을 이용했던 것보다 작업능률을 보다 크게 높일 수 있었다. 그리하여 화성성역의 공기를 애초 10년간 잡았던 것을 이보다 훨씬 기일을 앞당겨 불과 2년 7개월만에 완공을 볼 수 있었던 것이다. 성역이 끝난 후 정조는 특히 거중기의 역할을 높이 평하면서, "다행히 기중가(起重架)를 사용하여 4만 냥의 비용을 절약했"고 술회했으며, 완축된 화성을 돌아보고 이 성이야 말로 우리나라에서는 처음으로 성제를 제대로 갖춘 것이라고 스스로 찬양할 정도였다.

끝으로 성제사적인 측면에서 화성 축성과 실학 관련의 그 역사적 의의를 요약하면 다음과 같다. 즉, 화성 성곽은 석축과 전축을 적절히 조화시켜 고구려이래 조선후기에 이르기까지 전통적인 성곽 건축기술을 한층 근대적인 양식으로 계승·발전시킨 것이다. 각 시설물은 유사시와 평상시의 실용성을 고려하여 어느 경우나 그 기능을 복합적으로 발휘할 수 있도록 설계되어 있는 것 역시 또 하나의 특징이다. 그리하여 그 견실한 기초와 축성법, 벽돌의 활용, 다양한 기능을 가진 시설물은 과학적인 축성기술과 아름다운 조형미를 아울러 갖춘 조선시대 최고의 성곽건축물로서 큰 의의를 갖는다.

무엇보다, 화성 축성에는 국왕 이하 관료·지식인·예술가·백성 등 모든 계층이 참여했고, 또 이 시설물은 중흥의 극점에 달했던 정조대의 문화적 역량이 총동원되어 이룩해 놓은 역사적인 건조물로서의 의미를 지닌다. 특히 실용지학(實用之學)을 숭상하던 국왕과 진보적인 실학사상가와 관료들의 이상이 합치되어, 근대의 여명(黎明)을 밝히려는 그 실험적 성격과 고전적 의미가 잘 어우러진 성곽건축물이라는 점에서 그 의의가 크다.

3. 덧붙이는 말

이 글은 조선후기 실학의 특성과 전개를 지방사적 시각과 계몽적인 관점에서 서술하는 가운데 당초에 경기도가 추진하고 있는 실학 현양사업과 관련하여 이 지역 내의 각 시·군별 상징적인 실학자를 개발 장려하는데 그 기본자료로 참고하기 위해 의도되었다. 여기에서 각 시·군을 대표하는 실학인물로 선정되기 위한 필요 충분조건으로는 그 고장 출신이거나 거주자, 현재 묘소가 있는 등의 관련요건을 1차 선정기준으로 삼았다.

또한 시·군별 실학인물의 현황에 대한 서술 내용은 실학자의 학문·사상의 특징과 저술 및 관련 문헌, 현존하는 유적·유물 상황 등을 가능한 대로 조사하여 언급하려고 하였다. 이것은 장차 실학 인물의 관련 자료를 수집하는 데 정보원(情報源)으로서의 구실과 함께, 그 현양을 위한 참고자료로서 활용하는 데 일정한 도움을 주기 위해서였다.

물론 필자가 선정한 각 시·군별 실학인물들은 결코 완전한 것이라고는 할 수 없다. 그러나 필자의 분류 선정과 서술은 비록 간략하지만 지방사적 관점을 투영하여 보다 구체적인 실학 현양을 모색하는 데 일정한 도움을 줄 것이라는 믿음과 기대에서 의도된 것임은 분명하다. 그러한 의미에서 이 글이 경기도 각 지역에서 실학 현양을 위한 기본자료로서 그 뒷생의 구실을 했으면 하는 것이 필자의 소박한 바램이기도 하다.

한편 이 글은 현 화성시 출신의 실학자 우하영의 실학사상과 함께 18세기 말 정조의 신도시 건설의 발상, 그리고 화성 축성과 실학의 관련 문제를 계몽적인 관점에서 접근하는 데 1차적인 목표를 두려 했다는 점도 밝혀두고자 한다. 이와 관련해서는 우하영의 실학사상을 집성한 『천일록』의 국역화가 하루빨리 이루어져, 화성지방과 경기지역은 물론 전국적인 범위에서 널리 읽히고 연구되어, 실학의 진면목을 체득케 함은 물론 특히 이 지역 주민들로 하여금 자기 고장의 지역적인 자부심을 느끼고 정체성을 확립하는 데 그 계기가 되었으면 하는 바램 또한 매우 절실하다.

예컨대 화성시의 경우, 향후 우하영과 같은 지역적 특성을 지닌 탁월한 실학인물의 상징화를 통해 자기 고장 출신에 대한 애정과 지방적 자긍심을 갖는 가운데 지역적 전통에 기초한 정체성을 모색하고 발전의 틀을 다지는 데 관심의 초점을 맞춰준다면 얼마나 다행스러운 일일 것인가. 특히 이 지역 청소년과 일반인들에게 전통 계승의 교육적 기능을 제대로 작동시키기 위해서는 한문으로 씌어진 원전(原典)의 국역화 작업과 함께 학술적인 계몽강좌 등이 체계있고 활발하게 진행되어야 할 것으로 생각된다.

따라서 우리는 체계적이고 실효성있는 실학 현양사업의 추진을 통해 그 지역의 정체성을 확인하고, 각 분야에서 지역민의 응집력을 토대로 발전적이고 미래 지향적인 특색있는 문화의 틀을 짜는 데 배전의 노력을 기울여야 할 것이다. 아울러 화성지역의 경우, 근대사회의 여명(黎明)을 모색하기 위해 일생동안 고민하고 사색한 선각자 우하영과 같은 탁월한 실학자의 경륜과 사상을 계승 발전시키는 일이 오늘을 사는 이 고장 지역주민의 당면과제의 하나임을 깊이 인식해야 할 것이다.

Ⅳ. 기호사림 김물(金㟓)의 가계와 묘역

1. 십청헌의 묘역과 가계

경기도 용인시 수지구 죽전동 대청초등학교 뒤쪽의 산23번지 얕으막한 야산 입구에는 <문간공(文簡公) 십청헌(十淸軒) 김세필(金世弼) 묘역 일원>(경기도문화재자료 제92호)이라는 문화재 안내판이 위치해 있다.

김세필(1473~1533, 호 십청헌, 知非翁, 시호 文簡)은 조선중기의 문신. 학자로서 1473년(성종 4) 한성 명례방에서 충주목사 김훈(金薰)과 어머니 정부인 진천송씨(군수 宋喬[송학]의 딸) 사이에서 둘째아들로 태어났다. 그는 일찍이 "열 번 몸과 마음을 깨끗이 하는 집"이란 뜻에서 스스로 '십청헌'이라 자호했다. 고려 말의 절의파 충신으로 주자가례(朱子家禮) 실천에 힘쓴 성리학자 상촌(桑村) 김자수(金自粹, 1351~1413)의 고손이며, 성종조의 명신인 김영유(金永濡, 1418~1494, 호 退齋, 시호 恭平)의 손자이다. 김세필은 기묘명현(己卯名賢)의 한 분으로 선대인 두문동 72현의 한 분인 고조(4대조) 김자수의 절의정신을 이어받은 현손으로서 일찍이 1504년(연산군 10) 사헌부 지평으로 갑자사화(甲子士禍)에 연루, 거제도에 유배되었다가 1506년 중종반정으로 유배에서 풀려났다. 그 뒤 사간원 대사간, 이조참판, 황해도관찰사 등의 요직을 역임했다.

1519년(중종 14년) 명나라에 다녀온 그해 겨울 기묘사화(己卯士禍)가 일어나 중종이 조광조(趙光祖)에게 사약을 내리자 그 부당성을 규탄하다가 경기도 유천역에 다시 유배된 16세기 사림파의 대표적인 인물이다. 1522년(중종 17) 귀양에서 풀려났으나 관계에서 은퇴, 충주 지비천(知非川, 현 충북 음성군 생극면 팔성리) 부근에 낙향하여 초옥 공자당(工字堂)을 짓고 후진 양성에 힘쓰다가 생을 마쳤다. 그 후 1746년(영조 22) 조정에서는 그 공로를 인정, 기묘명현 10인에게 증직(贈職)과 증시(贈諡)를 내릴 때 김세필도 가선대부(嘉善大夫) 이조참판에서 정2품직인 자헌대부(資憲大夫) 이조판서로 추증되었다.

일찍이 1519년 조정에서 『성리대전(性理大典)』을 진강할 인재를 선발할 때 김세필은 김안국(金安國)·조광조·신광한(申光漢)·김구(金絿)·홍언필(洪彦弼)·김식(金湜)·박세희(朴世熹)·기준(奇遵) 등 21인과 함께 뽑힌 바 있고(『중종실록』권36 14년 5월 기유), 『대학』시강에서 최우수 성적인 통(通)을 받을 만큼 뛰어난 학문적 실력을 갖춘 학자였다. 이에 더하여 시무7개조 건의, 갑자사화·기묘사화에서 보여준 그의 정론과 올곧은 절개는 16세기 사림들의 추중(推重)을 받기에 이르렀으며, 평소에도 선(善)을 좋아하고 선비를 존중하며 속임과 허례가 없었다. 성리학을 존숭하고 절의를 중히 여기는 그의 선비정신은 후학 유생들에게 본보기로 추앙을 받아 「기묘명현록」에 기록되었다.

사후 십청헌 김세필은 충주 팔봉서원(이류면 문주리)과 음성 지천서원(생극면 팔성리 167)에 봉향(奉享)되어 사림들의 모범으로 후세에 오래도록 기려졌다.

한편 죽전동 묘역은 십청헌 묘를 중심으로 그 후손들의 묘가 줄지어 있는 경주김씨의 세장지(世葬地)로서 그의 묘역에는 어머니 진천송씨의 묘가 가장 위쪽에 위치해 있고, 그 아래에는 십청헌과 그의 정부인(貞夫人) 고성이씨(부사 李鐸의 딸)의 합장묘가 있다. 그 아래에는 김세필의 둘째 아들 김구와 정부인과 계배의 삼합장묘가 자리잡고 있다.

여기에서 주목되는 인물은 십청헌의 셋째아들인 충민공(忠愍公) 김저(金石諸, 1509~1547)의 묘로서 이는 증정부인 고령신씨와 합장묘이다. 김저의 자는 학광(學光), 1545년(인종 1) 을사사화(乙巳士禍) 때 부당함을 항소했다가 희생당한 을사명현의 한 사람이다. 그의 조부는 김훈, 아버지 김세필과 어머니 고성이씨 사이에서 셋째아들로 태어났다. 1539년(중종 34) 31세 때 유학으로 별시문과 을과의 講經(강경)시험으로 급제, 그뒤 예문관에서 사초(史草)를 꾸미는 일을 맡아보던 사관(史官)인 정9품의 검열(檢閱)이 되었고, 1542년(중종 37)흉년이 들자 퇴계(退溪) 이황(李滉)과 함께 경상도에 암행어사로 파견되어 주민들 진휼에 힘썼다. 인종 초년에는 홍문관의 시독관(侍讀官)으로서 경연에 참여했으며, 홍문관의 저작(著作). 박사(博士). 교리(校理) 등을 역임했다.

1543년(중종 38) 12월에는 흉년에 국가 공채(公債)를 감독하기 위해 암행어사에 선임되고, 이듬해 9월에는 이조좌랑(吏曹佐郎)으로 재해의 실상을 파악하기 위한 충청도 암행어사로 파견되었다. 1545년(인종 1) 4월에는 경연시독관으로 조강(朝講)에서 언로의 개방과 형정(刑政)의 중도를 역설하고 기묘사화 때 억울하게 죽은 김식(金湜)의 적몰이 부당함을 논하였다. 그해 5월에는 홍문관 교리로서 동료들과 함께 차자(箚子)를 올려 대간(臺諫)의 폐단과 승정원의 출납 잘못을 탄핵하였다. 이어서 그는 사헌부 지평이 되어 기묘사화 때 화를 입은 조광조 등 사림과 명현들의 억울함을 신원하고, 가해자인 훈구파를 간당(奸黨)으로 지목하여 논박했다.

1545년(명종 즉위년) 12대 인종이 재위 8개월만에 죽고 명종이 즉위했다. 이미 중종 때부터 반목해 오던 명종의 외숙 소윤(少尹) 윤원형(尹元衡)이 12대 인종의 외숙으로 당시까지 득세해 오던 대윤(大尹) 윤임(尹任)을 축출하고 세력을 장악하는 과정에서 을사사화를 일으켰다. 이 과정에서 김저는 사헌부 지평으로 윤원형 일파의 잘못된 행태를 완강히 반대한 강직한 사림의 태도를 보였다. 그가 윤임과 친밀한 측근으로 지목되어 이른바 소윤이 주동한 을사사화에 관련, 중학에서의 과격한 언론과 대간 차자에서 윤임 등을 두둔한 혐의로 윤원형에 의해 관직을 삭탈당하고 고성(固城)으로 유배되었다가 이어 삼수(三水)로 이배되었다. 그는 1546년 3월 13일 정5품 사헌부 지평이라는 중하위급 관료임에도 불구하고 마침내 배소에서 38세라는 젊은 나이에 중신급에 해당되는 사사(賜死)의 형벌이 내려지고 가산과 처자도 적몰되는 비운을 맞았다.

1568년 선조 즉위 후 부제학 유희춘(柳希春) 등의 주청으로 다른 을사사화 희생자들과 함께 적몰이 해제되고, 후에 이이(李珥)의 상소로 1570년(선조 3) 사헌부 지평 김저는 집의 송희규(宋希奎). 장령 정희등(鄭希登). 사간원 헌납 백인걸(白仁傑) 등 다른 10여 명과 함께 겨우 적몰 가산이 반환되고 관작이 복권되었다. 그뒤 정조 9년(1786) 경기도와 충청도의 유생 200여 명의 상소로 추증하라는 특명이 내려졌고, 이듬해 이조판서에 추증되고 충민(忠愍)이란 시호가 내려지고 명예 회복이 이루어졌다. 시호 충민은 "몸을 바쳐 임금을 받드는 것을 충(忠)이라 하고, 사람들로 애통케하는 것을 민(愍)이라 한다"는 뜻이다. 김저는 기묘명현 십청헌이 주향으로 봉안되어 있는 충북 음성군 생극면 팔성리의 지천서원에 배향되었다.

한편 이 묘역에는 충민공의 형 김구의 둘째아들 김중경(金重慶, 出系 숙부 김저)과 뒤에 언급할 그의 맏아들 김물(金岉, 1563~1656)과 셋째아들 김의, 그의 손자 김득곤 등의 묘가 자리잡고 있다.

묘역 아래에는 1980년에 건립된 십청헌 김세필의 신도비, 1985년에 건립된 충민공 김저의 신도비가 있으며, 충민공 신도비 우측에는 1996년에 건립된 충민공고결시비(忠愍公告訣詩碑)가 있다. 고결시에는 을사사화를 당해 남쪽에서 북쪽 지방으로 이배되면서 자신은 후사가 없으므로 형 김구의 둘째아들로 후사를 이어 달라는 비장한 내용이 들어 있다.

김세필과 그 후손들의 묘역은 1400년대부터 조성하기 시작하여 조선 후기까지 조성되고, 1990년대에 이르면서 증,개축이 이루어져 본래의 형태와는 많이 달라져 있다. 그러나 이곳 <문간공 김세필 묘역 일원>은 몇 대에 걸쳐 조성된 경주김씨의 세장지로서 조선전기부터 후기에 이르기까지 묘제 양식의 변천을 보여준다. 이러한 점에서 그 문화재적 가치가 인정되어 1999년 경기도 문화재자료 제92호로 지정되어 보호를 받고 있다.

2. 김물(金朸)의 생애

십청헌 김세필과 그 아들 충민공 김저는 고려 말 상촌 김자수의 충절과 학문을 계승하는 16세기의 사림파, 곧 기호사림파(畿湖士林派)의 대표적인 흐름을 상징하고 있다. 고려 충신이들 상촌의 후예들은 조선중기의 훈구파에 의해 기묘사화와 을사사화로 인한 가산 적몰과 관직 삭탈, 유배와 사사(賜死)라는 비극적 운명의 한가운데를 살아온 그들이었지만, 사림으로써 끝까지 성리학의 학문 체계와 절의를 숭상하는 삼엄한 정론을 펼쳤다.

고려 말의 두문동 72인의 한 사람으로 충절의 상징인 상촌 김자수(1351~1413)는 신라 경순왕의 넷째아들인 대안군(大安君) 김은열(金殷說)의 후손이고, 경주김씨 태사공파(太師公派) 파조(派祖) 김인관(金仁琯)의 9세손이다. 또 15세기 말 성종대의 명신으로 사헌부 대사헌으로 활발한 언론활동을 전개하고 『육선공주의(陸宣公奏議)』를 간행한 공평공 김영유(1418~1494, 호 退齋)는 상촌의 손자로서 상촌가계의 훈구적 성격을 상징하는 인물이다. 공평공의 손자로 16세기 전반기 사림파를 대표하는 기묘명현 십청헌 김세필(1473~1533)과 그의 아들 충민공 김저(1509~1547)는 16세기 중엽 기호사림으로 활약한 을사명현이다. 이 시대에 이르면 상촌가계가 공평공의 훈구적인 성격에서 벗어나, 선대 상촌의 충효와 절의정신을 이어받아 성리학과 왕도정치에 기반한 사림파로 일대 전환한 변화의 모습을 확인할 수 있다.

죽전동 산 23번지에는 김세필과 그의 아들 김저의 묘가 있고, 산 22번지에는 김세필의 증손인 김물(金岉, 1563~1656)과 김윤(金崙,1565~1626)의 묘가 있으며, 산26-7번지에는 역시 김세필의 증손인 김의의 묘가 위치해 있다. 증조와 조부 김저대에 이르러 기묘사화─을사사화로 연이어 화를 당하고, 특히 을사사화로 인해 관직이 삭탈되고 가산이 적몰되었을 뿐 아니라 유배지에서 사사되는 등 상촌의 후예인 십청헌 가계는 최악의 불운을 겪게 되었다. 이러한 고난의 시기에 삶과 학문을 영위한 분이 십청헌의 증손자 김물과 그의 종형제 김윤이었다.

김물의 자는 민담(民瞻), 명종 18년(1563) 생원 김중경(金重慶)과 어머니 전주이씨 사이에서 장남으로 한성에서 태어났다. 조부는 사헌부 지평으로 을사사화로 유배지에서 사사된 충민공 김저이며, 증조부는 이름높은 학자로 이조참판을 지낸 기묘명현 십청헌 김세필이다. 아버지 김중경은 품계가 선교랑(宣敎郎), 관직이 전설사(典設司) 별제(別提)를 지냈다. 어머니는 조선 2대 임금 정종 이방과의 후손이며 이만년(李萬年, 외조부)의 딸이다. 3형제 중 맏이로 율곡 이이와 우계(牛溪) 성혼(成渾)의 문인이었던 김흘(金屹)과 공조정랑 김의(金山疑) 두 동생이 있었다. 부인은 두 명인데, 첫 부인은 창녕성씨로 처부(妻父)는 성택선(成擇善)의 딸이며, 계배

는 전주이씨로 현감 이한형(李漢衡)의 딸이다,

김물은 고려 말의 절신으로 성리학과 주자가례를 실천한 학자이자 충청도 관찰사를 지낸 상촌 김자수의 7대손이며, 조선 성종 때의 명신으로 지중추부사를 지낸 퇴재 김영유의 5대손이다. 김물은 3형제를 두었는데, 장남이 통덕랑(通德郎) 김득곤(金得坤), 차남은 생원 김정곤(金正坤)으로 당숙인 와운(臥雲) 김윤(金崙)의 계자(系子)이고 막내는 김장곤이다.

당대 사림파의 대표적 학자인 십청헌 김세필의 증손으로 태어난 김물은 어려서 을사명현인 조부 김저가 소윤 윤원형에 의해 유배 끝에 사사되고 삭탈관직과 가산이 적몰되는 등 불운을 겪으면서 고난의 세월을 보냈다. 일찍이 율곡 이이와 우계 성혼의 문하에서 수학한 그는 어려서부터 학문에 힘써 29세가 되던 1591년(선조 24) 신묘식년(辛卯式年) 생원시(生員試)의 3등 66위로 합격했다. 당시 생원시의 합격자는 1등 5명, 2등 25명, 3등 70명 등 총 100명이었으며, 그는 66위로 생원에 선발되었다(『신묘년사마방목(辛卯年司馬榜目)』참조).

이후 출사보다는 학문에 매진하던 중 그의 나이 41세가 되던 1603년(선조 36) 계묘식년시(癸卯式年試)에 응시하여 문과병과에 8위로 합격했다. 이때에 출제된 문과 시험답안은 책문(策問) <안위치란(安危治亂)>이었다(『계묘년문과방목(癸卯年文科榜目)』참조).

김물은 과거 급제 후 왕세자에게 경사(經史)를 강의하고 도덕을 가르치는 정7품 벼슬인 세자시강원 설서(說書), 성균관의 정6품 벼슬인 전적(典籍)을 거쳐 선대의 전통을 이어받아 청요직인 홍문관 종3품 벼슬인 전한(典翰) 등을 지냈다. 정치적으로 서인과 뜻을 함께 했던 그는 광해조 때 출사에 뜻을 두고 있지 않았는데, 증조부인 십청헌과 조부인 충민공이 사화로 인해 고난과 비운의 삶을 산 선대의 행적을 거울삼아 그는 사환(仕宦)

보다는 스스로의 처신을 근신하면서 기호사림으로 학문 연구에만 힘썼던 것으로 추측된다.

1627년(인조 5) 강원도 횡성에 거주하던 이인거(李仁居, ?~1627)가 정사공신(靖社功臣)들이 나라를 그르친다는 명분으로 수백 명의 도당을 규합하여 난을 일으켰다. 그는 현감 이탁남(李擢男)을 사로잡고 군기(軍器)를 빼앗아 스스로 창의중흥대장(倡義中興大將)임을 표방하고 서울 침입을 획책하려다가 원주목사 홍보(洪寶)에게 잡혀 서울에서 처형되었다. 이 반란사건 진압에 적극 참여했던 김물은 그 공로로 인조정묘원종공신축원(仁祖丁卯原從功臣辛丑員), 소무공신(昭武功臣)의 원종훈을 받았다.

조부 김저의 을사사화 연루로 집안이 풍지박산이 될 만큼 극심한 고난을 겪었던 그는 정사에 신중한 태도로 임했으며, 당시로서는 보기 드물다고 할 수 있을 만큼 94세의 찬수를 누렸다. 그는 수직으로 가선대부의 품계와 동지중추부사의 관직을 받았으며 사후 예조판서에 추증되었다. 그는 평조에 관직에 나아가 현달하기보다는 사림으로서 증조부 십청헌과 조부 충민공의 학문과 행실을 거울삼아 유교경전에 대한 독서와 성리학 연구에 침잠하면서 수를 누렸다.

3. 김물의 묘역과 비문

94세의 수를 누리다가 1656년(효종 7)에 별세한 김물의 묘소는 대청초등학교 뒤 죽전동 산 22번지 십청헌 김세필 묘역 일원에 안장되어 있다. 그의 묘는 종형제인 김윤(金崙, 1565~1626)의 묘와 나란히 자리잡고 있다. 묘소 앞에는 김물과 종형제인 김윤의 행적을 알려주는 문화재 안내판이 세워져 있다.

김윤의 자는 여경(汝卿), 호는 와운(臥雲)으로 김세필의 증손이다. 문과에 급제한 후 정언(正言). 지평. 장령(掌令). 대사간을 거처 충주목사, 병조참의를 역임했다. 김물의 둘째아들 성균관 생원 김정곤(金挺坤)은 김윤의 양자로 출계했다. 김윤의 묘비는 화강암 비신에 옥개는 팔작지붕의 형태를 갖추었다. 묘비 앞면에는 <행통정대부 병조참의(行通政大夫兵曹參議) 경주김공윤지묘비(慶州金公崙之墓碑)>라고 음각되어 있다.

김물의 묘는 창녕성씨와 전주이씨 두 부인의 묘와 함께 품자(品字) 형태를 갖추고 있다. 팔작지붕 형태의 옥개석을 갖춘 묘비는 1971년 경주김씨 후손들이 건립한 것이다. 봉분 앞 전면에는 혼유석. 상석. 향로석 등이 놓여 있으며, 그 앞 좌우에는 망주석. 석양. 문인석 등이 한 쌍씩 건립되어 있다. 묘비 전, 후면 내용은 다음과 같다.

묘비 전면에는 " 증가선대부(贈嘉善大夫) 예조판서(禮曹判書) 행홍문관전한(行弘文館典翰) 경주김공 물지묘(慶州金公 岉之墓) 증정부인 창녕성씨(贈貞夫人昌寧成氏) 증정부인 전주이씨(贈貞夫人全州李氏)"라고 종서로 음각되어 있다.

묘비 후면에는 "증가선대부(贈嘉善大夫) 예조판서(禮曹判書) 행홍문관전한(行弘文館典翰) 경주김공 묘갈명(慶州金公墓碣銘) 병서(幷序)"

"공휘물 자민담(公諱岉字民瞻) 계출신라김씨왕(系出新羅金氏王) 지고려유휘인관태자태사(至高麗有諱仁琯太子太師) 태사자시관상승(太師自是冠相承) 휘자수 호상촌 이효정려(諱自粹號桑村以孝旌閭) 관지도관찰사여흘수(官至都觀察使麗運訖遂) 자정아(自靖我) 태종대왕징이형판입절우(太宗大王徵以刑判立節于) 광릉지추령(廣陵至秋嶺) 본조휘영유(本朝諱永濡) 성묘명신호퇴재시공평식공(成廟名臣號退齋諡恭平寔公) 오세조 고조휘훈첨정증판서(五世祖高祖諱薰僉正贈判書) 증조휘세필 호십청헌(曾祖諱世

弸號十淸軒) 지중추부사 증시문간(知中樞府事贈諡文簡) 도학직절 일세종지(道學直節一世宗之) 기묘역구정암선생(己卯力救靜菴先生) 견오호임장배이졸(見忤好壬杖配而卒) 조휘저문과지평(祖諱䃳文科持平) 을사화사류진역상소 극간역피(乙巳禍士類盡亦上訴極諫亦被) 후명후인 율곡선생(後命後因栗谷先生) 건백신원복관(建白伸寃復官).

김물은 29세 때 생원시에 합격하고 41세가 되던 해 문과 병과로 급제한 뒤 세자시강원 설서, 성균관 전적 등 정7품과 정6품의 중하위 관직을 거쳐 청요직인 정3품의 홍문관 전한 등을 역임했다. 그는 일찍이 기호학파의 종장 율곡 이이(1536~1584)와 우계 성혼(1535~1584)의 문하에 수학하고, 가학으로 선대인 십청헌과 문간공의 도학과 절의정신을 계승하는 위치에 있었다는 점에서 전형적인 기호사림으로서의 위상을 어렵지 않게 유추해 볼 수 있다.

십청헌의 사후 그 신도비 비문을 우암 송시열이 짓고, 충민공의 교우와 사상적 성향, 그리고 김물의 두 동생 김흘과 김의 또한 율곡, 우계 문하에 수학한 사실 등을 종합해 볼 때 십청헌의 후손들은 모두 기호사림파의 정치, 사상적 입장을 지지하는 위치해 있었다고 할 수 있다. 특히 김물의 경우, 증조부 십청헌이 기묘명현으로 사림들의 추앙의 대상이 되고, 조부 충민공이 을사명현으로 관직 삭탈, 가산 적몰 조치와 사사됨으로써 고난과 시련 속에서 삶과 학문을 영위하지 않으면 않되었다. 그는 관직이나 출사에 괘념하지 않았으며, 따라서 크게 현달하지 않은 가운데 학문면에서도 이렇다 할 저술을 남기지는 않은 것으로 알려져 있다.

특히 광해조 때는 관직에서 물러나 있던 중 65세 되던 1627년 강원도에서 일어난 이인거의 난을 평정하는 과정에서 원종공신(原從功臣)이 되고, 94세까지 장수를 누려 수직으로 가선대부의 품계와 동지중추부사의 관직을 받았으며, 사후 예조판서에 추증되었다. 이것은 사화에 연루되어 유배와 관직 삭탈, 가산 적몰 끝에 사사되는 불운을 당해 후손으로서 그는 수신(修身)과 성찰의 일관된 자세를 견지한 끝에 건강과 장수의 삶을 산 것이 아닌가 한다.

(이 글은 경주김씨 공평공파 종회장 金敎善 선생의 간곡한 청으로 김물 선생의 활동을 추적하는 과정에서 그 기본 자료로 이루어진 것이다.)

V. 즉지헌 유언호의 생애와 활동

1. 즉지헌과 연암

18세기 말 정조시대의 역사적 인물인 즉지헌 (則止軒) 유언호(兪彦鎬, 1730~1796) 선생의 행적과 관련되어 정신사적 측면에서 그에 대한 직·간접으로 얽힌 몇 가지 인연과 소감을 먼저 피력해 보고자 한다.

첫 번째의 인연은, 필자가 5공치하이던 지난 1986년 8월 대학에서 불의의 해직을 당한 상태에서 경기도의 용역을 의뢰받아, 그동안 국가나 도에서 지정하지 않은 향토문화유산 중 각 시·군 지정의 향토유적 총 289점의 조사책임을 맡게 된 데서 비롯되었다. 당시 향토문화유산을 '시·군 향토유적'으로 지정 보호하게 된 것은 경기도가 처음 시작한 사업이었다. 그 결과 안성군 대덕면 건지리 산17-39에 위치한 즉지헌 유언호 선생 묘가 안성군 향토유적 제21호로 지정되고, 현장에서 그 조사 업무 책임을 맡아 수행한 인연이 있다.

이때 필자는 즉지헌이 조선후기 대표적인 예론(禮論)학자로 기호학파의 중심인물인 도암(陶庵) 이재(李縡, 1680~1746)의 문인으로 출사(出仕)하여 문화 중흥기인 영·정조시대의 문신으로 활약하면서 사후 정조묘정(正祖廟庭)에 배향되었음을 알게 되었다. 또한 당시 노론계의 같은 벽파(僻派)에

속해 있던 북학파(北學派)의 영수 연암(燕巖) 박지원(朴趾源, 1737~1805)
과 막역한 교우를 가진 뛰어난 인물임을 구체적으로 확인할 수 있었다.
연암이 41세 되던 해 황해도 금천(金川) 연암협(燕巖峽)에 옮겨 살 때 곤궁
한 친우의 생활을 도왔을 뿐만 아니라 그의 사후 문집『즉지헌집(則止軒
集)』을 수습 간행한 것도 바로 친우 연암에 의해서였다.

이러 인연으로 당시 필자는 각별히 관심을 갖고 안성군 대덕면 건지리
산17-39 소재의 즉지헌 묘소와 주변 석물에 대한 조사에 임하게 되었다
(안성시 향토유적 제21호 지정). 이때 묘소 앞 우측에 세워진 정조의 어제
사제문(御製賜祭文)을 새긴 묘갈(팔작지붕형의 옥개와 장방형의 비좌를
갖춘 검박한 형태)과 묘 앞에는 좌·우의정을 역임한 인물로서는 보기 드
물게 그 흔한 신도비(神道碑) 하나 세워지지 않고, 상석·향로석·망주석·
문인석 등의 석물만이 단출하게 배치되어 있는 것이 특히 인상적이었다.

이에 필자는 즉지헌이 관료·학자로서 크게 현달한 이력과는 달리 노론
벽파계 산림학자의 후예답게 그 인품과 취향이 매우 고결·담백했음을 알
게 되었다. 또한 그 후손들도 그의 청렴·단아한 유훈(遺訓)을 잘 지켜 조
선후기 사류(士類)의 모범으로 추숭(追崇)하고자 하는 격조높은 기품과 정
신의 깊이를 어렴풋이나마 느낄 수 있어 특히 감명이 깊었다.

안성 즉지헌의 묘소와 석물들이 의외로 검소하고 단출한 데서 받은 깊
은 감명은, 파주군 천현면 소재 율곡(栗谷) 이이(李珥)의 신도비(파주군 향
토유적 제6호)를 조사하는 과정에서 그대로 이어졌다. 16세기 기호학파
를 주도한 종장(宗匠) 율곡의 신도비 역시 사림정신(士林精神)의 표상답
게 그 흔한 이수(螭首)의 조각이나 옥개석이 생략된 상태에서 흰 대리석
석재의 비신 윗면을 둥글게 다듬고, 전·후면에 걸쳐 그의 업적을 새겨 넣
었을 뿐이었다. 따라서 이 두 사람의 기념물인 단순 검박한 석물을 통해

서도 16세기 중·후반 기호학파의 종장인 율곡의 사림정신과 18세기 후반 청론사류(淸論士類)의 상징적 인물이었던 즉지헌의 지향점이 동일함을 어렴풋이 느꼈다. 이에 더하여 서로의 시대는 달라도 조선 성리학이 목표로 삼았던 그 정신의 깊이와 학문적 품격, 유학자로서의 고결한 태도 등을 다시 한 번 성찰하는 계기가 되었다.

두 번째 인연은, 필자가 경기도 향토유적조사와 거의 같은 시기에 착수한 연암 박지원의 농서『과농소초(課農小抄)』의 국역을 맡아 진행한 것이 즉지헌이라는 역사적 인격에 대한 보다 깊은 관심을 갖는 계기가 되었다. 연암과 즉지헌이 생전에 나눈 신교(神交)에 가까운 우정과 즉지헌의 청렴 검소한 생활, 그리고 그의 관료·학자로서의 역정(歷程)·업적을 보다 구체적으로 확인하는 계기가 될 수 있었던 것이다.

특히 즉지헌이 26세가 되던 1756년 7세 연하의 연암과 금강산 유람을 함께 하며 깊이 사귄 이래 연암이 41세가 되던 1777년(정조 1) 당시의 권신 홍국영(洪國榮)에게 화(禍)를 당할까 우려, 서울을 떠나 앞에서 언급한 금천 연암협으로 옮겨 은거하였다. 이때 매우 곤궁하기 짝이 없는 생활을 하던 연암의 생계를 적극적으로 도왔던 사람이 바로 당시 개성유수로 부임한 즉지헌이었다. 연암의 후원자로 즉지헌과 같은 경륜을 지닌 인물이 없었더라면, 아마도 북학파의 영수로서 연암의 학문과 문학이 큰 성좌(星座)를 차지하고 그 빛을 계속 발하거나 결정적인 성과를 거둘 수는 없었을런지 모른다. 필자가 국역을 담당했던『과농소초』또한 연암이 금천에서 전원생활을 보내던 시기의 농촌 체험과『제민요술(齊民要術)』,『농정전서(農政全書)』등을 비롯한 중국측 농서, 그리고『농가집성(農家集成)』등 한국측 농서에 대한 독서와 견문이 담긴 것으로, 후일 연암의 학문이 성숙되고 정조의 윤음(綸音)에 응해 농서를 진소(進疏)하는 데 결정적인 밑거름이 되었던 것이다.

무엇보다 즉지헌보다 나이가 7년 연하인 연암이었지만, 두 사람은 같은 노론계 학인으로 그 우정 또한 매우 각별하고 지극하였다. 생전의 즉지헌이 연암의 학문과 문학이 가능하도록 절대적인 후원자의 역할을 했다면, 연암은 즉지헌의 사후 친우의 유고(遺稿)를 수습 정리하여 문집『즉지헌집(則止軒集)』을 간행하는 데 큰 역할을 담당하여 즉지헌의 한결같은 우정과 의리, 그리고 고결한 인품과 학문적 은의(恩誼)에 보답했던 것이다.

필자가『국역 과농소초』(아세아문화사, 1987) 의 작업을 진행하면서 연암의 아들 박종채(朴宗采)의『과정록 (過庭錄)』과 접하게 된 것도 이 무렵의 일이었다. 경제적으로 빈한하여 포의한사(布衣寒士)나 다름없던 연암을 50세가 되던 1786년(정조 10) 음서(蔭敍)로 선공감감역(繕工監監役)에 천거한 것도 당시 이조판서로 재임하던 친우 즉지헌으로 알려졌다. 현달한 관인으로 평소 즉지헌의 고결한 인품, 그리고 청렴 검소한 생활과 안분자족(安分自足)한 태도를 후세에 알린 것은 연암이었다. 이 두 사람의 교우를 통해 지식인으로서 갖춰야 할 의리와 우정, 자세가 어떠해야 하는가를 깨닫게 하고, 필자에게 큰 교훈을 주었다고 할 수 있다.

세 번째의 인연은, 즉지헌이 필자의 학문적 관심사의 하나인 정조시대는 물론 화성(華城)과도 간접적인 관련을 갖고 있다는 사실이다. 조선후기 학계와 정계 동향, 그리고 즉지헌의 활동에 대해서는 생략하거니와, 특히 정조 말년에 국력을 기울여 축성한 화성의 동문인 창룡문(蒼龍門)의 문루 편액(扁額)을 당시 판중추부사로 있던 즉지헌이 담당해서 쓴 사실을 상기할 필요가 있다.

이 역시 필자가 살고 있는 수원이나 화성, 정조시대라는 전공분야와 관련하여 인연이라면 큰 인연이라고 할 수 있었다. 그는 비록 신도시 수원 건설이나 화성 축성과 관련해서 직접적인 관련이나 역할은 하지 않았다. 그렇다고 하더라도, 화성의 4대문 중 창룡문 위에 걸린 즉지헌의 격조높은 글씨는 220여 년이 지나도록 오늘을 사는 우리 후세인들로 하여금 이곳 문루를 찾을 때마다 정조시대에 활약한 '유언호'라는 역사적 인격을 다시 한번 떠올리게 하는 계기가 되어 준다

2. 생애와 업적

정조시대의 뛰어난 정치가이자 관료학자였던 충문공(忠文公) 즉지헌 유언호의 생애와 업적을 그 문벌과 학예의 배경, 정치역정과 업적 등은 학술적인 면에서도 큰 연구와 관심의 대상이 되지 않을까 생각된다. 그의 본관은 기계(杞溪), 대사헌 유철(兪㯙)의 증손, 유명건(兪命健)의 손자, 아버지는 우윤 유직기(兪直基)이며 어머니는 김유경(金有慶)의 딸이다. 자는 사경(士京), 호는 즉지헌(則止軒), 시호는 충문(忠文)이다. '즉지헌(則止軒)'이란 호는 그의 자술 묘지(墓誌,『燕石』책 6』에 의하면, "일찍이 사람을 시켜 길흉을 점치게 해서 '뇌천대장(雷天大壯)'을 얻었는데, 그 단사(彖辭)에 정(貞)함이 이롭다 했으니, 마침내 대장즉지(大壯則止: 크게 융성하면 곧 그쳐야 한다) 뜻을 취하여 그 집에 편액하고, 이어 자호(自號)로 삼았다"에서 비롯된 것이다.

즉지헌의 가계(家系)는 16세기 이후 선대인 기계유씨 자산공파(慈山公派)의 화려한 문벌을 형성할 만큼 명문거족으로 떠올랐다. 특히 기계유씨가 노론의 핵심가문으로 성세를 이룬 것은, 18세기 전·중반 유척기(兪拓基)가 영조대에 영의정, 증손자 유언호가 18세기 말 정조대에 좌의정을 지내면서부터였다. 그 이후 청론사류(淸論士類)·산림학자·안동김씨 가

문 등과 혼인·학연을 맺는 가운데 정계와 학계를 주도한 명문가문의 유언호의 맏형이자 스승이었던 유언집(兪彦鏶, 호 大齋)이 권상하(權尙夏)·이재(李縡)의 문하에서 학문을 닦아 낙론(洛論) 주자학의 정통을 계승한 산림학자로 명성을 드높였다. 그러한 가운데 정조의 지우(知遇)를 얻으면서 그의 가문은 점차 명문의 반열에 오르게 되었다. 즉지헌은 어릴 때부터 16세 연상인 맏형 대재에게서 경전 공부를 지도받았고, 기호학파의 중심인물인 낙론(洛論) 주자학의 대표적 이론가였던 이재(李縡)의 문하에서 수학함으로써 맏형과 함께 낙론의 핵심적 학자이자 청론사류의 표상으로 주목을 받았다.

앞에서 말한 당색과 학문적 배경이 뒤에 정조 조정에 참여하여 정조의 학문 정치를 보좌하는 기반이 되었다. 이어서 박지원·유한준(兪漢雋)·유한지(兪漢芝) 등 문인·서예가와의 교우를 통해 즉지헌의 문학과 서예는 한층 원숙하게 무르익을 수 있었다.

정치·사상면에서 18세기 말 정조시대는 흔히 문예중흥기이자 변화와 격동의 시대라고 불린다. 이후 전통적 주자학의 계승이 북학·서학(西學)의 수용과 함께 사상적 전환을 시도한 예증으로 북학의 박지원과 함께 산림학자 김양행(金亮行)의 손자이자 즉지헌의 손녀사위인 김건순(金建淳)이 서학에 기울어져 마침내 희생되었다. 이러한 사건들을 겪으면서 정조시대와 그 이후에 전개된 지식인들에게 급격한 사상적 변화를 가져오는 요인으로 작용했다.

한편 즉지헌 유언호가 산림학자의 후예로서 노론의 사림정치론을 계승, 영·정조대의 탕평론(蕩平論)에 반대 입장을 견지했다. 즉, 그는 산림학자이자 장인인 민우수(閔遇洙)의 정치적 입장을 계승하여 탕평책으로 인해 충신과 역적이 뒤섞이고 세도가 망하게 되었다는 영조대 탕평책의 허실을 비판하기도 했다. 이어서 즉지헌이 32세가 되던 1761년(영조 37) 정시문과에 병과로 급제한 후 이듬해 시강원(侍講院) 설서(說書)가 되어 11살의 왕세손 정조에게 유교 경전을 가르쳤고, 사간원 및 홍문관의 직책을 거치면서 노론 청론의 핵심적인 소장 관료로서 활동하였다.

그 후 1771년 영조가 산림세력을 당론의 온상이라 공격해 이를 배척하는 『엄제방유곤록(儼堤防裕昆錄)』을 만들자, 산림학자 권진응(權震應)·김문순(金文淳) 등과 함께 상소, 그 선조인 권상하(權尙夏)의 명예훼손이 된 일로 영조를 비판한 사실을 도왔다는 죄목으로 경상도 남해(南海)에 유배되었다. 이듬해에는 권척(權戚)들에 의해 홍봉한(洪鳳漢) 중심의 척신정치의 제거가 청의(淸議)와 명분을 살리는 산림정치의 이상을 실현한다는 취지의 모임인 청명당(淸名黨)의 핵심인물로 지목받아 다시 흑산도로 유배되었다. 그해 10월 그는 유배에서 풀려나 안성 향리에서 은거하던 중 1776년 3월 정조 즉위와 함께 이조좌랑으로 발탁되었다. 이후 승지·규장각 직제학이 되어 정조의 개혁정치를 보좌하면서 『명의록(名義錄)』편찬을 주관, 그 이름이 『명의록』에 올랐다. 이듬해 개성유수로 나갔다가 1778년 이조참판을 겸했으며, 권신 홍국영(洪國榮)이 축출된 후 1780년 규장각 제학이 되어 정조의 학문정치를 보좌하였다.

이후 유언호는 1783년 이조판서에 올라 김종수(金鍾洙)와 함께 노론세력을 이끌면서 정국 안정에 협조하였다. 그러나 즉지헌은 의리탕평론이라는 명분하에서 노론·소론·남인 등 '삼당보합(三黨保合)'을 이루려는 정조의 정국 개편 방향에 대하여 비판적인 입장을 취하였다. 이때 청론사류 간에도 정조의 의리탕평론에 적극 협력하는 시파와 이를 비판하는 벽파 사이에 대립이 일어나 새로운 정치상황이 표출되는 등 정국의 추이에 주목하였다.

이러한 상황 속에서 즉지헌은 1784년 모친상을 당해 3년상을 치른 후 1786년 공조판서를 거쳐 대사헌에 임명되었으며, 이때 남인의 채제공(蔡濟恭)을 비판하는 정치활동을 벌였다. 이듬해 그는 영의정 김치인(金致仁)의 추천으로 우의정에 올라 정조의 정국 운영에 반대하거나 비판적인 이론일지라도 이를 수용할 것을 거듭 진언하였다. 이해 10월 즉지헌이 동지겸사은정사(冬至兼謝恩正使)가 되어 청나라에 다녀온 후『연행록(燕行錄)』을 저술하였다. 1788년 정조는 친위군영인 장용영(壯勇營)을 개편 강화하여 군권(軍權)을 장악하고, 노론 김치인(영의정), 소론 이성원(李性源, 좌의정), 남인 채제공(우의정) 등 삼상(三相)체제의 탕평정국을 운영하였다.

이 해 3월 청나라에서 귀환한 즉지헌은 정조의 정국 운영에 대해 비판적인 우려를 표시한데 이어 그 해 12월 남인인 조덕린(趙德隣)을 복관시키려는 정조의 의도에 반대한 윤시동(尹蓍東)을 편들었다는 죄목으로 국왕의 노여움을 사 마침내 제주도에 유배, 1790년 3월 해배(解配)되기까지 그곳에서 고난의 세월을 보냈다.

즉지헌이 제주도에 유배되어 있는 동안 1789년(정조 13) 현륭원(顯隆園) 천봉(遷奉)과 신도시 수원 건설이 단행되었고, 1794년에서 1796년까지 공식적으로 2년 7개월동안 국력을 기울인 끝에 화성 축성이 완공되었다. 그동안 안성 향리에서 은인자중하던 즉지헌은, 정조의 배후에서 권력을 행사하던 소론 출신 정동준(鄭東浚)의 비행에 대한 탄핵을 계기로, 탕평정국이 위기를 맞고 사림청론이 다시 대두되자 정조의 간곡한 요청으로 벼슬에서 물러난 지 8년만에 좌의정으로 정계에 복귀하였다. 즉지헌의 정계 복귀는 정조가 청론사류의 상징이었던 그의 경륜과 협력이 절대적으로 필요하다는 여론에 부응한 것이었으며, 마침내 왕권이 크게 손상받고 위기적인 국면에 봉착했던 정국도 점차 청론사류의 핵심인물이었던 유언호의 충실한 보좌로 겨우 안정을 되찾을 수 있게 되었다.

그러나 정조가 탕평론이라는 명분하에 부단히 왕권강화를 모색하고, 여러 정파의 신료들간의 견제를 유도하는 정치운영 속에서 즉지헌의 청론적 지향이 순조로울 수는 없었다. 정조가 1795년(정조 19) 숙종 때 경신대출척(庚申大黜陟)에 의해 축출되었던 남인의 영수 허적(許積)의 복관을 시도하자, 즉지헌은 이에 격렬히 반발, 마침내 그해 12월 좌의정을 사직하기에 이른다. 그리고 벼슬에서 물러난 지 3개월 후인 1796년 3월 19일 서울집에서 67세를 일기로 서거하였다. 정조는 세손시절부터 스승으로 인연을 맺었던 즉지헌의 죽음을 애통해 하면서 「어제사제문(御製賜祭文)」을 내렸으며, 그의 충절과 학문을 기린다는 뜻에서 '충문공(忠文公)'이란 시호를 내렸다.

안성시 대덕면 건지리에 위치한 그의 묘는 증정경부인 여흥민씨와 합장묘로서 우측에는 정조의 「어제사제문」을 음각한 묘비가 세워져 있다. 4면 각자(刻字)의 묘비는 팔작(八作)지붕형의 옥개와 장방형의 비좌(碑座)를 갖추었다. 대리석 비신 전면에는 "조선의정부대신(朝鮮議政府大臣) 경연강관 내각학사(經筵講官內閣學士) 충문유공언호묘(忠文兪公彦鎬墓) 증정경부인(贈貞敬夫人) 여흥민씨(驪興民氏) 부좌(祔左)"라고 새겨져 있다.

비신의 규모는 높이 107cm, 폭 75cm, 두께 55cm이다. 묘 앞에는 상석. 향로석, 그리고 좌우에는 망주석. 문인서 등의 석물이 가가 배치되어 있다.

3. 덧붙이는 말

즉지헌 유언호가 삶과 사색을 영위했던 18세기 말 정조시대를 흔히 학계에서는 변화와 격동의 시대로 파악하면서 역사상 전통주자학에서 북학과 서학으로 전환한 여러 사례들이 크게 주목되어 왔다. 그는 젊어서 노론계의 대표적 학자인 도암 이재의 문하에서 수학한 뒤 청론사류의 핵심적 인물로 활약한 바 있다. 즉지헌의 학문·정치사상 속에 낙론(洛論) 주자학적 요소에 대한 심도 있는 연구는 향후의 과제로 남겨두고 있다.

또한 즉지헌은 청년기 이래 북학파의 영수 박지원과 신교(神交)에 가까운 교우관계를 유지하였고, 그의 사후 문집『즉지헌집』편집에 연암이 큰 역할을 한 바 있었다. 따라서 또 다른 저술『연행록』과 함께 유언호의 사상·정치 행로·문학·서예 등에 연암 일파의 북학을 수용한 사례가 어떻게 나타났는가 하는 보다 구체적이고 심도있는 연구는 향후의 과제로 남겨두고 있다. 특히 연암에 앞서 연행한 뒤『연행록』을 저술할 만큼 북학에 대한 그의 입장 또한 주요 관심사의 하나이다.

기계유씨 자산공파(慈山公派)는 16세기 이래 수많은 역사적 인물을 배출했고, 그 중에서 즉지헌 유언호의 문집과『연행록』을 비롯하여 시남(市南) 유계(兪棨)의『시남집(市南集)』등의 주요 저술을 남긴 바 있다. 학술적으로 사료적 가치가 높은 이들 저술에 대한 국역 사업과 함께 그 연구와 현창사업을 지속적으로 추진할 필요가 있다고 생각하는데, 이 또한 금후의 과제가 아닐까 한다.

끝으로 특히 정조시대에 크게 활약한 즉지헌 유언호는 당시 노론을 중심으로 한 청론사류의 학문적·정치적·예술적 특성과 지향을 알려 주는 핵심적 인물이며, 조선후기 안성지방이 낳은 대표적인 관료학자이자 정치가이다. 따라서 그의 학문·사상·정치활동에 대한 추숭(追崇)사업이 지속적으로 이루어지기 위해서는 일차적으로 충문공유언호선생기념사업회를 중심으로 지방정부인 안성시와 경기도 차원에서 물심양면의 절대적인 지원이 뒤따라야 실효를 거둘 수 있으리라고 생각된다.

제3장 일제 강점기 – 민족의 저항

Ⅰ. 안중근의 국권회복운동과 동양평화론

1. 머리말

지난 2019년 10월 26일은 안중근(安重根, 1879. 음력 7. 16-1910. 3. 26) 의사의 하얼빈 의거 100주년이 되고, 2020년은 순국 100주년이 되는 해였다. 이 뜻 깊은 해를 지나면서 일제의 식민지로 전락할 위기의 시대에 동학군 토벌, 신교육운동, 사회운동, 의병운동에 신명을 바쳐 헌신한 사실이 주목되었다. 그리고 마침내 1909년 역두에서 대한제국 침략의 원흉 이토 히로부미를 포살한 안중근의 활동과 사상에 대한 다양한 재조명이 이루어졌다.

일본 측에서는 안중근에 대한 평가에서 교과서를 비롯하여 시종일관 그를 암살자, 테러리스트로 규정하고 주장해오고 있다. 이에 대해 한국 측에서는 일반적으로 조국을 위기로 몰아넣은 침략의 원흉을 브라우닝 권총 3발로 통쾌하게 포살함으로써 한국민의 분심을 통쾌하게 풀어주고 세계를 깜짝 놀라게 했던 절세의 애국자로 칭송한다. 특히 20세기 전반기 식민지 전락이라는 절대 절명의 민족 위기 앞에서 뛰어난 기개와 집중력을 발휘한 이 시대의 대표적인 민족영웅, 곧 구국의 의사로만 인식하고 평가해온 것이 사실이다. 그러나 안중근의 활동과정을 깊이 있게 주목하거나 그 자신은 개인적 영역이 아닌 항일 구국전선에서 의병운동의 일환으로 구상하고 행동했음을 일관적으로 밝히고 있다.

안중근은 거사 후 체포되어 수차의 재판과정에서 시종일관 일제가 자신을 일제 침략의 원흉을 처단한 단순히 불법의 암살자로 규정하는데 단호히 반대했다. 그리고 자신은 '대한국 의병참모중장'의 자격으로 독립전쟁 전개과정에서 이토를 포살했음을 정연한 논리로 주장했다. 이어서 그는 동양평화의 유지와 실현이 한국 독립과 함께 그 양대 목표였으며, 동양평화의 유지라는 명분 아래 그 파괴자인 이토를 제거했다고 분명히 밝혔다. 안중근의 하얼빈의거는 1976년 필자가 교주한 『안중근사건공판기(安重根事件公判記)』(정음사) 해제에서 그를 개인 단위의 단순한 폭력 행사의 테로리스트가 아닌 대한의군 참모중장겸 특파독립대장 자격으로 수행한 의병운동의 일환으로 평가해야 한다고 강조 주장했다.

필자의 이러한 견해는 이후 학계에서 이토 포살 전 안중근이 투신했던 한말 애국계몽운동, 국내와 해외 망명 이후의 무력의병운동, 그리고 재판과정에서 일관되게 주장한 그의 동양평화사상이 담긴 미완의 옥중유고「동양평화론」에 대한 재평가작업으로 그 관심의 폭을 확대시키는 계기가 되었다.

이러한 과정에서 2019년 10월에는 큰 규모의 안중근의거 100주년 기념 국제학술회의가 서울 프레스센터에서 열렸다. 이 대회에서는 한, 중, 일, 러 4개국 학자들이 그의 민족독립운동과 동양평화론에 대한 심도 있는 연구 발표가 있었다. 이 학술회의에서 필자가 종합토론 사회를 맡아 특히 감회가 남달랐다. 또한 이해 11월부터 이듬해 1월 24일까지 서울 예술의 전당 서예박물관에서는 <안중근 유묵전-독립을 넘어 평화로>가 열려 그의 힘차고 개성 넘치는 친필 유묵 34점을 한 자리에서 볼수 있었다. 이와 함께 관련 사진, 공판 스케치, 서신 등이 선보여 애국적인 의병장, 의사, 유교풍의 선비이자 대장부, 평화사상가, 신앙인으로서 안중근의 전인격적인 면모를 접할 수 있었다.

그는 32세의 짧은 일생을 통해 국권회복을 위해 신교육을 통한 애국계몽운동과 국내외 의병운동에 헌신했고, 마침내 온몸을 던져 죽음을 두려워하지 않는 용기와 담력, 가히 명사수라 칭할 만큼 놀랍고도 뛰어난 집중력의 소유자였다. 그는 19세기 말 황해도 양반가에서 태어나 청소년기에 유교적인 교육을 받는 틈틈이 기마술과 총기를 능수능란하게 다루고 사격술에 대한 뛰어난 재능을 나타냈다. 청소년기에 익힌 풍부한 한학 소양과 함께 능란한 사격술을 지녔던 그는 상실된 국권을 회복하고 실의에 가득찼던 국민들에게 희망을 불어넣기 위해 온갖 방법을 모색했다.

요약하건대 안중근, 그는 자신이 지닌 문(이론)과 무예를 일체화, 일제 식민지화의 최고 계획자이자 원흉이었던 이토를 갖은 악조건 속에서 과감히 처단함으로써 신음하듯 실의에 가득찬 대한제국 민인들에게 일대 희망과 용기를 환기시킨 불멸의 영웅이었다.

2. 가계 · 수학 · 청소년기

안중근은 1879년 음 7월 16일 황해도 해주부 동문 밖 광석동 수양산 아래서 아버지 태훈과 어머니 백천조씨 사이에서 장남으로 태어났다. 본관은 순흥, 태어날 때 배와 가슴에 일곱 개의 검은 점이 있다고 해서 자를 응칠(應七)이라 했고, 성질이 가볍고 급한 편이어서 이를 보완한다는 뜻에서 이름을 중근(重根)이라 했다(『안응칠역사』).

대대로 무반의 가계를 이어와 조부 인수(仁壽)는 명예직 진해현감을 지냈으며 성품이 어질고 가산이 풍부하여 도내에 자선가로 알려졌다. 그의 넷째아들인 아버지 안태훈(安泰勳)은 재주와 지혜가 뛰어나서 중년에 진사시에 합격하고 개화파로 활동했다. 그러나 갑신정변 실패 후 몸을 피해 신천군 두라면 청계동 산중으로 이사, 그의 6형제들과 함께 안씨촌을 건설했으며 점차 지역의 세력가가 되었다.

소년시절에 안중근은 집안에서 한문서당에서 유학 경전등과 함께 자치통감, 한역『만국사』와『조선사』등을 읽었다. 스승은 특별히 초빙된 위정척사계의 학자 유중교(柳重教)의 제자 고능선(高能善)으로 안의사의 유학적 교화에 큰 영향을 주었다. 아버지 안태훈은 처음 갑오경장 내각을 지지해 동학농민운동 진압에 적극 협조했다. 이때 16세의 안중근은 아버지를 도와 동학군 토벌의 선봉장으로 활약했으며, 박석골전투 등 여러 전투에서 큰 전과를 올렸다.

당시 동학당은 정부미 500석을 탈취해 군량으로 삼자 안태훈은 동학군을 공격, 정부미를 자기네 토벌군 군량으로 사용해 버렸다. 그러나 동학농민군 진압 후 탁지부대신 어윤중(魚允中)은 안태훈에게 정부미 상환을 요구, 이후 큰 곤욕을 치르게 되었다. 이때 안태훈은 개화파 동지 김종한(金宗漢)을 통해 어윤중을 설득, 일단 무마되는 듯싶었으나 아관파천 후 어윤중이 피살되자 수구민비파의 거물 민영준이 다시 이 문제를 강력히 거론했다. 급기야 체포령까지 내려 안태훈은 몇 개월동안 지금의 서울 명동천주교당에 피신해고, 그동안 프랑스인 신부가 나서 이 정부미 문제를 해결해 주었다.

이를 계기로 안태훈은 천주교 신자가 되었으며, 향리에 돌아와 청계동에 교당을 짓고 1897년 서울에서 홍석구(본명 조셉 빌렘) 신부를 초빙, 가족들을 입교시키고 인근에 적극적인 포교활동을 펼쳤다. 이 해 안중근은 부친의 명으로 천주교에 입교, 도마(Thomas)라는 세례명을 받게 되니 그

의 나이 19세 때의 일이었다. 그 후 연해주에서 활동할 때 COREE AN
THOMAS라는 인장을 사용하였다. 입교 후 안중근은 청년 인재들의 교육
양성과 포교에도 도움을 준다는 명분 아래 대학교 설립의 필요성을 느끼
고 홍신부와 함께 상경, 재한국천주교 책임자인 민덕효(본명 뮈텔) 주교
에게 이 계획을 털어 놓았다.

그러나 민주교는 만일 한국인들이 높은 교육을 받게 된다면 신앙심이
약해진다면서 이를 단호히 거절했다. 이때 안중근은 크게 분격하여 천주
교의 진리는 믿을지언정 외국인 신부는 믿을 게 못된다고 생각, 배우던
프랑스어 공부마저 중단해 버렸음을 스스로 술회한 바 있다.

청년시절의 안중근은, (1) 벗을 얻어 의를 맺고, (2) 술 마시고 노래 부르
고 춤추기, (3) 총으로 사냥하기, (4) 준마 타고 달리기 등 무예를 즐겼다.

한때 홍신부와 함께 포교에 힘쓰면서 대학교 설립을 구상했으나 앞의
민주교 등의 반대에 부딪혀 실현시키지는 못했다. 청소년기의 그는 유학
교육을 받았지만 황성신문, 대한매일신보, 제국신문 등을 즐겨 읽고 점차
개화사상의 민권의식에 공명하면서 당시 수구파 민씨정권의 가렴주구에
대해서는 매우 비판적인 입장을 취했다.

3. 신교육구국운동과 국채보상운동

안중근은 을사조약 체결로 국권을 빼앗기자 국권회복운동의 방편으로
안씨 일가의 상해 이주를 준비하기 위해 1905년 말 상해로 건너갔다. 그
는 상해에서 한인 유력자인 민영익(閔泳翊)을 두 번이나 찾아갔으나 만나
주지 않았고, 상인 서상근(徐相根) 또한 대한제국 정부의 수취에 시달린
니머지 안의 제의를 거절했다. 이어서 천주교 신부를 통해 제3외국의 원
조를 기대했으나 이 또한 여의치 않았다.

이 무렵 아버지마저 병환이 위중한 끝에 재령(載寧)에서 별세하자 안중근은 상해 이주계획을 단념하고 귀국하니, 그의 나이 28세가 되던 1906년 1월(음 1905년 12월경)의 일이었다. 귀국 후 안중근은 서우학회에 가입했고 신교육구국운동에 뜻을 두었다.

1906년 음 3월 안중근은 신교육구국운동을 펼치기 위해 가족을 이끌고 신천 청계동을 떠나 평남 진남포로 이주했다. 그는 이곳에서 가산을 기울여 삼흥학교(三興學校)를 설립했다. 당시 대한매일신보(1907. 5. 31)는 안중근 3형제가 3천여 간의 기와집 교사로 설립 운영하고 있음을 보도했다. 이 학교는 뒤에 오성학교로 개명했으며, 뒤이어 천주교 계통의 돈의학교(敦義學校)를 설립 운영했다. 안중근이 교장으로 취임 활동한 이 두 학교에서는 특히 교련시간에 목총, 나팔, 북을 사용하면서 군대식 훈련을 실시했다.

이듬해 가을에는 평안남·북도와 황해도 3도의 큰 규모의 공사립 연합운동대회가 개최되었다. 60여 개 학교의 학생 약 5천여 명이 한자리에 모여 연합경기를 벌인 결과 단연 돈의학교가 제1위의 성적을 낼 만큼 교세가 크게 번성했다.

한편 1907년 국채보상운동이 전국적인 규모로 전개되자 안중근은 국채보상기성회의 관서지부의 지부장으로 참여 활동했다. 이 무렵 그는 평양에서 한재호, 송병운 등과 함께 삼합의(三合義)라는 석탄회사를 설립하여 무연탄 판매업을 운영하기도 했다. 이 회사는 얼마 후 일본인의 끈질긴 방해로 손실만 입고 문을 닫았다.

그러나 이 시기 안중근은 국채보상운동에 솔선수범하여 부인 김씨를 비롯하여 가족들에게 국채보상운동의 취지를 설명하고 가족의 장신구를 모두 헌납할 것을 요청했다. 이때 부인은 주저함이 없이 금은가락지, 비녀 등의 장신구를 전부 헌납했고, 어머니와 제수들 또한 호응함으로써 이 소식에 접한 관서지방민들도 크게 감동하여 자진 헌납하는 계기가 되었다.

4. 연해주 망명과 의병무장투쟁

1907년 헤이그 밀사사건을 계기로 일제는 고종을 강압적으로 양위시키고 정미7조약을 체결케 한데 이어 그해 7월에는 대한제국 군대를 강제해산시켰다. 이에 분격한 안중근은 즉시 상경하여 동지들과 함께 그 대책을 협의했다. 이때 일제 침략의 실체를 간파한 안중근은 애국계몽운동의 한계를 깨닫고 일제에게 무력으로 맞서는 의병을 일으켜 독립전쟁을 도모하자는 독립전쟁방략을 즉각 실천해 옮길 것을 결심하기에 이르렀다.

국외에서 무장 의병부대를 창설하기 위한 안중근의 제1차 망명계획은 선편을 이용해 성진, 청진을 거쳐 노령 블라디보스톡에 도착하는 것이었다. 그러나 안중근은 청진에서 일제 임검경관에게 발각되어 부득이 하선하게 되었다. 그의 제2차 망명은 육로를 이용키로 계획, 함북 회령을 거쳐 종성군 상삼봉을 끼고 두만강을 건너 화룡현에 도착했다. 그리고 약 3개월간 북간도 일대를 돌아보고 용정촌(龍井村)을 거쳐 1907년 겨울 가까스로 블라디보스토크에 도착했다.

이곳에서 그는 계동청년회에 가담했고(임시사찰 선임), 그곳 이범윤을 비롯한 한인 유력자들에게 국외 무장의병부대의 창설을 적극 역설했다. 처음 소극적이었던 이범윤은 마침내 동의하기에 이르렀고, 이 과정에서 엄인섭(嚴仁燮), 김기룡(金起龍) 등과 의형제를 맺고 좋은 동지들과 사귈 수 있었다. 안중근은 의병부대 창설의 준비단계로 최재형(崔在亨)을 회장으로 추대, 동의회를 조직했다. 이어서 동의회 회원, 곧 의병 병사들을 모집하기 위해 한인촌을 돌아다니면서 유세활동을 폈다. 그 결과 다수의 한인 청년들이 의병 구성원으로 지원하기에 이르렀고 일부는 병기나 의연금을 갹출하기도 했다.

마침내 총 300여 명으로 창설된 의병부대의 총독에는 이범윤(李範允), 총대장은 김두성(金斗星), 안중근은 참모중장의 임무를 맡았다. 이것이 바로 안중근이 중심이 되어 조직한 의병부대로서 세상에는 흔히 이범윤부대로 알려지기도 했다. 이 무렵 일제측 자료에는 안중근을 폭도대장으로 기록하기도 했는데, 이 의병부대는 두만강 부근 연추(煙秋)를 근거지로 강인한 훈련을 실시하면서 국내 진공작전을 준비하기에 이르렀다.

1) 제1차 의병전투--처음 안중근 등은 국내 진공작전을 전개하기에 앞서 함경도 의병부대와의 공동작전을 펼칠 계획이었다. 안중근은 함북 무산에 근거지를 둔 홍범도와 군사 연락을 취하기 위해 백두산 밑 농사동까지 갔다가 일본군 수비대에게 발견됨으로써 초목근피로 연명하면서 구사일생으로 겨우 연추에 귀환했다.

홍범도부대와의 연락을 포기한 채 안중근부대의 국내 진공작전 준비에는 동의회 회장 최재형의 큰 지원이 있어서 가능했다. 1908년 음 4월 초순 소규모의 안중근부대는 안중근, 엄인섭 등의 지휘 아래 두만강 최하단 함북 경흥군 노면 상리에 주둔 중이던 일본군 수비대를 급습해 일본군 2명 사살, 수명에게 부상을 입히고 한 명의 부상자도 없이 전원 무사히 연추 본영으로 귀환했다.

2) 제2차 의병전투와 일본군 포로 석방--1908년 음 6월 안중근, 엄인섭, 백삼규, 이경화, 김기룡, 강창드, 최천오 등 장교의 인솔 아래 서로 대를 나누어 두만강 건너 함북 경흥 부근과 신아산 부근으로 진공했다. 안중근

부대는 곳곳에서 일본군 다수를 사살했고, 약 10명의 일본 군인과 상인 등을 생포했다. 이 전투에서 특기할 점은 일본군 포로들이 목숨을 빌자 만구공법에 의거 석방해 주었다는 사실이다. 심지어 그들이 병기를 갖고 귀대하지 않으면 군율에 의해 처벌받는다고 사정하자 무기까지 되돌려 주면서 일본군 포로들을 석방해 주었다.

이러한 안중근의 휴머니스틱한 처사에 대해 당시 의병들의 불만은 컸다. 이 사건으로 말미암아 엄인섭과 그 부하 의병들은 크게 반발해 대열을 떠났고, 심지어 그의 휘하 의병들조차 지휘관인 안중근을 잘 따르지 않을 뿐만 아니라 대오를 이탈한 의병들도 있었다. 천주교 신앙인이자 휴머니스트로서 만국공법에 의거해 적군 포로들을 석방한 사건은 이후 역설적으로 돌이킬 수 없는 많은 후유증을 낳았다.

3) 제3차 의병전투와 패전--인도적 차원에서 일본군 포로를 석방한 지 며칠 후 안중근부대는 일본군의 기습 공격을 받았다. 이는 안중근이 석방해준 일본군 포로들의 제보로 의병부대의 위치와 동태가 적에게 그대로 노출된 결과였다.

피아간 4, 5시간에 걸쳐 전개된 전투의 결과는 안중근부대의 완전한 참패였다. 안중근은 6, 70명의 패잔병을 이끌고 전투 대오를 정비하려 했으나 이마저 일본군의 재차 기습으로 완전 무력화되었다. 이때 안중근은 일본군과 한바탕 싸우다가 장열한 전사의 길을 택하려고 했으나 도중에 만난 3명의 병사들이 기회를 엿보자고 극구 만류했다.

패전의 과정에서 겨우 살아남은 7명이 된 안중근 대오는 2대로 분산하여 활로를 찾던 중 5일을 굶은 채 빌림 속을 헤매던 끝에 6일만에 겨우 민가를 발견하고 겨우 조밥으로 허기를 달래야만 했다. 그는 이때 의병 패잔병들에게 식사를 제공해다는 이유로 일본군이 한국 민간인 5명을 총살했다는 소식을 들을 수 있었다. 안중근부대의 패잔병 일행은 때로는 일본군이나 친일파와 조우, 고초를 겪기도 했으나 함경도 산간 주민의 도움으로 겨우 목숨을 부지할 수 있었다.

안중근 일행이 갖은 고초 끝에 피골이 상접한 몰골로 적진을 뚫고 두만강을 건너 연추 본거지로 겨우 귀환했다. 이는 그들이 출진한 지 1개월 반 만의 일이었다.

블라디보스토크로 돌아온 안중근은 이후 가까스로 몸을 추스려 동지들을 찾아 의병부대 재건을 위해 동분서주했다. 북으로는 하바로프스크 방면을 향해 기선 편으로 흑룡강 상류 수천여 리를 돌아보며 망명지사들을 찾아 국권회복의 방략을 다양하게 논의했다. 특히 수청지방에서는 교육에 종사하는 틈틈이 사회단체의 조직에 힘쓰면서 의병의 재기 필요성을 역설했다.

그러나 안중근이 인도적 차원에서 단행한 일본군의 포로 석방으로 인한 패전의 결과는 한인교포사회에서 비판과 비난의 대상이 되었다. 이러한 부정적 여론이 들끓는 가운데 그의 주장은 별다른 호응을 얻지 못했다. 게다가 그동안 의병부대 조직을 지원해온 거부 최재형의 반응 또한 냉담했다. 다만 안중근의 직속상관인 김두성은 의병부대를 해체하는 가운데 안중근에게는 별도의 독립특파부대를 결성 조직하여 자유롭게 활동할 것을 허락했다.

5. 동의단지회(同義斷指會) 조직과 하얼빈의거

안중근은 더 이상 의병부대 재건이 어렵게 되자 1909년 음 1월 노령 연추 방면의 하리에서 동지 12명과 단지동맹을 결성, 언젠가 기회가 오면 다시 의병을 일으켜 신명을 바칠 것을 맹세했다.

하얼빈의거 후 여순감옥에서 1909년 12월 13일에 기필하여 이듬해 3월 15일에 탈고한 옥중 유고 자서전 『안응칠역사』에 의하면, 단지동맹 결성에 참여한 동지들은 안중근(31세), 김기룡(30세), 강순기(姜順琦, 40세), 정원주(鄭元柱, 30세), 박봉석(朴鳳錫, 32세), 유치홍(劉致弘, 30세), 조응순(趙應順, 25세), 황병길(黃丙吉, 25세), 백규삼(白奎三, 27세), 김백춘(金伯春, 25세), 김천화(金天華, 26세), 강창두(姜昌斗, 27세) 등 12명이었다. 이들은 왼손 무명지를 끊어 그 피로 태극기 앞면에 '대한독립' 네 글자를 쓰고 대한독립만세를 3창한 뒤 후일을 기약하고 일단 흩어졌다.

단지동맹 후 안중근은 주로 연추를 중심으로 한인교포 신문인 대동공보사(大東公報社)의 지국장 겸 탐방원(기자)으로 신문 보급에 종사하는 틈틈이 교육과 강연 등으로 소일하면서 무장조직인 의병을 일으킬 기회를 엿보고 있었다. 그해 10월 안중근은 동지들을 만나기 위해 연추를 떠나 블라디보스토크이 대동공보사에 들렀다. 이때 그는 이토히로부미가 러시아 대장대신 코코프체프와 회담하기 위해 하얼빈에 온다는 소식을 접했다. 항상 의병 중심의 무력투쟁을 꿈꾸던 안중근으로서는 천재일우의 기회가 아닐 수 없었다.

1909년 10월 10일 대동공보사 사무실에서 이 신문의 실질적인 사장 유진률(兪津律 : 명의상 사장은 러시아인 미하일로프), 주필 정재관(鄭在寬), 기자 윤일병(尹日炳), 이강(李剛), 정순만(鄭淳萬), 연추지국장 겸 탐방원 안중근, 대동공보사 집금회계원 우덕순(禹德淳) 등이 모여 이토의 만주 시찰 소식과 함께 그 대책이 주요 관심사로 화제에 올랐다. 이 자리에서 참석자들 대부분이 한국 침탈의 원흉 이토를 제거할 절호의 기회이시만 불행히도 역부족의 현실을 한탄했다. 이때 안중근은 분연히 일어나 자진해 자신이 그 실행의 책임을 맡을 것을 제의했고, 수원 출신 우덕순 또한 안중근과 함께 공동실행할 것을 자원하기에 이르렀다.

그리하여 의병항쟁의 풍부한 경험과 사격술이 뛰어난 안중근이 특공대장을 맡고 의기의 협력자 우덕순이 이토 포살 최일선의 공동실행자가 되었다. 그리고 이 의거를 성공시키기 위한 보다 구체적인 여러 계획과 준비작업이 논의되었다. 그 결과 대동공보사 직원으로 근무하다가 수개월 전 하얼빈에 가있던 조도선(曺道先)과 안중근의 친지 아들 유동하(劉東夏)를 현지 안내자 겸 러시아 통역으로 참여시키는 구체적인 실행계획이 수립되었다.

한편 유진률은 10월 10일 약간의 노자와 권총 3정을 안중근에게 제공했다. 안, 우 두 사람이 하얼빈 출발에 앞서 이강은 하얼빈지국을 맡고 있는 김형재에게 편의 제공을 부탁하는 편지를 건넸다. 그리하여 안중근과 우덕순은 10월 21일 유진률, 이강 등의 전송을 받으며 3등 우편열차편에 올랐다. 그들은 블라디보스토크역을 출발해 소왕령에 이르러 발각을 염려해 조사가 느슨한 2등으로 바꿔 타고 하얼빈으로 향하는 장도에 올랐다.

10월 22일 오후 9시경 목적지 하얼빈에 도착한 안중근은 김성백(金聖伯)의 집에 숙박을 정하고 『원동보(遠東報)』 등을 통해 이토의 동정을 살피면서 사전에 거사 장소를 치밀하게 답사했다. 계획에 따라 만일의 실패를 염려하여 우덕순, 조도선으로 하여금 지야이지스고(채가구)역에서 첫째 목을 담당토록 하고, 그 자신은 유동하와 함께 하얼빈에서 둘째 목을 맡아 각각 대기하며 이토의 동정과 보안상태를 치밀하게 살폈다.

이때 그는 또한 의거를 앞두고 자신의 호방하면서도 비장한 포부를 담은 한시를 지었고, 우덕순 또한 「의거가(義擧歌)」를 지어 각각 대사를 눈앞에 두고 스스로의 불안한 심회를 달랬다.

여기서 거사 3일 전인 10월 23일에 남긴 그의 비분강개와 민족애의 단성이 담긴 한시를 소개하면 다음과 같다.

장부가 세상에 처함이여 그 뜻이 크도다
때가 영웅을 만듦이여 영웅이 때를 만드는도다
천하를 웅시함이여 어느 날에 업을 이루리
동풍이 점점 차가와짐이여 장사(壯士)의 의기가 뜨겁도다
분개히 한번 감이여 반드시 목적을 이루리라
쥐도적 이등이여 어찌 즐겨 목숨을 비길 것인가
어찌 이에 이를 줄을 헤아렸으리요 사세가 진실로 그러하도다
동포 동포여 하루 빨리 대업을 이룰지어다
만세 만세여 대한 독립이로다 만세 만만세여 대한 동포로다

1909년 음 9월 13일(양력 10월 26일) 아침 9시경 일본 추밀원의장이며 한국 침략의 원흉 이토히로부미를 태운 특별열차가 지야이지스고역(蔡家溝)을 그대로 통과하여 마침내 하얼빈역에 도착했다. 이토는 출영나온 러시아 내장대신 코코프체프를 만나 열차 내에서 약 30분간 모종의 중요회담을 했다. 그리고 9시 30분경 이토가 열차에서 내려 코코프체프와 함께 구내에 도열한 러시아 의장병을 사열하고 몇 걸음 되돌아서서 귀빈특별열차 쪽으로 향하는 순간이었다. 러시아 의장대 뒤편에 있던 안중근은 삼엄한 경계를 뚫고 민첩하게 뛰어나가 십수보 떨어진 이토의 사정면에서 브라우닝 권총을 발사, 3발의 탄환이 이토를 명중시켰다. 제1탄은 이토의 가슴을 명중하고 제2탄은 흉부를, 제3탄은 복부를 관통시켜 이토는 그 자리에서 휘청거리며 썩은나무 등걸처럼 쓰러졌다.

이때 안중근은 이토의 얼굴을 확실히 잘 몰랐으므로 자신이 발사한 사격 대상이 혹시 이토가 아닐 수 있다는 생각이 순간적으로 번뜩 떠올랐

다. 그러한 판단이 머리를 스치자 그는 재빨리 일본인 무리 중 앞서가는 정장 차림의 의젓한 자들을 향해 3발을 연이어 발사했다. 제1탄은 이토의 가슴을 명중시켰고 제2탄은 흉부를 꿰뚫었으며 제3탄은 복부를 관통시킬 만큼 천하무비의 명사수 솜씨였다.

이 신기나 다름없는 안중근이 쏜 권총 탄환은 단순히 화약이 담긴 물리적인 것이 아니었다. 그것은 안중근이 35년 전생애를 통해 부단히 염원해 마지 않던 조국애와 민족애의 단성이 점화된 것이며, 실의 속에 신음하던 겨레 모두의 울분을 해소하는 결정적인 순간이었다,.

일본 최고의 노정객이자 한국 침략의 노회한 원흉 이토가 69세를 일기로 힘없이 쓰러지자 "까레이 후라(대한나라 만세)"하고 크게 외치니, 이 절세의 애국적 영웅이 보여준 그 최후의 기상 또한 의연하고 장렬한 것이었다. 3발의 탄환 세례를 받은 이토는 러시아 장교와 일본인 수행의사들에 의해 열차 내에 옮겨져 응급처치를 받았으나 약 30분 후에 절명했다.

또한 안중근의 의탄은 당시 이토를 수행하던 가와카미 하얼빈 총영사, 모리 궁내대신 비서관, 타나카 만철이사 등 일본 고관들에게도 중경상을 입히니, 세계 여론의 표적이 되어 침략자 일제 수뇌부의 가슴을 한층 섬찟하게 만들었다.

6. 옥중유고 「동양평화론」

안중근은 거사 처단하지 않을 수 없는 직후 러시아 헌병대에 의해 체포되었으나 일본측의 요청으로 그 신병이 하얼빈 일본 영사관에 인도되었다. 검찰관 심문과 경찰 취조가 11월 26일부터 12월 27일까지 12회에 걸쳐 진행되었다.

안중근은 체포 직후 심문에서 전 재판과정을 통해 " 나는 개인으로 남

(이토)을 죽인 범인이 아니다. 나는 대한국 의병참모중장의 의무로, 소임을 띠고 하얼빈에서 전쟁을 일으켜 습격한 뒤에 포로가 되어 이곳에 온 것이다. 뤼순 지방재판소와는 전혀 관계가 없는 일인즉 만국공법으로 판정하는 것이 옳다"고 주장했다. 이는 이토를 죽인 것은 단순한 개인적인 암살이나 테러리스트로서의 행동이 아닌 대한 의병참모중장의 자격으로, 독립전쟁의 일환으로수행한 것임을 분명히 밝혔다. 따라서 안중근은 재판과정에서 시종일관 국제법과 만국공법을 들어 이토 처단은 의병전쟁의 당연한 결과임을 역설하고 재판의 부당성을 논리정연하게 주장했다. 그는 공판투쟁에서 이토를 처단하지 않을 수 없는 15개의 죄악상을 다음과 같이 주장했다.

(1) 한국 민황후(명성황후)를 시해한 죄 (2) 한국 고종황제를 폐위시킨 죄 (3) 을사5조약과 정미7조약을 강제로 체결한 죄 (4) 무고한 한국인을 학살한 죄 (5) 정권을 강제로 빼앗아 통감정치를 행한 죄 (6) 철도, 광산, 산림, 천택을 강제로 빼앗은 죄 (7) 제일은행권 지폐를 강제로 사용한 죄 (8) 군대를 강제로 해산시킨 죄 (9) 민족교육을 방해한 죄 (10) 한국인들의 외국 유학을 금지시킨 죄 (11) 교과서를 압수하여 불태워버린 죄 (12) 한국인이 일본인의 보호를 받고자 한다고 세계에 거짓말을 퍼뜨린 죄 (13) 현재 한국과 일본 사이에 경쟁이 쉬지 않고 살육이 끊이지 않는데, 한국이 태평무사한 것처럼 위로 천황을 속인 죄 (14) 대륙 침략으로 동양평화를 깨뜨린 죄 (15) 일본 천황의 아버지 태황제를 죽인 죄 등.

한편 일제는 안중근을 러시아 법정으로 디돌려 구출하기 위한 한국측의 움직임을 차단하기 위해 뤼순법원으로 하여금 외국인은 변호사를 선정할 수 없다는 방침을 발표케 했다. 그리고 1910년 2월 7일 공판을 시작하여 속전속결의 4차에 걸쳐 속개, 쫓기듯이 진행한 끝에 서둘러 2월 14

일에 사형을 선고했다. 그리고 마침내 3월 26일 오전 7시에 집행하니, 당년 그의 나이 32세였다.

안중근은 자신의 사형을 앞두고 최후로 면회를 온 홍석구 신부와 동생 정근, 공근이 합석한 자리에서 유언으로 이런 유촉을 남겼다.

> 내가 죽은 뒤에 나의 시체는 대한독립이 회복되기 전에는 고국에 반장하지 말고 ─우리 국권이 회복되거든 고국으로 반장해 다오. 나는 천국에 가서 마땅히 우리나라의 책임을 지고 국민된 의무를 다하여 마음을 같이하고 힘을 합해 공로를 세우도록 일러다오. 대한 독립의 소리가 천국에 들려오면 나는 마땅히 춤을 추며 만세를 부를 것이다.

안중근은 뤼순감옥에서 5개월 가까이 투옥되어 있는 동안 세 가지의 글을 집필한 것으로 알려져 있다. 즉, 1909년 11월 6일 검찰관 심문에 대비하기 위한 앞의 「이토히로부미 죄악 15개조」, 자서전 『안응칠역사』, 미완의 「동양평화론」 등의 옥중 유고가 그것이다.

한문 표기의 3만여 자에 달하는 『안응칠역사』는 일본 경찰과 검찰의 혹독한 심문이 끝난 1910년 1월 초부터 집필을 시작해 3월 18일경 탈고한 자서전이다.

이어서 그는 동양대세의 관계와 평화전략의 의견이 담긴 「동양평화론」 집필에 착수했다. 여기서 그가 한갓 단순한 무장투쟁론자가 아니라 침략자 일본 제국주의의 본질과 행태를 고발함과 동시에 한국 독립과 아시아 국가들의 힘의 균형, 곧 한, 중, 일 3국의 평화체제 구축과 그 필요성을 설파하려 했다.

그러나 불행하게도 그의 경륜과 혜안, 평화사상을 담으려고 했던 이 글은 완성을 보지 못한 상태에서 사형 집행이 이루어져 결국 미완고로 남게 되었다. 그리고 간수를 비롯한 관련 일본인들에게 써준 힘찬 해서체의 옥중 유묵들은 거의 집필 시기가 경술(1910) 2월, 3월로 되어 있는 것으로 보아 대부분 사형 집행 직전에 이루어졌음을 알 수 있다.

특히 미완고 「동양평화론」은 10일 남짓한 짧은 기간에 쫓기듯 다급히 씌어진 것으로 , 그 체제가 (1) 서 (2) 전감 (3) 현상 (4) 복선 (5) 문답으로 나누어져 있다. 그러나 실제로 집필된 것은 (1) 서와 (2) 전감 뿐이고, 전감 마저도 안타깝게도 그 내용이 미완성임을 알 수 있다.

원래 안중근은 회심작으로 「동양평화론」의 집필 완성을 위해 사형집행 날짜를 1개월 정도 연기해 줄 것을 감옥 당국에 요청한 바 있었다. 이 때 일제 고등법원장이 몇 달이 걸려도 좋다고 했으므로 안중근은 이 약속을 믿은 나머지 자신의 공소권마저 포기한 채 이 저술에 착수한 것이었다. 일제의 법원 당국이 안중근에게 「동양평화론」의 집필 시간을 주겠다고 한다고 한 약속은 결국 그의 공소권 청구를 포기하게 만든 허언이 된 셈이다. 만일 안중근이 공소를 했다면 그가 「동양평화론」을 완성할 수 있는 충분한 시간을 얻을 수 있었음은 두말할 나위도 없다.

세상에 알려진 안중근의 「동양평화론」은 1971년 9월 1일 일본 국회도서관 헌정자료실 중 에 합철된 한문 펜글씨의 필사본이다. 안중근이 옥중에서 구상 집필한 「동양평화론」은 궁극적으로 오랜 역사와 문화를 유지해온 동아시아의 대표적 국가인 한국, 중국, 일본 3국이 침략과 대립을 지양, 독립국가로서의 주권을 유지하는 가운데 국제사회에 있어서 서로 협력해 대응하자는 평화의 사상을 담으려 하는데 그 궁극적 목적이 있었다.

즉, 아시아의 입장에서 대외적으로 19세기 말 이래 서세동점(西勢東漸)의 위세를 떨치고 있는 서구 제국주의 열강의 침략에 공동 대처하자는 것이다. 한편 대내적으로는 3국이 대립과 갈등을 넘어 평화를 유지하는 가운데 공동번영 방안을 구체적으로 모색, 실천한다는 명분에 기초한 정책 이론이라고 할 수 있다.

그가 구상한 '동양평화론'은 19세기 말 이래 근대화에 성공한 일본이 침략을 호도하기 위한 자국 중심의 이기적이고 반평화적인 사상임을 간파한 데서 비롯된 것이었다. 한말 사회에서 일제 초기에 걸쳐 일본이 구두선처럼 내세운 탈아론, 대동아합방론, 동양주의, 아시아연대론 등은 일본 중심의 위험한 침략 논리를 숨긴 또다른 제국주의의 위장사상이었다.

일본이 내세운 이들 아시아주의 이론은 그 허울좋은 내용과는 달리 궁극적으로는 한국, 중국 등 아시아 각국을 침략하고 지배해 대일본제국을 구축하기 위한 팽창주의 이론에 지나지 않았다.

따라서 안중근은 자신의 교육구국운동과 항일 의병운동, 중국과 러시아령 망명 등의 경험을 토대로 대한제국 정부가 처한 위기를 타개하고 국권회복운동의 일환으로 자신의 동양평화론을 구상하려 했던 것 같다. 그는 1900년대 초 반식민지나 다름없던 한국이 처한 정세에 비추어 일제의 팽창이론을 전면 공격하면서 그들의 대륙침략정책이 언젠가는 그 대가를 치를 것이라고 경종 어린 비판을 가했다.

그러함에도 안중근의 「동양평화론」은 현존하는 서, 전감의 부분만으로는 그 전체 내용과 논리를 완전히 파악하기에는 많은 한계가 있는 것도 사실이다. 그러나 안중근와 심문조서 등을 통해 밝힌 그의 사상적 편린, 특히 1910년 2월 17일 관동도독부 고등법원장과 면담 내용을 담은 「청취서」에 담긴 그의 정치적 경륜과 나이에 걸맞지 않으리만큼 원숙하고 균형잡힌 이론은 특히 우리의 주목을 끌게 한다. 예컨대 안중근이 뤼순의 영세중립지 설치 시행 방안에 대해 다음과 같이 주장한 것은 그 대표적인 예이다.

(1) 동양평화회의 조직 (2) 공동은행 설립과 공동화폐 발행 (3) 영세

중립지 뤼순 보호 (4) 평화군 양성 (5) 공동 경제 발전 (6) 국제적 승인
(7) 일본의 침략적 만행에 대한 반성 등.

여기에서 안중근은 동양의 중심지이자 요동반도의 항구도시 뤼순을
영세중심지로 만들고 각국 대표에 의한 상설위원회를 설치하여 위와 같
은 정책을 주장한 것이다.

한·중·일의 동아시아 각국이 자주독립을 유지하는 가운데 공동체를
구성해 모범을 보이자는 안중근의 동양평화론은 궁극적으로 시대와 지역
을 넘어서 평화체제의 유지 발전을 통해 함 번영을 누리자는 평화의 사상
이었다.

지금으로부터 110년 전에 주장한 그의 동양평화론은 칸트의 영세평화
론을 상기시키면서 유럽연합(EU)과 한·중·일 3국 정상들이 정상회담을
통해 단속적으로 밝힌 동북아경재협의기구의 선행이론으로서도 주몰할
필요가 있을 것이다.

전쟁을 넘어 대한독립과 평화의 사상을 꿈꾸던 안중근의 치열한 삶과
사상은 오늘의 시대를 되돌아보고 앞으로 우리가 국가와 국가간의 분쟁
과 대결을 지양, 평화공존을 위한 새로운 역사의 지평을 세우는데 청신한
거울과 같은 구실을 했으면 하는 바람을 갖게 한다.

Ⅱ. 단재 신채호-탐구와 도전의 역사상(歷史像)

1. 단재의 전인적 역할

단재(丹齋) 신채호(申采浩, 1880~1936)는 위기와 수난의 시대로 특징 짓는 19세기 말 구한말에서 20세기 전반 일제 강점기에 걸쳐 삶을 영위하면서 이론과 실천 활동을 통해 한국근·현대사에 불멸의 업적을 남긴 분이다. 그는 20세기 초 외세의 침략적 도전과 민족의 생존적 응전이 점철되던 일본의 반식민지 내지 식민지상태에 직면하게 된 시기에 있어서 민족주의 사상가·역사학자·독립운동가·문학가로서 그의 시대가 요구하는 전인적(全人的) 역할에 충실히 복무하였다. 그는 개인사적으로 기구하고 불행한 삶을 산 분이지만, 학자·사상가로서 진실되고 치열한 정신의 깊이를 보여 준 진리인(眞理人)이었으며 독립운동가로서 민족해방을 위해 헌신적인 혈투를 감행한 분이다.

우리는 식민지시대라는 이민족의 전제지배하에서 직접적이든 간접적이든 침략자인 일제와 투쟁한 민족독립운동자의 수요는 헤아릴 수 없으리만큼 많음을 알고 있다. 또 우리의 문화전통과 정신사의 기틀을 마련하기 위해 국학연구에 전념한 학자의 수효도 결코 적다고는 할 수 없다. 그러나 그 많은 애국지사와 학자들 중에서도 민족주의 이론가·역사학자·

민족독립운동가로서 필봉과 육탄으로 철두철미하게 투쟁을 벌이다가 일제의 옥중에서 생애를 마친 신채호만큼 준열한 역사의식과 인격의 자취를 역사에 남긴 사람은 좀처럼 찾아보기 힘들다. 이 말은 이민족 전제지배하에 신음하던 20세기 전반기를 통해 그가 시도하고 도달한바 철저하고도 깊이 있는 삶과 사색의 진폭·높낮이와 함께 시대에 대한 반응으로서 신채호라는 역사적 인격이 간직했던 치열한 정신의 척도와 행동규범을 전제하고 하는 말이다.

그는 구한말 애국계몽운동기에 국권회복을 위한 많은 명논설과『독사신론(讀史新論)』을, 국외망명 독립운동기에는『조선상고사(朝鮮上古史)』·『조선상고문화사(朝鮮上古文化史)』·『조선사연구초(朝鮮史研究艸)』등을 집필, 최초로 우리나라 근대 민족주의 사학을 창건하였다. 그리하여 그는 한국사의 전개를 왜곡하는 일제의 초기 식민주의 사관에 대결하여 이를 비판·극복함으로써 우리나라 근대사학의 개척자로서 불멸의 업적을 남긴 위대한 역사학자였다. 그러나 그는 그의 시대가 던져주는 문제의식을 직시하고 민족적 소명의식에 부응해야 했으므로 결코 서재에 파묻혀 단순히 사료(史料)의 더미 속에서 자족하는 행복한 역사학자로서의 길을 거부하였다. 그는 민족해방을 위해 투쟁한 항일독립운동자로서 국외에서 망명객이 겪어야 하는 격동과 형극의 생활 속에서도 초지일관 자주독립의 근대 민족국가의 수립을 위한 민족주의 사상의 탁월한 이론가로서 또한 독립운동의 전술론으로 무장투쟁 노선을 열렬히 추진한 실천적인 운동가이기도 하였다.

신채호가 국사=민족사=정신사라는 관점에서 국사학자로서 한국 고대사를 주체적인 입장에서 새롭게 체계화하려 한 것도 민족자주독립을 우선적으로 실현하려 한 것이었고, 민족주의자로서 항일독립운동을 추진한 것은 궁극적으로 민족과 민중 주체의 근대 민족국가를 수립하려는 데 있었다. 따라서 그의 학문과 사상은 민족해방운동이라는 실천적인 측면 이 크게 강조됨으로써 그의 사색과 행동은 표리일체를 이루었고, 어둠의 시대에 혼신으로 도전한 그의 활동이나 탐구의 역정 대부분은 고난과 시련, 격동과 백척간두(百尺竿頭)의 삶의 연속이었음을 알 수 있다.

19세기 말 충청도 한촌(寒村) 두메에서 태어나 20세기 전반기 일제의 여순(旅順) 감옥에서 옥사할 때까지 57년간에 걸친 그의 생애는 결코 개인사적인 것만으로 한정되지 않고 역사적 문맥 속에서 파악된 보다 큰 삶, 바로 역사적인 삶 그 자체였다고 할 수 있다. 그는 일상적으로 '옷 한 벌을 다 적시면서도 고개를 숙이지 않고 세수할' 만큼, 인간적인 자존과 전통적인 유교학인의 절조를 뚜렷이 간직한 인물이었으며, 그의 개인적 자존과 패기는 민족 수난을 극복하려는 과정에서 민족적 자존으로 확산 승화되었다. 그는 일제의 간단없는 침략적 도전 앞에서 가장 철저한 신념 과 행동으로 민족적 응전을 감행하는 데 서슴치 않았으며 한 시대를 대표 하는 가장 강고한 민족주의자로 시종하였다. 그는 민족과 역사적인 삶을 위하여 개인사의 영광이나 일상적인 안일함이 터잡을 수 있는 일체의 공간을 거부했으며, 민족의 수난과 고통을 그 자신의 아픔으로 감수하여 승화시키려 했던 불굴의 인간이었다.

2. 저항적 민족주의의 성격

우리나라 근대 민족주의 사상 및 민족운동은 19세기 말 외세의 간단없는 도전 앞에 민족적 응전의 원리로 태동되어, 20세기 전반 일제의 식민지 통치에 대한 전면적인 부정과 저항의 보루(保壘)로서 크게 부각되었다.

일찍이 신채호는『대한매일신보』를 주무대로 하여 논객으로 활동하던 시기, 곧 일제 침략이 본격화되던 1900년대 초 애국계몽운동기부터 침략적·팽창적 속성을 지닌 일본 제국주의의 본질과 침략적 위장사상(僞裝思想)인 아시아주의 내지 동양주의의 정체, 그리고 이에 응전할 민족주의의 중요성을 깊이 인식하고 있었다(논설 「제국주의와 민족주의」, 「동양주의에 대한 비평」)·그리고 독립협회 이후 신민회운동에 참여하면서 논설 「20세기 신국민」 등을 통해서 시민적 민족주의에 입각한 입헌 공화제의 근대 국민국가상을 뚜렷이 제시하려고 하였다.

더욱이 1910년 국외망명 이후에는 무력급진노선을 지지하는 주전론(主戰論)의 입장에서 비타협·무장폭력투쟁의 민족해방전선에서 항일 민족운동자로서 시종하였다. 뿐만 아니라 1920년대 전반부터는 민족해방운동의 방법론으로 일제를 타도해야 할 주적(主敵)으로 삼으면서 대내적으로 사회적 불평등의 해방까지를 아울러 주장하는 등 진보적인 입장을 취하였다. 그는 반제국주의·반식민주의에 못지않게 반봉건주의를 부르짖으며 보수적인 복벽운동(復辟運動)이나 사회적 불평등 사상에 반대했고, 초기의 영웅사관에서 벗어나 민중을 역사와 사회의 주체로 인식하는 등 국내에서 활동하던 만해(萬海) 한용운(韓龍雲, 1879~1944)과 함께 1920년대의 진보적인 좌파 민족주의의 한 흐름을 대표한다고 할 수 있다.

민족주의 사상의 이론가, 실천적인 민족독립운동가로서의 그의 기본 입장과 성격은 1920년대 초에 대두된 자치론·참정권론·문화운동론 등의 국내 타협주의 노선과 준비론·외교론·무저항투쟁론 등 국외 독립운동 방법론 내지 전술론에 반대하여 보다 선명하고 급진적인 항일 무장투쟁론과 절대독립론·완전독립론을 끝까지 개진하였다(「조선혁명선언」 참조). 따라서 그의 사상과 실천 활동은 일제 강점하의 식민지 민족주의 내지 저항적 민족주의로서의 특성을 그대로 집약한 느낌이 없지 않다. 국내 활동기인 1900년대 초부터 신채호는 사회진화론에 입각한 약육강식 (弱肉强食)의 제국주의 논리, 특히 독점적·강권적 침략을 노골화한 일본에 대하여 자기방위적인 뜻에서 저항적 민족주의의 개념을 내세웠다. 1910년 국망(國亡) 이후에는 변모된 시대현실에 조응(照應)하여 더욱 철저한 항일 투쟁의식과 진보적인 사회관·역사관을 바탕으로 그의 민족주의 사상과 민족해방운동의 전술론을 한층 강화·발전시켰다.

한편 신채호는 동학(同學)의 선배인 백암(白巖) 박은식(朴殷植, 1859~1925)과 함께 한국사 연구를 통해 우리나라 민족주의 사학 내지 근대사학의 개척자로서 중심적 역할을 수행하였다. 두 분은 1900년대 초부터 그들이 처했던 동시대적 고뇌와 사명에서 출발하여 애국계몽운동·민족해방운동에 헌신했으며, 뛰어난 역사의식과 강렬한 민족의식에 기초하여 그들의 민족주의 사관을 도출하였다. 신채호가 애국계몽운동기부터 중국 중심의 사대주의 사관 및 일제 식민주의 사관의 침투, 기존의 왜곡된 사료를 날카롭게 비판하면서『독사신론』(1908) 이후,『조선사연구초』(1930)·『조선상고사』(1931)·『조선상고문화사』(1931) 등을 저술하여 한국고대사의 체계를 새롭게 하려고 하였다. 이에 대하여 박은식은 망국의 시대현실을 통찰하면서 일제의 침략과 저항 투쟁에 초점을 둔『한국통사(韓國痛史)』(1915)·『한국독립운동지혈사(韓國獨立運動之血史)(1920)를 저술하여 수난과 국망, 저항의 역사로 점철된 한국근대사를 증언하였다.

3. 역사민족주의와 역사학

이처럼 신채호와 박은식의 사학이 고대사와 근대사라는 각기 다른 시대사적 부문에 집중되었지만, 그들은 모두 한국의 문화전통에 대한 깊은 신뢰와 인식에서 출발하여 한국사를 왕조사적 체계와 서술에서 해방시켜 민족사적 흐름에서 파악하려 했다는 점에서 공통성을 지닌다. 그들이 특히 역사서술에 있어 큰 사명감으로 임한 것은 나라는 비록 망했어도 자기의 역사가 존재하는 한 국권회복을 위한 민족해방운동은 중단될 수 없고, 또 언젠가는 자기의 역사애(歷史愛)가 기본 동력으로 작용하여 광복을 가능케 하리라는 확고한 신념 때문에서였다. 무엇보다도 그들의 역사학이 한국 근대사학사에서 큰 봉우리를 이루는 또 다른 이유는, 단순한 역사애·민족애에 머무르지 않고 중세적 사대주의 사관이나 당대의 식민주의 사관과 아류적 사관을 과감히 청산·극복하려 했다는 사실이다. 즉, 과거와 현재에 대한 비판을 통해 근대적 사안(史眼)으로 주체적인 역사인식을 시도하면서 새로운 방법론에 입각하여 그들의 역사서술을 체계화하려 했다는 데 그 특성이 있다.

특히 신채호의 경우는 한층 철저하고 심도있는 사관과 체계를 가져 그의 역사학은 전(前) 시대의 중세적 사관·편사(編史)나 동시대의 식민주의 사관 및 아류적 사관과 확연히 구별된다. 요약하건대 초기의 신채호의 민족주의 사관은 역사의 동인(動因)으로서 개인의 역할을 중시하는 영웅사관에 집착했으나, 후기의 사관은 여기에서 일전하여 민중사관으로 발전·변모하였다. 또한 민족해방운동의 전술론으로서 게릴라적 폭력투쟁을 정당화함과 아울러 '민중직접혁명론'을 주장하는 등 무력급진론과 절대독립 노선을 견지하는 가운데 진보적인 민족주의 성향을 그대로 구현하였다.

신채호는 1900년대 초 조국이 일제의 반식민지하에 놓이게 되자, 국권회복을 위해 수많은 애국계몽논설을 집필하는 한편, 자기 역사에 대한 투철한 인식을 통하여 한국사를 민족사적 차원에서 자주적으로 체계화하는 데 주력하였다. 특히 을지문덕·최영·이순신 등 애국적 무장의 역사전기물을 통해 국권회복과 민족중흥의 영웅을 대망했는데, 이것은 초기 신채호의 역사관이 민족주의적 영웅사관에 기초하고 있음을 알려 준다. 한편 위대한 민족사적 개인을 통한 역사인식과 함께 초기 그의 민족주의 사관을 보여 주고 있는 논문이 바로 『독사신론』(『대한매일신보』 1908. 8.27~12.13)이며, 이는 이 시기 우리나라의 역사를 왜곡·날조하는 일제의 초기 식민주의 사관에 정면으로 대결하여 이를 비판·극복하려 한 최초의 이론적 성과로 간주된다.

신채호의 역사서술은 처음부터 민족주의·국가정신·역사를 삼위일체로 파악하려는 민족자강·역사자강주의에 뿌리박고 있음을 밝히려는 데서 출발하고 있다. 그리하여 단군의 고조선이 민족사적 시원(始原)으로서 차지하는 중요한 의의, 민족구성의 주체가 된 종족 문제, 발해사(渤海史)를 신라사(新羅史)와 동등한 입장에서 남북국시대사(南北國時代史)로 인식하여 민족사에 편입시키지 않으면 안될 당위성을 역설하였다. 그리고 한국사의 흐름을 오도한 『삼국사기』 이래 『동국통감(東國通鑑)』·『동국사략(東國史略)』 등이 지닌 유교사관 내지 존화사관(尊華史觀)을 통렬히 비판하였다.

그는 특히 『일본서기(日本書紀)』에 의거 일본 근대사가들이 주장하는 한반도 남부에 대한 '임나일본부설(任那日本府說)'과 '신라정벌설'의 조작적인 허구성에 대하여 최초로 실증적·체계적인 비판을 가했으며, 일본의 침략정책을 역사적으로 합리화하려 하는 식민주의 사관의 실체와 이 조작된 역사관의 한국사 침투를 날카롭게 비판·경계하였다. 이러한 관점에서 그는 기왕의 유교사관 또는 중국 중심의 사대주의 사관과 식민주의 사관으로 오염된 '구역사(舊歷史)'에 대한 비판과 극복이라는 관점에서 근대 민족주의 사관에 입각한 새로운 역사, 곧 '신역사(新歷史)' '신사학(新史學)'의 수립을 제창하였다.

한편 그의 중국 망명기인 후기 한국사 연구의 업적은 『조선상고사』(『조선일보』 1931. 6.10~10.14 연재 당시의 제명은 『조선사』였으나, 1948년 단행본 간행 때 『조선상고사』로 개제), 『조선상고문화사』(『조선일보』 1931.10.15~1932. 5.31)와 『조선사연구초』(『동아일보』 1924. 10 ~1925. 3에 발표된 6편의 논문집)로 요약할 수 있다. 특히 1924년에 집필된 『조선상고사』 총론은 역사학의 객관성과 실증성을 토대로 그의 근대적 역사이론을 제시한 것이며, 1920년대 한국 민족주의 사관의 체계를 수립하는 데 정초의 구실을 한 것으로 높이 평가된다. 여기에서 신채호는 역사의 발전 개념을 '아(我)와 비아(非我)의 투쟁기록'이라 정의하고 그의 독특한 역사관을 이끌어냈다. 즉, 그는 "역사란…… 아와 비아의 투쟁이 시간부터 발전하며, 공간부터 확대하는 심적(心的) 활동의 상태이니……" 라는 유명한 명제를 제시, 한국사의 주체인 한민족을 '아(我)' 의 단위로 잡고 그 상대적인 객체로서의 타민족을 '비아(非我)'라 규정함으로써 이 '아'와 '비아'가 변증법적으로 투쟁하는 가운데 민족사가 전개·발전해 온 것으로 보았다.

이러한 아의식(我意識)·아민족(我民族)의 중심사관은 논문 「조선역사상 일천년래 제1대사건」을 통해, 민족아의 입장에서 북진정책으로 대금(對金)정벌과 칭제건원(稱帝建元)할 것을 주장한 묘청(妙淸) 일파를 낭가(郎家)라 하여 전통적인 민족주의 사상의 대변자로, 김부식을 유교적인 사대모화주의(事大慕華主義)의 대변자로 대립시켰다. 그리고 서경전역(西京戰役)은 바로 민족자주파인 낭가와 사대주의파인 유가의 싸움이라고 주장하였다. 그는 또한 김부식 이래 묘청 등을 비기(秘記)·참설(讖說)을 주장하는 요승(妖僧)·반역적 인물로 평가한 『고려사』 이래의 역사인식에서 일대 전환하여 독립·국수(國粹)의 자주적·진취적 인물로 사상사적인 재평가를 시도하였다.

4. 역사해석의 새 지평

이러한 관점은 종래까지 조선중기 동·서 분당시기를 산 정여립(鄭汝立, ?~1589)을 역모를 꾀하다 실패한 반역적·부정적 인물로 평가한데 대하여 "4백 년 전에 군신강상설(君臣綱常說)을 타파하려 한 동양의 위인"이라 하여 반(反)주자학적 혁명사상을 고취한 돌비적(突飛的)·혁명적·진보적 인물로 새롭게 평가한 것도 같은 흐름에서 파악한 근대적인 인식체계임을 알 수 있다. 구체적으로 덧붙여 말한다면 신채호는 일찍이 16세기 봉건적 조선왕조사회에서 '신불사이군(臣不事二君)' '열녀불경이부(烈女不更二夫)'란 주자학적 지배윤리와 중국사의 고정화된 정통론을 부정 극복하려 한 혁명적인 사상가, 곧 민중군경(民重君輕)의 입장에서 자신의 경륜을 펴려 한 근대적인 민권사상의 선구자로까지 정여립을 부각시키려 한 것이다. 이러한 관점은 종래까지 봉건적인 조선왕조의 체제하에서 역사의 실패자·모반자로 매도되어온 역사적 인격에 대한 복권(復權)인 동시에 근대적인 역사해석의 새로운 가능성을 열어 놓은 값진 작업의 하나로 받아들여야 할 것이다.

신채호에 의해서 이루어진 이러한 일련의 시도는, 역사의 전환기적 동인으로 작용했다가 실패한 인물에 대한 새로운 역사적 평가이자 한국사상사 연구에 근대적인 관점을 부여하려 한 역사시각 내지 역사안(歷史眼)의 독창적인 참신함과 탁월함을 아울러 의미하는 것이기도 하다. 이것은 또한 그의 후기 민족주의 사관이 역사의 동인으로서 개인의 역할을 중시하던 영웅사관에서 벗어나 민중을 역사의 주체로 인식하려는 민중사관을 강조한 것과도 맥을 같이하는 것이다.

아무튼 한국의 근대사학사를 통해 신채호의 민족주의 사관은 일제의 식민지 지배기에 대응하려는 시대적 문제의식을 짙게 반영한 것이다. 그렇지만 중세적 유교사관 또는 중국 중심의 사대주의 사관과 당대에 횡행하는 일본 식민주의 사관의 극복을 통해 근대적 역사감각과 방법론에 의해 체계화하려 했음은 특기할 만하다. 따라서 과거와 현재에 대한 그의 탁월한 역사의식과 첨예한 문제의식, 그리고 근대적 역사방법론을 아울러 체현한 그의 역사관은 신채호를 한국 민족주의 사학의 수립자 또는 근대사학의 개척자라는 영예를 부여하게 되는 가장 직접적인 단서가 된다고 하겠다.

물론 신채호는 한국 근대사학의 개척자로서 뿐만 아니라 애국계몽사상가 · 독립운동가 · 언론인 · 문학가로서도 선구적인 업적과 뚜렷한 발자취를 남겼다. 그는 그의 시대가 당면했던 역사적 역할과 문제의식에 첨예하게 대응하면서 탐구와 도전의 고삐를 잠시도 늦추지 않았고, 탁월한 문필력과 실천활동으로 한국 근대 민족해방운동사를 통해 가장 영예로운 한 흐름을 대표하고 있다.

이 글은 신채호라는 역사적 인격이 사색하고 행동한 시간의 흔적들을 찾아서 보다 정확한 사료(史料)를 토대로 새로운 시각에서 그 전모를 추적하려는 데 그 기본 목표를 두었다. 신채호가 이루어 놓은 사상과 업적, 그리고 그가 산 시대적 역사조건에 대한 보다 깊이 있는 연구와 정확한 이해가 이 글과 새로운 자료를 토대로 출발할 수 있는 계기가 될 수 있다면, 필자에겐 다시없는 광영(光榮)이자 보람이 되리라고 자위해 본다.

Ⅲ. 신채호의 역사전기물 저작

─이태리 3걸, 을지문덕, 최영, 이순신─

1. 영웅 전기물의 저작 배경

단재 신채호의 초기 저작 중 역사 전기물로는 국한문판『乙支文德』, 한글판『을지문덕』, 국한문본『동국거걸 최도통(東國巨傑崔都統)』, 국한문본『수군제일위인 이순신(水軍第一偉人李舜臣)』, 한글본『수군의 제일 거룩한 인물 리슌신전』, 국한문본『이태리건국삼걸전(伊太利建國三傑傳)』등이 있다. 이들 저작은 1900년대 중·후반 신채호(1880~1936)가 역사학자로 발신하여 활동하던 초기 역사관과 애국계몽사상가로서 활동하던 이 시기 그의 민족주의 사상의 특징과 편린을 선명히 보여주는 대표적인 역사전기물들이다.

발표 시기면에서 보면, 1907년 10월 25일 서울 광학서포(廣學書舖)에서 단행본으로 출간된『이태리건국삼걸전』(梁啓超의 원저명은『意太利建國三傑傳』)이 비록 역술본(譯述本)이긴 하나 가장 빠르고, 처녀작에 해당된다고 할 수 있다. 이어서 대한매일신보(大韓每日申報) 지상에 국한문본『수군제일위인 이순신』(1908.5.2~8.18)과 한글본『수군의 제일 거룩한 인물 리슌신전』(1908.6.11~10.24)이 각각 연재되고, 또 그런 와중에서 1908년 5월 30일 국한문판『乙支文德』과 같은 해 7월 5일 한글판『을

지문덕』을 잇달아 서울 광학서포에서 각각 단행본으로 간행하였다. 그리고 고려 말의 무장 최영(崔瑩)의 영웅적 활동을 그린『동국거걸 최도통』이 역시 대한매일신보 지상에 1909년 12월 5일에서 1910년 5월 27일까지 가장 뒤늦게 연재 발표됨으로써 고구려·고려·조선시대를 각각 대표하는 을지문덕·최영·이순신의 영웅전기 3부작은 비록 그 일부가 미완이긴 하나 신채호가 구상한 민족사적 3걸의 얼개가 대충 마무리된 셈이다.

1900년대 중·후반 애국계몽운동기에 신채호는 국사를 민족사로 파악하는 한편 역술본『이태리건국삼걸전』이후 삼국시대에서 조선시대에 이르기까지 국난극복과 한국사를 빛낸 을지문덕·최영·이순신 등 애국심으로 무장한 영웅들의 역사전기물을 통해 역사자강·민족자강의 애국계몽사상을 고취하였다.[1] 이와 더불어「대한의 희망」(1908),「역사와 애국심의 관계」(1908),「영웅과 세계」(1908),「기회는 불가좌대(不可坐待)」(1908),「20세기 신동국지영웅(新東國之英雄)」(1909),「20세기 신국민」(1910) 등의 논설을 대한매일신보 지상에 발표하고, 앞의 역사전기물과 함께 일제의 침략으로 인해 식민지적 전야(前夜)나 다름없는 한말의 위기적 상황을 타개할 국민적 영웅의 출현을 열렬히 대망하고 국민 모두가 역사에 대한 자긍심과 애국심으로 무장해 분발할 것을 촉구하였다.

1905년 일제에 의해 불법적 강권으로 체결된 을사조약과 1907년 7월 고종이 헤이그 밀사사건을 계기로 순종에게 양위(讓位)한 채 한일신협약이 체결되고, 8월 구한국 군대가 강제 해산되는 등 민족적 위기는 고조되고 있었다. 이러한 시대적 상황을 전후해서 일제의 식민지화 기도에 대해 저항하기 위한 전국적인 규모의 항일 비밀결사 신민회(新民會)가 조직되고, 신채호·박은식(朴殷植)·안창호(安昌浩) 등 애국계몽사상가들의 활동

---

1) 최홍규,『신채호의 역사학과 민족운동』, 일지사, 2005, p.73.

이 전개된 것도 이 무렵의 일이었다.

　이처럼 신채호는 일제의 보호국으로 전락된 1905년 전후의 시기에 대한제국의 식민지 전야나 다름없는 현실을 우리 민족이 직면한 최악의 역사적 위기로 파악하였다. 그러한 가운데서도 우리 국민이 좌절하지 말고 역으로 그 민족적 위기를 기회로 활용하는 가운데 희망·애국심, 그리고 역사에 대한 원력(願力)과 신앙을 잃지 않는다면 언젠가는 국권을 회복하고, 자주독립의 근대 국민국가 건설이 가능할 수 있으리라고 생각하였다.[2] 이 시기에 발표된 많은 애국계몽 논설과 역술본『이태리건국삼걸전』이후에 집중적으로 발표된 을지문덕·최영·이순신 등 민족사적 3걸(傑)에 대한 역사전기물은 모두 자주독립된 민족국가의 건설과 역사의 부활을 열렬히 희구하는 신채호의 역사의식과 시대적 처방전(處方箋)으로써 각별한 의미를 갖는 것이었다. 아울러 민족을 역사의 주체로 인식하는 역사학자로서 그의 학문적인 사명감과 민족주의 사학의 출발점으로서의 그 단서를 제공해 주고 있다.

　특히 당시 한말 사회는 일본 제국주의의 무력 침략으로 일찍이 우리 민족이 역사상 경험해 보지 못한 미증유의 신민지 전야와 같은 민족적 위기를 노정(露呈)하고 있었다. 따라서 신채호는 대한제국이 당면한 위기적 현실을 해소하기 위한 혁명적 변화를 주도하면서 대세를 역전(逆轉)시킬 구국적 영웅의 출현을 열렬히 대망하면서, 그 모범적인 사례를 고대와 중세의 역사 속에서 찾으려고 하였다. 그의 역사전기물들은 이러한 위기적 상황에 처한 대한제국기의 시대현실을 배경으로 한 것이며, 애국계몽사상가로서 국민들에게 민족주의 사상을 계몽하는 데 그 1차적 목표를 두고 있다. 아울러 그가 역사학자로서 발신하여 이후 한국 근대민족주의 사

---

2) 앞의 책, pp.70~71.

학을 창건하는 데 그 출발점이자 밑거름이 되고 있다는 데 그 의의가 크다고 평가할 수 있다.

이 글에서는 1907~1910년에 발표된 신채호의 역사전기물에 대해 편의상 그 발표순에 따라 그 내용과 역사적 의의를 간략히 살펴보고자 한다.

2. 역술본 『이태리건국삼걸전(伊太利建國三傑傳)』

신채호가 애국계몽사상가·역사학자로서 1900년대 중·후반 대한제국이 처한 역사적 위기를 타개할 국민적 영웅의 출현을 갈망하고, 국민 모두에게 애국심으로 무장하여 분발할 것을 갈망하는 의도에서 역술(譯述)된 책이 바로 『이태리건국삼걸전(伊太利建國三傑傳)』이다. 1907년 10월 25일 서울 광학서포(廣學書舖)에서 본문 94면으로 발행된 이 책은 신채호의 처녀작과 같은 단행본 저술로써 원저자인 양계초(梁啓超, 호 任公, 1873~1930)의 『의태리건국삼걸전(意太利建國三傑傳)』을 번안, 장지연(張志淵)의 교열(校閱)로 출간한 것이다.

이 역술본의 서문은 교열자인 장지연이 썼고, 수편(首篇) 서론(緖論)에서 종편(終篇) 결론에 이르기까지 모두 28절의 목차 아래 그 내용이 국한문 혼용의 논설체로 서술되어 있다. 원저자인 양계초는 일찍이 1898년 4월 강유위(康有爲) 등과 함께 보국회(保國會)를 조직하고 국정(國政)개혁을 시도하였다. 그는 민족혁명을 고취하고 공화제의 필요성을 선전하면서, 그해 8월 강유위 등과 함께 무술정변(戊戌政變)에 참가했다가 실패하자 일본에 망명하였다. 양계초는 손문의 혁명적 입장과는 달리 청조의 개조 강화를 주장했으며, 경학(經學)·사학·불교학 등에 박통하였다. 그의 저술 『음빙실문집(飮氷室文集)』은 한말 지식인들에게 민족자강사상을 펼치는 데 큰 영향을 미쳤으며, 「신민설(新民說)」과 『중국 역사 연구법』

등의 저술은 신채호에게도 적지 않은 영향을 미쳤다.

신채호는 역술본『이태리건국삼걸전』의 서론과 결론에서 '무애생(無涯生)이 왈(日)'이라는 그 자신의 관점과 평언(評言)을 붙여 한말의 위기적 현실에 빗대어 애국자 대망론을 펼치면서, 19세기 중반 이탈리아 민족국가 통일운동기에 활약한 세 역사적 인물의 혁명적 위업과 애국적 활동을 소개하였다. 즉, 이탈리아 국민적 애국주의의 상징적 존재이자 통일 이탈리아 국민국가 건설운동을 주도했던 마찌니(瑪志尼: Giuseppe Mazzini, 1805~1861), 가리발디(加里波的: Giuseppe Garibaldi, 1807~1882), 카부르(加富爾: Camillo Benso di Cavour, 1810~1861) 등 3걸의 활동을 통해 철저한 조국애와 민족주의 사상으로 근대 국민국가 건설운동에 헌신한 애국적 영웅의 표본으로 삼으려는 관점을 드러냈다.

19세기 중반 이탈리아의 혁명가 마찌니는 일찍이 카르보나리(Carbonari) 당원으로 입당, 뒤에 망명하여 마르세이유에서 '청년 이탈리아당'을 결성하였다. 그는 1848년 귀국하여 밀라노의 혁명에 참가한 뒤 가리발디가 이끄는 군에 가담하여 활동하는 등 통일 이탈리아 건설운동에 진력하였다. 또한 정열적인 애국자 가리발디는 일찍이 청년 이탈리아당에 가입, 공화파의 이탈리아 혁명운동에 헌신하였다. 그는 1860년 '붉은 셔어츠대(隊)' 1천여 명의 의용군을 이끌고 시칠리아 섬과 남부 이탈리아를 공략, 사르디니아(撒的尼亞)왕에게 바침으로써 마찌니·카부르와 함께 이탈리아의 근대 국민국가 통일운동의 3대 위인으로 일컬어지게 되었다. 한편 이탈리아 독립운동가 카부르는 뒤에 사르디니아의 수상직에 올라 활약하였다. 그는 조국통일을 위해 나폴레옹 3세와 손잡고 1859년 오스트리아를 격파한 뒤 롬바르디아를 해방시키는 등 활약하다가 이탈리아의 완전 통일을 이루기 직전 애석하게도 별세하였다.

이 역술본 역사전기물은 19세기 이탈리아의 국민국가 통일과정에서 활약한 세 영웅의 파란만장한 생애와 철저하고도 탁월한 애국심으로 민족과 국가를 위해 어떻게 헌신했는가를 그 역사적 배경과 함께 국한문 혼용의 논설체로 서술한 것이다. 즉, 그들의 출생에서 성장과정, 죽음에 이르기까지 세 영웅의 생애와 활동상을 그 시대적 배경 하에 묘사하였다. 그런데 여기에서 주목해야 할 점은 이 3걸이 단순히 근대 이탈리아 통일운동을 주도한 타국의 영웅으로만 그치지 않고, 1900년대 중반 대한제국이 당면한 위기적 상황을 척결하고 국운을 소생·부활시킬 민족영웅의 상징적 표본으로 형상화하려 했다는 데 번안자의 참다운 의도가 담겨져 있는 것이었다.

따라서 신채호는 이 역술본에서 '무애생의 왈'이라는 자신의 주관적인 관점과 평언을 붙여 구국의 영웅대망론을 펼쳤다. 그에 의하면 19세기 중반 당시 이탈리아가 당면한 역사적 조건이 20세기 초 식민지적 위기에 처한 대한제국의 형편과 비슷하다고 인식하였다. 그 뿐만 아니라 그 시대적 격차 또한 멀지 않고, 비록 타국의 과거사라 할지라도 그 역사조건의 차이에도 불구하고 국난 극복의 타산지석(他山之石)이 될 수 있다는 관점을 짙게 드러냈다. 비록 이 역술본에서는 19세기 통일 이탈리아의 국민국가 건설과정에서 나타난 빈(wien)체제의 붕괴과정과 대한제국이 당면한 위기적 상황에 대한 인식, 즉 제국주의적 국제정치상황 사이에서 노정되는 커다란 역사조건의 괴리 등에 대한 역사인식이 드러나 있지 않아 구체적인 상황인식과 객관적 서술이 결여되어 있는 등 형평성을 잃고 있다는 지적도 제기될 수 있다.

그러나 이 책은 신채호가 일제의 악랄한 무력적 침략이 가중되는 식민지 전야나 다름없는 상황 속에서 통일 이탈리아 국민국가 건설에 헌신한 세 영웅의 활동상이 크게 어필하리라고 인식하고 있었던 것 같다. 즉, 이탈리아 3걸의 생애와 활동상을 통해 위기에 처한 대한제국 국민들에게 국권회복을 위한 애국심을 배양하고 자강론적(自强論的) 민족주의 사상을 고취하려 했다는 데 이 책을 번안한 역술자의 진정한 저술 의도와 목표가 반영되어 있었다. 이들 마찌니·가리발디·카부르 등 세 영웅의 생애와 애국적 활동을 이탈리아와 19세기라는 공간적·시간적 조건에 국한시키지 않고, 국민들에게 민족적 위기의 해소와 자주독립사상을 고취시키고 새로운 분발을 촉구하기 위한 1900년대 초 당시로써는 최초의 역사전기물이라는 점에서 중요한 의미가 있다.

여기에서 유념해야 할 점은 이 세 영웅의 생애와 활동상을 곧 1900년대 초 대한제국의 사회적·역사적 현실이 요구하는 상징적 구국의 영웅상(英雄像)으로 크게 부각시켰다는 사실이다. 다시 말해서 역술자로써는 이 3걸을 통일 이탈리아의 근대 국민국가 수립운동을 주도하며 헌신한 지역적·시대적 특수성이나 그 사례로 한정시킨 것이 아니었다. 오히려 제국주의 열강의 이권경쟁과 일제의 침략으로 기울어져 가는 대한제국의 국운을 바로잡고 국권 회복(恢復)과 함께 민족주의 이념에 입각한 민주공화의 정체를 골간으로 하는 근대 국민국가 수립을 지향하는 민족중흥의 영웅으로 열렬히 대망했다는 데 이 저술을 번안하게 된 배경과 동기가 있었다.

신채호는 그 서론에서

무애생(無涯生)이 왈(曰), 위재(偉哉)라 애국자며 장재(壯哉)라 애국자여. 애국자가 무(無)한 국(國)은 수강(雖强)이나 필약(必弱)하며, 수성(雖盛)이나 필쇠(必衰)하며 수흥(雖興)이나 필망(必亡)하며 수생(雖生)이나 필사(必死)하고, 애국자가 유(有)한 국은 수약(雖弱)이나 필강(必强)하며 수쇠(雖衰)이나 필성(必盛)하며 수망(雖亡)이나 필흥(必興)

하며 수사(雖死)이나 필생(必生)하나니, 지재(至哉)라 애국자며 성재(聖哉)라 애국자여. 기국(其國)의 편토촌양(片土寸壤)이 무비(無非) 애국자의 완(腕)·비(臂)·지(趾)·지(指)로 소개척자야(所開拓者也)며, 기국의 척신신자맹(隻身身子氓)이 무비(無非) 애국자의 심혈누제(心血淚悌)로 소잉조자(所孕造者)며, 산하(山河)의 일초엽(一草葉)과 수저(水底)의 일어별(一語鼈)이 무비 애국자의 정신기백으로 소화육자야(所化育者也)며⋯⋯3)

라고 열정적인 애국심과 헌신적인 애국자의 표본을 이 역술본 도처에서 발견하고 강조하려고 하였다.

신채호는 이 책에서 헌신적이고 참다운 애국적 지도자의 출현은 민족자강과 자주독립의 근대 국민국가 건설에 필수요건이자 원동력임을 전제, 그 필요성을 크게 주장하고 있다. 이 역술본에서 신채호가 대망하는 애국자의 상(像)은 결코 입과 붓으로 그치는 형식적인 애국자가 아니었다. 그것은 뼈·피·살갗·얼굴·모발(毛髮) 등 신체 각 조직조차 철저하리만큼 심신 모두가 애국심으로 절여지고 무장된 애국자였다. 즉, "와시(臥時)의 염(念)도 국야(國也)며 좌시(坐時)의 상(想)도 국야며 기가야(其歌也)도 국야며 기소야(其笑也)도 국야며 기곡야(其哭也)도 국야라"4)고 할 정도의 심신 모두가 민족애의 열정으로 점철(點綴)된 철저하리만큼 헌신적이면서도 식견이 뛰어난 애국자의 상(像)인 것이다.

신채호는 『이태리건국삼걸전』의 서론 말미에서 이 책을 역술하게 된 동기를 이렇게 간략히 밝혀 놓았다.

오호(嗚呼)라. 문명의 등(燈)은 6주(洲)에 찬란하고 자유의 종(鐘)은

3) 『이태리건국삼걸전』 서론.
4) 앞의 책.

사린(四鄰)에 요란한데 아배(我輩)는 하죄(何罪)완대 독(獨) 차(此) 지옥
(地獄)고 망산하이참목(望山河以慘目)하고 앙창천이비규(仰蒼天以悲
叫)타가 유정(有情)의 일필(一筆)로 이태리 애국자 3걸의 역사를 술(述)
하노니, 기국난(其國難)이 여아상류(與我相類)하고 기연조(其年祚)도
거금불원(距今不遠)이라. 기간고경력(其艱苦經歷)이 방불왕래우오흉
(彷彿往來于吾胸)하고 기성음소모(其聲音笑貌)가 돌올봉현오전(突兀捧
現於吾前)하는도다. 약(若) 차서(此書)의 인연과 차서의 소개로 대한중
흥삼걸전(大韓中興三傑傳) 혹 삼십걸(三十傑) 삼백걸전(三百傑傳)을 경
장(更張)하면 차(此)는 무애생 무애(無涯)의 혈원야(血願也)로다.[5]

다시 말해서 20세기 초 세계의 선진 각국은 문명의 진보와 민주공화를
기반으로 한 자유가 날로 신장되는 시점에서 우리나라만이 캄캄한 어둠
속에 놓인 채 망연자실(茫然自失)해 하는 형국이라는 것이다. 이러한 위
기적 시대현실 속에서 근대 이탈리아 국민국가 건설운동에 헌신한 마찌
니·가리발디·카부르의 그 영웅적 활동을 본받을 수 있도록 하자는 것이
다. 이에 국민의식 또한 크게 각성됨으로써 국난 극복과 우리나라를 중흥
시킬 민족사적 영웅 3걸, 30걸, 아니 3백걸전을 다시 쓸 수 있다면 이것이
곧 번안자가 의도한 피 끓는 염원이라고 독자들에게 상기시키고 있다.

이처럼 국권극복을 선도할 수 있는 애국심에 투철한 민족영웅의 출현
을 갈망하는 신채호의 염원과 찬송은 그의 시대가 당면한 사회적·역사적
현실의 특성과 요구를 반영한 결과이기도 하였다. 더욱이 영웅의 역사적
역할을 강조하는 등 영웅사관(英雄史觀)에 기초한 그의 초기 자강론적 민
족주의와 역사 민족주의의 발상과정과 그 사상적 특성·경향의 원형을 잘
보여준다. 이는 1900년대라는 간난과 위기의 시대를 만나 국민 모두에게

---

5) 앞의 책.

국권회복의 용기를 북돋고 자주독립의 근대 국민국가를 건설하는 데 그 기본바탕이 되어야 한다는 바램을 강조한 대목이라고 할 수 있다. 그러나 이후 신채호의 관심은 통일 이탈리아 건설운동을 주도한 이들 3걸에서 한 걸음 더 나아가 을지문덕·최영·이순신 등 투철한 애국심으로 대외투쟁에 승리, 한 민족사적 3걸에 대한 관심으로 전위(轉位) 확대되었다.

여기에서 참고로 서론과 결론을 포함하여 총 28절, 본문 94면으로 구성된 『이태리건국삼걸전』의 차례를 살펴보면 다음과 같다.

3. 국한문판『乙支文德』과 한글판『을지문덕』

신채호는 자강론적 민족주의에 기초하여 대외전(對外戰)에서 한국사의 영광과 긍지를 선양한 삼국시대의 민족영웅을 부각시키는 작업으로 1908년 5월 30일 국한문판『乙支文德』과 같은 해 7월에는 한글판『을지문덕』을 서울 광학서포(廣學書舖)에서 매당(邁堂) 변영만(卞榮晩) 교열로 각각 발간하였다.

무애생(無涯生) 신채호의 필명으로 저술된 국한문판의 원제는 '대동사천재 제일위인 을지문덕(大東四千載第一偉人乙支文德)'이며, 권두에는 변영만·이기찬(李基燦)·안창호(安昌浩) 등의 서문이 붙어 있다. 그러나 본문 43면으로 이루어진 한글판에는 책의 맨 앞에 을지문덕의 입상 초상화가 덧붙어 있으며, 이들 인사의 서문이 모두 생략된 채 실려 있지 않다.

먼저 변영만은 순한문체로 집필된 서문에서 고래로 우리나라는 정주(程朱)의 성리학과 한유(韓愈)·소식(蘇軾)·소철(蘇轍)·이백(李白)·두보(杜甫) 등 중국 당송(唐宋) 8대가류의 문장만 읊조리며 의존하고 숭상하는 사대주의적 폐풍이 전해져 그 결과 날이 갈수록 민족의 자주독립정신이 쇠퇴하고 노예학에 길들여지는 결과를 초래했음을 지적하였다. 그리하여 살수에서 수군(隋軍)을 격파한 고구려 명장 을지문덕의 전기야말로 대동 4천년의 자주독립정신을 선양한 전국민의 필독서로써 우리나라 서적계의 효시(嚆矢)를 이루는 역사전기물로 뜻깊은 회심의 쾌작이라고 상찬하였다.

신채호의 벗인 이기찬 또한 그 서문에서 을지문덕이야말로 "우리 대동 4천여년 역사상에 제일되는 위인이니 그 독립적 기상(氣像)과 건투적 정신이 실로 우리 대동민족의 대표적 인물이며 모범적 인물이다"라고 전제, 영웅을 숭배하고 연구하는 자는 대영웅 을지문덕의 위업, 곧 그 '성공한 역사와 그 인격의' 자취를 먼저 살펴봐야 한다고 강조하였다. 그리하여 "저자의 웅혼탁영(雄渾卓瑩)한 문장으로써 윤색을 가하여 살수의 굉렬(轟烈)한 전황(戰況)과 을지공의 심의(沈毅)한 인격을 묘사한" 신채호의 이 역사전기물이야 말로 그 독립적 기상과 건투적 정신을 국민 모두가 본받아야 할 것을 강조하였다.

한편 안창호는 해외 각국에서 워싱톤(華盛頓)과 나폴레옹(拿破倫)과 같은 영웅의 전기를 통해 수많은 후세의 영웅들이 출현할 수 있다고 하면서, 역대 우리나라는 을지문덕과 같은 민족적 대영웅의 기록과 사적이 미진하여 후세인들에게 자국의 역사와 영웅의 활동을 알지 못하게 되었다고 개탄하였다. 그리고 미진한 가운데 자료를 널리 수집하고 그 논단(論斷) 또한 매우 정밀하게 서술한 저자 신채호의 노고를 치하하였다. 그리하여 이 역사전기물을 통해 "조국의 명예역사를 거(擧)하여 비열자(卑劣者)를 경성(警醒)함이며……선민(先民)의 위대사업을 찬(贊)하여 국민의 영웅 숭배심을 고취함이며……2천년 전의 풍운전쟁을 한가롭게 앉아 노래함이 아니라 열성적·모험적의 옛사람의 지난 자취를 묘화(描畵)하여 2천년 후 제2 을지문덕을 환기(喚起)함이니……"[6]라고 이 전기물의 시대적·계몽적 역할과 선구성에 찬사를 아끼지 않았다. 아울러 당시 국난을 타개할 민족적 영웅의 출현을 대망하는 1900년대 위기적 시대현실 속에서 애국심 배양을 위한 그 계몽적 역할에 한결같이 주목하였다.

이 책의 내용은 권두에 저자의 범례(凡例)가 있고, 서론과 결론을 포함하여 모두 17장에 본문 79면으로 구성되어 있다. 또한 그 내용의 서술 체제는 관련 사료에 입각하여 역사적 사실을 토대로 논문에 가까운 문체로 서술하고 있는 것이 특징이다. 이 책의 차례를 살펴보면 다음과 같다.

> 서론, 제1장 을지문덕 이전의 한한(韓漢)관계, 제2장 을지문덕시대의 여수(麗隋)형세, 제3장 을지문덕시대의 열국상태, 제4장 을지문덕의 의백(毅魄), 제5장 을지문덕의 웅략(雄略), 제6장 을지문덕의 외교, 제7장 을지문덕의 무비(武備), 제8장 을지문덕의 수완(手腕)하에 적국(敵國), 제9장 수구(隋寇)의 성세(聲勢)와 을지문덕, 제10장 용변호화

6) 국한문판 『乙支文德』 서문.

(龍變虎化)의 을지문덕, 제11장 살수 대풍운의 을지문덕, 제12장 성공 후의 을지문덕, 제13장 구사가(舊史家) 관공(管孔)의 을지문덕, 제14장 을지문덕의 인격, 제15장 무시무종(無始無終)의 을지문덕, 결론

먼저 저자는 「범례」를 통해 "우리나라 4천년 인물 가운데 그 웅위민활(雄偉敏活)한 수완을 발휘하여 굉대휘혁(宏大輝赫)한 공업을 세운 자를 헤아리건대 부득불 을지문덕에게 첫 손가락을 꼽을 터인데, 그럼에도『동국통감(東國通鑑)』에 실려 있는 을지문덕의 역사가 수십 귀절에 불과하니 이가 어찌 후인의 책임이 아니리오?"하고 영웅 경시(輕視)의 풍조를 개탄하였다. 그리고 을지문덕에 관한 일련의 사적을 가능한 정밀하게 수집하고 널리 채록하여 사료에 입각한 충실한 '을지문덕전'이 되도록 노력했음을 밝혀 놓고 있다.

이어서 저자는 본문 「서론」에서 역사상 위대한 인물의 공업(功業)과 우리 민족성의 강용(强勇)함이 침략군 수군을 전멸시켜 살수대첩을 승리로 이끈 을지문덕의 영웅적 활동에 상징적으로 형상화되어 있다고 보았다. 그럼에도 불구하고 수백년동안 이소사대(以小事大)의 사대주의에 찌든 우유(迂儒)의 손에 의해 이루어진 사적(史籍)에는 위대한 영웅의 강의불굴(强毅不屈)의 역사는 거의 축소되거나 매몰 제외되어온 역사적 사실을 개탄하면서 일대 민족적 반성과 분발을 촉구하였다.

그리하여 신채호는 국한문판『乙支文德』발간 이후 그가 재직하고 있던 대한매일신보(1908.5.2~8.18)에 국한문 혼용의『수군제일위인 이순신』을, 역시 대한매일신보(1909.12.5~1910.5.27)에 국한문 혼용의『동국거걸 최도통』을 각각 연재 발표하는 등 을지문덕·최영·이순신을 한국사를 빛낸 민족사적 3걸로 간주하는 역사전기물을 잇달아 저술하였다. 또한 그는 한문에 소양이 없는 일반민중과 부녀층을 상대로 그들을 계몽하고 널

리 읽히기 위해 1908년 7월 서울 광학서포에서 한글판 『을지문덕』을 단행본으로 발간하는 한편 한글본 『수군의 제일 거룩한 인물 리슌신전』을 대한매일신보(1908.6.11~10.24)에 연재 발표하였다.

고대에서 근세에 이르기까지 민족사를 빛낸 이들 세 영웅은 모두 수(隋)·명(明)·왜국(倭國) 등 침략적의 외세와의 투쟁에서 크게 승리한 민족적 위인들이며, 애국심으로 무장한 대표적인 구국의 영웅들이라는 점에서 공통된 특징을 갖고 있다.

> ……단(但) 일국(一國)의 강토는 기국(其國)의 영웅이 신(身)을 헌(獻)하야 장엄케 한 자며 일국의 민족은 기국의 영웅이 혈(血)을 유(流)하야 수호한 자라. 정신은 산립(山立)이며 은택(恩澤)은 해활(海闊)이거늘 기국의 영웅을 기국의 민족이 부지(不知)하면 기국이 국(國)됨을 기득(豈得)하리오. 고로 대가(大家)의 사필(史筆)로 영웅의 진면목을 사전(寫傳)하며 재자(才子)의 사부(詞賦)로 영웅의 대공덕(大功德)을 찬미하고 노(爐)의 향(香)과 단(壇)의 고(鼓)로 영웅의 하강(下降)을 기도하며……내(乃) 아국(我國)은 영웅 숭배하는 근성이 하여시(何如是) 박약(薄弱)한지 금고무쌍(今古無雙) 진정영웅(眞正英雄)은 악착(齷齪) 사필하(史筆下)에 초초매장(草草埋葬)하고 기혹(其或) 영웅으로 신앙하는 자는 지록위마(指鹿爲馬)함과 무이(無異)하여 장혁악습(墻閱惡習)으로 동족(同族)과 상전한 자도 왈(曰) 시영웅(是英雄)이라 하며, 낙천주의로 외구(外寇)을 미사(媚事)한 자도 왈 시영웅이라 하며, 심지어 적국창귀(敵國倀鬼)로 조국을 반서(反噬)한 자(薛仁貴의 類)도 왈 시영웅이라 하야 인간 구비(口碑)와 한청유적(汗靑遺蹟)이 차류인(此類人)에게 상다(常多)하니 아(我)가 영웅 2자를 위하여 일곡(一哭)함이 가하도다.[7]

7) 국한문판 『을지문덕』 서론.

신채호는 이 책의 서론에서 "일국의 민족은 그 나라 영웅이 피를 흘려서 보호한 것이라"고 영웅의 역사적 역할을 전제하면서 민족영웅에 대한 새로운 관심과 신앙을 크게 상기시켰다. 그리고 기왕의 사서가 민족의 자주독립과 국권 수호에 헌신한 각 역사시기에 활약한 영웅의 행적이나 활동상을 소홀히 하거나 왜곡시켰음을 깊이 개탄하였다. 그는 역사전기『을지문덕』의 서론과 결론에서 한민족의 국력이 강성하고 영토가 크게 확장되었던 고대세계에 깊은 향수를 나타내면서, 민족사를 빛낸 "지나간 영웅을 기록하여 장래의 영웅을 부르노라"고 하여 국권 회복과 민족중흥의 구국적 영웅상의 도래(到來)를 열렬히 희구해 마지않았다.

이처럼 신채호가 한말의 위기적 상황 속에서 "과거의 영웅을 사(寫)하여 미래의 영웅을 초(招)하노라"고 하는 데서 분명히 알 수 있는 것처럼 역사적 영웅은 결코 죽지도 사라지지도 않는 존재였다. 따라서 그러한 영웅들의 존재는 역사가 계속되는 한 민족의 사표로써 각 시대마다 위기적 상황을 헤쳐 나가는 데 있어서 국민들에게 국난 극복을 위해 무궁하리만큼 용기의 원천으로 작용할 수 있다고 깊이 인식하였다.

신채호는 역사전기『乙支文德』에서 그 이전과 이후의 한중(韓中)관계, 고구려와 수나라의 형세, 열국상태를 논설체로 개관하고, 을지문덕의 웅략·외교·무비·전술·인격 등과 살수대첩의 경과와 고구려의 승전 사실을 비교적 소상하게 서술하였다. 특히 612년(영양왕 23) 수양제(隋煬帝)의 총지휘하에 1백여 만에 이르는 대규모의 군단으로 고구려를 침공한 역사적 상황에 주목하였다.

즉, 수나라 육군이 고구려의 군사적 요충지인 요동성(遼東城)에 쇄도하여 포위하고 다른 한편으로 우중문(于仲文)·우문술(于文述) 등이 이끄는 3만 5천명의 별동부대가 대동강을 거슬러 올라와 고구려의 국도인 평양성을 치려 하였다. 그러나 고구려의 명장 을지문덕의 신책(神策)에 가까운 용변호화(龍變虎化)의 유인전술에 말려 들어 압록강과 살수(현 청천 강)를 건너 평양성 부근까지 깊이 들어왔다가 지치고 굶주리게 되어 헛되이 철수하던 중 마침내 살수에서 고구려군의 공격을 받아 거의 전멸에 가까운 패배를 맛보았다. 이 살수대첩은 수장 신세웅(辛世雄)을 전사케 하고 수군 2,700명의 생존자만이 겨우 돌아갈 정도의 대전과를 거두어 고구려 군에게 대승리를 가져다 준 결정적 계기가 되었다. 이 싸움에서 수나라는 막대한 피해를 입었고, 내란으로 마침내 멸망하고 말았다.

이처럼 고대 한민족의 대외투쟁에서 빛나는 업적을 남긴 을지문덕과 같은 영웅의 전기물을 낸 것은 1900년대 초 일제의 식민지 전야나 다름없는 한말의 시대적 상황과 밀접한 관련을 맺고 있었다. 그리하여 위기에 처한 시대현실 속에서 국민과 청소년들이 강용(强勇)한 영웅들의 사적을 본받아 외세를 몰아내고 국권회복을 위한 영웅적 투쟁의 필요성을 고취하기 위한 애국계몽적 관점이 드러나 있는 것이었다. 또한 역사 속에서 애국적인 영웅들의 무장투쟁 활동을 통해서 애국계몽운동과 함께 당시 전개되고 있던 항일 의병무장투쟁을 고무 격려하려는 의도도 직·간접적으로 은밀하게 담겨져 있었다. 일례로 한글본 『을지문덕』에 서술된 다음과 같은 내용은 당시 국권회복을 위한 항일 의병무장투쟁의 당위성을 암시적으로 나타낸 사례라고 할 수 있다.

그런고로 나의 권리가 떨어지기 전에는 칼과 피로써 그 권리를 보호할 따름이오, 나의 권리가 이미 떨어지거든 칼과 피로써 그 권리를 찾아올 따름이며, 설혹 형극 속에 비참한 일을 당하여 회계에 부끄러움을 삼시노 참시 못할 경우를 당하면 마땅히 닐마다 섶에서 자고 때

때로 쓸개를 맛보아 칼과 피로 전국 인민을 불러일으키는 것이 가하거늘……8)

신채호는 한글판『을지문덕』결론 부분에서 "……지금은 일폭 금수강산이 파쇄가 되어 단군 이후에 사천년을 전래하던 중심기지까지 남에게 사양하여 우리집 형제들은 발을 디딜 곳이 없으니, 어느 겨를에 압록강 서편을 생각이나 하여 보리오. 슬프다. 이십세기 새 대한에 을지문덕의 탄생이 어찌 그리 더디뇨."9) 하고 고대세계의 웅비했던 영웅의 활동과 현재의 암담한 역사적 상황에 대비, 구국의 영웅대망론을 피력하였다.

그리고 이 책 말미에 "슬프다. 만일 다른 나라의 진보되는 것으로 미루어 볼진대 중고시대에 그렇게 강한하던 민족이니 지금 당하여 세력이 마땅히 세계에 으뜸이 될 것이어늘 무슨 연고로 그 타락한 경황이 이 지경에 이르렀나뇨. 내 이제야 알쾌라. 그 나라 인민의 용맹하고 나약함과 넉넉하고 용렬함은 전혀 그 나라에 먼저 깨달은 한 두 영웅이 고동하고 권장함을 따라서 진퇴하는 바로다"10) 라고 식민지 전야나 다름없는 위기의 시대를 구원할 민족영웅의 메시아적 역할을 대망하는 영웅사관의 일단을 극명하게 드러내기도 하였다.

4. 국한문본『수군제일위인 이순신』과 한글본『수군의 제일 거룩한 인물 리슌신전』

신채호가 국한문판『乙支文德』과 한글판『을지문덕』발간에 이어 금

---

8) 한글판『을지문덕』, 제4장 을지문덕의 굳센 정신.
9) 앞의 책, 결론.
10) 앞의 책.

협산인(錦頰山人)이란 필명을 써 대한매일신보(1908.5.2~8.18)에 국한문 혼용의 역사전기물로 연재 발표된 것이 『수군제일위인 이순신(水軍第一偉人李舜臣』이다. 이어서 한문을 모르는 일반민중과 청소년·부녀층을 계몽하려는 의도에서 한글본 『수군의 제일 거룩한 인물 리슌신전』을 국문판 대한매일신보(1908.6.11~10.24)에 잇달아 연재 발표하였다.

먼저 국한문 혼용으로 서술된 『수군제일위인 이순신』의 차례는 다음과 같이 구성되어 있다.

> 제1장 서론(緒論), 제2장 이순신의 유년(幼年)과 급(及) 기소시(其少時), 제3장 이순신의 출신과 기후곤건(其後困騫), 제4장 방호(防湖)의 소역(小役)과 조정의 구재(求材), 제5장 이순신의 전역(戰役) 준비, 제6장 부산해(釜山海) 부원(赴援), 제7장 이순신의 제1전(玉浦), 제8장 이순신의 제2전(唐浦), 제9장 이순신의 제3전(見乃梁), 제10장 이순신의 제4전(釜山), 제11장 제5전 후의 이순신, 제12장 이순신의 구나(拘拿), 제13장 이순신의 입옥(入獄)·출옥(出獄)간에 국가의 비운(悲運), 제14장 이순신의 재임(再任) 통제사와 명량(鳴梁)의 대전첩(大戰捷), 제15장 왜구의 말로, 제16장 진린(陳璘)의 중변(中變)과 노량(露梁)의 대전, 제17장 이순신의 상환(喪還)과 급(及) 기유한(其遺恨), 제18장 이순신의 제장(諸將)과 공의 유적(遺跡) 급 기담(奇談), 제19장 결론.

한편 신채호는 국한문본 『수군제일위인 이순신』서론에서,

> 오호라. 도국수종(島國殊種)이 대대(代代) 한국의 혈적(血敵)이 되어 일위상망(一葦相望)에 시선이 독주(毒注)하고 구세필보(救世必報)에 골원(骨怨)을 심각하여, 한국 사천재(四千載) 역사에 외국 내침자를 역수(曆數)하면 왜구 2자기 기호(幾乎) 십지팔구(十之八九)에 거히어 ⋯⋯11)

라고 하면서, 역대 왜구의 침략을 구체적으로 예거하면서 역사적 사실에 의탁하여 한반도를 무력으로 보호국화한 뒤 식민지화 기도를 획책하는 1900년대 초 일제의 침략적 마수(魔手)를 정면으로 비판하였다.

신채호는 이어서 역사상 일본과의 대외전에서 승리한 고구려 광개토왕(廣開土王)과 신라 태종, 고려시대의 김방경(金方慶)과 정지(鄭地), 조선시대 이순신의 위업을 열거하면서 특히 이순신을 임진왜란 때 해전에서 대일전(對日戰)을 승리로 이끈 탁월한 민족사적 영웅으로 높이 평가하였다. 그는 다시 이 책의 결론에서 충무공(忠武公)을 영국의 넬슨(乃利孫) 제독과 견주어 그 위대성을 평가한 다음, "오호라, 영웅의 명예는 항상 그 나라의 세력을 따라서 높고 낮음이로다"12)라고 하여, 충무공보다 넬슨이 세계적인 명성을 얻은 까닭을 막강한 군사력과 국력의 신장(伸張) 여하에 따라 평가되고 있기 때문임을 상기시켰다.

신채호는 계속하여 한글본 『수군의 제일 거룩한 인물 리슌신전』 「결론」에서 "대저 수군의 제일 유명한 사람이 있고 철갑선을 창조한 나라로 오늘날에 이르러 저 해군의 가장 강한 나라와 비교하기는 고사하고, 필경 나라라는 명색조차 없어질 지경에 빠졌으니……"13)라고 망국의 징후를 보이는 대한제국기의 심각한 나라 형편을 개탄하였다. 그리고 당시 국가의 존립이 위태로운 한말의 한심한 민족 현실과 고통 속에 헤매는 한국민의 일대 분발을 촉구하면서 "20세기 태평양에 둘째 이순신을 기다리자."고 하며 제국주의가 발호하는 해양시대를 맞아 외경력(外競力)을 갖춘 새로운 민족영웅의 출현을 대망하였다.

---

11) 국한문본 『수군제일위인 이순신전』 서론.
12) 한글본 『수군의 제일 거룩한 인물 리슌신전』 결론.
13) 앞의 책.

특히 신채호는 임진왜란이라는 7년전쟁기에 대(對)왜구 해전에서 연전연승(連戰連勝)을 거둔 이순신의 활약상과 전술에 주목하여 동서고금의 역대 인물들과 비교하여 충무공의 탁월함을 높이 평가하였다. 즉, 이 전기물 제19장「결론」부분에서 강감찬(姜邯贊)·정지(鄭地)·제갈량(諸葛亮)·한니발(漢尼拔) 등 동서고금의 인물들과 비교하여 무장 이순신의 뛰어난 애국심과 전술전략을 높이 평가하였다. 다만 1805년 프랑스·스페인 연합 함대를 트라팔가르 앞바다에서 격렬한 영국의 넬슨(乃利孫, Horatio Nelson, 1758~1805) 제독과 견줄만 하나 오히려 취약한 군비와 병력으로 해전을 승리로 이끈 명장 충무공의 전략전술과 사적이 크게 특기할 만하다고 강조하였다. 그리고 저자는 이『이순신전』이 널리 읽혀져 고통에 빠진 한국민들이 일대 분발하여 "형천극지(荊天棘地)를 답평(踏平)하며 고해난관(苦海難關)을" 극복할 수 있는 계기로 삼을 것을 간절히 희망하였다.

5. 국한문본『동국거걸 최도통(東國巨傑崔道統)』

국한문 혼용의『동국거걸 최도통』은 고려 말 원(元)·명(明) 교체기에 마지막까지 고려왕조의 영광을 위해 고군분투하다가 비운의 죽음을 맞은 무장 최영(崔瑩, 1316~1388)의 사적을 논설체로 서술한 미완의 역사전기물이다. 이 전기물은 급협산인(錦頰山人)이란 필명으로 대한매일신보(1909.12.5~1910.5.27)에 연재 발표된 민족사적 3걸의 영웅전 가운데 가장 마지막을 장식하는 작품이다. 이 영웅전기는 저자 신채호가 1910년 4월 조국을 탈출하여 해외망명을 단행함에 따라 미완으로 남고 말았다.

이 미완의 역사전기물은 모두 8장으로 구성되어 있는데, 그 차례는 다음과 같다.

제1장 서론, 제2장 최도통 이전의 아족(我族)과 외족(外族), 제3장 최도통의 전반생(前半生), 제4장 지나의 풍운(風雲)과 최도통의 북행, 제5장 최도통 북벌정책의 시착수(始着手)와 왕의 반복(反覆), 제6장 양(兩) 적국의 교침(交侵)과 최도통의 재기(再起), 제7장 양차(兩次) 홍건적란(紅巾賊亂)의 최도통, 제8장 최도통의 어몽고책(禦蒙古策).

신채호는 고려 말 급변하는 동아시아의 국제 환경과 새로운 혁명적 변화를 요구하는 국내 정세의 갈등 속에서 나라의 영광을 위해 북벌(北伐)을 꾀하고, 고려에 침입한 홍건적(紅巾賊)과 왜구를 정벌하는 등의 활약을 한 무장 최영의 생애와 활동상에 주목하였다. 그리고 간단없이 고려왕조를 위협하는 국내외 환경 속에서 70평생을 통해 고려왕조의 존립과 국위 선양을 위해 동정북벌(東征北伐)의 무장활동과 자주독립의 민족의식을 선양한 최영의 강용(强勇)·청렴한 인간상을 바람직한 영웅상으로 인식, 그의 업적과 활동상을 크게 찬양하였다.

신채호는 이 전기물 제1장 서론에서 고려 말 공민왕·우왕대에 침입이 잦던 왜구·홍건적·반란군 등을 토벌, 동정북벌의 애국적인 무장으로 명성이 드높던 최영을 "국가의 정신을 발휘하여 배외(拜外)의 완몽(頑夢)을 타파하고 아(我) 단군자손의 진면목"을 발휘한 거금 7백년간을 대표하는 역사적 위인으로 손꼽았다. 그는 『고려사』와 정도전(鄭道傳) 등이 최영의 북벌계획을 '효패(孝悖)'와 '광망(狂妄)'이라 폄하한 것을 노예두뇌의 소치라 크게 분개, 최영이야말로 부여족의 역사와 '고대 최명예적(最名譽的)의 역사'를 현양한 역사적 위인으로서 작금에 겪고 있는 '부여족의 고통'을 구원할 '절대거걸(絶對巨傑) 애국위인 최도통'이라고 최대의 찬사를 아끼지 않았다.14)

최영은 일생을 통해 애국적인 탁월한 무장으로 외침과 내란을 평정한
후 만년인 1388년(우왕 14) 관직이 수문하시중(守門下侍中)에 올랐다. 그
러나 신채호는 1374년(공민왕 23) 양광 전라 경상도 도통사(楊廣全羅慶
尙道都統使), 1377년(우왕 3) 육도도통사 · 삼사좌사(六道都統使三司左
使), 1380년 해도도통사(海道都統使), 1388년 팔도도통사(八道都統使)로
활약한 국가 보위를 위한 대내외 무장활동에 크게 역점을 두어 이 전기물
에도 '도통(都統)'이란 제호(題號)를 택해 쓴 것 같다.

특히 신채호는 고려 말 명나라가 철령위(鐵嶺衛)의 설치를 통고하며 북
변 일대를 요동에 귀속시키려 하자 최영이 요동 정벌을 계획하고 군사를
조발(調發)하여 8도도통사로 취임 활동한 사실에 각별한 관심을 기울인
것 같다. 최영이 우왕과 함께 평양에 가서 군사를 독려했으나 이성계(李
成桂) 등의 위화도 회군으로 요동 정벌이 좌절된 사실에 대해 신채호는
크게 애석해 마지않았다. 이성계 군이 개경에 난입하자 이에 최영은 소수
의 군사로 맞서 싸우다가 패전, 체포되어 공료죄(攻遼罪)로 참형당한 이
후 일반 민중들이 최영을 민속신앙의 대상으로 삼아 그 원혼(怨魂)을 기
리고 있는 사실도 신채호에게 크게 어필되었던 것 같다.

아무튼 최영은 고려의 사직을 보위하려는 구파 세력의 마지막 보루로
서 신흥사대부들이 후원하는 가운데 신진세력 이성계의 군벌(軍閥)과 대
결, 시종일관 고려왕조를 지키려 한 강용 · 청렴한 장군이었다. '금 보기를
돌같이 하라'는 그의 유명한 속설이 후세에까지 유전할 정도로 청렴 · 강직
했던 최영의 죽음과 함께 고려왕조도 종말을 고했으며, 그의 원혼은 후세
인들의 민속신앙의 대상으로 민중들의 뇌리 속에 계속 살아남게 되었다.

---

14) 『동국거걸 최도통』 제1장 서론 및 제2장 최도통 이전의 아족과 외족.

신채호는 이 미완의 전기물을 통해 최영이 살았던 고려 말의 사회를 "전국 인심이 부패비열의 극도에 달했던 시대"라 보고 애국적 열정과 신념으로 외침과 내란을 평정하는 데 헌신한 무장 최영의 사적을 역대 고려 왕조를 대표하는 탁월한 역사적 위인으로 평가하려 하였다. 당시 대한매일신보에 연재된 이 전기물은 1910년 4월 신채호의 해외망명으로 인해 고려 공민왕대 대몽(對蒙)정책과 대(對)홍건적·왜구정책에 골몰하는 최영과 정세운(鄭世雲)·승 현린(僧玄麟) 등에 관련된 내용을 담은 「제8장 최도통의 여몽 고책」(대한매일신보, 19105.27)을 끝으로 더 이상의 집필이나 신문 연재가 중단, 미완으로 끝나고 말았다.

이 미완의 역사전기는 앞서 집필 발표된 을지문덕·이순신 등의 전기물이 그러하듯이 역사적 사실에 기초하여 논설체로 서술되었다. 모두 8장으로 구성된 목차는 크게 서론부와 대내외의 역사적 상황에 대처하는 최영의 영웅적 활동과 사적을 평면적으로 서술한 부분으로 나눌 수 있다. 특히 고려 말 내우외환(內憂外患)의 국내외 정세, 곧 원명(元明)교체기라는 동아시아 국제질서 변화에 적극적으로 대응하려는 애국적 무장 최영의 활동을 서술하는 데 주력하였다. 특히 홍건적·왜구의 침입과 내란을 평정하는 가운데 대원(對元)·대명(對明)의 북벌계획을 수립하고, 이를 실천하려는 그의 군사 활동과 정치적 지도력, 그리고 구국영웅으로서의 고뇌·갈등 등이 강조되어 있다.

6. 역사전기물과 영웅사관

신채호가 역술서 『이태리건국삼걸전』 간행 이후 을지문덕·이순신·최영 등 역대 영웅들의 사적을 전기화하려 한 것은, 한국사에 대한 긍정적 시각과 자긍심에 기초하여 1900년대 초 민족·국가·역사자강사상을 고양시키려는 데 출발점을 두고 있다. 그리고 이 전기물들이 국민들 사이에 널리 읽혀 국권회복운동에 나설 한국민의 일대 분발과 용기를 촉구하고자 하는 애국계몽적인 의도가 짙게 담겨져 있는 것이다.

신채호가 역사적 사실을 토대로 을지문덕·이순신·최영 등 국민적 애국심의 표본으로 부각시킨 민족사적 3걸은 모두 국난 극복의 영웅들이다. 이들은 특히 대외투쟁에서 승리한 외경력(外競力)을 갖춘 무장들이라는 공통점 이외에도 한결같이 위기적 민족현실을 타개하고 반사대주의적인 자주독립의 민족의식을 선양·실천하려 한 인물이라는 점에서 그 두드러진 특성이 발견된다. 이는 일본·청국·러시아와 서구 제국주의 열강 등 외세의 침략으로 시달리던 19세기 말에서 20세기 초에 조성된 한말의 시대정세와 깊이 관련되어 있다. 특히 일제의 무력적 침략으로 조성된 위기의 시대에 국권 회복과 국운 개척을 위한 상징적 표본으로 구국의 영웅상을 대망하는 신채호의 애국적 염원과 자강론적 민족주의 사상을 그대로 반영한 것이다.15)

그런데 우리가 여기에서 검토하고 유념해야 할 점은 1900년 초 애국계몽운동기 이후 신채호의 민족주의 사학에 출발점이 된 역사전기물과 영웅사관의 관련 문제이다. 일찍이 신채호는 "영웅만이 역사를 창조한다"고 주장한 카알라일(Thomas Carlyle, 1795~1881)의 『영웅숭배론(원제 영웅 및 영웅숭배)』을 영문 원서로 읽을 만큼16) 역사의 중요성과 함께 영웅의 능력과 역사적 역할에 대하여 각별한 관심을 기울인 것 같다. 그는 민족사적 3걸의 역사전기를 집필 발표할 무렵,

15) 최홍규, 앞의 책, p.70.
16) 변영로, 「국수주의의 항성인 단재 신채호 선생」, 『개벽』, 1925. 8.

역사는 애국심의 원천이라. 고로 사필(史筆)이 강하여야 민족이 강

하고 사필이 무(武)하여야 민족이 무(武)하는 배이어늘……17)

하고 상무적(尙武的)인 강건한 역사인식의 필요성을 요청하면서 민족
과 역사는 불가분의 관계를 갖고 있음을 강하게 시사하였다. 그러한 신채
호의 발상은 을지문덕·이순신·최영 등 민족사적 3걸 모두가 역사상 대
외투쟁에서 승리한 애국적 무장이며, 각 전기물마다 그들의 영웅적 활동
이 크게 강조되는 데서 잘 드러난다. 역사의 주체로서 영웅에 대한 인식
은 앞의 역사전기물들에 집약적으로 형상화되어 있으며, 같은 시기 대한
매일신보에 발표된 「영웅과 세계」(1908), 「기회는 불가좌대」(1908), 「20
세기 신동국지영웅」(1909) 등 논설에 반복해서 강조되어 있다. 이미 국한
문판 『乙支文德』에서, "국가의 강약은 영웅의 유무에 있고, 장졸중과(將
卒衆寡)에 부재하도다"18)라고 역사주체로서 영웅의 존재와 역할에 주목
한 바 있었다.

또한 신채호는 한글판 『을지문덕』에서 "일국 강토는 그 나라 영웅이
몸을 바쳐서 위엄이 있게 한 것이며, 일국의 민족은 그 나라 영웅이 피를
흘려서 보호한 것이라"19) 하여, 민족의 선양(宣揚)과 강토(疆土)의 보존은
모두 영웅의 활약 여하에 있음을 상기시키면서, "지나간 영웅을 기록하여
장래의 영웅을 부르노라"20)고 국권회복운동에 진력할 구국의 영웅대망
론을 펼쳤다. 한국사의 영광을 실현하고 애국심이 투철한 영웅들에 대한
관심은 초기 신채호의 역사와 사회 주체에 대한 인식이 영웅사관(英雄史

---

17) 「許多古人之罪惡審判」, 대한매일신보, 1908. 8. 8.
18) 국한문판 『乙支文德』, 「제9장 수구의 성세와 을지문덕」.
19) 『을지문덕』 서론.
20) 앞의 책.

觀)에 기초하고 있음을 알려준다. 그의 영웅대망론은 당시의 일반 민중과 청년 학생들이 역사상 위대했던 영웅의 활동을 본받아 국민 모두가 각 분야에서 투사가 되어 참여하도록 그 분발을 촉구하려는 애국계몽적 발상이 내포된 것이었다.

같은 시기에 신채호는 애국계몽 논설에서

> 영웅이 기회를 조(造)하고 기회가 영웅을 산(産)하나니, 영웅과 기회는 호상대(互相待)하며 호상위용(互相爲用)하는 바로다. 수완(手腕)은 풍운(風雲)을 질타(叱咤)하고 일세를 뇌총(牢寵)하며 거적(巨敵)을 최(摧)하고 망국(亡國)도 흥(興)케 함이 시왈(是曰) 영웅이라.[21]

고 썼다. 신채호가 말하는 영웅은 시대추세에 대한 능동적 대응과 창조적 역량의 발휘를 통해 이루어지는 것이었다. 따라서 그에 의하면, 기회와 영웅은 불가분의 관계를 맺는다고 보았으며, 또한 망국도 부흥케 할 수 있는 탁월한 능력을 갖춘 존재이자 외경력을 갖춘 민족영웅이었다.

신채호는 또 다른 논설에서 "영웅자는 세계를 창조한 성신이며, 세계자(世界者)는 영웅의 활동하는 무대라"고 하여 영웅의 존재와 역할을 극대화하면서 "이 시대는 영웅의 분몌흥기(奮袂興起)할 때"라고 보았다.[22] 또, 20세기 초 현재의 국제 상황은 열국경쟁시대이므로 국가는

> 반드시 세계와 교섭하며 분투함으로써 세계 속에 독립을 얻을 수 있는 것이니, 그러므로 그 나라에 세계와 교섭할 영웅이 있어야 세계와 교섭할지며, 세계와 분투할 영웅이 있어야 세계와 분투하리니, 영

---

21) 「機會는 不可坐待」, 대한매일신보, 1908. 3. 29.
22) 「영웅과 세계」, 대한매일신보, 1908. 1. 4 ~ 5.

웅이 없고야 그 나라가 나라 됨을 어찌 얻으리오.23)

라 하고 세계(외국)와 교섭하고 외경력 있는 구국적 영웅의 역할과 그 출현을 갈망하였다. 여기에서 그가 말하는 영웅이란 일차적으로 을지문덕·연개소문(淵蓋蘇文)·케사르·한니발 등 세계사와 한국사를 통해 혁혁한 대외투쟁과 영토 확장전에서 전공을 세운 무장들만의 대명사로서 한정되는 것이 아니었다. 그보다는 종교가·정치가·실업가·문학가·철리가(哲理家)·미술가 등 각 분야의 걸출한 존재들로서 국운 개척에 헌신적인 역할과 위업을 남길 인물들을 지칭하였다.

신채호의 영웅대망론은 뒤에 「20세기 신동국지영웅(新東國之英雄)」24)이란 논설 속에서 한층 더 구체화되어 새 시대의 국민적 영웅상을 정립시키기에 이르렀다.

> 고금 수천재(數千載)에 인문(人文)이 대벽(大闢)하며 동서 6대주에 철혈(鐵血)이 분비(紛飛)하여 목하(目下) 기절괴절(奇絶怪絶) 장절참절(壯絶慘絶)의 20세기 대무대를 개(開)하고, 세계 풍운아의 연극을 시(試)할새, 강자는 상(賞)을 몽(蒙)하여 점점(點點) 영토를 양반구(兩班球)에 기치(基置)하며, 약자는 벌을 수(受)하여 애애도조(哀哀刀俎)에 재할(裁割)을 시공(是供)하나니 영웅 영웅 20세기 신동국 영웅이여.25)

이처럼 신채호는 자기의 시대를 약육강식(弱肉强食)·우승열패(優勝劣敗)의 사회진화론적 원리에 입각한 제국주의적 침략이 자행되는 시대로 보았다. 따라서 힘의 논리가 지배되는 국제질서 속에 살아남기 위해서는 자

---

23) 앞의 신문.
24) 대한매일신보, 1909. 8. 17 ~ 20.
25) 「20세기 신동국지영웅」

강론적 민족주의 사상 아래 외세의 도전에 대해 효과적인 응전을 수행할 영웅, 곧 국권을 회복하고 근대 국민국가를 세울 20세기 초 탁월하고 진취적인 능력을 지닌 한민족의 영웅상을 고대하였다. 그는 워싱턴·카부르·마찌니·크롬웰·비스마르크 등 서구 각국의 근대 영웅들과, 광개토대왕·연개소문·최영·이순신 등 민족사적 영웅들의 역할과 위업을 열거하면서 국가적 위기를 척결한 새 시대의 국민적 영웅상을 열렬히 대망하였다.

한편 신채호는 1909년 신민회(新民會)의 이론가로서의 활동과 더불어 근대 민족주의와 자유주의 사상, 입헌·공화의 국민주권사상 등 근대적인 정치의식이 성숙됨에 따라 사회와 역사의 주체로서 '신국민(新國民)'상을, 사상적으로는 시민적 민족주의를 지향하게 되었다. 그는 대논설 「20세기 신국민」(1910)에서 중고적(中古的) 영웅의 한계를 지적, 20세기 국가경쟁의 원동력은 한둘의 영웅에 있지 않고, 정치·종교·실업·무력(武力)·학술 등 사회 각 부문에서 활약하는 국민적 역량에 달려 있음을 상기시키면서 국민 각계각층의 대내외적 외경력의 발휘를 촉구하였다.

신채호는 그의 시대를 사회진화론적 천연(天演)의 공례(公例)에 기초한 국민의 외경력이 요청되는 시대로 보고, 한둘의 영웅이 국운을 좌우하던 중고시대와는 달리 20세기는 국민 모두가 각 분야에서 외경력을 발휘할 때임을 역설하였다. 따라서 애국계몽운동 초기에 부각시킨 영웅사관·영웅대망론이 군권시대(君權時代)의 역사인식에서 완전히 벗어나지 못했음을 보여 준 것이라면, 이후 그가 내세운 새 시대의 국민적 영웅상(英雄像)인 '신국민'은 양계초가 「신민설」에서 제안한 '신민(新民)'과 마찬가지로 자강력(自强力)과 입헌·공화의 국가사상을 가진 '유신(維新)한 국민'이었나.26) '신국민'이야말로 독립자존(獨立自存)의 기풍을 지닌 새로운 '국민'

을 의미하는 것이었으며, 장차 국권을 회복하고 근대 국민국가를 수립하는 데 역사와 사회의 주체로 인식되고 있음을 알 수 있다

(『단재신채호전집』제4권 해제, 독립기념관 한국독립운동사연구소, 2008.6).

---

26) 최홍규,『신채호의 민족주의사상』, 단재신채호선생기념사업회, 1983, pp.289~291.

제4장 정조시대의 수리시설 만년제 연구

Ⅰ. 만년제의 역사 · 자연환경 · 연구방법

1. 역사적 배경

정조시대에 조성된 수리관개 시설인 만년제(萬年堤)가 위치한 인근의 화성시 태안읍 화산(花山) 기슭 일대는 옛 수원의 읍치(邑治) 지역이다. 수원 읍치가 언제부터 그 일대에 자리 잡았는지는 알 수 없으나 기록상 확인되는 것은, 고려시대 이래 현 화성시 태안읍 송산리(조선후기 龍伏面 지역) 화산 고읍성(古邑城) 아래에 위치하면서 관내의 행정을 통할하였다.

이곳은 동남쪽 3킬로 지점에 독성산성(禿城山城)이 위치하여 군사적 요충지를 이루었고, 도호부(都護府) 관아의 여러 부속건물과 함께 고려 충렬왕 17년(1291)에 설립된 수원향교와 주변에는 동화역(同化驛, 현 화성시 봉담읍 동화리), 북동쪽 장족역(長足驛, 현 수원시 원천동), 남쪽에 청호역(靑好驛, 현 오산시 원동), 서쪽으로 남양부 지역에 해문구화역(海門仇火驛, 현 화성시 남양동 → 마도면 해문리) 등 역이 설치 운영되어 교통 또한 편리하였다. 조선 초까지 수원 고읍성(경기도기념물 제93호, 태안읍 기안리 산1)이 제 모습을 보존한 채 읍성으로 기능했음은 『세종실록』 지리지에서도 확인된다.[1]

---

1) 『세종실록』지리지 수원도호부 조에는 읍토성은 둘레 270보이고 그 안에 우물이 2

고려 후기 이제현(李齊賢)의 「운금루기(雲錦樓記)」2), 이색(李穡)의 「수원부객사지정기(水原府客舍池亭記)」, 「규헌기(葵軒記)」3), 조선 초 신숙주(申叔舟)의 「수원부동루기(水原府東樓記)」4), 그리고 성석린(成石璘)의 『독곡집(獨谷集)』의 시문 등 명현들의 글을 종합해 보면, 고려 말 이곳 동명은 숭교리(崇教里)였는데, 동헌·서헌·객사 관아 건물과 객사 동쪽에는 '운금루'라 불리는 아름다운 정자가 세워져 있었음을 알 수 있다. 이 정자 앞의 연못에는 연꽃이 만발하여 경치가 빼어났으며, 조선 초에 중수되었음도 확인된다.5)

신읍치로 옮기기 이전(정조 13년 7월 이전) 조선후기 구읍치의 상황을 기록한 『수원부읍지』에 의하면,6) 구읍치 시대 수원부의 공해(관아 건물)로는 객사·은약헌(隱若軒, 동헌)·어목헌(禦牧軒, 영조 26년 溫幸 때의 숙소)·강무당(講武堂) 등의 건물이 있었다. 여기에서 일명 애련당(愛蓮堂)이라고 불렸다는 어목헌은 바로 앞의 고려 말 명현의 시문 속에 등장하는 운금루일 가능성이 크다.

수원 읍치의 소재는 고려 말 숭교리에서 조선후기 용복면 등으로 지명의 변화가 있었을 뿐 부읍치로서의 위상이나 기능은 별다른 변화가 없었던 것으로 보인다. 그러나 18세기 말 정조 13년(1789) 풍수지리상 천하 명당터로 꼽히던 이곳으로 현륭원(顯隆園)을 천봉하면서 일대가 화소(火

개 있다고 하였다. 그러나 『신증동국여지승람』수원도호부 성곽 조에는 토성은 " 둘레가 4,035척이나, 지금은 모두 허물어졌다."라고 하여, 중기 이후에는 읍성으로서의 기능을 상실했음을 알 수 있다.
2) 『익재집』, 『익재난고』제6권.
3) 『동문선』제74권, 『신증동국여지승람』권9, 경기 수원도호부, 누정.
4) 『보한재집』, 권14.
5) 최홍규, 『조선시대지방사연구』, 일조각, 2001, p.96.
6) 『수원부읍지』공해, 최홍규 편 『수원·화성군읍지』, 국학자료원, 2001, p.62.

巢) 구역으로 설정, 수원부 읍치의 관아와 주위의 시설물, 민가들이 철거되어 현 수원시 팔달산 기슭으로 읍치를 옮긴 뒤 유수부(留守府)로 승격되고, 화성성역(華城城役)과 신도시 화성(華城)이 건설되는 등 대도회로 비약적인 발전을 거듭하게 되었다.

참고로 정조 13년 당시 옛 수원읍치 소재지인 용복면의 호구는, 『호구총수(戶口總數)』(1789)에는 가구 221호, 인구 676명으로 기록되어 있으며, 연기 미상의 『수원부읍지』에는 가구 221호, 인구 677명으로 나타나 있다. 그러나 보다 구체적이고 정확한 당시 구읍의 이주민호는 244호였음이 『수원하지초록(水原下旨抄錄)』에 기록되어 있다.7)

현재 만년제 주변 일대에는 장헌세자(莊獻世子)의 융릉(隆陵←현륭원)과 정조의 건릉(健陵, 융릉과 함께 사적 제206호), 용주사(龍珠寺, 태안읍 송산리 188)8) 등의 역사문화유산이 인근 수원시 소재의 유네스코 세계문화유산인 화성과 연계되어 문화관광자원으로 크게 주목을 받고 있다.

특히 만년제의 인근 서북쪽 화산 기슭에 위치한 융릉·건릉과 그 정남향에 위치한 안산·남산 중간지역 일대는 옛 수원의 민가들이 즐비하게 들어서 있던 읍내 지역이다. 오랜 역사시기를 통해 정조 13년 이읍 이전까지 옛 수원의 행정·생활·문화의 자취가 깃들어 있던 이곳이야말로 바로 '수원(水原)'이라는 고유 지명을 만들어낸 유서 깊은 역사의 현장이기도 하다.

---

7) 『수원하지초록』 2·3, 기유 7월 17일 및 19일, 최홍규, 『조선후기향촌사회연구』, 일조각, 2001, p.8.
8) 용주사 경내에는 현재 범종(국보 제 120호), 회양나무(천연기념물 제264호), 금동향로(도유형문화재 제11호), 청동향로(도유형문화재 제12호), 상량문(도유형문화재 제13호), 전적 수사본(도유형문화재 제14호), 병풍(도유형문화재 제15호), 대웅전 후불탱화(도유형문화재 제16호) 등 국가지정 및 지방문화재가 다수 소장되어 있다.

중국측 사서인『삼국지(三國志)』위지 동이전과『후한서(後漢書)』동이전 한(韓) 조에 보이는 부족국가시대인 마한(馬韓) 54국 가운데 '모수국(牟水國)'의 '牟水'와『삼국사기(三國史記)』에 기록된 삼국시대 고구려 지명인 '매홀군(買忽郡)'9)의 '買忽'이 공교롭게도 모두 물(水)과 관련되는 지명이라는 사실이 매우 주목된다. '牟水'란 소국명은 구전되어 오던 우리말을 한자 소리나 뜻을 따서 적은 이두식 표기이다. 이를 뜻으로 풀이하면 '보리·물'이다. 벌판을 뜻하는 '벌'의 옛 음과 먹는 '보리'의 옛 음은 유사성을 면치 못했던 것으로 보이는데, '볼>볼이>보리'의 음운변화를 상정한다면 이 '볼'과 벌판의 '벌'의 유사성은 쉽게 이해할 수 있을 것이다. 따라서 고어에서 '모수'는 대략 '벌물' 또는 '볼물'의 뜻을 이두식으로 표기한 것임이 분명하다고 하겠다.10)

또한 삼국시대 옛 수원의 지명으로 최초로 확인되는 '買忽'의 '買'는 수(水)·천(川)·정(井)의 대역으로 모두 '물'을 의미하는 것이다. 다음의 '忽'은 고구려식 지명에 '~谷(곡)'의 뜻으로 쓰인 접미사로서 '매홀'은 물골(水谷), 곧 '물이 많은 골짜기', '물 많은 고을'의 뜻을 지닌 지명임을 알 수 있다. 따라서 '물골' 또는 '물벌'의 뜻을 지닌11) 고구려의 매홀은 그 앞 시기 부족국가의 소국명인 모수(벌물)와 어순만 바뀌었을 뿐 그 뜻은 거의 일치하는 지명임을 알 수 있다.

이러한 고대국가시대의 지명들은 '물이 많은 벌판', '물 고을→물골'의 뜻을 지닌 오늘의 '水原'이란 지명과도 그 뜻이 일맥상통함은 결코 우연한 일이 아니다. 이것은 고대에 이 고장 일대에서 서해의 바닷물이 침식이 빈번했고, 수원 광교산에서 발원하여 현 오산시·화성시·평택시 지역을 통과하

---

9)『삼국사기』권 35, 잡지 4, 지리 2.

10)최홍규,『조선시대지방사연구』, p.81.

11) 신태현,『삼국사기 지리지의 연구』, 우종사, 1958, p.47.

여 서해로 유입되는 황구지천(黃口池[只]川)의 범람, 그리고 이 하천 유역에는 넓은 충적지를 형성하면서 비옥한 농경지가 펼쳐져 일찍부터 사람들이 모여 살면서 농경을 영위해온 터전임을 시사해 주는 것이라고 하겠다.

이와 같이 '수원'이란 군현명이 정착하게 된 배경에는 만년제가 위치한 인근의 옛 수원읍치 지역의 오랜 역사와 자연환경이 직·간접적으로 작용한 결과임을 간과해서는 안된다. 현재 동탄신도시 1·2지구, 송산그린시티, 발안·향남·태안 제3택지구 등 대규모 택지개발사업이 예정·진행되고 있는 화성시는 오는 2025년에는 계획인구가 135만 명으로 대폭 늘어날 전망이다.12) 따라서 현 화성시의 모태(母胎)인 옛 수원읍치 지역 일대를 '전통문화지구'로 지정, 역사·문화·생태환경이 어우러진 터전으로 계획개발할 때 교통의 근접성이나 역사·문화의 환경조건면에서 자연관광자원·문화관광자원 등을 두루 잘 갖춘 호조건의 '전통문화 시범지구'로 개발·육성할 필요성을 우리들 시대의 주요 과제로 남겨두고 있다.

2. 자연환경

1) 위치

수리관개 시설인 농업유적 만년제가 위치한 화성시 태안읍 안녕동 일대는 지리 좌표상 북위 37° 11′ 49″∼ 37° 12′ 11″, 동경 126° 59′ 41″∼ 127° 01′ 17″의 범위에 속해 있다(그림 1-1).

또 지적도상으로 그 위치를 보다 구체적으로 말한다면, 일제 식민시대 초기에 토지조사사업을 위해 작성된 것으로 보이는 1911년(명치 44)에 조사 편집된 지적을13) 기준으로 살펴보는 것이 이후 현대시기에 이르는

---

12)『조선일보』2007년 6월 6일자 기사 참조.

크게 변화된 지적보다는 그 원형을 유추하는 데 비교적 도움이 될 것 같다. 즉, 1911년 당시 폐쇄지적등본 수원군 안룡면 안녕리 도(圖) 40매 중 제25호 9필(筆)·제26호 12필·제27호 영필(零筆)에 의하면, 152번지 유지(溜地)와 동·서·남·북 4변의 151번지 각 호의 전(田)을 우선 1차로 포함시킬 수 있다. 그리고 풍부한 수계조건을 갖춘 인근의 토지, 즉 본 조사연구에서 방축수(防築藪)로 추정되는 남산 기슭의 146번지 8 유지와 그 한가운데 토사의 퇴적층으로 보이는 146번지 2 (畓), 그리고 146의 3·5·6·27의 답을 중심으로 그 상단 지역 146의 4·5·24·25·26·30·161 등 흔히 '만년골'로 불리는 일대의 유지와 답 지목들을 광범위하게 포함시켜 그 추정지역을 일단 상정해 볼 수 있을 것이다(그림 1-2).

한편 이 지역은 교통상으로 서해안고속도로·의왕-과천고속도로·고속전철로를 비롯한 각종 도로망이 통과하고, 만년제 주변에는 현재도 평택으로 연결되는 외곽도로를 건설 중에 있으며, 평택항·인천항·인천국제공항 등이 30~60km 이내에 위치하고 있다. 또한 동쪽으로는 경부선 철도와 현재 천안·선창이 종착역인 전철 노선의 병점역이 설치되어 있고, 여기에서 343번 지방도를 따라 약 4킬로 지점, 정남 방면과 갈라지는 융릉·건릉 쪽 신설 도로를 따라가다가 좌측변에 본 조사지역이 위치해 있다.

교통면에서 수도권의 전이와 확산에 용이한 이 지역은 북동방면으로 공사가 진행 중에 있는 태안 3택지 개발구역과 특허를 획득한 온천구역이 인접해 있으며, 동쪽으로는 동탄신도시 1지구와 2지구가 개발 중에 있다. 또 서남방면으로는 봉담·발안·향남지구에 주거 중심의 신도시들이 계획되고 있거나 건설이 진행 중에 있다.

---

13) 「수원군 안룡면 안녕리 폐쇄 지적도 등본」(1:500, 1:1000, 1:1200 축척), 1911년(명치 44) 참조.

2) 지형

만년제가 소재한 화성시와 주변 일대의 지역은 지형상 한반도 중앙부에 북동 방향으로 발달한 광주산맥의 서남단에 위치하며, 낮은 구릉들과 비교적 넓은 충적 평야를 형성하고 있으며, 지형윤회상 노년기에 해당하는 지형적 특성을 보이고 있다.[14] 이 지역의 지세는 광주산맥과 그 남쪽에 위치한 차령산맥 사이에 위치한 입지적 특성을 반영, 전체적으로 동고서저(東高西低)의 지형적 특징을 보여준다.

(1) 산계(山系)

이 지역의 산계는 동고서저의 양상을 나타내며 수준면은 최하 15m～최고 210m의 기복차를 나타낸다. 산계를 이루는 주룡은 대체로 남북 방향으로, 지룡은 북동 방향으로 발달하였다. 이 지역에 속하는 산지는 지질학적으로 선캠브리아기 경기변성암복합체에 속하는 편마암과 편암류를 기반으로 하는 것과 중생대 관입암류인 대보화강암을 기반으로 하는 것으로 대별된다.

현륭원·건릉의 외안산으로 금양(禁養)구역이었던 태봉산(223m)은 만년제에서 서쪽 가까이에 위치한 봉담읍과 정남면에 걸쳐 있는 소규모 구릉성 산지로서, 이 지역의 암석은 선캠브리아기의 호상편마암으로 이루어져 있다.[15] 현륭원과 건릉이 위치한 화산(108.2m) 기슭, 용주사 뒷산인 성황산(129m), 병점리와 능리 경계에 있는 구봉산(102.3m), 융릉·건릉 남쪽의 남산(122m), 봉담읍 분천리·동화리·왕림리에 걸친 홍법산(옛 洪

14) 한국자원연구소, 『경기도 화성군 태안읍 안녕리 일대의 만년제 복원을 위한 시추 및 지질환경 조사연구사업 보고서』, 1998, p.2.
15) 정갑식, 「제1절 자연지리」, 『화성시사』 I, 화성시사편찬위원회, 2005, p.7.

範山, 142m), 융릉·건릉의 동쪽 3킬로 지점 오산시 지역의 독성산성 (180.8m), 양산봉(180.8m), 노적봉(135.3m) 등은 모두 정조 13년(1789) 이후 순조 21년(1821)에 이르기까지 융릉과 건릉의 금양구역으로 설정된 내·외안산 지역에 속하는 산들이다.

   (2) 수계(水系)

   조사지역과 직·간접적으로 관련되는 대표적인 수계는 단층선의 변화와 일치하면서 수원시 광교산에 발원지를 둔 원천천(10.23㎞)과 수원천(14.45㎞), 그리고 수원시 서둔동 축만제의 물과 합수되어 흐르는 서호천(10.23㎞) 등은 대황교 부근 하류에서 황구지천(黃口池川)에 합류해서 서해로 흘러 들어간다. 이들 하천은 대부분 사행천(蛇行川)이며 흔히 세류로 분기했다가 다시 합류하는 변화를 보인다. 황구지천은 하천폭이 넓을 뿐만 아니라 그 유역 일대에 비교적 넓은 충적평야를 이루면서 주변에 비옥한 농경지를 형성시켜 놓았다.

   앞에서도 언급한 이 고장의 지명이 삼국시대 이전의 소국명이 '모수국(牟水國)', 고구려 지배하에서는 '매홀군(買忽郡)', 통일신라시대에는 '수성군(水城郡)', 그리고 고려시대에는 '수주(水州)' 등으로 지칭된 일련의 용례는, 모두 '물골', '물 많은 고장'이라는 수원(水源)이 풍부했던 이 고장의 자연조건에서 비롯된 것이다. 특히 조사지역에서 좌측으로 안녕리, 우측으로 돌곶이(石串里) 전면에 펼쳐진 너른 들판은 만년제 수축 이후 현대시기까지 흔히 '만년들'로 불려왔고, 이 지역은 수계상 모두 황구지천 주변의 충적평야지대의 일부분임을 상기할 필요가 있다. 고대와 중세시기에는 배가 드나들 만큼 이 하천의 수심이 깊었고, 폭 또한 넓었을 것으로 추정되며, 여름철 강우량이 많을 때마다 이 대하천은 자주 범람했다고 전해온다. 따라서 옛 수원읍치에서 불과 1.5킬로의 이격거리를 지닌 황구지천의 범람은 이 고장을 '물골'로 각인시켜, 행정명도 자연 '물'과 직접 관련되는 지명을 차용, 상징화시켰을 것으로 유추해 볼 수 있다.

조사지역 가까이 평야지대를 관통해서 흐르는 황구지천·오산천 등은 크게 서해로 유입되는 안성천수계에 속한다. 이 두 하천은 오늘날 국가하천임에도 불구하고 발원지와 유출구가 모두 타지역에 위치한 일종의 통과하천이다. 그 중에서 황구지천은 본래 광교산에서 발원, 상류인 수원시 지역에서 광교천·유천을 이루다가 대황교 부근에서 본류를 이룬다. 현재 황구지천은 하천연장 14.10㎞, 유로연장 16.20㎞, 유역면적은 148.09㎢로서 화성시 하천 현황 중에서 유역면적이 단연 크고 넓은 대하천이다.16) 이 하천으로 유입되는 만년제 주변의 수계 발원지로는 남산과 화산 기슭에서 흘러내리는 물이 능안천으로 유입되고, 성황산·홍법산(옛 홍범산)·태봉산 등지에서 발원하는 물들도 모두 황구지천으로 합류되는 지류하천의 발원지들이다.

수원천·원천천·서호천 등은 대황교 부근에서 황구지천의 본류를 이룬 후 태안읍·정남면·양감면을 경유, 남류하면서 넓은 평야지대를 열고, 양감면 정문리 부근에서 오산천을 합류한 진위천과 만나 서해로 유입된다. 홍수시에는 상습적인 범람으로 정남면 일대의 구간이 자주 침수되기도 하지만, 화성시의 최대 하천으로써 남쪽 평야지대의 젖줄 구실을 하고 있음은 특기할 점이다.

---

16) 앞의 책.

(3) 평야

조사지역의 앞뜰을 이루는 '만년들' 평야지대는 황구지천의 하천 연안을 따라 생성·발달한 전형적인 하성 퇴적평야이다. 이 퇴적평야의 농경지를 형성시킨 황구지천은, 상류로부터 수원시 평동·대황교 등 일대에 넓은 개활지를 열고, 화성시 태안읍 망포리·반정리·진안리·안녕리를 경유, 정남면 용수리·귀래리, 그리고 양감면 용소리로 이어지는 이 지역 최대의 평야지대를 형성케 하였다. 그리고 평택시 서탄면·오성면으로 이어져 평택평야를 전개시키는 등 황구지천 유역의 농경생활과 발전의 토대를 마련하였다.

3. 조사연구 목적

본래 이 학술조사 연구용역은 18세기 말 정조 22년(1798)에 축조된 관개수리시설 만년제(萬年堤)의 역사적 배경·실체·의의와 그 활용방안 연구에 초점을 두면서, 특히 향후 만년제 복원에 따른 문제점과 주변 도시 개발에 대한 영향과 상생 방안을 모색하는데 그 기본자료료 삼기 위해서 시도된 것이다. 조사 대상지역은 1996년 7월 22일 경기도 기념물 제 161호로 지정된 화성시 안녕동 152번지 일원과 그 이전부터 존재해 왔던 방축수(防築藪)·유문제언(留門堤堰)[17] 등과 관련되는 수리시설 유적지로 추정되기도 하는 안녕동 146번지 일대의 지역까지 포함시켜 진행하였다.

현재 경기도기념물 제161호로 지정된 만년제가 위치했던 것으로 추정

---

17) 『수원부읍지』(『여지도서』수록)의 제언 조에는 "유문제언 : 부의 남쪽 3리에 있다. 둘레 2,234척, 깊이 3척"이라 했고, 정조 15년에 편찬된 것으로 추정되는 『수원부읍지』제언 조에는 "유문 : 시봉면에 있다. 둘레 2,244척, 깊이 3척"으로 기재되어 있으며, 그 뒤 『화성지』(1831) 제언 조에는 유문제의 제언명이 보이지 않는다.

되는 안녕동 152번지와 그 주변은 1964년 2월 26일 문화재관리국에서 용주농지관리계에 토지를 불하했고, 용주농지관리계에서는 다시 1990년 3월 7일 이정섭 외 11인의 민간인에게 매각된 이후 사유지로써 전답 또는 주거용 가건물, 컨테이너 박스 등 불법 건축물이 설치되어 사용 중이다. 그밖에도 이 조사 대상지역과 그 주변은 잡종지로 축사·창고·대지 등 여러 토지소유자의 생활 터전으로 사용되고 있으며, 그 부근 일대는 쓰레기 더미, 공장의 폐수, 인근 축사의 분뇨, 주거지의 생활오수가 모이는 시궁창 등으로 남아 있어 한때 심한 악취와 함께 환경 오염의 주범이 되어 왔었다.

또한 만년제의 북쪽 제방(北堤)으로 추정되는 구역은 정조 말년에 현릉원 원행로로 이용되었으나 현재는 융릉·건릉 방면 도로 남쪽 1차선(약 4m)으로 편입 토지 수용되었고, 하수문이 설치된 동쪽 제방(東堤)은 현재 중외제약의 2차선 진입로(도로폭은 약 7~8m)로 편입사용 중에 있다.

만년제가 경기도기념물로 지정하게 된 배경은 이미 용주농지관리계에서 민간인들에게 매각된 지 1년 뒤인 1991년 3월 23일 주민 이은성 외 32인 연명으로 만년제 복원과 문화재 지정을 진정한 데서 비롯되었다. 이 안건은 1992년 5월 28일 도문화재위원회에서 제1차 심의 이후 4년이 흐른 뒤인 1996년 7월 11일 제7차 도문화재위원회에서는 당시 화성군 태안읍 안녕리 152번지 소재의 지목상 유지(溜池)로 되어 있는 23,451㎡를 경기도기념물 제 161호인 "만년제의 발굴 및 복원을 위한 의사결정에 과학적인 기본 자료를 제공"하고 위해 1998년 한국자원연구소가 학술용역을 경기도와 화성시로부터 수주 받아 그 조사연구를 담당 시행하였다. 한국자원연구소에서는 태안읍 안녕리 152번지 일대의 "지질조사·시추조사 및 시추코아 분석, 퇴적환경 등을 규명하기 위한 조사"를 시행한 후 그 결과물인 『경기도 화성군 태안읍 안녕리 일대의 만년제 복원을 위한 시추 및 지질환경 조사연구사업 보고서』(1998. 6)를 화성시와 경기도에 제출하기에 이르렀다.

그 뒤 2003년 5월 16일 도문화재위원회에서는 지정문호재 보호를 위해 안녕동 152번지 주변 20,851㎡를 문화재보호구역으로 다시 지정 설정하였다. 1996년 7월 국가에서 민간에게 불하한 사유지를 지방문화재로 지정한 후 재산권에 대한 각종 규제가 현실화되면서 큰 피해를 입게 된 것은 인근 주민과 토지소유자·사업자들이었다. 이들은 2003년 5월 문화재보호구역 설정을 계기로 그 동안 무책임한 태도로 일관한 관계기관에 대하여 2004년 11월 11일 '지방문화재 부당 지정과 관리의 소홀'로 인해 겪게 된 재산권 침해와 정신적 피해를 진정하면서 도기념물 해제를 청원하기에 이르렀다. 이는 개인의 사유지를 지방문화재로 지정해 놓은 뒤 토지수용과 사후 관리는 철저히 외면한 채 무책임하고 무성의한 태도를 일관해 온 화성시와 경기도의 문화행정정책에 크게 분개한 결과였다. 그러나 관련 주민들의 청원은 2005년 2월 한국자원연구소의 학술조사보고서를 근거로 제199회 임시 문화공보위원회에서 부결되었다.

그 후 인근 주민과 토지 소유자들은 개인의 사유지를 도기념물로 지정해 놓고 10여 년이 지나도록 해당 토지에 대한 아무런 수용대책이나 관리는 일체 외면하고 규제만 강화한 채 방치와 무관심 일변도로 일관해온 행정 당국의 무책임한 처사에 대해 큰 불만을 갖고 있었다. 그리고 지정된 문화재 주변이 흡사 쓰레기장화 되었음에도 아무런 대책을 강구하지 않은 무성의와 안일, 방만한 문화행정 담당자들의 태도에 크게 분개하였다. 이처럼 사유지를 지방문화재로 지정한 이후 각종 규제로 재산권 행사에 큰 피해와 정신적 고통을 겪고 있던 인근의 주민과 토지소유자들에게 아무런 토지수용 계획이나 사후 보존·보호의 대책을 마련하지 않은 채 재산권 행사에 규제만 강화하고 있는 것이 그동안 만년제와 그 주변에 대한 문화재 정책과 관리의 현주소였다. 그 결과 이미 수리시설로써의 기능이나 형상을 상실하고 문화재 보존대책이 전무한 상태에서 주민과 토지소유자들은 2006년 12월에서 2007년 4월에 걸쳐 도기념물 제161호의 복원계획에 대한 이의를 제기하고, 만년제의 문화재적 가치의 재평가, 복원방향과 현상 변경지침의 해제, 나아가서 도기념물 지정 해제 조치를 경기도와 화성시에 강력히 요구하면서 현재에 이르렀다.

따라서 본래 이 학술조사 연구용역은 도기념물로 지정한 후 아무런 보존·보호관리 조치를 취하지 않은 상태에서 끊임없이 제기되는 민원과 지방정부의 복원정비계획의 기본방향을 설정하는데 일말의 보탬이 되어야 한다는 데 유의하지 않으면 안되었다. 그 결과 지역주민과 지방정부의 입장을 함께 고려, 보다 조화로운 상생의 관점에서, 만년제의 역사적 배경·실체·의의에 대한 정확하고 객관적인 현장조사와 문헌사료의 예의 검토를 통해 수준높은 학술적인 결과물이 될 수 있도록 하는 데 그 조사연구의 기본목표와 방향을 설정하였다. 현재 극심하게 형상이 변화되고 그 기능 또한 상실된 수리시설로서의 만년제가 갖고 있는 구조적인 가치를 문헌자료를 통해 세밀하게 분석 파악하고, 수리시설로서의 기능상 필요충분조건이 되어주는 부근의 산계(山系)와 수계(水系)에 대해 철저한 현장조사를 아울러 병행하는 데 주력하였다.

특히 본 학술조사연구를 진행함에 있어서는 첫째, 이제까지 수리시설로서의 실감있는 그 모습이 드러나지 않은 만년제의 역사적·배경·의의를 보다 구조적으로 정확히 파악하고자 하였다. 특히 해당 원전사료에 대한 국역과 함께 이 사료를 토대로 만년제의 전체 모습을 구체적으로 정확히 파악하는 것이 향후 이 제언과 주변의 복원정비를 시행함에 있어서 그 기본자료로 활용해야 한다는 측면에 깊이 유념하였다.

둘째, 만년제와 그 주변의 현 실태를 면밀히 파악하기 위해서 20여 차에 걸친 현장조사와 주민들의 증언을 청취, 이를 참고하는 데 유념했고, 조사 대상물의 형상 뿐만 아니라 현대시기에 이르는 동안의 지도·지적의 변화와 현장의 모습이 어떻게 일치하고, 어떻게 변화되고, 다른 부분이 있는가를 대비 확인하는 데도 깊이 유의하였다.

무엇보다도 정조시대 금양지역으로 내·외안산의 역할을 하던 화산·성황산·태봉산·초봉·홍법산(옛 홍범산)·남산·안산·태봉산·독성산성·양산봉·노적봉 등을 현지답사, 산지의 형상과 수계(水系)의 상태·방향을 확인하고자 노력하였다. 특히 만년제의 유입하천이었던 능안천과 무시레방죽·만년저수지(일명 맨드리저수지), 만년골, 상·하 남산 기슭의 저습지에 위치한 남산공단 일대, 그리고 만년제의 앞뜰에서 황구지천에 이르는 '만년들'과 이 지역 가까이에 흐르는 대하천 황구지천의 물길과 농경지로 사용되는 주변 일대 퇴적평야의 실태에 대해 보다 정밀한 현장조사를 병행하였다.

셋째, 농업유적 만년제의 복원 시 문제점, 곧 조사대상지 주변의 주류하천과 지류하천, 저습지의 물길 상태와 인수할 수 있는 그 가능성 여부를 조사 확인하는 데도 주력하였다.

넷째, 농업이 국가의 기간산업이었던 18세기 말의 산업구조와 오늘의 상황과는 현격한 차이가 있고, 또 주변의 도시개발사업, 주거생활과 연결하여 현시점에서 수리시설로써의 기능이 완전 상실한 만년제에 대해 조화와 상생의 관점에서 그 활용방안을 다양한 측면에서 모색할 수 있도록 노력하였다.

4. 조사 경위와 연구 방법

본래 이 학술조사연구 과업은 2007년 3월 15일 발주자인 (주)원동방건설로부터 경기사학회가 용역을 수주, 당초에는 7월 말로 학술조사연구의 성과물을 내놓을 수 있도록 되어 있었다. 그러나 해당 조사지역인 만년제와 그 위치·기능·규모·운영 등에 대하여 지역주민과 일부 연구자들 사이에서 많은 이론(異論)이 제기되고, 수리시설로서 제언의 물길(水道)이 되어 주는 산계(山系)와 수계(水系)의 범위가 예상보다 늘어나 현장조사에 대한 품과 공력이 그만큼 더 많이 소요될 수밖에 없었다.

더욱이 수리시설로서 만년제 수축의 역사적 배경·의의·실체를 정확하게 밝히기 위해서는 한문으로 된 원전사료의 해득 능력이 필수여건이었으므로, 국역작업에도 예상외의 많은 시간이 소요되었다. 더욱이 본 학술조사 연구팀의 현장조사가 시작되던 늦봄에도 그러했지만, 우기(雨期)로 접어든 7월 이후에는 계속되는 장마와 무더위로 본의 아니게 본 과업의 조사 기일이 지체되고 자연 연구논문 작성에도 예상 외의 많은 기일이 소요되는 주요 원인이 되었다.

조사연구 결과물인 연구논문의 작성에 있어서도 현장조사와 문헌사료를 토대로 이를 면밀히 종합 검토해야 했으므로 보다 많은 품과 시간을 필요로 하였다. 이 학술조사연구 과업은 향후 만년제와 그 주변의 복원정비계획과 사업에 기초를 이루는 것은 말할 것도 없다. 따라서 본 학술용역의 담당자로서는 만년제의 역사적 실체에 대한 지식을 정확하고 정밀하게 파악하는 작업에 토대로 두어야 한다는 인식 아래 보다 신중하고 객관적인 접근을 필요로 하였다. 이에 더하여 조사지역이 18세기 말에 축조된 수리시설이었던 까닭에 그 시대 농업사 내지 수리사(水利史)에 대한 보다 전문적인 지식을 필요로 했고, 아울러 이 고장의 지방사에 대한 풍부한 식견과 연구경험이 만년제의 역사적 실체를 구조적으로 이해하는데 필수요건으로 인식되었다.

　그러한 조사연구의 기본방향을 토대로 18세기 말 정조시대에 수리시설 만년제를 축조하게 된 배경과 농업진흥정책을 전체사와 지방사가 어우러진 시각에서 그 전모를 파악, 논문으로 분석하고 부각시키는 데 품과 시간이 많이 들었고, 그 과정에서 학문적인 면에서 고뇌와 갈등 또한 컸다. 특히 문헌사료와 현장조사의 결과를 토대로 이제까지 밝혀지지 않았고 이 분야 연구에 소홀하고 미진했던 상당 부분의 역사적 사실들이 새로 밝혀지게 되었다. 만년제의 수축과 역사적 의의는 향후 이 수리시설물이 복원 정비되는 과정에서 많은 참고가 될 것으로 생각된다.

　이번 학술조사연구 과업을 수행함에 있어서 필자는 별건의 논문집에는 해당 조사연구 대상물에 직·간접적으로 관련된 원전사료들을 국역하고 이를 항목별·시대순으로 수록했다는 사실이다. 『일성록』·『정조실록』·『순조실록』은 물론 『홍재전서』·『원행정례』 등과 각종 의궤류와 읍지류, 개인의 기록물인 『화영일록』 등을 망라, '사료로 본 만년제'를 보다 정확히 체계있게 인식하는데 큰 도움과 참고가 되도록 유념하였다.

　한편 별건의 논문집에는 앞의 문헌사료와 함께 19세기 전반 만년제와 그 주변을 표시한 지도, 예컨대 「능원침내금양전도」와 이읍 이전의 18세기 초 구읍치와 주변 산세를 표시한 지도, 특히 일제 식민지시대인 1910년대 초 조선토지조사사업의 기본자료로 활용하기 위해 작성된 것으로 보이는 지도와 지적을 수록, 당시 만년제와 그 주변의 지형·수계·지목 등을 인식하는 데 큰 참고가 되리라 생각된다. 그리고 만년제와 그 주변을 나타낸 현대시기의 중요한 지도도 빠짐없이 수록했고, 역사상 지적부상의 효시를 이루는 일제 식민지시대의 지적과 지적도(폐쇄 지적도)를 비롯한 현대시기의 관련 지적을 함께 수록함으로써 '지도·지적을 통한 만년제와 그 주변'의 실체와 변화상을 체계있고 구조적으로 인식하는 데 큰 도움과 참고자료가 될 것이다.

이상의 본 학술연구 과업의 기본자료와 연구성과를 토대로 향후 만년제와 그 주변에 대한 복원 정비와 그 활용방안을 모색함으로써 그 동안 경기도기념물 제161호 만년제로 인해 야기되었던 지역주민과 화성시·경기도의 문화행정 담당자들간의 갈등, 주변 도시개발 사업의 활성화를 조화와 상생의 차원에서 모색해야 한다는 보다 사려깊고 발전적인 인식을 담으려고 하였다.

II. 만년제의 수축과 역사적 의의

I. 수축 전(前)단계 - 식목과 조경사업

만년제(萬年堤)는 정조의 생부 장헌세자(莊獻世子, 思悼世子)의 묘 현륭원(顯隆園)에서 남쪽 3리 지점[1], 원소(園所) 동구 능행로 왼편에 위치해 있으며, 정조 22년(1798)에 수축한 수리시설이다. 이 제언은 이읍(移邑) 후 신도시지역의 농업진흥을 위한 기반시설로 설치한 만석거(萬石渠, 정조 19)·축만제(祝萬堤, 정조 23)와 함께 정조시대 수원지방에 수축한 3대 제언의 하나이다.[2]

이 제언은 본래 이읍 이전 옛 수원부 읍치시대부터 화산(花山)·성황산(城隍山)·남산(南山) 기슭 일대 방축동(防築洞)을 경유, 능안천으로 흘러 합류하는 풍부한 수원(水源)을 바탕으로 수리저수시설로 존재했던 방축수(防築藪)를 보다 큰 규모로 개·수축한 것이다. 만년제는 화성성역(華城城役) 기간 중이던 정조 19년(1795) 신읍치 지역인 장안문 밖 저습지(低濕地)를 굴착하여 수리시설인 만석거(萬石渠)를 축조하고 대유둔(大有屯)을 설치, 가뭄에도 대성공을 거둠으로써 이에 고무된 정조의 명으로 계획 입

---

1) 『華城誌』堤堰 및 蹕路, 『水原郡邑誌』 제언.
2) 최홍규, 『조선후기향촌사회연구』, 일조각, 2001, p.127,142,164,213.

안되었다.3) 이 무렵 정조는 만석거와 대유둔을 설치한 직후 현륭원 동구 앞뜰에 펼쳐진 둔전과 민전의 농수 관개를 위해 보다 큰 규모의 수리시설을 구상한 듯하다. 즉, 정조는 을묘원행(乙卯園幸) 때인 정조 19년 윤2월 현륭원 참배를 위한 행차 길에 이미 이전부터 존재해 왔던 현륭원 동구에 위치한 '방축수(防築藪)'를 '만년제(萬年堤)'라 개명하고 그 표석을 원행로 주변에 입석할 것을 하교하였다.4)

이로써 본다면 정조 22년 2월 13일~4월 15일 만년제의 수축공사가 완공되기 이미 3년 전, 곧 만석거 축조 직후에 벌서 새로운 수리시설을 현륭원 원소 동구 앞에 개·수축하기로 구체화한 듯, "방축수를 만년제라 개명한 뒤 돌에 새겨 필로변(蹕路邊)에 세울 것"을 관련 신료들에게 이미 지시하고 있음을 알 수 있다. 정조 19년 현륭원 참배와 어머니 혜경궁 홍씨(惠慶宮洪氏)의 회갑연을 위해 신도시 화성에 행차한 정조는, 이 해 윤2월 12일 화성행궁을 출발하여 하유천(下柳川)-황교(皇橋)-옹봉(甕峯)-대황교(大皇橋)-유첨현(逌瞻峴)-유근교(逌覲橋)-만년제를 경유, 현륭원 참배길에 옛부터 존재해 왔던 원소 동구 앞의 수리시설의 중요성과 그 개명(방축수→만년제)을 하교할 만큼 비상한 관심을 나타냈던 것이다.5)

이듬해인 정조 20년(1796) 1월 21일 현륭원 친제를 행하던 길에 현륭원과 만년제 주변 일대의 식목사업을 점검하였다.6) 현륭원 식목은 천봉(遷奉) 직후인 정조 13년(1798) 10월에 그 첫번째 작업이 이루어진 이래 매년 봄과 가을에 걸쳐 국왕의 큰 관심 하에 대대적인 식목행사를 벌였다. 이때의 식목과 조경작업을 종식(種植)·보토(補土)·보사(補莎)·전토

---

3) 『정조실록』 22년 4월 신유.
4) 『원행을묘정리의궤』 권3, 移文, 을묘 윤2월 초1일.
5) 『일성록』 정조19년 윤2월 12일(갑오).
6) 『일성록』 정조20년 1월 21일(무진).

(塡土)·포전(鋪磚)작업과 병행했으며, 수종은 소나무(赤松)을 비롯하여 회목(檜木, 노송나무)·상수리나무·잡목 등과 나무 열매의 종식(種植), 진달래를 비롯한 화초류의 종식 등 다양하였다.[7]

예컨대 정조 14년 10월 하순을 기준으로, 가을 식목 공역에 참여한 읍민들은 수원부·광주부·남양부·용인현·양성현·과천현·안산군·진위현 등 8읍이 주류를 이루었고, 원관(園官)·수호군(守護軍)·차사원(差使員)·수원전민(水原廛民)·승군(僧軍)·식목감관 등 관련 관원과 군인·상인·승려들이 동원되었다. 이 당시 8읍과 관련 부서의 소나무 식목 주수는 수원부 14만 3,663주를 비롯하여 도합 45만 1508주가 식목되었다.[8]

현륭원의 식목·조경사업은 정조 13년 가을에서 정조 16년 봄까지 3년간 춘추로 모두 4차에 걸쳐 집중되었으며, 이후 식목·조경사업은 화소(火巢) 내에 집중되었으나 점차 금양(禁養)구역, 곧 내·외 안산(案山) 개념이 확대 강화됨에 따라 현륭원 남쪽의 남산(南山)·안산(案山)·만년제, 동북쪽의 성황산(城隍山)과 대황교동(大皇橋洞)·유첨현(逌瞻峴)·유근교(逌覲橋) 등 원행로 주변에 이르기까지 그 범위가 확대 시행하였다. 이 식목과 조경공사에는 수원부를 비롯한 인근 열읍의 8읍민이 주류를 이루는 가운데 각 읍 수령의 책임 하에 식목군이 동원되고, 그 수고와 성과에 따라 식목가·고가(雇價)가 지급되고 이에 상응한 상전이 베풀어졌다. 물론 이 사업에는 8읍민 이외에도 원관·수호군·차사원·식목감관·승군 등이 참여하고, 신읍치의 새로 설치된 시전 상인들까지 자발적으로 참여한 가운데 이루어졌다.

정조의 세심한 배려와 많은 인력이 투입한 가운데 현륭원의 화소 내외

---

7) 최홍규,『정조의 화성건설』, 일지사, 2001, pp.292~293.
8) 『水原下旨抄錄』2, 경술 10월 21일.

일대의 식목사업이 큰 성과를 거두자 정조 16년 그동안 수고로움이 많은 수원부와 인근 열읍민, 군·관민들에 대한 상전(賞典)을 공로에 따라 차등 있게 베풀 것을 하교하였다.9)

정조의 이들 민인들에 대한 배려는 단순히 상전의 시행으로만 그치지 않았다. 정조 17년에는 그동안 환곡의 납부를 감면하거나 물려주었던 광주·남양·안성·안산·용인·진위·시흥·과천 등의 고을과 수원부 임자년(정조 16) 몫 환곡을 탕감하는 추가 조치를 하도록 전교하였다.

> 경기 8읍에서 나무 심는 일로 해마다 백성들을 부렸는데, 수령에게는 수고에 보답하는 일을 대략 베풀었으나 백성들은 동일하게 보는 혜택을 입지 못하였다. 소중한 일을 위해 백성들을 부렸으니 당연히 감사하게 여기는 뜻을 보여주는 정사가 있어야 될 것이다. …… 8개 고을의 임자년 몫 환곡 으로 민간에 있는 것들을 특별히 받아들이지 말도록 하라.10)

정조 17년에 내려진 환곡 탕감조처의 전교는 현륭원과 원행로 일대의 식목 공역에 수고한 수원부와 인근 열읍의 민인들에 대한 반대급부로서 이루어진 조치였다. 뿐만 아니라 향후 계속될 식목사업에 민인들의 자발적인 참여를 유도하여 산림진흥정책을 꾀하려는 국왕의 사려깊은 의도가 담겨있는 것이었다.11) 정조 19년 윤 2월 을묘원행 때에도 현륭원을 수호하는 원속들에게 특별상전을 베풀었는데, 특히 숙수(熟手)·수호군·산직원역(山直員役)·식목감관 등 식목에 힘쓴 원속들에게도 그 공로에 따라 등급을 나누어 차등 있게 시상하였다.12)

---

9)『정조실록』16년 4월 임인.
10)『정조실록』17년 10월 무인.
11) 최홍규, 앞의 책, p.301.

정조 주도하의 식목·조경사업은 단순히 생부의 묘소를 잘 매만져 다듬는다거나 원침(園寢)이 있는 화산을 비롯하여 원근(遠近) 일대의 안산을 잘 가꿔 다스린다는 전통적인 치산(治産)의 차원에만 국한된 것이 아니었다. 물론 조림(造林)사업을 통해 산천을 잘 다스림으로써 홍수·사태·가뭄 등 자연재해를 방지하는 치산치수(治山治水)의 식목관, 능원(陵園)으로서 갖추어야 할 빼어난 자연경관을 조성하려는 것이 기본의도로 작용했을 것이다. 그러나 현륭원의 경우에는 이에 더하여 바로 천봉(遷奉) 때부터 참고하고 주목되어온 전통적인 풍수지리관이 크게 고려되었다. 음양오행설(陰陽五行說)에 기초하여 방위와 지형을 중시하는 이 감여(堪輿)의 설은, 일찍이 '또아리를 튼 용이 여의주(如意珠)를 희롱하는 것과 같은 형국(盤龍弄珠之形)'13) 또는 '여의주가 서로 마주보면서 하늘을 항햐는 형국(對珠向空之說)'14)을 지닌 최길지의 명당으로 알려진 화산 기슭 수원 구읍치 자리에 현륭원을 천봉하고 읍치를 옮기기에 이르렀다. 그리고 뒤에 정조의 사후 건릉(健陵)이 현륭원 서쪽에(처음에는 동쪽에 봉안되었으나 孝懿恣王后 사후 이장) 위치하기 전후까지 능원의 화소 경계가 더욱 확대되고 원근 일대에 걸쳐 내·외 안산(案山)의 개념이 생겨났다.

순조 21년(1821)에 편찬된 『건릉지(健陵誌)』의 「능원침내금양전도(陵園寢內禁養全圖)」는 현륭원과 건릉 능원침 내에서 나무와 풀을 베지 못하도록 규정한 그 경계가 광범위했음을 알 수 있다. 즉, 화소의 경계는 현륭원과 건릉을 중심으로 성황산·배양치·화산·초봉·고금산·사랑산·형제봉·홍범산·태봉산·봉조봉·상남산·하남산·관음동·노정봉·독성산성·양산봉·작현(유첨현) 등 외곽에 이르기까지15) 시대가 내려올수록 광

---

12) 『원행을묘정리의궤』 권1, 전교, 을묘 윤2월 12일.
13) 『정조실록』13년 7월 을미.
14) 앞의 책, 13년 7월 정유.

범위한 지역에 걸쳐 확대되어 있다. 이는 현륭원 천봉 당시보다 그 범위가 갈수록 한층 늘어나 풍수지리의 방위상 원근의 산이나 언덕을 이른바 내·외 안산으로 삼은 결과였으며, 이에 따라 식목과 조경사업의 범위도 크게 확대 시행하였다.

따라서 정조의 주도하에 현륭원 천봉 이후 말엽까지 매년 봄·가을로 추진된 능원 일대의 식목과 조경사업도 이러한 풍수적 관점이 많이 반영되었을 것이다. 자연지형과 방위에 하늘과 땅의 원리를 조화시키려는 전통적인 풍수설은, 읍치나 능원을 설치할 때도 그 풍수와 지세를 보고 빈 터에는 나무를 많이 심고 불쑥 나온 곳은 깎아서 그 기(氣)를 보강하려는 이른바 비보소(裨補所)의 의미는16) 식목과 조경의 전통적인 관행이기도 하였다.

식목과 조경사업에 대한 정조의 지대한 관심은 정조 21년에도 그대로 이어져 현륭원을 비롯하여 금양(禁養) 구역으로 내·외 안산 지역인 남산·안산·만년제·성황산·용주사·원행로 주변 등 화소 경계 안에 친임(親臨)하여 이전까지 시행된 식목과 조경상태를 점검하였다. 즉, 제8차 원행 때인 정조 20년 1월 21일, 왕은 만년제를 경유하여 현륭원에 친제를 올린 후 말을 타고 어정(御井) 측면-구암(龜巖)-옛 향교령(鄕校嶺)-고읍성 서문-홍범산(洪範山)-방축동(防築洞)-금당암(金唐巖) 수전촌(水田村)을 경유하여 봉주산(鳳珠山)에 올랐다. 이때 정조는 식목차사원(差使員) 장세환(張世紈) 등에게 백기(白旗)로 산을 두르게 하여 화소 구역 경계를 다시 정하였다. 왕은 경유지 마다 인근 구읍민들에게 부채·달력·모자를 나눠주고, 수원유수 조심태(趙心泰)·광주유수 서유린(徐有隣)·경기감사 김문순(金

---

15) 『건릉지』「능원침내금양전도」, 순조 21(1821).
16) 『經國大典 註解』後集 上, 戶典.

文淳)·수원관관 홍원섭(洪元燮)과 과천·안산·진위·시흥·양성·용인 등 각 읍 수령에게, "이곳은 바로 원소의 안산인데 왕왕 토피(土皮)가 탈락하고 심지어 산사태가 일어난 곳"도 있음을 지적, 식목과 패어진 곳의 수축공사를 최선을 다해 마칠 것을 당부하였다. 이날 왕은 아침도 들지 않은 상태에서 60여 리 여정을 마치고 용주사 전로를 경유, 성황산 암자 뒤 언덕에서 신료들과 저녁을 나눈 후 밤늦게 화성행궁에 돌아왔다.[17]

또한 제9차 원행 때인 정조 21년 1월 30일, 왕은 현륭원 참배 길에 올라 안녕리 전로에서 식목차사원, 화성 인근 각읍 수령들에게 화소 경계인 외남산의 식목상태를 물었다. 이어서 정조는 만년제에 도착, 좌측 산기슭에 흙이 벗겨지고 무너져 내린 곳에 보토(補土)할 것을 관련 신료들에게 직접 하교하고 있다. 친제 후 정조는 홍살문(紅箭門) 밖에서 말에 올라 만년제 둑 위-수유평(水由坪)-봉조봉(鳳朝峯) 중턱에서 말을 내려 주변 식목상황을 둘러보았다. 그리고 남산 외곽을 지나 서발현(西發峴)에 이르러 말에서 내려 잠시 휴식을 취하였다. 왕은 안성군수 조윤식(曹允植)에게 이 고개 일대의 식목은 어느 읍에서 담당했는가를 물었다. 이에 조윤식은 자신이 정조 15년(辛亥, 1791) 진위군수로 재임할 때 시행했음을 고했고, 이때 왕을 수행하던 화성유수 조심태는 이곳을 식목할 때 모래흙을 긁어 내고 보토(補土)한 뒤 소나무를 심었으나 아직 그 싹이 미미함을 고하였다. 정조는 잠시 후 말에 올라 만년제 아랫길을 거쳐 용주사의 뒷길로 성황산에 올랐다. 그리고 거기에 미리 마련한 어막(御幕)에서 수행한 신료들에게 음식을 베풀었다.[18]

한편 정조는 왕 21년 3월 24일 원소 주변 일대의 식목과 조경 공역에

---

17) 『일성록』정조 21년 1월 21일(무진).
18) 『일성록』정조 21년 1월 30일(무진).

참여, 공이 있는 자들에 대한 상전(賞典)을 베풀었다. 즉, 이해 봄 2월 29일에 시역(始役)하여 3월 19일에 필역(畢役)한 식목과 조경 공역에 참여한 주요 관련자들의 식목 주수와 구역, 식목대, 시상 내용 등을 요약하면 다음과 같다.[19]

① 원령(園令) 인솔 하에 참여한 수호군 50명, 안산지기 70명은 소나무 5만 4,794주를 식목하였다. 그 경계는 택계현(宅溪峴) 서남변, 만년제 위 용주사 3거리, 내청룡 중간 허리 내변에서 제3청룡 하단, 문시랑(文侍郎) 뒷기슭 좌우, 중남산·하남산 내변 하단에 이르렀다. 버드나무 75주, 유근교 서변길 좌우에 2칸씩 띄어 보식(補植)하였다.

김이규(金履珪)·조용진(趙用鎭)에게는 서품(叙品)을 올리고 장용위절충(壯勇衛折衝) 이진국(李珍國)은 변장(邊將) 제수, 임백춘(林百春)에게는 왕실 동개 1부와 군복을 내렸다. 수호군 50명과 안산지기 70명 등에게는 포·목과 쌀을 내렸다.

② 차사원 가덕첨사(加德僉使) 장세환(張世紈)은 소나무 3만 3,783주, 버드나무 2,746주, 잡목 850주를 식목하였다. 소나무 3만 2,410주는 그 경계가 성황산 주봉(主峰)에서 안룡촌(安龍村) 서변, 장승(張栍), 택계현 보토처에 이르렀다. 유첨교 축동 제1거에 길이 293보, 넓이 4보에 잔디를 깔고 소나무 803주, 버드나무 1,546주를 심었고 제2처에는 길이 276보, 넓이 4보에 잔디를 깔고 소나무 110주를 심었다.

식목을 감독한 지곡관 절충 천규석(千圭錫, 5년 근속)은 왕실 동개 1부와 쌀 1석, 그 외 36인에게는 관직의 서용과 포·목을 각각 차등있게 시상하였다.

승군(僧軍)들은 소나무 2만 9,983주를 식목했고, 그 경계는 택계현 중

---

19) 앞의 책, 정조 21년 3월 24일(갑자).

단 동변, 용주사 3거리 위 동변에서 서변에 이르렀다.

식목을 감독한 지곡관(知穀官) 가선대부 최명철(崔命喆)을 비롯하여 감관 3인, 총섭승(總攝僧) 정헌 철학(正憲哲學), 전총섭 가의 사일(嘉義獅馹) 외 11인의 승려들에게도 포·목·호추·쌀 등을 차등있게 내렸다.

③ 광주판관(廣州判官)은 토양 보축(補築) 길이 509보, 넓이 5보, 소나무 5만 5,198주, 버드나무 900주를 방천(防川) 53곳에 말목(抹木) 870개를 박았다. 그 경계는 새로 정한 화소 광주부 식목 경계인 와우현(臥牛峴)에서 서지촌(西池村) 뒷기슭, 화산 서변에서 과천현 식목 토지 경계인 초봉(草峰) 하단까지이다. 판관 김이호(金履鎬), 식목감독 패장, 서리 등에게도 자급의 승진과 포·목·모자·부채 등을 내렸다.

④ 안성군수는 소나무 1만 1,100주를 식목했는데, 그 경계는 성황산 외 청룡 상단에서 가운데 허리, 성황산 내 청룡(靑龍) 하단 내변까지이다. 토양 보축과 잔디를 깔았는데, 위쪽 길이 10보, 가운데 길이 14보, 아래 길이 12보, 넓이 120보, 말목(抹木) 3,568개, 가마니 2,743장이었다.

노량별장(鷺梁別將) 황수해(黃壽海)는 왕실 동개 1부, 안성 전동지(前同知) 안진복(安鎭福)은 서울 교외 기읍(畿邑)의 변장(邊將)으로 대기하고, 색리 이항순(李恒順)은 자급 추가, 교리 16인에게는 목 1필, 쌀 3두씩을 내렸다.

⑤ 독성모민(禿城募民)들은 본성 북문 밖에 소나무 3,537주를 식목하였다. 식목 감독 가선대부 김천일(金千鎰)에게는 목 1필을 외영에서 지급케 하였다.

⑥ 왕실에서 내린 도토리 8석, 재실 도토리 62석 7두, 차사원 도토리 12석, 안성군 도토리 412석 7두, 용주사 도토리 10석, 화성 솔씨 2석, 영암군 솔씨 6두를 파종하였다. 그 경계는 제3청룡 동변, 용주사 3거리, 고읍성

서변 내외, 잔도현(棧道峴) 서남변, 택계 동서변, 돌곶이 내외, 문시장 동남변, 하남산 내변, 와우현·초봉(草峰)·성황산 내외·산성 서북 기슭·안녕촌 뒷기슭이다.

여러 곳의 원군·승군·모군·광주군·안성군·산성모민 및 군인 파종 때의 쌀 52석 2두 6승(升), 원군·승군·산성모군 양미(糧米) 전 575냥 8전 3푼, 모군 고가(雇價)·식목 교졸 양료(糧料). 도합 소나무 18만 8,395주, 버드나무 3,721주, 잡목 850주, 말목 4,438개, 가마니2,743짝, 도토리 504석 14두, 솔씨 2석 6두.

고(故) 오위장 최경(崔曔)의 아들 한량 동기(東耆)는 밤나무 5,017주, 목 1필, 왕실 동개 1부를 내리고, 평창인 송필수(宋弼守)는 잣나무 3,000주, 북한인(北漢人) 김계원(金啓元) 회목 360주의 구입 가격은 후급(厚給)하고 당사자는 각별히 시상케 하였다. 그 밖에 원령·자원모군·훈련도감군·장용영군인·어영청군·원속·사환인(使喚人) 등 식목에 공이 있는 자들에게 승진·채용·자급 추가·목 등을 차등있게 시상하였다.

이후 현륭원 화소의 경계구역이 재조정되고 확대됨에 따라 식목과 보축 등 조경사업도 매년 봄·가을 2회에 걸쳐 광범위한 지역에 이르기까지 끊임없이 계속되었다. 이는 앞에서 언급한 대로 첫째, 치산치수(治山治水)의 차원에서 홍수·사태·한발 등 자연재해를 미연에 방지하고, 둘째 자연경관을 돋보이게 하고, 셋째 풍수와 지세를 보고 빈터에는 나무를 많이 심어 그 기(氣)를 보강함으로써 금양(禁養) 구역이 풍수상 '감여(堪輿)의 이치'에 조응한다는 비보소(裨補所)로서의 의미가 짙게 반영된 결과라고 할 수 있다.

한편 제언으로 개·보축되기 이전 만년제 제방(堤防) 위에 잔디를 깔고 소나무 110주를 식목한 것은 정조 21년 3월 하순의 일이었다. 이때까지는 만년제 수축에 대한 별다른 구체적인 구상이나 계획이 수립되지 않았던 듯, 수리시설로서의 만년제를 현상 그대로 활용 유지하기 위해 잔디를 입히고 소나무 식목을 통해 보강하려는 선에서 자족하려는 의도를 드러내고 있다. 다만 이 제언이 원소 동구(洞口) 원행로 주변에 위치하여 부분적으로 식목과 조경을 통해 원행로로서 자연경관을 돋보이게 가꾸려는 현실적인 판단에서 잔디와 소나무를 심었던 것으로 유추해 볼 수 있다. 이러한 사실은 이 시기 표석을 세웠을 뿐 정조와 관련 신료들 사이에서 제언을 설치·수축하는 데 대한 별다른 논의가 없었던 정황과 그대로 부합되고 있다.

2. 수축에 대한 논의

사료상 '만년제'란 제언명이 처음 등장하는 것은, 정조의 제7차 현륭원 원행 때 창덕궁 출발 날짜인 정조 19년(1795) 윤2월 12일보다 11일 이전인 윤2월 1일의 일이다. 이때 경기감영과 수원부 보고에 따르면, 원행을 앞두고 원행로와 그 주변의 지명이 새로운 지명으로 개명된 것으로 나타난다.[20] 그 실례를 살펴보면 다음과 같다.

> 1) 경기도 경내의 원행로 지명 … 소사현(素沙峴)→만안현(萬安峴), 사근천(沙斤川)→사근평(肆覲坪), 일용현(一用峴)→일용현(日用峴), 사근현(沙覲峴)→미륵현(彌勒峴)
> 2) 화성부 경내의 원행로 지명 … 소황교(小黃橋)→황교(皇橋), 매산교(梅山橋)→매교(梅 橋), 삼거리점막(三巨里店幕)→상류천점막(上柳川店幕), 독봉(獨峯)→옹봉(甕峯), 황교(黃橋)→대황교(大皇橋), 작현

---

20) 『원행을묘정리의궤』권3, 移文, 을묘 윤2월 최일 및 최홍규, 『정조의 화성경영연구』, 일지사, 2005, pp.63~64.

(鵲峴)→유첨현(逌瞻峴), 사성교(士成橋)→유근교(逌覲橋), 방축수(防築藪)→만년제(萬年堤) 등.

정조의 제7차 현륭원 원행(을묘원행)은 이읍으로 신도시의 질서와 분위기가 안정되고, 또 국력을 기울여 건설한 화성성역이 거의 마무리 단계에 이른 시기에 시행되었다. 이때 6차까지의 원행로로 이용되던 기존의 과천로 대신 신작로로 개설된 시흥로를 통해 회갑을 맞은 어머니 혜경궁(惠慶宮)을 모시고 떠나는 원행이었으므로 매우 뜻깊고 특별한 의미를 지니는 행사가 되었다. 어가행렬 또한 규모가 전례없이 크고 매우 장엄한 위용을 갖추었을 뿐만 아니라 왕실·신료·민인들이 어우러진 회갑연을 비롯한 여러 가지 대민(對民) 행사가 계획·시행되었다.[21]

그러한 뜻에서 원행로 주변의 지명들도 왕실의 이러한 정황들을 반영하여 새로운 의미와 품격이 담긴 지명으로 바꿔 부르게 했는데, 특히 장헌세자의 묘가 있는 현륭원 부근의 지명들이 상당 부분 개명되었다. 구읍치시대부터 현륭원 동구 앞 원행로 주변의 수리저수시설로 존재해 왔던 '방축수(防築藪)'를 '만년제(萬年堤)'로 개명된 것도 이때의 일이었다.

'만년제'란 이름이 가장 앞서 나타나는 것은 정조 19년 윤2월 초1일 『원행을묘정리의궤(園幸乙卯整理儀軌)』와 『화성지(華城誌)』의 다음과 같은 기록이다.

> 방축수를 만년제로 고쳐 돌에 새겨 길 옆에 세우게 했으며, 이 칭호를 수원부지(水原府誌)에 기재하는 것이 마땅하다고 지시하였다(防築藪之爲萬年堤刻石竪立於路傍使之以此稱號載之府誌宜當水原府).[22]

---

21) 최홍규, 앞의 책, p.58.
22) 『원행을묘정리의궤』권3, 이문, 을묘 윤2월초 1일.

유근교로부터 몇 리 떨어진 길 남쪽에 표석이 있는데 만년제라고 새겨져 있다. 처음 이름은 방축수인데 을묘년(정조 19)에 이름을 고칠 것을 명(命)하였다.(自逌觀橋數里許路南有標石刻萬年堤初名防築藪乙卯改命名).[23]

이 두 문헌의 기록들은 현륭원을 천봉하고, 읍치를 옮겨 신도시를 건설하기 훨씬 이전인 구읍치시대부터 이미 인근 일대의 논에 농업용수를 관개하던 '방축수'가 제한적이지만 수리저수시설로서의 기능을 갖고 있었음을 의미한다. 그러나 이 무렵의 방축수는 뒤에서 보다 분석적으로 언급되겠지만 수계상(水系上)으로 인공적인 저수지라기보다는 풍부한 수원(水源)을 가진 산기슭의 자연지형조건을 갖춘 저수공간으로써의 형상에 가까운 수리시설이었을 것으로 추측된다.

옛부터 수리 저수공간으로 기능하고 그 이름이 불려왔던 '防築藪'의 '藪'는 마을이나 민가, 들판으로부터 멀리 떨어져 후미진 산골짜기에 위치하는 산곡형(山谷形) 제언임을 말해준다. 먼저 사전적 정의를 살펴보자면, 어원상으로 이 수(藪)의 용례에는 다음의 두 가지 의미가 있다.

① 수풀 '수'자로서, 수풀이 첩첩이 우거진 숲(林藪)을 뜻한다. 『산림(山林)』에는 "산림이 우거진 골짜기 수풀로 사람이 살지 않거나 인적이 미치니 않는 곳((山林麓藪 非人所處)"이며, 『북사(北史)』에는 "마침내 체포하려 하자 깊은 숲속으로 도망하였다(遂爲逋逃之藪)"라고 썼다. 또 『잠방생(嵁方生)』에는 "조정에서 벼슬를 버리고 숲이 우거진 전원으로 돌아갔다(辭朝歸藪)"는 용례에서 보듯이, 세속으로부터 등을 돌린 처사(處士)가 은거하는 시골을 의미하기도 하였다.

② 늪 '수'자로서, 『주례(周禮)』에는 어류(魚類)·조수(鳥獸) 등이 많이

---

23) 『화성지』권2, 躔路.

모이며 초목이 빽빽이 우거져 이들 생물들이 살기 좋은 습지(藪牧養藩鳥獸)라고 그 용례가 보인다.

위의 두 가지 용례의 의미 중 '防築藪'의 '藪'는 당연히 ②의 의미를 갖고 있는 저수 공간이며, '수택(藪澤)', 곧 깊고 후미진 산골짜기를 배경으로 초목이 무성하거나 어류·동물이 많이 번식하는 넓은 습지로서의 이미지를 내포한 수리시설임을 쉽게 간파할 수 있을 것이다. 따라서 편벽되고 후미진 산골짜기에 위치한 '防築藪'를 '萬年堤'로 개명한 것은, 오랜 세월이 흐르기까지 변함없이 농업용수로서 많은 민생에게 큰 도움을 주겠다는 통치자로서의 의도와 기원을 담아 그 이름을 바꿨을 것으로 추측된다. 정조의 이러한 뜻과 염원은 이 시기 신도시의 농업진흥을 위한 수리시설로 수축한 만석거(萬石渠)와 축만제(祝萬堤) 또한 모두 '萬'자를 넣어 만년토록 오랜 세월이 흐르기까지 많은 사람들에게 도움을 주겠다는 뜻에서 제언명을 붙여 쓴 데에도 그대로 나타나 있다.

아무튼 이 개칭된 수리시설 '만년제'란 이름을 널리 알리고 어머니 혜경궁의 회갑을 기념한다는 뜻에서 그 표석이 세워지기까지에는 이로부터 1년 3개월이 흐른 뒤의 일이었다. 즉, 정조가 왕 20년 1월 21일~24일 제8차 현륭원 원행을 끝내고 돌아간 직후인 그해 2월 2일 만년제를 비롯한 만석거·대황교·유첨현·유근교 등 개명된 18곳의 지명에 대해 표석 설치의 필요성을 보고했고[24], 3개월 뒤인 5월 10일에는 그중 필요성이 덜한 2곳을 제외한 16곳에 이미 표석이 세워졌음이 보고되었다.[25] 따라서 만년제의 표석 또한 정조 20년 5월 10일 이전에 이미 입석되었음을 확인

---

24) 『화성성역의궤』부편 2, 來關, 병진 2월 초3일.
25) 앞의 책, 부편 2, 이문, 병진 5월 초10일.

할 수 있다. 현 안녕동 152번지 옆 원행로 좌측에 세워져 있던 '萬年堤'라고 씌어진 표석은 웅혼 활달한 서체로 석각되어 정조시대의 힘찬 기상을 엿볼 수 있었으나, 이 표석은 1980년대 중반 무렵 인위적으로 한때 땅속에 매몰시켰던 것을 발굴, 현재는 화성시에서 보관하고 있다.

한편 만년제 수축에 대한 정조의 관심과 관련 신료들의 건의가 보다 구체화된 것은 제10차 현륭원 원행을 2개월 앞둔 정조 21년(1797) 6월 21일의 일이었다. 정조 21년은 장헌세자의 탄신일인 1월 21일에 맞춰 제9차 원행을 춘행(春幸)으로 거행한 바 있고, 이해는 예외적으로 관례에서 벗어나 8월 추행(秋幸)이 계획되고 있었다. 정조는 6월 21일 화성유수 조심태(趙心泰)를 소견(召見)한 자리에서, 화성 경내의 제언 중 막힌 곳은 가을을 기다려 소착·준설하고 만년제 수축을 담당할 부역 군정들에게 양미(糧米)를 특별히 지급할 것을 명하였다.[26]

이 자리에서 화성유수 조심태는 만년제 수축의 필요성을 품의하고 정조의 동의를 얻어내고 있다.

제언을 설치·축조하는 일은 근본을 힘쓰는 데서 나온 것인데, 근년 이래로 막힌 것이 많고 수리의 이익을 입는 것이 매우 적습니다. 금년 봄으로 말하자면 몇 달 동안 가물어서 하늘을 보고 한탄할 뿐이었으나 본부의 북성(장안문) 밖 만석거에 물을 저장하여 1백 석락지기 큰 들판에 관개의 이익이 컸습니다. 이로 미루어 보건대, 경내에 소재한 제언 중 막힌 것을 한결같이 소통·준설함으로써 가을·겨울 동안 물을 저장했다가 봄·여름에 이익을 얻는 방도를 삼는 것이 실질에 힘씀에 진실로 합당합니다. 그런데 이미 중민(衆民)들이 몽리(蒙利)에 관계되므로 민력(民力)을 빌려 쓰는 것이 마땅합니다. 각각 그 부근 면리에 따라 가을 이후를 기다려 소통·굴착하여 물을 저장토록 한다면 충분

---

26) 『일성록』정조 21년 6월 21일(경인).

이 권농의 큰 정치가 될 수 있을 것입니다.

또한 보고하기를,

 ……만년제는 원소의 동구에 위치해 있어서 보통의 제언과는 비할
바 아닙니다. 제언 아래 논 또한 적지 않아 그 소통·준설과 저수하는
일은 조금도 지체할 수 없습니다. 호미 제초작업이 좀 뜸해진 다음 수
확이 막 시작되기 전을 기다려, 부근의 민정(民丁)으로 둔답(屯畓) 경
작자와 현륭원 소속 승도(僧徒)로 하여금 날짜를 배정하여 공사를 하
도록 하되 마땅히 특별 우대하는 방도를 마련해야 합니다. 공사가 끝
날 때까지 1인당 매일 2승(升)의 양미(糧米)를 지급하는 것이 사리에
맞을 듯합니다. 이것으로 세부 조목을 세워서 거행하기를 청합니다.

라고 주청하자 역시 정조가 조심태의 의견에 따랐다.

 이로써 미루어 본다면, 정조 19년 만석거 소착과 대유둔(大有屯) 개간
때도 그러했지만, 만년제의 수축공사가 계획 사행되기까지에는 조심태의
구체적인 견해가 정조에 의해 그대로 수렴·수용되고 있음을 확인할 수
있다. 제언 수축에 대한 조심태의 의견은, 첫째 선행한 만석거의 축조를
100석락지기 큰 평야의 논을 몽리할 만큼 그 이익과 효과가 있었고, 둘째
수축시기는 농번기를 피해 가을 이후 농한기를 활용하고, 셋째 만년제는
특히 원소의 동구에 위치한 데다가 제언 아래 적지 않은 논이 펼쳐져 있
어 수축과 저수하는 일을 지체없이 시행해야 하고, 넷째 공사를 담당할
인력은, 부근의 민정 중 둔답 경작자와 원속 승군들을 우선적으로 활용하
되 매일 1인당 양미 2되를 지급해야 한다는 것으로 요약할 수 있다.

 이로부터 두 달 후인 정조 21년 8월 17일, 왕은 1월 춘행에 이어 이례적
으로 제10차 원행인 8월 추행을 행하였다. 정조는 현륭원 참배길에 만년

제 주변에서 수레를 멈추고 "이 못(池)을 소착(疏鑿)하여 물을 저장한다면 관개의 이익을 바라봄이 크지 않겠는가" 하고 장용내·외사 등에게 하문하였다.

장용외사 서유린[27]은 "비단 민인들이 관개의 이익을 입을 뿐만 아니라 이곳은 원소의 수구(水□)이므로 또한 감여(堪輿)의 이치에 부합할 듯하다"고 답하자, 정조는 다시 "주변 둘레가 얼마나 되는가" 물었다. 이에 장용내사(御將) 조심태[28]가 "800여 척이 되니 부평의 두등동(斗登垌)에 못지않음을" 고하였다. 이때 『일성록』기사에 제언 아닌 '池邊', '池' 등으로 표현하고 있는 것으로 미루어, 이때까지의 만년제는 제언급의 수리시설이라기보다는 방축수 당시부터 그 규모가 크지 않고 저수 기능 또한 떨어지는 '못(池)' 또는 '지당(池塘)'의 규모와 형상으로 존재했던 것으로 추측된다.

헌데 앞의 서유린의 발언에서 주목되는 것은 첫째, 수리시설로써 기능 면에서 민인들에게 관개의 이익을 주고, 둘째 원소의 수구에 위치하여 '감여의 이치에도 부합'한다는 견해이다. 만년제에 대해 제언으로서의 수리 기능을 예거한 것은 이 무렵 정조가 농업진흥의 제1요건으로 강조한 '흥수공(興水功)'에 우선적으로 부합되고, 더욱이 선친의 묘역인 현륭원과 풍수적으로 감응되는 가까운 곳에 '원소의 수구'로서 제언을 수축한다는

---

27) 徐有隣(1738~1802)은 정조 21년(1797) 7월 한성판윤에서 화성유수(壯勇外使 겸직)에 特除되어 정조 24년(1800) 上陵都監 때의 일로 삭직되기까지 재임하였다.

28) 趙心泰(1740~1799)는 정조 13년(1789) 7월 수원부사에 임명되어 이읍과 신읍치 건설, 현륭원 조성 등을 주도하였다. 이듬해 12월 훈련대장으로 이배된 후 정조 18년(1794) 2월 화성유수에 특제되어 화성성역 때 監董堂上으로 축성공사를 주관하였다. 정조 21년 7월 형조판서로 이배되고, 장용대장(壯勇內使)이 되어 정조를 보필하였다. 『수원군읍지』, 광무 3년(1899) 府使先生 및 留守先生. 최홍규 편, 『수원·화성군읍지』, 국학자료원, 2001, pp.704~705

것은, 정조로 하여금 지체할 수 없는 당위성으로 확신시키는 데 결정적인 촉매의 계기가 되었을 것으로 보인다.

3. 수축의 진행과 공법(工法)-석축과 편결(編結)

만년제의 수축 토목공사는 제11차 원행 때인 정조 22년 2월 2일 마침내 서둘러 시행키로 결정되었다. 이 날 정조는 환후(患候) 중임에도 불구하고 화성행궁 유여택(維與宅)에서 좌의정 채제공(蔡濟恭), 장용내사 조심태, 장용외사(화성유수 겸직), 서유린, 장용영제조 정민시(鄭民始) 등을 면대하고 화성부의 환곡 운영 실태와 현륭원 화소의 확대에 따른 토지 수용과 보상 문제 등을 논의하였다. 아울러 만년제 수축을 결정하고, 공사 진행 방법과 참고를 위한 다른 능원의 동구 제언 수축 방식의 사례 등을 구체적으로 비교 검토하였다.29)

이날 정조는 "만년제 소축은 하나는 원소의 소중함을 위한 것이고 다른 하나는 민전(民田)을 위한 것이다. …… 제언을 활용할 것"에 동의하면서 "책정해 놓은 예산이 내려오는 것을 기다려 좋은 방법에 따라 착공하고 농사 시작 전에 공사를 마치도록 할 것"을 지시하였다. 그 축조 방법을 둘러싸고 호안(湖岸)의 석재 축동(築垌)과 나무·풀을 엮어 찰흙으로 굳게 다지는 전통적인 편결(編結) 방식의 장단점에 대한 신료들의 의견을 청취하였다. 당초에 정조는 화성성역 착수 때의 일을 상기한 듯 "대개 근처에서 석재 습득이 편리하고 마땅하므로 편결에 드는 막대한 비용에 비하여 일은 절반이고 성과는 배가 된다"고 하면서 석축 방법을 제안하였다.

그러나 정조가 제안한 축동(築垌)의 석축 방식을 둘러싸고 관련 신료들

---

29) 『일성록』 정조 22년 2월 2일(병신).

의 의견은 달랐다. 즉, 서유린은 석축에 대한 폐단이 전통적인 축동 방식인 편결에 비해 더 크다고 했고, 조심태는 공역을 담당할 실무 책임자인 차원(差員)들과 여러 차례 제언을 살핀 결과 보다 구체적인 공사의 진행 방식을 제안하고 아울러 석축의 부적절함을 이렇게 개진하였다.

> ……제언 표면에 나무뿌리가 교착되어 있고 풀뿌리가 넓게 퍼져 있어 거의 빈틈이 없으므로 자르고 베어내도 별 성과를 내기가 어려웠습니다. 또 남북 190여 보, 동서 90여보로 넓이를 계산하고 개평하여 10구역 혹은 10여 구역으로 나누고, 먼저 1구역을 따라 밑바닥까지 소통 준설한 뒤에라야 군정(軍丁)의 다과(多寡)와 소요 일자의 지속(遲速)을 비로소 산출할 수 있습니다. 가령 석축의 논의는, 신의 생각으로는 아주 좋은지는 충분히 말씀드릴 수 없습니다. 대개 2인(仞) 높이 한도의 새로 준설한 둑방에 석축을 시공한다면 반드시 불편한 점이 많을 것입니다. 그러므로 여러 논의도 또한 만약 석축을 하려면 장대석 같은 것을 우물 정(井)자 모양으로 조밀하게 배열한 후에라야 겨우 완고할 수 있고, 그렇지 않으면 오히려 편결보다 못하다는 것입니다. 또 각처의 제언 중 잔디를 입히고 나무를 심은 곳에 석축한 곳은 아직 없습니다.

요컨대 이미 수목을 심고 잔디를 입힌 제언 둑방에 석축하는 일은 편결보다 불편한 점이 많고, 그 선례를 찾아볼 수 없다는 것이 그 요지이다. 정민시 또한 "제언을 석축하는 것을 신도 또한 보지 못하였습니다. 나무뿌리가 반착(盤錯)해 있는 것이 석축보다는 배나 우수합니다. 느릅나무·버드나무 등을 많이 심어서 완전하게 하는 방도로 삼음이 좋을 것 같습니다."라고 역시 석축에 대한 부정적인 견해를 피력하였다.

관련 신료들의 반대의견을 청취한 정조는, "동오릉(東五陵, 東九陵, 현

구리시 소재)의 동구 제언을 보았는가"하고 물었다. 이에 서유린·정민시는 모두 보았다고 답변했고, 조심태는 그 제언은 상세히 살피지 못했음과, 대신 몇 년 전에 관찰한 교하(交河, 현 파주시 탄현면 갈현리)의 장릉(長陵) 동구 제언 또한 석축이 아님을 고하였다.

이에 정조는 신료들의 건의에 따라 석축보다는 편결 방식의 제언 축조를 받아들인 듯, "능소의 동구에는 대소를 막론하고 모두 저수하는 제언이 있다. 이 제언 공사는 이러므로 불가피하며 또한 감여(堪輿)에도 도움이 없지 않다"고 거의 대부분 능원 앞에 제언을 설치함이 관개의 이익과 함께 전통적으로 풍수상의 관례임을 강조하는 것으로 매듭짓고 있다. 이날 정조는 원소의 도조(賭租)를 신읍치 성하(城下)에 수납하는 데 따른 폐해와 승도(僧徒)의 도지조가 높다는 서유린과 조심태의 보고를 들었다. 이에 정조는 용주사 근처에 설창(設倉)하고 편의에 따라 납부케 하는 등 장용외사(화성유수)가 그 사정을 참작, 편리한 방법을 강구하도록 지시하였다.

또한 이날 정조는 화소의 확장에 따른 민전의 토지 수용비를 추가로 후급(厚給)해 줄 것도 지시하였다. 즉, 정조가 "처음 정했던 화소 내의 전답은 수십 배의 가격을 지급했고, 재차 삼차 또한 그렇게 하였다. 헌데 듣건대, 그 후 새로 추가 지정한 전답가가 간혹 균등하지 않은 곳이 있다고 한다. 이 역시 추가로 지급토록" 할 것과 "1천 냥을 한도로 가급(加給)해 준다면 민인의 여론이 반드시 흡족해 할 것이다. 장용회사는 이에 근거하여 거행토록 할 것"을 서유린에게 촉구할 정도로 민은(民隱)에 유념, 민본주의 군주로서의 위상을 드러냈다.

이튿날인 2월 3일, 정조는 화성행궁에서 「화성의 조적곡(糶糴穀)에서 모곡(耗穀)을 제하여 정리곡(整理穀)이라 개칭하고 이어 만년제를 쌓는

데 관한 윤음(綸音)」30)을 내렸다. 그 내용은 만년제 공사를 택일하여 착공할 것을 포함, 주로 이읍 후 신도시 화성에서 문제점으로 야기된 민생에 유념한 개혁적인 일련의 조치를 담고 있다.

첫째, 제향(帝鄕)이나 다름없는 화성의 민인들에게 편익을 주기 위해 화성의 환공·향곡(餉穀)은 이자를 면제하는 혜택을 주고 정리곡(整理穀)이라 부를 것. 아울러 유수부로 승격된 이후 민인들이 지나치게 환곡이 많아진 것을 괴롭게 여기니, 수신(守臣)으로 하여금 이 뜻을 알고서 거두고 내주도록 할 것.

둘째, 원소 아래 민전 중 화소에 편입된 곳은 처음에 10배의 가격으로 쳐주고 2차 때도 그러했는데, 3, 4차 추가로 경계를 정할 때는 이에 상반되게 했으니 이 또한 전례에 따라 알맞게 헤아려 가급토록 할 것.

셋째, 대유둔(大有屯) 설치와 만석거 축동(築垌)은 화성부의 민생을 풍요롭게 하려는 의도에서 나온 것이다. 그럼에도 근년에 부역이 번중하다 하니 즉시 민생에 유리하도록 시정 조치토록 할 것. 또한 우림위(羽林衛)의 선례를 모방해서 설치된 친군위(親軍衛)가 제대로 감찰을 못한 결과 서리들이 농간을 부려 민폐를 끼치게 되었으니, 이 또한 경연의 교시에 따라 특별히 시정할 것.

넷째, 만년제 수축은 "위로는 원침을 위하고 아래로는 민생을 위함이니", 물을 소통시켜 끌어들이는 데 드는 비용은 마땅히 내탕고에서 전담하고, 또 수축공사는 어가가 환궁한 뒤 택일하여 착공하되, 반드시 농사가 시작되기 전에 준공토록 할 것.

제11차 원행 때 정조의 관심은 온통 만년제 수축 문제에 쏠린 듯, 2월 4

---

30) 『弘齋全書』 제29권, 윤음4 및 『일성록』 정조 22년 2월 3일(정유).

일 환후가 점차 회복되자 현륭원 재실에 나아가서 여러 각신 및 원령(園令)·송후연(宋厚淵) 등을 소견한 자리에서 제언 수축에 따른 그 유념해야 할 점 등을 다시 강조하였다. 정조는 이날 그동안 심혈을 기울여온 식목 상황을 살펴보고, "수목들을 바라보니 봄 기운이 이미 난만하다. 올해의 식목행사를 다시 추가할 것"을 감회깊게 토로하였다. 그리고 만년제 수축에 따른 각별한 기대감을 다음과 같이 하교하였다.[31]

> 만년제 소착(疏鑿)의 성과는 관개의 이익이 큰 가뭄에도 마르지 않
> 도록 유의해야 한다. 그 아래의 전답이 모두 옥토를 이루니 어찌 민생
> 이 일용(日用)하는데 큰 이익이 아니겠는가?

이때 장용영제조 정민시는, 이 제언이 근래에 관개가 소통되지 못하게 된 것은, 하류에 토사가 퇴적되어 막히게 된 것이 직접 원인임을 지적하면서 오로지 사람의 노동력에만 의존하는 것보다는 기계의 편리함을 활용할 것을 제언하였다. 뒤에 공역이 시작되면서 공사 현장 부근에 야철소(冶鐵所)가 마련되고 있는 것으로 미루어, 굴착과 축동(築垌)과정에서 당시로서는 최신의 기계가 많이 만들어져 사용되었을 것으로 추측된다.

그리고 이날 화성행궁에 환어한 뒤 "화성 성터의 가기(家基)로서 납세를 하지 않아야 하는데도 납세를 해온 것, 화소에 추가로 경계가 정해진 전토로서 관천고(筦千庫)에 소속되고도 미처 면세받지 못한 곳을 아울러 면세해 줄 것"을 전교하였다.[32]

한편 한양 환궁 후 6일째 되던 2월 11일 정조는 만년제 토목공사를 길일(吉日)을 택해 2월 13일에 착공하기로 결정을 내렸다. 그리고 먼저 새벽

---

31) 『일성록』, 정조 22년 2월 4일(무술).
32) 『정조실록』 22년 2월 무술.

토지의 신에게 시역(始役)을 알리는 고후토제(告后土祭)를 시행토록 하고 제관, 곧 헌관을 공사 현장에 내려보내도록 하였다. 이때 대축(大祝)은 화성판관, 차원 2인은 집사, 위장을 사의(司儀)로 삼아 제사를 집전케 하고, 화성유수로 하여금 그 결과를 장계로 보고하도록 유시하였다.[33]

4. 수축의 착공에서 준공까지

만년제의 수축공사는 마침내 정조 22년 2월 13일 장용내사 조심태와 장용외사(화성유수 겸직) 서유린의 공동 주관 하에 장용영 내영의 주도로 시역(始役)의 첫 삽을 떴다. 그러나 정조는 2월 15일 중희당(重熙堂)에서 관련 신료들을 소견하고, 수축공사가 시작된 첫날부터 인부가 6~7백 명에 이를 정도로 너무 많은 인원이 동원되어 도리어 번다함과 분란의 폐해가 야기되었다는 소식을 접했음과 신중하지 못한 공사 현장의 비능률적인 인력 운영을 우려하였다. 이에 공사 주관자인 장용내사 조심태는 그 사실을 세세히 보고드리지 못했음을 자인했고, 장용제조 정민시는 공사 실무자인 차원들의 치밀하고 신중하지 못한 공사 진행방식에서 연유되었음을 지적하였다.

이에 앞서 조심태는 실무책임자인 차원 등과 함께 몇 차례 돌아보고 상량하여 공역에 필요한 참여인원과 소요기일 등 기본계획을 수립한 바 있었다. 즉, 공사 현장의 전체 면적을 10구역 정도로 나누어 작업구역을 분담키로 하되, 먼저 1구역을 시험적으로 제언의 밑바닥에서부터 굴착하고 준설한 뒤에야 참여 군정(軍丁)의 다과와 소요 일자를 짐작할 수 있다고 정조에게 보고할 정도로 구체적인 작업계획이 마련되어 있었다. 그럼에

---

33) 『일성록』정조 22년 2월 11일(을사).

도 불구하고 실무책임자인 차원들에 의해 첫 단계 공사가 진행되는 과정에서 한꺼번에 인력이 몰려 큰 혼란을 빚자 정조는 총책임자인 조심태로 하여금 만년제 현장에 내려가 공사진행 방식을 직접 점검케 하였다. 그리고 구수원부 읍치 출신의 상지관(相地官) 김양직(金養直)을 대동할 것인지 하문하였으나, 조심태는 거처를 알 수 없는 김양직 대신 최익(崔翼)을 데리고 가겠다고 고하였다. 이때 정조는 먼저 최익으로 하여금 동7능 동구에 위치한 제언의 상황을 가서 살펴 참고하도록 당부하고, 특히 "물길(水道)은 반드시 옛길 아래로 지나게 되어 있을 것이다. 간심(看審)한 뒤반드시 예전대로 할 것"을 유념하도록 지시하였다.[34]

2월 21일 정조는 편전에서 정민시·조심태·서유린을 소견하고 화성의 환곡 재고 처리, 태봉(胎峰)의 금양에 따른 파종과 식목 문제에 관심을 나타냈다. 그리고 방위상 "만년제의 수문은 마땅히 오방(午方, 남쪽)에 열어야 할 것"을 지시하면서 제언 공사가 언제쯤 끝날 것인지 하문하였다. 이에 화성유수 서유린은 3월 초까지 필역(畢役)할 수 있을 것임을 고하였다. 그러나 동·서·남·북의 축동, 제언과 하천의 소착 과정에서 실제 공사의 소요일자는 예상과는 달리 더 지체됨으로써 착공된 지 2개월 후인 4월 15일에 준공되었다.

그 동안 장용대장(장용내사)으로 서울에 주재하고 있던 조심태는 정조의 하명을 받고 2월 17일 만년제 공역을 간심(看審)하기 위해 화성에 내려간 이후 공사 진행에 따라 감독차 자주 현장을 방문하였다. 4월 2일 정조는 제언 준공을 앞두고 조심태와 장용제조 정민시로 하여금 다음날 공사 현장에 내려가 공역의 마무리 단계를 잘 챙기도록 명하였다. 그리고 장용내사가 서울을 비우고 화성에 왕래하는 사이 장용영의 원활한 운영을 위

---

34) 앞의 책, 정조 22년 2월 15일(기유).

해 "호부(虎符)는 해당 군영 및 겸직하는 포청을 그대로 패용하도록 하고, 장용영(壯勇營)의 전 장수 및 다른 장수를 겸찰케" 하고, "전교를 받을 수 있는 자에게 전달, 패로 불러 분부하라"고 하명하였다.[35] 만년제 준공 하루 전인 4월 14일 정조는 공역의 실무를 관장하는 차원(差員) 이하 별단(別單)으로 그 경과를 보고할 것과 또한 공역을 주관한 "장용내영에게 명하여 구별하여 공지할 것"을 유시하였다.

만년제 수축공사는 정조 22년 2월 13일 착공한 지 63일만인 4월 15일 마침내 준공되었다. 이 공사에는 장용영 군정(軍丁) 1만 8,960명을 비롯하여 모군·면모군·광주모군·경모군·원군·승군 등 총 3만 7,920명이 투입되었으며, 따라서 1일 평균 600여 명이 매일같이 이 공역에 참가하여 일한 셈이다. 이 공사에 참여한 군정들은 주로 동·서·남·북 4변 제방의 축동(築埌), 저수면 밑바닥과 수계상 제언으로 연결되는 하천, 특히 상수문으로 물을 유입시키기 위한 상보(上洑) 등의 소착공사 등을 담당 진행했을 것으로 보인다.

정조는 완공된 지 4일 후인 4월 19일, 그동안 진행된 만년제 수축 과정에 대하여 노심초사(勞心焦思)한 결과 "거의 10일 동안에 내가 거의 백발이 다 되었다"고 술회하면서 다음과 같이 그 소회를 밝히고 있다.[36]

> 금번 화성 만년제 공사는 한 사람 민인의 노동력도 소비하지 않고 이렇게 빨리 완성했으니, 정말 큰 행운이라 할 만하다. 원침의 수구인 이 만년제에 물을 저장하니 매우 좋고 매우 오래된 일이다. 원소 아래 민인의 논도 또한 이것으로 이익을 얻으니 더욱 만만 번 다행한 일이다. 화성 장안문 바깥에 만석거를 개설하고, 여의동을 축조하며, 대유

35) 앞의 책, 정조 22년 4월 2일(병신).
36) 앞의 책, 정조 22일 4월 19일(계축).

둔을 설치한 것과 마찬가지의 뜻이다. 그런데 만석거의 동 축조와 둔 설치 때 민인들이 모두 머리를 흔들며 수긍하지 아니하여 여러 차례 힘써 권고하고 공시하며 이어 내탕전 수만금을 내어 작심하고 하였더니, 이제 와서 민인들이 도리어 만들어진 것이 두루 미치지 못한다고 그러니 소민(小民)의 우매함이 이와 같다. 그러나 지극히 신령한 것 또한 소민이니, 뒤에 당연히 나의 이러한 마음을 알 것이다.

……내가 본분을 힘쓰는 뜻으로 이 경영이 있었으나 민인은 같이 시공을 도모할 수는 없지만, 더불어 준공을 즐길 수 있을 것이다. 지금 이미 설치·시공한 후 민인이 모두 힘써 농사짓고 즐겨 농업에 종사하면 어찌 좋지 않겠는가. 그렇지만 혹시 농사에 게으른 자가 있을 것이 염려된다.

앞의 유시 속에는 우의정 이병모(李秉模)가 "무릇 화성의 공사가 경영한 지 수년에 민인을 번거롭게 한 공사가 적지 않았지만, 공사가 저절로 순조롭게 이루어지니……공력이 적게 들어가고서도 크게 소민의 이익을 얻는 지역이 되었습니다."라는 감축의 말에 대하여 그동안 화성에서 축조된 만석거·만년제 등 수리시설의 계획단계에서 완공단계, 그리고 이후 그 운영과정에서 느낀 민본군주 정조의 선각적인 자부심이 섞인 소회가 담겨져 있다.

2개월 여에 걸쳐 진행된 만년제(몽리면적 62석락)의 소착 토목공사에는 왕실에서 내린 내하전(內下錢) 6,000냥이 소요되었는데, 이는 앞서 정조 19년 1월~5월 만석거(몽리면적 100석락→66석락) 축조 때 투하된 내하전 5,960냥과 거의 버금가는 경비가 소요된 셈이다.[37] 또 정조 23년 서호(西湖)의 폐제언을 대대적으로 개·보축, 대제언으로 만든 축만제(몽리면적 232석락)의 축조 비용이 5,000여 냥 소요된 것과 견주어 볼 때 몽리

---

37) 최홍규, 『조선후기향촌사회연구』, 일조각, 2001, p.142.

면적면에서 본다면 그 축조비용이 두 제언의 규모에 비해 상대적으로 많이 소요된 편이다. 규모면에서 제언으로서의 저수량이나 몽리면적이 만석거·축만제에 비해 작았음에도 불구하고 그 공사비가 많이 든 이유는 다음 몇 가지로 추정해 볼 수 있다.

첫째, 일반적으로 산곡형(山谷形) 제언의 경우 축동(築垌)을 수문쪽 1변만 하거나 상·하수문이 있을 경우에는 2변을 축동하는 것이 관례이다. 그렇다면 같은 상·하수문을 설치한 만석거·축만제에 비해 동·서·남·북 4변을 편결 방식으로 축동한 만년제가 자연히 노동력과 제언재(堤堰材), 공사기일 또한 많이 들 수밖에 없었다.

둘째, 만년제 서동(西垌)에는 상수문 뿐만 아니라 두 곳의 은구(隱溝)가 설치되고 있었을 뿐만 아니라 상수문이 설치된 제방으로부터 278보 위 능안천 상류에 상수문에 물을 끌어들이기 위한 상보(上洑)가 마련되어 있었다. 이러한 시설물 등의 수축과 함께 제언 상·하의 물이 유입되고 배출되어 흐르는 인근 하천의 준설작업에 보다 많은 인력과 자재비, 공사기일이 소요되었을 것이다.

셋째, 수축 이전 기존에 식목·파종된 나무뿌리와 잔디가 반착(盤錯)되어 있어서 제방과 제언 밑바닥을 소착하고 축조하는 데 어려움이 따랐고, 이를 제거하고 굴착하는 데 보다 많은 인력을 필요로 하였다.

넷째, 만년제는 현륭원의 수구(水口)에 해당되는 능원 동구 앞에 위치한 제언으로서 풍수상·경관상 많은 배려가 뒤따랐다. 이 제언의 중앙에는 풍수상 천원지방(天圓地方)의 소우주를 재현하기 위해 괴성(塊星)을 설치하였다. 또 원행로변에 자연경관을 돋보이게 하기 위해 소나무를, 제방의 굳건한 반착을 위해 버드나무와 잔디를 식재했고, 수질 정화와 경관을 위한 창포·백목련·연꽃 등 수생식물을 심어 아름답게 가꾸는데도 적지 않은 비용이 배정 지출되었을 것이다.

이와 같이 만년제는 제언 아래 펼쳐진 민전과 둔전에 대한 관개수리시설로서의 기능 뿐만 아니라 풍수상 능원 동구 앞 화소 내에 위치한 제언으로써 기능·풍수·경관면에서도 정조의 각별하고 세심한 관심과 배려 아래 수축되었다. 특히 2개월 여에 걸친 이 제언의 토목공사에는 각 부분 공사 실무자인 차원의 지휘 아래 각 공사 부문에서 총 3만 7,920명이 참여하여 공역을 담당하였다. 정조는 내하전 6,000냥을 내려 장용영 군정(軍丁)을 중심으로 군·민을 막론하고 전원 급가모군(給價募軍) 형태로 일을 진행시켰으며, 이때도 공사에 참여한 민인들을 관리함에 있어서 각별하고 세심한 배려를 아끼지 않았다.

> 또 차원들에게 명령하여 가격을 지급케 하고, 인색하게 공사를 감독하지 말며 촉박하게 하지 말도록 하였다. 판관·중군도 직접 독촉하지 말며, 고용 인부를 편안하게 휴식시키고, 군인으로서 귀농하는 자는 모두 소원대로 허락하며, 교리 등도 또한 많이 감축하였다. 어로를 제언 위에 다시 만들며, 감히 민전에 손해를 끼치지 않았다. 그 침범한 것은 그 가격을 낮게 지급하였다. 또 별군직 정학경(鄭學耕) 등을 파견하여 모군·승군·원군 및 경향 교리·장인 등을 모아서 제언 위에 나열하여 앉히고 회식하였다. 민인의 여론이 서로 기뻐하고, 일에 나아가기를 매우 힘써서 4월 15일에 공사가 끝났다.38)

준공 후 참여자들에 대한 상전(賞典)을 베푸는 앞의 기사에도 나타나 있듯이 제언 수축공사에 참여한 인부와 군인들에 대하여는 전원 소정의 고가(雇價)를 지급했고, 사전에 차원·판관·중군들로 하여금 너무 촉박하고 인색하게 민인들을 사역시키지 말라는 국왕의 사려깊은 지침이 있었음을

---

38)『일성록』정조 22년 4월 28일(임술).

알 수 있다. 이렇게 정조는 만년제를 수축하는 과정에서 공기(工期)를 앞
당기기 위한 심한 독촉보다는 고군들을 편히 휴식시키고, 귀농을 원하는
군인들을 허락해 주고, 교리(校吏) 수도 많이 줄이는 등 배려를 아끼지 않
았다. 또한 원행시의 어로(御路)를 북쪽 제방 위에 만들고, 혹 공사 중 부득
이 민전을 침범할 경우에는 시세보다 넉넉히 토지 보상비를 지급하였다.

제언 수축공사가 완공된 지 13일 후인 정조 22년 4월 28일 감동(監董)
차사원 조윤식(曺允植) 이하 공이 있는 자들에게 상전을 베풀었다. 그리
고 그동안 만년제 수축에 참여한 모군·승군·원군·경향 교리·장인 등을
초청, 제언 위에서 호궤(犒饋)하고 그동안의 노고를 위로하는 것으로 63
일간의 원소 동구의 제언 토목공사는 모두 마무리지었다.

5. 수축의 참여 인원과 상전(賞典)

만년제의 소착과 축동 등 수축 토목공사를 주관한 총책임은 앞서 화성성
역 때 유수로서 성역을 계획·감동한 경험이 있는 장용내사(장용영대장) 조
심태가 맡았고, 장용외사 겸 화성유수 서유린이 함께 감독을 맡아 공사를
진행하였다. 『일성록』에 나타난 만년제 수축공사를 담당했던 주요 책임자
와 참여인원, 그리고 준공 후 상전(賞典) 내용을 살펴보면 다음과 같다.[39]

　① 주관(총감독) : 장용내사(장용영대장) 조심태, 동칙(董飭) 장용외사
　　(화성유수) 서유린
　② 감동 차사원(差使員) : 안성군수 조윤식(자급 추가), 산산첨사(蒜山
　　僉使) 장세환(張世紈, 자급 추가)
　③ 차원(差員) : 중군 류문식(柳文植, 半熟馬帖 1척 사급), 주부 최익(崔

39) 앞의 책.

翼, 승진), 참봉 김응일(金應一, 直長으로 승진)

④ 책응비장(策應裨將) : 전 만호 심공작(沈公綽, 포상)

⑤ 감관(監官) : 가선 서대철(徐大喆, 변장 제수), 홍명연(洪命淵, 변장 제수), 본영 장교 안덕항(安德恒) 등 3인(각각 왕실하사 筒箇 1부), 어영청 장교 김우정(金禹鼎, 왕실 하사 동개 1부), 훈련원 습독 김덕채(金德采, 왕실 하사 동개 1부), 노대철(盧大喆) 등 2인 각각 목·포 1필

⑥ 내영 간역패장(看役牌將) : 간역패장 김지탁(金之鐸) 등 3인 각각 동개 1부, 목 1필

⑦ 외영 간역패장 : 안성패장 안진복(安鎭福) 등 2인 각각 동개 1부, 간역패장 조순택(曹順宅) 등 4인 각각 궁시(弓矢) 1부, 목 1필, 간역패장 김천일(金千鎰) 등 8인 각각 궁자(弓子) 1장과 미(米) 3두, 안성패장 김광학(金光學) 등 4인 각각 목·포 1필, 독성산성 패장 이진복(李震福, 포 1필)

⑧ 간역(看役) : 안성색리 김우석(金禹錫) 등 2인 각각 목 1필과 미 3두, 안성패장 김계송(金啓松) 등 3인 목 1필, 안성색리 김익쾌(金益快, 목 1필)

⑨ 책응서리(策應書吏) : 김재항(金在恒, 목 1필과 미 1두), 안취(安就) 등 2인 각각 목 1필

⑩ 외영 서리(書吏) : 박경양(朴景陽, 직첩 추가), 나은술(羅殷述, 목 1필)

⑪ 내영 책응서리 : 나홍규(羅弘奎) 등 2인 본부에 명하여 소원대로 시상

⑫ 외영 석수(石手) : 이복선(李福善, 목 1필과 미 3두), 방순태(方順台) 등 13인 각각 포 1필과 미 2두

⑬ 외영 거운패장(車運牌將) : 임광국(林光國, 목 1필)

⑭ 니장(泥匠) : 변수(邊手) 김상득(金尙得, 목 1필), 이경위(李京位) 등 4인 각각 포 1필

⑮ 사환 기수(使喚旗手) : 박거복(朴巨福) 등 3인 포 1필

⑯ 외영 본영군(外營本營軍) : 지태관(池泰寬) 등 12인 각각 목·포 1필

⑰ 훈국 거부(訓局車夫) : 유와득(劉完得) 등 6인 각각 목 1필에 해당 군문에서 상을 지급.

만년제 수축 토목공사는 정조 22년 농한기를 이용하여 2월 13일 착공해서 4월 15일 완공 때까지 2개월여 동안에 이루어졌으며, 참여 인원은 장용영 군정(軍丁) 1만 8,960명과 일반 모군(募軍) 1만 6,056명이 동원되어 제언의 소착과 축동(築垌)작업을 주도하였다. 이들 장용내·외영 군정과 일반 모군 외에 만년제 인근 주변의 화성부 면모군(面募軍) 1,106명, 광주부 모군 809명, 경모군(京募軍) 585명, 현륭원 원군(園軍) 315명, 장헌세자의 원찰 용주사를 비롯한 각 사찰의 승군(僧軍) 89명 등 참여 순으로 연인원 총 3만 7,920명이라는 대대적인 인원이 동원되어 이 제언 수축 공역을 담당하였다.[40]

참여 인원의 구성 비율을 보면, 총 연인원 3만 7,920명 가운데 장용내·외영의 군정이 1만 8.960명으로 전체 인원의 50퍼센터를 차지하고 있으며, 그 다음 1만 6,056명이 참여한 일반 모군이 전체 연인원의 42.4%를 차지함으로써 장용영 군정과 일반 모군이 전체 연인원의 92.4%에 육박, 그 주류를 이루고 있음을 알 수 있다. 그리고 전체 구성비와 견주어 볼 때 화성부 면모군 2.91%, 광주부 모군 809명은 참여한 경모군 585명은 1.54 퍼센터, 현륭원 원군 315명은 0.83%, 그리고 용주사를 비롯한 승군 89명은 불과 0.023%를 차지하고 있음이 그 특징이다.

따라서 만년제 수축공역에 참여한 주도세력은 당연히 장용영과 일반에서 급가모군한 일반 모군이 주류를 이룬 가운데 제언 토목공사를 담당 진행했음을 알 수 있다. 이 공역은 앞서 시행된 화성성역과 만석거 토목공사 때의 경험과 선례에 따라 초기 계획에 나타난 것처럼 대략 10구역 정도로 분담하여 보다 효율적인 인력 배치를 통해 공사를 진행했을 것으로 보인다. 공사 초기에는 모군들이 한꺼번에 몰려 오히려 혼잡과 비능률

---

40) 앞의 책.

적인 면도 없지 않아 있었다. 그러나 정조의 우려 섞인 당부를 전달받은 총감독 조심태 등의 각별하고 세심한 공사 현장 관리로 2개월 만에 준공, 소기의 성과를 낼 수 있었다.

6. 만년제의 특징-시설과 규모

만년제 공역은 "위로는 원침을 위하고 아래로는 민생을 위한다"는 정조의 기본지침 아래 기존에 수축된 동5릉 등의 수축과 운영의 선례를 참고로 '능원 동구의 제언', '현륭원의 부속 수리시설'로서의 형상과 기능을 다하도록 목표로 삼았다. 그 결과 폐언화(廢堰化)된 제언을 대대적으로 개·보축, 기능면에서 제언 아래의 민전과 둔전에 관개할 수 있는 수리적 기능과 함께 원침(園寢)을 안락하게 봉안하기 위한 풍수적 관점을 아울러 고려해서 수축함으로써 형상·기능면에서 기존의 일반 제언과는 적지 않는 차이를 드러내고 있다. 수축 당시의 만년제의 수축공법과 시설·규모를 요약하면 다음과 같다.[41]

1) 만년제는 계획 단계에서 석축이냐, 편결(編結)이냐 하는 공법상의 논의 끝에 결국 편결 공법으로 제언의 동·서·남·북 4변에 널찍한 제방을 각각 축동(築垌)하였다. 제언의 사방 둘레는 총 583보인데, 각 동의 형상·규모·용도·식목상태를 살펴보면 이러하다.

   ① 동동(東垌) …… 길이 185보, 너비 15보, 높이 9척의 규모이다. 제
     방에는 버드나무 95주를 심고, 잔디를 1층 입혔다.
   ② 서동(西垌) …… 길이 145보, 너비 30보, 높이 8척의 규모이다. 은

---

41) 앞의 책.

구(隱溝) 2곳이 설치되어 있고, 내탁(內托) 편결이 1층인데 그 길이
는 121보이다. 물의 유입구인 상수문도 서동의 남쪽 귀퉁이 부분에
설치되었을 것으로 추측되며, 제방에는 식목을 하지 않았다.

③ 남동(南垌) ⋯ 길이 151보, 너비 13보, 높이 9척의 규모이다. 잔디를 1
층 입히고, 편결을 1층으로 했는데, 그 길이는 120보이고, 사이사이에
버드나무를 심었다. 남동의 동쪽과 동동의 남쪽 제방이 엇물리는 모
서리 저지면에 물의 배출구인 하수문이 설치되었을 것으로 추측된다.

④ 북동(北垌) ⋯⋯ 길이 102보, 너비 10보, 높이 8척의 규모이다. 북
쪽 제방 길 위에는 소나무 612주를 심었다. 정조 23년~24년까지
원소 어로로 이용되었으나 정조의 서거 후 능소 어로를 재실 앞으
로 새로 정하면서 그대로 원소 어로로 삼았고, 만년제 옛길은 그대
로 둘 필요가 없었으므로 제언 위에 나무를 심었다.[42]

〈표 1〉 만년제의 축동 규모[43]

구 분	길 이	너 비	높 이	비 고
동동(東垌)	185보(229.77m)	15보(18.63m)	9척(2.77m)	남동과 연결되는 모서리 부근에 하수문 설치 추정.
서동(西垌)	145보(180.09m)	30보(37.26m)	8척(2.46m)	은구 2곳과 남쪽 모서리에 상수문 설치 추정.
남동(南垌)	151보(187.54m)	13보(16.14m)	9척(2.77m)	
북동(北垌)	102보(126.68m)	10보(12.24m)	8척(2.46m)	
총 둘 레	538보(668.20m)			

---

42) 앞의 책, 순조 1년 3월 4일(경진).

43) 『화성성역의궤(華城城役儀軌)』의 권수 도설(圖說)에 예시된 주척(周尺) 6척＝1보,
영조척(營造尺) 3척 8촌＝1보의 기록을 참고로 할 때 1보＝124.2cm이다. 또 순조
19년(1819) 갑술양전척(甲戌量田尺) 103.961cm, 목척(木尺) 1척＝영조척 1척
＝30.8cm 등을 기준으로 만년제 동·서·남·북동의 보척(步尺) 규모를 다시 미터
법으로 환산해본 것이다.

2) 만년제에는 상수문과 하수문, 2곳의 수문이 설치되어, 물의 유입과 배수의 기능을 했고, 하수문에는 격판(隔板, 널판지)을 양쪽 석주(石柱)에 끼우는 수갑(水閘) 11층을 설치하여 배수의 수위를 조절하였다. 또한 서동에는 2곳의 은구(隱溝)가 설치되어 외부의 물을 제언 안에 항상적으로 유입시키는 기능을 하였다.

상수문은 제언의 수계(水系)를 이루는 능안천에 인접한 서동 모서리 남동과 연결되는 지점에 설치했을 것으로 추정된다. 그 규모는 길이 11보, 너비 1척 5촌, 높이 2척이다.

하수문은 저수된 제언의 물을 배출하는 기능을 가졌으며, 그 규모는 길이 21보, 너비 1척 6촌, 높이 1척 1촌이다. 양쪽 석주에 11층의 격판을 끼우는 최신의 수갑 시설이 설치되어 있었다. 이 수갑시설은 정조 19년 만석거 수축 때 14층의 격판을 최초로 만들어 설치된 후 저수량을 조절 배출시키는 시설로는 두 번째 시도된 것이었다.

그 규모면에서 볼 때 만년제의 하수문은 상수문에 비해 길이가 2배 정도 10보 더 길고, 너비는 비슷하지만 높이는 1척 작게 설계되었다. 또 물의 배출시설인 수갑 또한 14층의 격판에 5척 5촌의 높이 설치된 만석거에 비해 3층 낮은 11층으로 설계된 것이 특징이다. 정조 23년(1799) 당시에 "만년제의 저수 관개처는 11층 수갑을 8층까지 제거하고 차차 방수합니다."[44]라는 기록으로 미루어, 통상적으로는 11층 수갑 중 8층까지 격판을 들어올려 물을 제언 아래 펼쳐진 민전과 둔전에 관개하기 위해 저수된 물을 배수시켰던 것으로 추정된다.

앞의 주 43)에서 미터법으로 환산된 내용을 대입시켜 보면 수축 당시 만년제 상·하수문의 규모는 다음과 같다.

---

44) 感戴廳, 『書啓謄錄』, 정조 23년(기미) 5월 15일.

<표 2> 만년제의 수축 당시 수문 규모

구분	길이	너비	높이	비고
상수문	11보(13.66m)	1척 5촌(46cm)	2척(61cm)	서동 남쪽 모서리에 설치된 것으로 추정.
하수문	145보(180.09m)	1척 6촌(49cm)	1척 1촌(33cm)	동동 남쪽 모서리에 설치된 것으로 추정.

그런데 정조 22년(1798)에 만년제가 수축된 지 33년 후의 기록인 순조 31년(1831)에 편찬된『화성지(華城誌)』제언 조와 광무 3년(1899)에 편찬된『수원군읍지』제언 조에는 각각 수문이 1곳으로 기록되어 있다. 이것은 30여 년의 세월이 지나면서 상수문으로 유입되는 수계(水系) 하천인 능안천의 범람, 또는 토사(土砂)의 퇴적 등으로 인해 상수문이 매몰 유실되어 물길을 인수(引水)하는 수문으로서의 정상적인 기능을 상실했음을 의미한다.

3) 수계상(水系上) 만년제로 인수·유입되는 주류 하천인 능안천 상류 지점, 곧 만년제의 서동 상수문으로부터 278보(345.28m) 지점에 상보(上洑)가 설치되어, 저수된 하천수를 상수문으로 원활히 유입시킬 수 있도록 수량을 확보할 수 있었다.

그런데 여기서 주목하고 유의해야 할 점은, 당시 만년제의 수계가 과연 어디에서 발원되어 어떤 경로로 물길이 만년제에 유입될 수 있었는가 하는 문제이다.

우선 기록상으로 만년제의 수계와 관련하여 그 편린이 구체적으로 언급되어 있는 것은, 순조 2년(1802) 2월 정조의 건릉(健陵) 식목상황을 봉심하고 돌아온 전 승지 이해우(李海愚)의 보고에 간략이 드러나 있다.

…… 능소(화산 기슭 현륭원 동쪽에 위치했던 舊陵터)의 청룡변 산 곡의 물이 홍살문 바깥 동구에서 합류하여 만년제로 들어갑니다. 만약 장마를 당하면 그 흐름이 매우 급하게 되어, 매년 나무다리를 수리하는데 그 비용이 적지 않습니다. 작년 정자각 월대 개수 때 퇴석 70여 덩어리를 석교를 설치하기 위하여 동구 수변에 늘어 놓았는데, 미처 설치하지 못하였습니다. 식목 공역을 끝낸 뒤 이 퇴석을 사용하여 그대로 교량을 축조하면 비용이 절약되고 성과는 배로 되어 사태가 매우 편리하고 좋을 것입니다.[45)]

이로써 본다면 수계상 만년제 방향으로 흐르는 물은 화산(花山, 높이 108.2m)에서 발원하여 정조의 초장지(初葬地)인 현륭원 동쪽 구릉(舊陵) 좌측 산기슭 청룡변을 흘러 홍살문 밖 동구에서 합류하여 만년제로 흘러 들어간다는 것이다. 또한 능소의 손방(巽方)에는 관천고(筅千庫)에서 경작하던 곳에는 방위상 현륭원의 곤신지(坤申池)처럼 연못을 팠는데, 이곳에서 흐르는 물길 또한 만년제로 유입된다는 것이다.

앞의 인용문에서 초장지인 건릉 청룡 주변 산골짜기의 물도 건릉 홍살문 밖 동구에서 합류하여 만년제의 수계 하천인 현륭원과 건릉의 금천(禁川)이 모두 만년제의 수계 하천인 능안천으로 합류했던 것이다. 한편 순조 21년 건릉이 현륭원 서쪽 화산 기슭으로 이장, 효의왕후(孝懿王后)와 합묘를 이루었는데, 이 건릉 아래에는 천년지(千年池)가 수축되고, 흐르는 수로에는 내금천교(內禁川橋)와 외금천교(外禁川橋)가 설치되어 있었다.[46)] 여기에서 흐르는 물 또한 만년제로 유입되는 능안천으로 합류되었을 것으로 보인다.

그렇다면 현륭원과 건릉(순조 21년 현륭원 서쪽으로 遷葬)이 위치한 화

---

45) 『일성록』순조 2년 2월 28일(기사).
46) 『건릉지』권1 「능원침내금양전도」.

산과 용주사가 위치한 후면 성황산(城隍山, 높이 129m) 등이 1차 수계의 발원지로 보이며, 이 물들은 모두 현륭원과 건륭의 남서쪽 능안천으로 유입되는 셈이다.

그러나 능안천의 물은 현륭원의 정남향에 위치한 남산(높이 122m, 상남산과 하남산) 기슭에서 발원하여 흐르는 물이 화산·성황산에서 발원하는 물에 비해 오히려 수량이 풍부하여 능안천의 주류하천 수계를 이루고 있음을 간과해서는 않된다. 예부터 남산 기슭 일대에는 저습지와 방축(만년저수지와 무시레 방죽 등)이 형성되어 있었고, 남산에서 발원하는 물은 일대를 저습지나 방죽을 형성케 했으며, 이를 경유하여 북동쪽으로 능안천에 유입되었던 것이다.

그러한 점에서 자연 수계상 남산 기슭 일대에 저습지나 수리저수공간을 형성한 방축(1821년 『건륭지』 「능원침내금양전도」에도 '防築'이 보임)이 오히려 만년제의 전신이라고 할 수 있는 '방축수(防築藪)'일 가능성도 배제할 수 없다. 그 까닭은 '방축수(防築藪)'의 '藪'는 어원상 구읍치 남쪽 언덕에 위치하고 있는 현재의 '만년제'보다는 남산 기슭 후미진 저습지에 위치해 있는 데다가, 현대시기까지 농업용수의 수리관개 기능을 해오면서 지도상의 표기는 물론 주민들 간에 널리 '만년저수지'라 불러온 사실을 상기할 필요가 있다.

아무튼 만년제의 서동 상수문으로 유입되는 능안천 상류의 상보는, 바로 화산·성황산 기슭에서 발원한 물과 현륭원 남쪽 상·하남산 기슭에서 발원하여 흐르는 물이 합류하는 지점에 위치해 있었을 것으로 추정된다. 따라서 『일성록』에서 화산 기슭 좌청룡변에서 흐르는 물을 말한 것은, 수계상 능안천으로 유입되는 지류의 일부분을 단편적으로 언급한 것에 지나지 않음에 유의해볼 필요가 있다.

4) 정조가 분명히 '위로는 원침을 위해' 현륭원 원소 동구의 제언을 수축한다는 지침에 따라, 풍수적 방위 관점에서 원소의 수구(水口)에 해당되는 제언 중앙에 원형의 조산(造山), 곧 인공적으로 '흙덩이 산'인 괴성(塊星)을 조성하였다.

『일성록』의 기록에 의하면, 이 괴성은 돌로 12층을 쌓았는데, 지대(地臺)는 보척(步尺)을 사용하여 원둘레가 81보(약 101.1m)이다. 석축의 상측은 양척(量尺)을 써서 원둘레가 81보(약 78.7~84.3m)이다. 지대석에서 잔디를 입힌 곳까지 목척(木尺)을 사용하여 높이가 10척(3.07m)이며, 잔디를 입힌 곳에서 봉우리 위까지는 목척을 사용하여 높이가 7척(약 2.15m)의 규모이다.[47]

이 '괴성'은 일반 제언에서는 좀처럼 찾아볼 수 없는 형태의 시설물인데, 현륭원의 수구(水口)에 해당되는 원소 동구에 위치한 제언으로서 갖고 있는 풍수적 의미를 강조한 상징물이라고 할 수 있다. 그것은 이 괴성을 만년제 중앙에 설치하면서 나무를 심지 않고 잔디만을 입힌 원추형(圓錐形)의 조산(造山)으로 조성했다는 점에서도 그 특별한 성격을 유추해 볼 수 있을 것이다. 정조가 만년제 수축공사 직전에 수문을 반드시 오방(午方, 남쪽)으로 내도록 관련 신료들에게 지시한 것도 모두 풍수형국상의 방위를 고려한 조치였음은 물론이다.

『건릉지』권1 「능원침내금양전도」에는 화산 기슭 현륭앞 앞의 곤신지(坤申池), 건릉 아래에 천년지(千年池)가, 그리고 능원과 만년제 사이 중간 지점에는 현륭원 하단에서 건릉 하단에 이르기까지 빙둘러 4개의 주(珠)가 표시되어 있고, 건릉 앞의 천년지와 원소 동구 만년제에는 그 중앙에 둥근 점으로 표시해 놓았다. 이러한 것들은 일찍이 현륭원 천봉(遷奉) 당

---

47) 앞의 책, 정조 22년 4월 28일(임술).

시부터 '반룡농주지형(盤龍弄珠之形)' 또는 '대주향공지설(對珠向空之說)'을 지닌 최길지의 명당으로 지목해온[48] 화산 기슭의 원침(園寢)과 방위상 일정하게 조응하면서, 풍수형국상 비보소(裨補所)로서의 형상과 의미를 지니고 있음은 분명하다고 하겠다.

따라서 만년제 중심부의 괴성은 정조시대 화성에 수축된 만석거·축만제 등 제언이나 성곽 내의 부속시설로서 용지(龍池)·남지(南池)·동지(東池)·북지(北池) 등 지당(池塘) 중심부에 원형의 인공적인 조산(造山) 조형물을 조성해 놓은 것과는 그 성격과 의미면에서 다른 것으로 추측된다. 신도시 화성과 그 주변의 제언·지당 중앙에 설치된 원형의 조산이 제언으로 유입되는 물살의 세기를 조절함과 아울러 조경적(造景的) 차원에서 연못(池)의 경관을 아름답게 꾸미려는 기능을 가진 것임은 다 아는 사실이다. 이에 대하여 원소 동구에 위치한 만년제의 '괴성'은 그 용어 자체부터 풍수적 의미와 성격을 짙게 드러낸 설치물이라고 할 수 있다. 다시 말해서 풍수형국상 원침의 물 입구가 되는 제언 한가운데 자리잡은 비보적(裨補的) 성격의 여의주(如意珠)를 상징한 것이라 해도 큰 무리는 없을 듯하다.

7. 만년제의 관리와 식수

이와 같이 만년제는 원소 동구의 수구로서 풍수형국상 현륭원과 조응되고, 제언 아래 황구지천(黃口池川)에 이르기까지 펼쳐진 일대의 둔전과 민전에 농수를 공급하는 수리시설로서의 기능을 아울러 지닌 제언이었음을 알 수 있다.

만년제에는 수축과 동시에 제언을 전담해서 관리하는 감관(監官) 1원을 원소에서 차출해 직임을 맡겼고, 감관을 보조하는 감고(監考) 1명을 두

---

48) 최홍규, 『정조의 화성건설』, 일지사, 2001, p. 74.

었다. 이보다 먼저 수축된 만석거나 1년 뒤에 축조된 축만제가 모두 감관 1원, 감고 1명을 두되, 감관을 장용외영 장교 중에서 차출한 것[49]과는 달리 만년제가 '원소 동구의 제언'이니만큼 현륭원 원소 관리 중에서 임명, 그 직임을 수행케 한 것이 특징이다.

감관과 감고는 제언 시설물의 이상 유무와 농사철에 대비하여 상수문으로 유입되는 물길과 하수문에 설치된 수갑의 격판(隔板)을 통해 배수시키는 등 저수량의 상태와 수위 조절 등의 업무를 담당하였다. 또한 정조 23년 3월 22일, 화성유수 서유린에게 만년제의 소통과 축조, 근면과 태만을 동5릉의 봉신 사례에 의거하여 보고문서 중에 구체적으로 넣을 것을 명하고 있는 것[50]으로 보아 수축 후 '원소 동구의 제언'으로서 보다 세심하고 철저한 관리에 관심을 두었음을 알 수 있다.

또한 당시 『일성록』기사에는 현륭원 화소 내에 식목한 공역 감독인들에게 내린 상전 중 만년제 동변령(東邊令) 이영소(李英紹)·조학춘(趙學春), 만년제 감관 가의 안인문(安仁文) 등의 이름이 보이고 있다.[51] 여기에서 현륭원 중원령은 만년제의 동변령을 겸직했는데, 이는 하수문이 위치한 동동(東垌)의 관리가 그만큼 중요했기 때문이다. 이것으로 보아 만년제의 동·서·남·북 4변의 제방을 각각 분담 관리하는 4인의 변령(邊令) 직책도 마련되어 있었음을 짐작할 수 있다.

그리고 무엇보다도 조선왕조는 정부 차원에서 수리시설의 축조와 관리의 책무를 감사와 수령에게 직접 부여하고 있었다. 수령은 춘·추 2회로 관찰사에게 제언의 보수와 수축을 보고해야 했고, 신축인 경우에는 국왕에게도 보고해야 했다. 따라서 지방관은 제언 내외에 잡목을 많이 심어서 도

---

49) 『화성지』권2 제언 및 『수원군읍지』제언.
50) 『일성록』정조 23년 3월 22일(경진).
51) 앞의 책, 정조 23년 3월 18일(병자).

궤를 방지하고, 제언과 비보소의 우거진 나무를 벌채, 전지로 경작한 자에게는 장(杖) 80의 처벌과 그곳에서 얻은 수익 모두는 몰수당하였다.[52]

따라서 관할 지역 내 제언의 축조와 관리의 일차적인 책무는 해당 지방관에게 있었다. 제언이 제 기능을 다하지 못할 경우에는 실무 책임자인 감관·색리와 더불어 처벌을 받았다.[53] 19세기 전반 화성유수에 재임 중이던 서유구(徐有榘)가 봄·가을로 행한 현륭원·건릉 대봉심 때 "만년제 동(垌)막이 안을 간심(看審)해 보니 모두 탈이 없고……"라고 기록한 일기에서도 알 수 있듯이,[54] 화성유수는 춘·추 2회로 만년제에 대한 정기적인 현장조사를 행하고 그 이상 유무를 국왕에게 보고할 책무가 주어져 있었다. 여기에서도 만년제가 '현륭원과 건릉의 부속 수리시설'로써 그 철저한 보수와 관리의 대상이 되고 있음을 확인할 수 있다.

한편 정조의 서거 후 건릉이 현륭원 아래 동쪽 기슭에 위치하게 되자 능원의 경계, 곧 금양(禁養) 구역도 새로 확대 재조정되었다. 예컨대 산릉의 정계(定界)는 능 위 백호 하단에서 섬암(蟾巖)·만년제·문시랑 남쪽, 우발현 서변에 이르렀다. 또한 능원 후면 초봉에서 와우현·홍범산·금당암·봉조봉·외남산 일대가 원소에 소속되었고, 형제동에서 성황산·대황교·작현(유첨현)·안녕리·세람교에 이르는 일대는 능소에 속해졌다. 능원 맞은편 노적봉을 원소의 외안산으로 삼고, 독성산성·양산봉을 능소의 외안산으로 삼아 경계를 획정했는데[55], 『건릉지』권1 「능원침내금양전도」의 금양 구역들이 모두 이때에 편입된 것이다.

순조대에 이르러서도 초년부터 만년제를 포함한 능원 화소 내의 식목

---

52) 『경국대전』호전 전택.
53) 『속대전』호전 전택.
54) 서유구, 『화영일록』, 병신(헌종 2) 2월 20일 및 8월 15일.
55) 『일성록』순조 즉위년 10월 22일(신미).

사업은 계속되었다. 정조 서거 후 처음에 능침이 현륭원 아래 동쪽 기슭에 위치하게 되자 만년제의 북동 제방을 원소의 어로로 사용했으나, 능소 어로를 재실 밖으로 새로 정하면서 그대로 원소의 어로를 겸용하는 변화가 있었다.

따라서 만년제의 북동 어로를 그대로 둘 수 없었으므로 제언 위에 소나무를 식목하였다.[56] 순조 3년(1803) 12월 화령전(華寧殿)의 봉심 차 다녀온 김조순(金祖淳)의 보고에 의하면[57], 만년제 상하에는 애초에 나무를 심지 않았으나 제언 여러 곳에 두루 잡목을 식목했다는 것, 물길이 좋아 전에는 50여 석을 파종할 정도였다는 것, 제언 아래의 전답은 광활하고 관개가 좋아 원군(園軍)이 경작하며 전에는 1천여 석을 관천고(筦千庫)에 수납했으나 현재는 100여 석에 불과하므로 토지 경작자들에게 전처럼 경작할 수 있는 여건을 마련해 주자는 것이 그 요지이다. 또한 이 해 12월 20일 차대(次對) 때 화성유수 조윤대(曺允大)는 만년제 주변의 식목과 경작의 문제점을 다음과 같이 보고, 왕의 윤허를 받고 있다.

> ······ 만년제 좌우는 모두 언덕이고, 못물을 비축·배설하는 것에 비하여 높고 건조하여 흙을 돋워 식목할 수 있다고 하지만, 제언 가운데 물이 정지하는 곳에 이르러서는 비록 흙을 돋우고 나무를 심어도 생장할 수 없는 형세입니다. 제언 아래는 더욱 돋워 축조할 수 없습니다. 지금 만약 그 형편을 조사하여 이미 심은 나무는 다른 곳에 옮겨 심고, 되돌려 다시 (논으로) 경작하면 좋을 것 같습니다.

또한 순조 4년 10월 영돈녕부사 김조순의 보고에,

---

56) 앞의 책, 순조 1년 3월 4일(경진).
57) 앞의 책, 순조 3년 12월 11일.

...... 만년제 아래 수전 중 소나무 심은 것은 이식하고, 토전은 되돌려 개간하도록 아뢰어 윤허를 받았습니다. 이번에 가서 보니, 이미 식목하고 개간한 곳이 약간 되는데, 되돌려 개간할 때 전호의 물력이 많이 들어갔으므로, 이 무리들이 다른 선례의 근거하여 3년 후 세금낼 뜻을 본부에 호소한 즉 ...... 58)

라고 그 문제점을 지적하고 있는 것으로 보아, 정조 말년 제언의 아래쪽 논에도 상당수의 소나무가 식목되어 있었음을 알 수 있다. 따라서 위의 기사에서 만년제 아래 수전에 식목한 소나무를 다른 곳에 이식하고 개간하여 경작케 하되, 민원을 일부 참고하여 수납액의 절반을 되돌려줄 것을 진언하고 있는 데서도 당시 식목에 따른 수전 경작지가 줄어들어 오히려 민원의 대상이 된 일련의 정황을 어렴풋이나마 파악할 수 있다.

한편 만년제 주변에 대한 식목사업은 이후에도 계속되어 순조 7년 (1807) 10월에도 만년제에서 안녕리 좌우에 이르기까지 회목(檜木) 111주, 소나무 437주를 보식하는 등 식목 사업이 제언 주변에 간헐적으로 시행되었음을 알 수 있다.59) 이후에도 만년제 좌우변에 회목 25주를 식목했고60), 순조 11년에는 재실에서 만년제, 작현에서 양산봉에 이르기까지 간간이 벌채했다는 기록도 보인다.61)

8. 만년제 수축의 역사적 의의

만년제는 정조 말년 수원지방에 시험적으로 수축한 만석거·축만제 등과 함께 3대 제언의 하나이며, 이 고장의 농업진흥을 위한 수리관개시설

---

58) 앞의 책, 순조 4년 10월 30일(을유).
59) 앞의 책, 순조 7년 10월 13일(신사).
60) 앞의 책, 순조 8년 10월 13일(을사).
61) 앞의 책, 순조 11년 10월 21일.

로써, 또 현륭원 원소 동구에 위치한 제언으로서의 독특한 기능과 의미·성격을 지니고 있다. 이 제언의 수축을 수리사적 측면에서, 또 능원 동구의 제언으로서의 의미를 고려, 그 역사적 성격과 의의를 간추려 요약하면 다음과 같다.

첫째, 만년제는 만석거·축만제 등과 함께 정조가 '홍수공(興水功)'을 농업진흥의 첫째 요건으로 꼽는 차원에서 스스로 입안한 수리정책을 화성에서 우선적으로 시행, 전국적인 면에서 실험적 성격을 지닌 저수관개 시설이라고 할 수 있다.

정조 앞시대인 제언사목(堤堰事目)을 입안한 17세기 중엽의 현종대나 18세기 중엽 영조대의 제언별단(堤堰別單)에서 지향하려 한 수리정책이 새로운 제언의 신축이라는 과제에 중점을 두고 있었다. 그러나 정조대의 수리정책은 기존의 제언에 관심을 집중, 이들에 대한 개·보축을 통해 수리시설로서의 기능을 회복하고 이를 철저히 관리하려는 측면에 보다 크게 역점을 두어 시행하려고 하였다.62) 따라서 제언의 신축보다는 지형적으로 수계상 풍부한 수원을 확보하고 있음에도 불구하고 그 관리의 소홀로 인해 폐언화(廢堰化)된 제언의 개·보축이 보다 효율적이고 실용성이 있을 것으로 판단했던 것 같다.

그런 뜻에서 정조가 조심태 등의 건의로 화성에서 수축한 제언들은 거의 저습지로서 수원은 풍부하지만 당시까지 체계적인 저수시설로서의 기능을 상실하고 있는 것들이었으며, 이에 대한 대대적인 개·보축을 시도하는 데 관심을 집중한 결과물들이다. 그리고 전국적으로 제언 수축을 장려하기에 앞서 먼저 자신이 건설한 신도시 화성에서 시험해 봄으로써 농

---

62) 염정섭, 『조선시대 농서 편찬과 농법의 발달』, 서울대 대학원 박사학위 논문, 2000, p.208.

업진홍을 위한 수리시설 축조의 시범적이고 실험적 사례를 보이려고 하였다.

둘째, 만년제는 화성 내에 실험적으로 수축된 다른 제언과 마찬가지로 수리시설로서의 기능을 계속 유지하기 위해서는 철저한 관리가 필요함을 주장함으로써 정조가 지향하려던 수리정책의 면모가 그대로 반영되어 있다. 정조는 조선후기 이앙법(移秧法)이 전국적으로 확산되는 시점에서 농업진홍을 위한 제1요건으로 대규모 수리시설의 중요성을 절감하였다. 그리고 이미 풍부한 수원을 바탕으로 기축(旣築)되었던 수리시설의 개·보수 뿐만 아니라 제언의 유지 관리에 초점을 맞춰 그 기능을 효율적이고 현실성있게 활용하는 데 그 목표를 두었음은 주목할 점이다.

국왕 자신이 수리시설을 유지·관리하는 데 중점을 두어야 한다는 입장은, 비단 정조 뿐만 아니라 「농서윤음(農書綸音)」에 대한 응지정소(應旨呈疏)한 그 시대 농촌지식인들의 견해에도 적지 않게 강조되고 있었다. 예컨대 정조 22년 12월 16일에 정소한 홍주(洪州) 유학 신재형(申在亨)은 민력과 관력(官力)의 동원을 통한 제언 관리의 대책을 제시했고[63], 부사과(副司果) 이희순(李義淳)은 도신(道臣)에게 신칙하고 인근 읍과 협력하여 호서의 합덕제언(合德堤堰)의 소착과 개·보축의 대책을 제시한 바 있었다.[64]

이러한 시대적 정황 속에서 정조는 왕 22년 11월에 내린 「농서윤음」에서 호남의 벽골제(碧骨堤), 호서의 합덕지(合德池), 영남의 공검지(恭儉池) 등의 제언에 대한 보수와 수리시설로서의 기능을 철저히 유지 관리해야 할 것을 강조한 것도[65], 당시 정조의 제언관(堤堰觀)이 어떠했는가를 잘

---

63)『承政院日記』1802책, 정조 22년 12월 16일(을사).
64) 앞의 책, 1800책, 정조 22년 11월 21일(경진).
65)『정조실록』22년 11월 기축.

보여주는 대목이라고 할 수 있다.

셋째, 만년제는 제언 아래에서 황구지천과 돌곶이(石串里)에 이르는 일대의 들판, 곧 흔히 '만년들'이라고 불리는 일대의 논에 농업용수를 공급하는 수리기능 뿐만 아니라 풍수형국상 현륭원의 수구(水口)에 해당되는 원소 동구에 수축한 '능원 동구형 제언'으로서의 독특한 의미와 성격을 드러내고 있다. 따라서 만년제는 현륭원의 풍수형국과 관련된 부속 수리시설로 간주, 화성유수가 매년 춘·추로 현륭원·건릉의 대봉심 때 제언의 상태를 간심, 이상 유무를 국왕에게 보고할 정도로 그 비중이 컸다.

옛 수원부 읍치가 위치했던 곳에 천봉한 현륭원은 일찍이 효종의 사후 윤강(尹絳)·윤선도(尹善道) 등의 조신(朝臣)과 홍여박(洪汝博) 등의 술사가 능묘의 후보지로 추천할 만큼 '똬리를 튼 용이 여의주를 희롱하는 것과 같은 형국(盤龍弄珠之形)'이라는 표현에서도 알 수 있는 것처럼 천하제일의 명당 터로 꼽혀 왔다.[66]

『일성록』정조 21년 8월 17일 기사에 만년제는 "원소의 수구이므로 또한 감여(堪輿)의 이치에 부합된다"는 서유린의 말이나, 22년 2월 21일 기사에 "만년제의 수문은 반드시 오방(午方, 남쪽)에 열어야 한다"는 정조의 지침, 그리고 제언 중심부에는 '흙덩이로 만든 조산(造山)인 괴성(塊星)을 원추형으로 설치한 사실 등은 모두 원침(園寢)과 일정하게 조응되는 풍수 방위상 비보소(裨補所)로서의 독특한 상징적인 의미와 성격을 지닌 인공 조형물임을 알 수 있다,.

넷째, 만년제는 현륭원 동구 원행로변에 위치한 데다가 북쪽 제방(北垌)은 원소의 어로로서 정조 말년까지 이용됨으로써 이 제언은 수리시설로서의 관개 기능과 함께 풍수형국상 비보적 성격을 지닌 능원 동구형 제

---

66) 최홍규, 『정조의 화성건설』, p.74.

언, 현륭원의 부속 수리시설, 그리고 원행 때 어로로서 활용되는 다양한 기능을 아울러 간직하고 있었다.

원행 때 원소의 어로로 이용되던 만년제 북동은 정조의 사후 능소 어로가 변경됨에 따라 회목과 소나무를 식목하여 자연경관을 한층 돋보이게 가꿨다. 따라서 만년제의 동쪽 제방과 남쪽 제방에 식목된 버드나무, 그리고 제방 호안에는 잔디를 입히고, 그 가장자리에 창포·백목련·연꽃 등 수생식물을 파종·식재하여 아름답고 아취있는 지당(池塘)으로서의 모습을 드러냈다. 무엇보다 조선후기에 축조된 능원 동구형 제언으로서의 모범이 될 수 있도록 정조의 각별한 효심과 배려 아래 수축한 제언이라는 사실에 주목할 필요가 있을 것 같다.

Ⅲ. 만년제의 정비와 도시개발에 따른 활용 방안

1. 국유지에서 사유지로의 변화

18세기 말 민본군주 정조가 구읍치 지역에 수축한 만년제는 제언 아래에서 만년들에 이르는 수전의 관개를 위한 농업용 수리시설이자 현륭원 수구(水口)의 풍수적 비보소(裨補所)로서의 기능을 아울러 가진 '능원 동구형 제언'이다. 그러나 이 제언은 수축 후 210년이라는 세월이 경과하는 동안 자연의 풍화와 관리의 소홀, 역사의 전변 과정에서 산업구조의 변화 등으로 저수와 관개기능을 상실한 채 대부분의 저수공간은 인위적으로 매립되고, 주변은 공장의 폐수와 축사의 분뇨, 그리고 거의 쓰레기장화된 상태에서 현재는 그 절반 정도가 겨우 논으로 경작되고 있을 뿐이다.

본래 이 일대의 토지는 현륭원 천봉과 이읍 당시부터 민간의 논·밭·대지와 임야를 토지수용, 현륭원 소속 관천고 등이 관장 수세하는 둔전과 창덕궁 소유의 임야, 그리고 민전 등이 산재해 있었다.

그러나 일제 식민지시대 초기인 1911년~1918년 조선총독부가 시행한 조선토지조사사업 때 대부분의 전·답·대지 등은 조선총독부 소유(일제는 무상편입 후 '국유지'라 불렀음) 형식으로 강탈했고, 임야와 일부 지소(池沼)만 겨우 당시 이왕직(李王職) 소유로 남겨 두었다.

『수원군 안룡면 안녕리 토지조사부』(조선총독부, 1911년 작성)에 기재되어 있는 만년제 상·하 일대 토지들의 신고 통지 연월일이 거의 1911년 (대정 44) 4월 20일로 기재되어 있으며, 임야를 제외한 논·밭·대지 등은 거의 대부분 소유자를 '국유지'로 기재해 놓았다. 이『토지조사부』에 의하면 안녕리 2~7번지의 토지(田) 9,894평만 겨우 조선인 사유지일 뿐 1번지를 포함 8~188번지에 이르기까지 임야와 일부 지소를 제외한 대부분의 토지들은 조선총독부에 의해 무상몰수나 다름없게 토지소유권 이전을 강제 점유, 일제의 재산으로 국유화시켜 버렸다.

즉, 조선총독부 소유지는, 전의 경우 소계 25만 797평 중 조선인 소유 9,894평을 제외한 24만 903, 답의 경우 소계 50만 4,657평 전부, 대지 소계 2만 154평 전부, 지소(池沼) 소계 9,751평 중 152번지 이왕직 소유의 만년제 7,257평을 제외한 2,494평은 국유, 임야 3만 9,022평은 모두 이왕직 소유로 나타나 있다. 따라서 안녕리 1~188 지번 내의 총지적은 82만 4,381평 중 조선인이나 이왕직 토지는 전 9,894평, 지소 7,257평, 이왕직 소유의 임야 3만 9.022평, 합계 5만 6,173평을 겨우 헤아릴 뿐 조선총독부 소유인 국유지는 76만 8,208평으로 총지적 중 절대 다수인 93.2퍼센트를 차지하고 있어 일제의 조선토지 침탈정책이 얼마나 광범위하고 악랄했는가를 알 수 있다. 일제 식민지 최고 통치기관인 조선총독부가 국유지란 명목으로 강제 점유해 버린 이 76만 8,208평의 토지야말로 바로 과거 융릉과 건릉의 보수 경비와 능·원소 관리들의 생계를 위해 경작되던 토지들(둔전 포함)이었음은 말할 것도 없다.

따라서 1911년 당시에 작성된 폐쇄지적도 등본에 표시된 만년제의 서동(西垌) 위 서남쪽 일대의 논·밭(지번 151~164번지), 동동(東垌) 아래 동남쪽 일대의 논·밭들(지번 135~151번지) 역시 지난날 현륭원과 건릉

관할하의 경작되던 토지들이었음을 확인수 있다. 여기에서 참고로 안녕리 146번지 2만 1,957평의 만년저수지(맨드리방죽)는 1911년 당시 지목이 답으로 표시되어 있는데, 이는 남산 기슭에서 만년골을 경유해서 흐르는 물길을 따라 형성된 토사의 퇴적지에 모경(冒耕) 등의 방법으로 답으로 경작되고 있었을 것으로 추정된다.

이 조선총독부 소유의 국유지들은 일제의 식민지 경영을 위한 토지정책상 1920년대 초 다시 동양척식주식회사에게 소유권이 이전되었다가 1945년 해방 후 안녕리 152번지 만년제와 그 일대의 토지들은 문화재관리국을 비롯한 국유지로 편입되었다.

그 뒤 5·16 군사혁명 후 1963년 개간법에 의해 약 20만 평의 황무지와 임야 개발을 목적으로 예비역 군인이 주도한 개척농장을 설립, 그해 7월 하순 당시 박정희 국가재건최고회의의장 참석 하에 개척농장 기념식이 개최됨으로써 이 지역은 또다시 역사적인 큰 변화를 맞았다. 개척농장에서 운영하는 소목장은 10여 년 후 우리나라 유수의 목장으로 성장했고, 이에 더하여 주말농장 설치 분양이 계획되어 국유지 임야를 개발, 토지를 분양하기 시작한 것도 이때의의 일이었다. 이 시기의 급격한 지역변화의 정황은 육군장교 출신으로 개척농장 시절 주도자의 한 사람으로 참여 활동한 고 주신성씨의 아들 향토사연구가 주찬범씨(당시 51세)와 현 만년제 인근 지역주민들의 증언을 통해 소상히 확인할 수 있었다.

만년제 또한 국가시책에 따라 1964년 2월 26일 문화재관리국 소유의 국유지에서 용주농지관리계에게 불하되었다. 용주농지관리계에서는 2년 간 이곳을 양어장(養魚場)으로 이용하다가 1966년부터는 저수된 물을 빼고 논으로 경작해 오던 중 1990년 3월 7일 용주농지관리계에서 이정섭외 11인에게 다시 매각함으로써 민간인의 사유지가 되어 오늘에 이르렀다. 이곳에서 유·청소년기를 보낸 주찬범씨의 증언에 의하면, 1960년대 초만 해도 만년제는 약 4,500여 평이 연꽃밭으로 변해 늦봄이면 희고 붉은 연꽃이 만발하여 일대 장관을 이루었다고 한다. 주민들은 이때가 아름다운 만년제의 연꽃밭, 160여 년 정조시대에 파종했던 그 유서깊은 연꽃의 기품있는 자태를 볼 수 있던 마지막 기회가 되고 말았다고 아쉬움을 술회하고 있다.

2. 경기도기념물 제161호 만년제

앞의 현대시기의 역사 변천과정에서도 단적으로 나타나 있듯이, 정조시대의 농업유적 만년제가 오늘날처럼 볼품없고, 황량하고, 초라한 모습으로 남아있게 된 배경에는 원초적으로 우리 정부의 잘못된 이 지역에 대한 개발정책에 1차적인 책임이 있다. 그것은 바로 만년제 부근 안녕리·송산리 일대의 국유지를 개척농장과 주말농장으로 개발하는 과정에서 1964년 만년제(문화재관리국 소유)와 부근의 토지를 농지관리수리계에 불하하고, 1990년 다시 이를 민간인 12인에게 매각하는 등 일련의 조치는 문화재의 가치나 의미를 도외시한 역사의식의 부재에 기인한 것이었다. 그 결과 만년제가 정부의 무지한 개발정책과 문화재에 대한 무관심의 결과 국유지에서 사유지로 전환함에 따라 이후 정조시대에 축조된 수리기념물·농업유적으로서의 기능이나 의미는 완전히 사라지게 하는 단서를 제공한 것이다.

이에 비하여 그 이전 일제 식민지시대에는 어떠했는가? 만년제 문제에만 한정해볼 때 일제는 오히려 역사유적을 대하는 태도가 독립된 우리 정부와는 달랐다. 일제는 융릉·건릉에서 관리하던 일대의 토지를 임야를 제외하고 거의 모두 조선총독부의 소유로 강제 점유, 국유화시켜 버렸다.

그럼에도 불구하고 유독 지소(池沼) 명목의 만년제만은 조선총독부의 점유에서 제외, 이왕직 소유의 토지로 편입하였다. 이는 아마도 일제 측의 입장에서 볼 때 만년제만은 융릉·건릉과 직·간접적으로 관련이 깊은 수리농업유적으로, 또 그 부속시설로써의 의미와 성격을 인정하지 않을 수밖에 없는 당위성에서 비롯된 부득이한 조치였을 것이다.

이에 대해 식민지지배에서 벗어나 독립국가를 유지해온 우리 정부는 이를 보존 관리해야 할 책임이 있음에도 불구하고 오히려 자기의 역사문화유적에 대한 무지와 무관심으로 가차없이 황무지나 다름없게 이를 방기해 버렸다. 이 한 가지 사실만 보아도 우리 국가나 지방정부가 민족문화에 대한 인식면에서 일제 식민지 당국자보다 전통문화에 대한 안목과 수준이 한층 열악하고 한 수 아래였음을 쉽게 알 수 있다.

오늘의 시점에서 회고해 볼 때, 현실적으로 먹고 사는 생존의 문제에만 급급했던 1960년대 초의 사회 형편과 시대상황을 이해못할 바는 아니다. 그러나 적어도 융릉·건릉과 직·간접으로 관련되고 지난날 정조시대의 수리시설인 농업유적에 대한 근시안적인 시책과 무지의 결과가 급기야 오늘날 만년제의 일그러진 모습에 고스란히 담겨있는 것 같아 후세인의 한 사람으로써 자괴지심(自愧之心)을 떨칠 수 없게 한다.

이처럼 망가지고 일그러진 모습으로 남게 된 만년제는 그 단초가 1960년대 초 이 지역에 대한 군사정부의 개척농장·주말농장의 개발이 추진하는 와중에 문화재관리국 소유의 국유지가 민간인에게 불하·매각되는 과정에서 생성된 결과물이다. 정조시대의 농업진흥을 위한 수리정책과 풍수적 성격이 가미된 '능원의 동구형 제언'으로서의 만년제가 갖고 있는 농업유적으로 모습은 이 시기에 이미 파괴·상실된 것이나 다름없다. 그 이후 이에 더하여 전통문화의 과실인 문화재에 대한 소홀하고 무지한 지방정부의 문화행정 또한 만년제의 의미와 기능을 회복 불능하게 만드는 데 큰 요인으로 작용하였다. 만년제가 국유지에서 사유지화하는 과정에서도 전통문화에 대한 식견과 안목을 가진 도·군의 단체장이나 문화행정 담당 부서에서는 당연히 그 부당성을 정부에 진언해야 했음에도 불구하고 왜곡된 정책을 일선에서 무작정 순응해서 시행한 데 대한 그 책임 또한 면할 길이 없다.

오늘의 시점에서 우리 모두는 정조시대 수원지방에서 수리시설로 축조된 3대 제언 중 유일하게 만년제만이 국유지에서 사유지로 불하·매각되었음은 깊이 반성해야 할 점이다. 현재 수원시 송죽동 239-2 등의 만석거는 시유지로서 제언의 거의 3분의 1 부분이 매립되어 만석공원으로 활용되고 있다. 그러나 오래 전부터 저수된 물의 정화작업을 지속적으로 추진한 결과 오염되었던 수질이 상당 부분 양호해졌고, 2007년 8월부터는 호안 일대에 잔디 식재를 시행하여 생태공원으로서의 면모를 일신해 가는 가운데 휴식공원·역사공원·체육공원으로 활용되어 널리 시민들의 사랑을 받고 있다. 다만 만석거는 그 형상이 상당 부분 훼손·변경되었다는 이유로 아직까지 도지방문화재급으로 지정되지 않은 상태에서 수원시 향토유적 제14호로 남아 있는 것이 크게 아쉬운 점이다.

수원시 화서동 436-1 일원에 위치한 축만제 또한 현재까지 농촌진흥청 소유의 국유지로서 2005년 10월 늦게나마 3대 제언 중 만년제와 함께 도 기념물 제200호로 지정되었다. 축만제는 1904년 경부선 철도 부설 당시 동쪽 제방은 물론 호수면의 상당 부분이 철도 부지와 도로 부분으로 수용 편입되었고, 도시개발 과정에서 서쪽과 북쪽 호수면도 적지 않게 축소되어 본래의 제언의 원형보다는 그 면적이 상당 부분 축소되어 있다. 그러나 수원시 소재의 만석거·축만제는 도시개발 과정에서 그 형상이 줄어들었음에도 불구하고 항상적으로 물이 저수된 상태에서 물·나무·꽃이 어우러진 숲과 도시공원으로서 시민들이 즐겨찾는 휴식과 운동공간으로 널리 활용되고 있다. 이 두 제언이 아직도 저수공간으로서 그 형태나 기능이 유지될 수 있었던 것은 모두 국공유지였기 때문에 가능했던 것임은 말할 것도 없다.

그러나 만년제의 경우는 어떠했는가. 1964~1990년 국유지를 민간에 불하·매각된 이후 그 보존 관리면에서 급격한 형상 변경이 행해졌다. 더욱이 근시안적인 도시개발과정에서 남산 동쪽 기슭 수원이 풍부했던 저습지에는 난개발의 상징인 남산공단이 조성되고, 서남쪽 기슭에는 라비돌과 골프장, 그리고 만년제와 인접한 능안천 남쪽 야산 일대에는 중외제약이 들어서 있다. 그동안 진행된 만년제 주변 일대에 대한 무질서한 난개발의 결과, 그 옛날 능안천 물길의 주류를 이룰 만큼 풍부했던 수원(水源)은 모두 오염되거나 고갈되고, 황폐화된 일대의 자연생태환경은 열악하기 짝이 없다. 제언 주변의 무질서한 도시환경의 조성은 만년제의 사유지화 등과 맞물려 경기도·화성시의 근시안적인 건설행정·문화행정의 축소판 전시현장인양 착각하게 할 정도로 주위 일대의 자연경관이나 도시경관 모두 불량의 극치를 이루고 있는 것이 오늘의 현실이다.

열악하기 짝이 없는 주변환경을 배경으로 국가에서 방기하듯이 민간에게 불하한 사유지 만년제에 대하여 경기도·화성시에서는 1996년 7월 도기념물 제161호로 지정, 지목이 유지인 사유지 23,451㎡가 문화재구역으로 설정된데 이어 2003년 5월에는 주위 일대 20,851㎡를 다시 문화재보호구역으로 추가 지정하였다. 이때 편입된 토지는 사유지 15필지 37,102㎡, 국공유지 14필지 8,182㎡, 총 44,032㎡이었다.

문제는 만년제를 도기념물로 지정한 이후 문화재구역·문화재보호구역 내의 주민은 물론 인근 일대의 지역주민·토지소유자·사업자 등에 대한 각종 규제로 인한 말할 수 없는 고통과 갈등을 안겨 주었다는 사실이다. 국가와 지방정부는 볼썽사나운 자식 대하듯이 제언으로서의 형상이나 기능이 완전 상실했던 국유지를 유기하듯이 민간에게 떠넘겨 버렸다. 그리고 다시 지방정부는 허울뿐인 문화재 지정에 따른 사전 사후의 아무런 준비나 보존관리의 대책도 없이 민간의 사유재산에 대한 규제만 강화하는 등 만년제와 주변 일대는 실로 자가당착의 경기도 문화행정 시행의 현장이 되어버렸다. 결국 책임과 손해를 일방적으로 국민에게 떠넘겼던 국가와 지방정부는 빠져 버리고 재산상의 손실과 정신적 고통은 오로지 인근 일대의 지역주민들의 몫이 되어버린 셈이다.

3. 복원시의 문제점과 정비 방향

앞에서 살펴본 것처럼, 만년제는 현대국가와 지방정부의 무지한 문화정책의 결과 국유지에서 사유지로, 또 지방문화재의 지정을 전후해서는 사전 사후의 보존 관리가 전무한 상태에서 각종의 규제만 강화시키는 등 무책임하고 편의주의적인 태도로 시종하였다. 또 이러한 무사안일, 무책임하고 편의주의적인 문화행정의 결과 정조시대의 수리농업유적을 오히려 파괴하는 단초를 제공했을 뿐 아니라 소중한 역사문화유산을 회복할 수 없으리만큼 구제불능의 기형아로 만들었다. 그리고 지방정부에서 사전 사후의 아무런 보존 관리를 마련하지 않은 상태에서 도기념물로 지정하고, 사유지 재매입을 통한 토지수용 대책이나 해당 문화재를 어떻게 정비 복원하고 주변 일대를 어떻게 정비 관리해 나갈 것인지에 대해서는 별다른 구체적인 대안을 마련하지 않은 상태에서 현재에 이르렀다.

그렇다면 그동안 해당 지역은 물론 인근의 지역주민·토지소유자·사업자 등에게 재산상의 손해와 정신적 고통만을 안겨준 채 방치해둔 도기념물 만년제를 복원 정비를 할 경우, 우선순위로 해결해야 할 현실적 문제점에 대한 대책과 바람직한 방향 등의 모색은 이제 초미(焦眉)의 관심사가 아닐 수 없다.

보다 현실적인 관점에서 복원 정비에 따른 그 문제점과 함께 방법론·방향 등을 뭉뚱그려 그 개괄적인 내용을 간략히 시론삼아 모색해 보기로 한다.

첫째, 만년제는 농업을 무본(務本)으로 삼던 18세기 말 농업진흥을 위한 수리관개시설로 축조한 농업유적이다. 과연 이 제언이 오늘날 정비 복원된 이후 제언 아래 펼쳐진 주변 일대의 논에 관개할 수 있는 수리시설로써의 기능을 얼마나 회복할 수 있는가 하는 현실적인 유용성 여부가 문제된다.

물론 이것이 가능하기 위해서는 이 제언 안으로 물길을 항상적으로 인수하여 저수할 수 있는 자연적 수로(水路)와 인공적 시설물의 확보가 전제되어야 한다. 그러나 1964년 2월 이전 문화재관리국 소유의 국유지로 존재하던 때부터 주변의 자연지세와 물길의 여건 등으로 제언으로서의 기능이 거의 소멸되고 있었다. 더욱이 황무지를 떠넘기듯이 사유지로 불하·매각된 이후 주위 일대에 대한 열악하고 무차별적인 성급한 도시개발로 인해 수원(水源)은 차단되고 오염되었으며, 또 연못 가까이 능안천에서 인수(引水) 저수할 수 있는 수량(水量)을 확보할 수 있기란 연목구어(緣木求魚)격이나 다름없는 불가능한 상황이 되어버렸다.

제언의 의미와 기능이란 물길을 인수하여 물을 항상적으로 서장할 수 있는 저수공간이 있을 때 가능한 것인데, 만년제가 위치한 오늘날 주변 일대의 자연조건, 곧 수계상 현실적으로 이것이 거의 불가능하게 되어 있다. 18세기 말 정조시대에 화산과 남산 기슭에서 발원하여 흐르던 물이 능안천에서 합류되고, 능안천 상류에 설치했던 상보(上洑)의 물이 인수 유입되던 그 물길 모두가 주변 일대의 도시개발로 인해 원천적으로 차단되어 버렸다. 예컨대 풍부한 수량의 발원지였던 남산 기슭 저습지에는 남산공단이 들어서고, 여기에 본류를 둔 만년저수지나 무시래방죽 또한 무차별 도시개발의 영향으로 물의 유입이 줄어들어 저수 수량이 날로 감소되는 추세에 있다.

오늘날 그나마 만년제 아래 일대의 논들은 현대시기에 이들 저수지를 경유하여 흐르는 능안천의 물을 이용하여 수전 경작이 겨우 가능할 뿐이다. 그리하여 일부 논바닥과 도로 표면 수준으로 매립된 만년제의 저수된 물은 완전 고갈되어, 이미 오래 전부터 그 물을 이용해본 적이 전혀 없다고 제언 아래 논 경작자들은 이구동성으로 말하고 있다.

따라서 만년제가 복원 정비된다 해도 수리시설로써 원형에 가까운 모습이나 기능을 갖추는 일도 현실적으로 지난(至難)할 것으로 보인다. 또 설사 수돗물을 만년제에 저수한다 해도(그것도 현실적으로 실현 불가능하지만) 그 물로 농경을 영위한다는 것은 현실적으로 '억지 춘향격'의 억설이나 다름없다. 이렇게 주변 일대의 자연환경이 변모된 현실적인 여건 면에서 수리기능이 불가능한 만년제는, 더 이상 18세기 말 수축 당시 일대의 논에 농업용수를 관개하던 제언으로써의 기능을 더 이상 수행할 수 없음은 명약관화한 일이다.

둘째, 만년제는 정조시대 농업용 수리관개시설이자 현륭원의 수구(水口), 곧 비보소(裨補所)로서의 풍수적 의미를 지닌 '능원 동구형 제언'으로서 축조된 것이다. 그러나 수축한 지 210여 년의 시간이 흐르는 동안 세월의 풍화와 산업구조의 변화, 그리고 현대시기에 국가와 지방정부 주도로 이 지역의 개발과정에서 국유지에서 사유지로 전환되었다. 이와 동시에 무책임하게 방치한 결과 제언 유적으로써의 그 형상이 원형을 거의 알아볼 수 없을 정도로 변모되었고, 농업용수의 관개기능 또한 완전 상실되어 버렸다.

더욱이 사유지로 매각된 이후 주변지역의 도시개발로 인해 만년제의 동쪽 제방(東垌)은 중외제약의 진입로 2차선 도로로 사용 중이며, 정조의 원행 어로였던 북쪽 제방(北垌) 또한 융릉·건릉 방면으로 진입하는 84번 신설도로가 확장됨에 따라 1차선 이상이 도로 부지로 수용되었다. 현재 제언 내의 저수공간 바닥은 흙으로 매립되어 2분의 1 이상은 답과 전, 그리고 컨테이너·주택 등 불법건축물이 들어차 있다. 또한 제언 중심부에 설치했던 풍수적 의미의 인공 조형물 괴성도 거의 파괴되었다. 이제까지 제언의 상·하수문과 은구(隱溝), 또한 상수문으로부터 278보 위에 설치했던 상보(上洑) 등의 위치, 하수문에 설치된 11층 격판을 끼우던 수갑(水閘) 시설의 구조, 그리고 제언 4변 동(垌)의 축조 방식인 편결의 형태 등 제언의 구조물의 위치나 특징은 어느 것 하나 명쾌히 구체적으로 확인된 것이 없는 상태이다.

따라서 현재 제언의 지적(토지면적)은 수축 당시보다 많이 줄어들고 절반 이상이 매립되었으며, 전답과 건물들이 들어선 인접지역의 주변 환경도 원형 그대로 제언을 복원하는 데는 많은 한계와 난점이 뒤따른다. 그러나 대국적인 견지에서 만년제의 복원 정비를 굳이 시행한다고 하면, 토지조건이 허락하는 한 『일성록』정조 22년 4월 28일 기사에 의거 원형 그대로 복원 정비하는 것을 원칙으로 하되, 어차피 변화된 토지 여건을 감안한다면 축소된 규모와 형태일 수밖에 없게 될 것이다. 그러므로 제언으로서의 그 의미나 기능이 상실된 현시점에서 볼 때 농업용 수리시설이라기보다는 역사적 상징물로써 복원 정비할 수밖에 없다. 이 시점에서 제언으로서의 기능은 아무런 의미가 없으며, 그보다는 현실에 맞는 역사적 의미가 깃든 상징적인 농업유적을 인식한다는 수준에서 자연생태공원 등으로 활용하여 시민과 관광객들이 즐겨찾을 수 있는 휴식장소로 적극 활용할 수 있는 현실적 방안을 과감히 모색해야 할 것이다.

오늘의 산업구조는 '농자천하지대본(農者天下之大本)'이라는 전근대사회의 중농적 의식을 고수할 수 없게 된 것이 현실인데, 이는 구조적으로 농업이 조선시대처럼 국가기간산업으로서의 그 비중이나 의미가 크게 퇴색되었기 때문이다. 정조가 자기 시대의 농업진흥을 위한 제1요건으로 내세웠던 '흥수공(興水功)', 곧 수리시설로써 제언의 기능과 의미도 크게 달라졌다. 농업의 비중이 점차 줄어들고, 농업구조 또한 수전농 중심에서 특작물 재배를 위한 밭농사를 전환되고 있는 가운데 만년제가 위치한 태안읍 안녕리 일대는 핵심적인 도시개발지역으로 전환하는 추세에 놓여 있다.

더욱이 이미 지형적으로 물길이 고갈되고 수계(水系)가 차단된 지점에 위치한 만년제는 더 이상 농업용 수리시설로써의 기능을 완전 상실된 상태이며, 저수공간으로써의 그 정비 복원 문제 또한 현실적으로 거의 불가능에 가깝다. 이미 남산 기슭 만년골에 위치한 만년저수지나 방축동의 무시래방죽이 근·현대시기까지 폐언화된 만년제의 저수 수리기능을 대신해오고 있는 게 현실이니만큼 정조시대의 농업유적 만년제의 복원과 그 활용문제는 이러한 시대정황과 현실적 여건 아래서 신중히 검토해야 할 사안이라고 생각한다. 역사적 의미에서 수리관개 기능을 강조하기보다는 정조시대의 수리시설을 상징하는 농업유적으로써 그 상징성을 부여함과 아울러 해당 지역을 물·꽃·잔디·수생식물·나무가 어울린 자연생태공원으로 적극 활용하는 것이 보다 현실성 있는 유용한 방법이라고 생각한다.

셋째, 다만 만년제가 위치한 안녕동 152번지를 대상으로 정조시대의 농업진흥을 위한 기념물로 무리하게 복원 정비할 경우, 과연 그것이 문화재로써 어떤 의미를 갖고, 그 활용도가 어떨 것인지 신중히 검토하고, 지역주민들의 의견을 적극 반영하는 방향으로 그 계획을 수립, 시행해야 할 필요성이 있다.

이미 만년제의 현재 형상도 그러하지만 그 주변환경과 일대의 자연환경은 쓰레기더미·축사·중소 공장 등이 산재해 있어서 불량하기 짝이 없다. 또한 능안천의 주요 물길을 이루는 남산 기슭 일대에는 공단이 무질서하게 난립해 있다. 또 일대의 열악한 자연환경은 만년제 복원정비에 앞서 거시적인 관점에서 일대 정비하는 대대적이고 친환경적인 재개발정책을 수립 시행해야 할 필요성이 있다고 생각한다. 그 재개발정책의 당위성은 남산·안산·만년골·방축동(무시래골) 일대의 지역은 일찍이 구읍치 시대부터 읍치의 안산으로 중요시했던 지역이다. 뿐만 아니라 지난날 현륭원과 건릉의 정남향으로 마주하고 있어 정조·순조대에 금양(禁養)구역으로 설정된 내·외안산 지역으로 자연경관·수원지(水源池)로써 뿐만 아니라 풍수적 관점에서도 중시하던 지역이다.

현 화성시와 수원시의 모태인 옛 수원읍치 지역을 '전통문화지구'로 설정, 역사·문화·자연생태환경이 어우러진 터전으로 계획 개발할 때 교통의 근접성이나 자연·역사·문화·생활의 환경조건면에서 호조건의 '전통문화 시범지역'으로 거듭날 수 있는 결정적인 계기가 될 수 있으리라고 판단된다. 만년제의 복원 정비 문제도 이러한 거시적인 맥락에서 계획 시행되어야 할 것이며, 지난날 국가와 지방정부의 무지한 개발정책·문화행정의 시행착오를 또다시 되풀이하는 전철을 밟지 않도록 유의해야 할 것이다. 따라서 보다 그 범위를 넓게 확대하되, 신중하고 안목있는 새로운 도시개발정책의 관점에서 만년제의 복원 정비 문제를 검토할 것을 지방정부의 단체장과 관련 행정담당자에게 강력히 제언해 두는 바이다.

만약 열악한 주위환경을 그대로 방치한 상태에서 달랑 만년제만 억지 춘향격으로 정비 복원한다면, 또다시 국민의 혈세를 낭비하고 본질을 왜곡하는 껍데기뿐인 문화재, 형해화(形骸化)된 문화재, 아니 만년제는 또다시 역사의 속화된 괴물로 재탄생해 두고두고 후세인들의 비웃음거리가 될 것이다. 우리가 210년 정조가 지향하던 농업진흥정책의 그 선진적이고 실용적이고 수준 높은 경륜, 문화적 안목을 계승·발전시키는 일은 바로 오늘을 사는 사람들 모두의 역사적 책무라고 생각한다.

강조하건대, 만년제의 정비 복원은 거시적인 관점에서 그 배경이 되는 주변의 자연환경·문화환경·생활환경을 먼저 재정비하는 광범위한 도시개발계획이 수립된 연후에 시행하는 것이 마땅하다고 생각한다. 지난날 자행했던 국가와 지방정부의 성급한 개발정책, 역사의식 부재의 문화행정이 또다시 반복되어서는 안 되며, 만약 무사안일의 편의주의적인 행정의 잣대로 만년제의 복원 정비 문제에 접근한다면, 그것은 복원 정비가 아닌 정조시대의 농업유적 만년제를 다시 한 번 파괴·방치하는 역사의 우(愚)를 면치 못할 것이다.

넷째, 만년제의 정비 복원 문제에 앞서 가장 유의해야 할 사항은, 이 지역의 대표적인 지류하천으로 지난날 제언의 물길이 되어 주었던 능안천을 대대적으로 복구 수리하여 자연생태하천으로 기능할 수 있도록 일대 하천 정비사업을 선행해야 한다. 물론 이와 더불어 이 하천으로 발원 유입되는 화산과 남산 기슭의 수계를 정밀하게 조사, 현시점에서 변모된 지형에 따른 물길의 합수 여부를 검토 판단해야 하는 일도 고려해야 할 사항이다.

자연생태하천으로 정비 복원함에 있어서는 옹벽이나 보도블록 등 친환경재료를 도입하고 주변 일대의 공간을 공원으로 활용하면서, 다양한 동물과 어류가 서식하기에 적합한 생태환경을 조성함이 필요하다. 만년제와 더불어 이 생태하천을 친환경적인 체험학습공간으로 활용하기 위해서는 하천 일대에 일찍이 정조가 이 지역에서 주력했던 식목조경사업의 정신을 계승하여 소나무와 버드나무, 각종 수생식물과 화초류 등을 식재하여 도시개발에 따른 시민들이 즐겨찾고 휴식할 수 있는 시민의 숲으로 조성하는 일도 병행해야 할 필요성이 있다. 능안천과 그 주변 일대를 자연생태하천, 물·나무·꽃·수생식물이 어우러진 숲으로 가꿀 수 있다면 이 지역 일대가 시민들이 즐겨 휴식할 수 있는 생태공원, 살기 좋은 주거지역으로 각광을 받을 수 있는 터전으로 거듭날 수 있는 계기도 될 것이다.

만년제 주변에도 버드나무와 소나무, 잔디 식재, 연·창포·백목련 등 정조시대의 식수조경을 원형대로 재현함으로써 전통적인 조선후기의 지당(池塘)이자 자연생태공원으로 활용할 수 있도록 설계하는 것도 바람직한 구상이 아닐까 한다. 그러할 때 수리농업유적으로서의 역사적인 모습과 함께 현대인들의 생활과 취향에 도움을 주는 친환경 생태공원으로서의 친숙한 모습과 기능을 다할 수 있을 것이다. 그렇게 될 때 정조가 지향했던 자연친화적인 제언을 재현 조성하는 일과 함께 생활에 유용하게 활용할 수 있는 실용적인 실학정신, 민생 문제에 제1순위를 고려했던 민본정신을 계승하고 음미할 수 있는 계기도 될 것이다.

다섯째, 만년제가 위치한 태안읍 안녕리 일대는 현재 건설사업이 진행

중에 있는 태안 3택지 개발구역과 특허를 획득한 온천구역이 인접에 있어서 주거지역으로서 뿐만 아니라 보건 향상과 관광자원으로 활용할 수 있는 도시발전의 여지가 큰 핵심 지역이라고 할 수 있다.

더욱이 만년제의 북쪽 제방(北埄), 현재 84번 도로로 사용 중인 곳은 일찍이 원행 어로로 이용되던 구역이다. 당시에 소나무와 노송나무를 길 양편에 밀집에 식목함으로써 지난날 이 지역이 소나무가 우거진 노송지대로서의 멋지고 품격있는 자태가 깃든 길목으로 주목을 받던 구역임을 상기할 필요가 있다. 정조시대에 시행되었던 식목사업을 계승한다는 뜻에서 현재 신한미지엔 아파트 부근 유근교에서부터 융릉·건릉 쪽 84번 도로 입구 양편의 길목, 주공 3택지구 앞 도로변 일대에 이르기까지 소나무(적송)를 밀집 식재한다면, 주변 고밀도 도시개발에 대응하여 자연친화적인 차폐(遮蔽)시설의 역할도 할 수 있어서 도시개발에 따른 문화재도 보호하고, 식수조경면에서도 주변환경을 친환경적이고 품격있는 분위기로 조성하는 데 큰 도움을 줄 수 있으리라고 생각한다.

따라서 정비 복원된 만년제가 더 이상 주위의 지역주민·토지소유자들에 대한 규제와 고통을 주는 갈등의 대상이 아니라 상생의 차원에서 친환경적인 자연과 수준높은 문화를 동시에 즐길 수 있는 시민들의 쉼터, 친환경 생태공원으로 거듭나게 조성하는 것이 그 복원 정비의 참다운 의미라고 생각한다. 그리하여 이 제언 일대가 시민들에게 사랑받는 휴식공간·자연생태공원으로 활용될 수 있도록 보다 실용적이고 전진적인 발상을 현실화시킬 수 있게 모색해 보는 것이 보다 바람직한 복원 정비의 방향이라고 결론지을 수 있다.

무엇보다도 만년제의 정비 복원에 선행하여 그동안 난개발로 지탄받아온 화성시와 수원시의 모태인 옛 수원읍치 지역 일대를 새로운 '전통문화지구'로 재개발, 재정비해야 한다는 거시적이고 구조적인 관점에서 중장기적인 도시개발계획으로 입안 실천할 필요성이 있음을 강조해 두고자 한다. 화성시가 오는 2025년 계획인구 135만 명의 대도시로 발전하는 모습에 걸맞게 태안지역을 교통·역사·문화·자연이 어우러진 '전통문화시범지구'로 개발·육성할 때 자연관광자원·문화관광자원을 두로 잘 갖춘 화성시의 핵심지역으로 크게 성장, 주목받을 수 있는 여건이 마련될 수 있을 것임을 제언해 두고자 한다.

4. 복원 정비와 활용 방안

앞에서도 이미 수차 언급했듯이 만년제가 수리관개기능을 가진 정조시대의 농업유적으로 정비 복원되는 것은 현재 이 지역의 도시개발·자연환경 여건상 거의 불가능하다. 따라서 복원 정비의 문제점과 그 활용방안을 간추려 요약한다면 다음과 같다.

첫째, 오늘날의 산업구조가 18세기 말 정조시대에 수리시설의 축조를 농업진흥을 위한 제1 요건으로 인식하던 그때의 사회정황이나 농업사정과는 판이하게 달라졌음은 다 아는 사실이다. 굳이 제언의 정비 복원을 통해 농업진흥을 역설하는 자료로 활용하기보다는 친환경적인 자연생태공원으로 활용할 수 있도록 그 방안을 마련하는 데 역점을 두어야 할 것이다.

둘째, 1960년대 초 이 지역에 시행한 개척농장·주말농장 등의 개발정책 이후 태안읍 안녕리 일대는 급격한 도시개발지역으로 크게 변모되었다. 이제 이 지역은 210년 전에 농촌지역이 아닌 대한주택공사가 시행하는 태안 3택지 개발구역과 인섭한 현상이며, 통쪽 밀시 잃은 지역에 대딘

위 동탄신도시 1지구와 2지구가 개발 중에 있다. 또 서남 방면 인접지역인 봉담지역에는 주거 중심의 신도시들이 계획되고 있거나 건설이 진행 중에 있다.

따라서 만년제의 복원 정비 문제도 산업구조의 변화와 도시개발구역에 인접해 위치해 있다는 현실적 여건을 도외시하거나 인근에 거주하는 지역주민이나 토지소유자·사업자 등이 당면한 현실과 생활 문제를 우선적으로 고려하지 않을 수 없는 상황에 직면해 있다.

셋째, 이미 전통시대의 농업유적인 만년제의 역사문화유적으로써의 가치를 도외시하고 민간에게 불하·매각한 국가의 잘못된 정책에 1차적인 책임이 있고, 이러한 과정을 무사안일의 편의주의적인 태도로 이를 일선에서 집행한 지방정부에게도 국가 못지않는 책임이 있는게 사실이다.

더욱이 지방정부에서는 1996년 제언으로서의 형상·기능이 완전히 상실된 사유지 만년제를 도기념물로 지정하면서 아무런 사전·사후의 보존관리 대책을 마련하지 않았고, 그 결과 오랫동안 지역 주민들의 사유재산에 대해 규제만 강화함으로써 말할 수 없는 재산상의 손해와 정신적 고통 속에 헤어나지 못하게 하는 단서를 제공하였다. 이어서 역시 문화재에 대한 보존·보호관리에 대한 구체적인 대책이 전무한 상태에서 2003년 또다시 문화재보호구역을 지정함으로써 피해와 고통의 몫은 모두 주민들에게만 일방적으로 주어졌다. 따라서 이 일련의 잘못된 지방문화행정을 계획·시행한 지방정부의 무책임한 행정조치는 주민과 인근 토지소유자들에게 일방적인 피해만 강요하는 민원의 대상이 되었던 것이다.

그동안 이 지역에 대한 개발정책을 펴온 국가와 지방정부는 문화재에 대한 역사의식 부재의 태도를 일관되게 노출하고 있었다. 국유지를 민간에게 불하·매각한 국가나 사유지를 지방문화재로 지정하면서 이에 상응한 토지수용이나 실효성 있는 보존관리대책은 외면해온 게 사실이다. 더욱이 문화재 지정에 이어 문화재보호구역을 추가로 설정한 지방정부의 태도는 시종 지역주민의 사유재산을 일방적으로 규제하고 긴박(緊縛)시키는 역사상 과거 왕조시대에서도 찾아볼 수 없는 초법적 권력기관으로 군림해온 존재나 다름없었다.

이러한 일련의 일방적인 문화행정이 과연 민주주의시대의 지방정부가 행할 태도인지 자문하면서, 210여 년 전 왕조시대의 민본군주 정조가 화산 기슭에 현륭원 천봉을 계기로 화소(火巢) 구역 내 구읍치 민인들의 토지와 가옥에 대한 토지수용과 읍민정책을 참고할 필요가 있다. 정조는 정책을 수행함에 있어서 민본적인 관점에서 민생대책을 우선시한 것을 생각할 때 실로 역사의 수레바퀴가 거꾸로 역행하는게 아닌가 하는 착각이 들 정도로 현대의 대민정책은 시대착오적이고 열악하였다. 정조는 당시 토지수용을 시행함에 있어서 시가의 2~5배의 지가를 후급했으며, 그것도 모자라 조세·환곡·요역 등의 감면 등 각종 혜택을 이 고장 주민들에게 베풀었다. 더욱이 정조가 '위로는 원소, 아래로는 민전'을 위해 수리관개시설 만년제를 축조하면서 공역 참여자들에게 베푼 고가(雇價)와 상전 등 각종의 배려, 제언의 범위에든 민전에 대해서 시가의 2~3배의 지가를 지급했음은 확인이 가능한 역사적 사실들이다.

정조가 배려하고 실천한 이러한 토지정책·읍민정책과 함께 정조의 비상한 관심 아래 축조한 수리시설에 대해 그동안 시행해온 국가와 지방정부의 무지하고 무책임한 보존관리행정이나 민생대책은 한 마디로 실패한 문화재행정의 표본이고 할 수 있다. 다시 말해 무지아 무책인, 역사익

식 부재의 결과가 마침내 오늘날 그 형상과 기능을 완전 상실한 채 방치해 버린 만년제로 존재하게 된 역사의 부끄러운 현장을 만든 셈이다. 우리는 여기에서 문화재 지정이나 문화재보호구역 설정에 있어서 전문적 식견이 있는 전공학자들의 보다 세세하고 구체적인 자문을 받아 시행하는 것이 문화행정 담당자들이 취해야 할 너무도 당연한 기본절차이자 사려깊은 태도가 아닐런지 관련 행정부서에 묻고 일대 반성을 촉구하고자 한다. 그러한 의미에서 이제까지 만년제에 관한한 국가와 지방정부가 취해온 일련의 개발정책과 무사안일의 편법행정은 역사의식 부재의 대표적인 사례라고 할 수 있으며, 그 전적인 책임을 면할 길이 없다.

넷째, 만년제는 농업사적 측면에서 만석거 · 축만제와 더불어 정조시대에 화성에서 축조한 3대 제언의 하나이다. 그럼에도 불구하고 국가와 지방정부는 그 보존관리에 너무도 소홀히 해온 결과 오늘날 만년제의 모습에서 보듯이 그 형상과 기능이 완전 상실하였다. 더욱이 그 방치한 책임이 국가와 지방정부에게 원천적으로 있음에도 불구하고, 그동안 지방정부가 취해온 일련의 행정조치는 실로 반(反)역사주의적인 무지와 무관심, 아니 무책임한 대응의 연속이었다. 그 결과 오늘날 정조시대의 귀중한 문화유산 만년제를 거의 구제불능의 모습으로 만들어 놓았다.

이에 더하여 지방정부는 만년제를 도기념물로 지정하고, 보호구역을 설정하면서도 정작 문화재에 대한 토지수용이나 보존 보호대책에 대한 구체적인 내용은 거의 전무하였다. 그리고 문화재보호법에 의한 일방적인 규제만 강화해온 것이 그간 11년 동안 지방정부의 문화행정 담당자들이 취해 온 거짓없는 진실의 전부였다.

그동안 절차상의 많은 시행착오를 일관되게 시종해온 지방정부의 무사안일한 문화행정으로 인해 지역주민이나 토지소유자들이 겪어야 했던 그 피해와 고통의 몫은 더 이상 지속되어서는 안 된다. 이젠 대승적인 견지에서 지난날 국가와 지방정부가 행했던 그 과오와 시행착오를 진솔하게 자인하면서 행정을 담당한 관과 해당 지역주민, 인근의 토지소유자들이 대승적이고 상생의 차원에서 서로의 처지를 배려하고 협동하여 보다 발전된 현실인식 아래 문화재를 역사문화유산으로 보존관리해 나가는 일이 오늘날 우리 후세인들의 책임이라는 전제하에서 그 유종의 합의점을 모색할 때이다. 이것이 조선후기 근대의 여명(黎明)을 밝히려고 노력하면서 민생 문제를 정책에 1순위에 두었던 민본군주 정조가 지향하던 역사의식을 올바로 계승 발전시키는 태도라고 결론지을 수 있을 것이다.

다섯째, 만년제의 형상이나 규모는 도시개발과정에서 많이 줄어든 현 상태에서 상징적이나마 그것이 정비 복원되기 위해서는 무엇보다 저수공간을 채울 물의 확보가 선결요건이다. 그러나 현재까지 진행해온 극심한 난개발로 인해 제언의 물길인 능안천은 메말라 버렸고, 물의 본원지였던 화산·남산·성황산 기슭 일대에서 흐르는 물들은 거의 차단되어 있어서 원천적으로 저수가 불가능한 것이 현실적 상황이다.

항상적으로 제언의 물을 채우기 우해서는 지하수의 이용방법과 만년제에서 2㎞ 가까운 지점 동쪽에서 서쪽으로 흐르는 대하천 황구지천(黃口池川)의 하천수를 끌어오는 방법을 고려해 볼 수 있다. 그러나 이는 '원형 유지'라는 기본 원칙에도 잘 맞지 않는게 사실이다. 현재 수원 광교산에 발원지를 두고 대황교 부근에서 본류를 이루는 황구지천은 극심하게 오염되어 있어서, 집수시설·펌핑시설·정수시설·수로시설 등 복잡한 절차와 과나한 소요경비가 든다는 현실적인 난점이 있다.

현시점에서 볼 때 최선의 방법은, 지하수를 개발해 제언에 저수해야 할 수량을 확보하는 방법이 보다 합리적인 대책으로 모색해 볼 만한 방안이다. 그동안 남산 기슭 일대의 수원을 둔 지하수는 오랫동안 이곳에 위치한 중외제약이 인수(引水)해서 주사약 원료로 제조하는 데 사용한 결과 현재 인근의 지하수는 거의 고갈되다 시피 되어 버렸다고 한다.

따라서 제언 가까운 지역에서 호안 내부를 채울 지하수를 개발하기 위한 방법이 있으나, 여기에서도 또한 어려운 난점이 있다. 왜냐하면 만년제는 온천원 보호구역에 포함되어 있기 때문에 '온천의 우선이용권자', 곧 온천주와의 원만한 협의가 이루어질 때 가능한데 이 방법 또한 그리 쉽고 간단하지는 않은 게 현실이다.

그러나 설사 이 지하수를 개발해 제언 바닥에 저수한다 해도 제언 아래 논에 농업용수로 관개하는 수리시설로써의 기능은 상실되어 있다는 사실을 먼저 고려해 두어야 한다. 따라서 앞에서도 이미 지적했듯이 오늘의 시점에서 순수한 농업유적으로써의 정비 복원은 아무런 현실성이 없고, 또 주변의 도시개발지역의 생활환경과 견주어 볼 때도 비실용적이다. 그런 의미에서 정조시대 농업유적으로써의 역사성을 상징적 의미로 수용하면서, 능안천을 자연 생태하천으로 조성할 때 그 실효성이 배가 될 것으로 전망된다. 그리하여 정조시대의 수리농업유적으로써 상징성을 갖추고 있으면서도 생태학습·자연체험·주민휴식과 운동·문화의 공간으로 활용할 수 있게 복원 조성해야 한다는 것이 대다수 주민들의 바람이다. 그리하여 이 농업유적이 시민들로부터 친숙하고 사랑받는 생태공원으로 거듭나게 하는 것이 만년제를 오늘의 시점에서 복원 정비하는 현실적인 당위성이자 보다 바람직한 방향이라고 결론지을 수 있을 것이다.

제5장 국내 세계문화유산의
현황과 복원 · 보존 방향
─특히 화성의 복원 · 보존 문제와 관련하여─

1. 머리말

국제연합 교육과학 문화기구(UNESCO)는 교육 · 과학 · 문화를 통해서 각 국민 사이의 이해를 깊게 하며 세계평화와 인류의 공동복지 증진에 이바지하는 것을 목적으로 설립된 국제연합 전문기관이다. 그동안 유네스코는 1970년대 중반에 「세계유산보호협약」을 제정, 이에 따라 인류 전체를 위해 보호되어야 할 현저한 보편적 가치가 있다고 인정되는 역사와 자연의 문화재를 선정, '유네스코 세계유산 목록(World Heritage List)'에 등재함과 동시에 그 보존 · 보호를 위해 국제적인 협력 체제를 구축해 왔다.

동아시아권의 경우, 중국은 1987년에, 일본은 1993년에 가입했으며, 우리나라는 이보다 2년 뒤늦게 유네스코의 '세계유산보호협약'에 참여하여 오늘에 이르렀다. 유네스코의 세계유산에는 문화와 자연유산을 포함하고 있는데, '유네스코 세계유산 목록'에 등재될 수 있는 등록 기준으로는 대략 다음과 같은 조건을 제시하고 있다.

① 독특한 예술적 혹은 미적인 업적, 즉 창조적인 재능의 걸작품을 대

표할 것.

② 일정한 시간에 걸쳐 혹은 세계의 한 문화권 내에서 건축·기념물조
각·정원 및 조경디자인, 관련 예술 또는 인간 정주 등의 결과로서
일어난 발전사항들에 상당한 영향력을 행사한 것.

③ 독특하거나 지극히 희귀하거나 혹은 아주 오래 된 것.

④ 가장 특징적인 사례의 건축양식으로서 중요한 문화·사회·예술·
과학·기술적 혹은 산업의 발전을 대표하는 양식.

⑤ 중요하고 전통적인 건축양식·건설방식 또는 인간 거주의 특징적
인 사례로서 자연에 의해 파괴되기 쉽거나 역행할 수 없는 사회·문
화적 혹은 경제적 변혁의 영향으로 상처받기 쉬운 것.

⑥ 역사적 중요성이나 함축성이 현저한 사상이나 신념, 사진이나 인
물과 가장 중요한 연관이 있는 것.

⑦ 지구의 주요한 진화단계를 대표하는 현저한 사례.

⑧ 현재 진행되고 있는 중요한 지질학적 과정, 생물학적 진화 및 인간
과 자연환경의 상호작용을 나타내는 현저한 사례.

⑨ 독특하고 희귀하거나 최상급의 자연현상, 인간에게 가장 중요한
생태계, 자연적인 지형으로서 특별히 빼어난 자연미를 지닌 지형
혹은 지역, 대집단의 동물들에 의해 제공되는 장소, 자연식물들 로
뒤덮인 포괄적인 전망.

⑩ 희귀하거나 멸종 위기에 처한 동·식물의 종이 아직 생존하고 있는
서식지 범주에는 보편적인 관심과 중요성이 있는 동·식물이 집중
되어 있는 생태계.

이러한 등록기준을 충족시키는 조건을 갖추게 되면, 위원회의 추천과 현
지 답사를 통해 객관적이고 엄격한 심사를 거쳐 세계유산위원회(World
Heritage Convention)에서 그 등록 여부를 최종 결정하게 된다. 유네스코
세계유산으로는 문화 뿐만 아니라 자연유산도 포함되며, 역사적인 문화
유산 속에는 유형문화재는 물론 무형문화재도 포함하는 등 인류와 자연

이 남긴 탁월한 정신과 물질적 가치를 지닌 유산을 모두 망라하고 있다.

우리나라는 오랜 역사적·문화적 전통과 뛰어난 문화재를 소유한 국가로서 동아시아권에서는 중국·일본에 이어 뒤늦게나마 「세계유산보호협약」에 가입함과 동시에 이제까지 유네스코 세계유산위원회로부터 모두 9점의 세계유산을 지정받았다. 즉, 세계유형문화유산으로는 1995년 12월 경주의 석굴암과 불국사, 서울 종묘, 합천의 해인사 장경판전(藏經版殿) 등 3점이 지정되었고, 1997년 12월에는 서울 창덕궁과 수원 화성이 지정 등록되었다. 뒤이어 2000년 11월에는 경주 역사유적지구와 고창·화순·강화 고인돌 유적이 세계문화유산에 추가 지정됨으로써 세계유형문화유산으로는 7점을 헤아리게 된다.

또한 인류가 이룩한 뛰어난 정신적·예술적 가치를 인정받아 2000년 5월에 종묘제례 및 종묘제례악이, 같은 해 11월에는 판소리 등 2점이 세계무형문화유산으로 지정 등록됨으로써 우리나라는 모두 9건의 세계문화유산을 보유하게 되었다.

이처럼 한국은 1995년에서 현재까지 9점의 세계유산이 유네스코에 지정 등록됨으로써 문화국가로서의 위상을 높임과 동시에 한민족이 창조해낸 유·무형 민족문화유산의 우수성과 독창성을 공인받게 되었다. 전역사 시기를 통해 우리 조상들이 창조해낸 귀중한 유·무형민족문화유산이 세계적으로 가치있는 문화재로 인정받게 됨으로써 한민족의 문화적 우수성과 함께 민족적 자긍심이 크게 고양(高揚)되는 전기(轉期)를 맞게 된 것이다. 이에 덧붙여 금년 7월에는 중국측이 그동안 고구려와 발해사를 자국 역사의 지방정권으로 왜곡 해석하는 동북공정작업이 추진하는 가운데 북한과 중국이 각각 신청한 고구려 고분유적이 세계문화유산으로 정식 등재되었다.

이로써 북한을 포함하여 한반도 내에서 지정된 유·무형 세계문화유산은 현재까지 모두 10점을 헤아리게 이르렀다. 유네스코 세계문화유산의 지정을 계기로 민족문화재의 우수성은 물론 한국의 역사와 문화에 대한 인식이나 국제적인 관심이 한층 높아지는 결과를 가져왔다. 그리하여 관광산업의 차원에서도 국내외의 관광객을 보다 활발히 유치할 수 있는 호기(好機)를 맞게 되었다. 또 한국인의 자긍심을 촉발시켜 민족문화유산의 소중함을 깨달아, 그 보호와 보존에도 실천적인 자세로 임하면서 관광과 교육 차원에서 그 활용방안 등을 적극 모색하는 동기부여를 한 것이다.

더욱이 세계유산으로 지정 등록되면 유네스코로부터 해당 문화재의 보존·보수를 위한 재정적·기술적 지원을 받을 수 있는 여건이 주어진다. 또 정부 차원에서도 추가적인 관심과 지원이 뒤따라 해당 지방정부에는 문화유산의 보존·정비를 지속적으로 수행해 나갈 수 있는 정책과 배려가 제공되게 마련이다. 무엇보다 국가적 차원에서도 국민의 문화재 애호심을 확산하고, 자라나는 어린 세대에게 역사와 문화재에 대한 애정과 교육적 가치를 상승시킬 수 있는 효과도 거둘 수 있게 되었다. 아울러 세계문화유산에 대한 국내외 관광객을 유치할 수 있는 관광자원으로 활용됨으로써 고용기회와 관광수입의 증대를 통해 경제적 효과도 거둘 수 있는 등 국가의 생산성 제고를 통한 국익(國益)에도 크게 이바지할 여건이 마련된 것이다.

이 글은 전역사시기를 통해 이루어진 우리의 민족문화유산이 세계문화유산으로 지정 등록된 그 현황을 개괄하고, 해당 문화재의 복원·보존의 방안과 과제를 함께 생각해 보자는 뜻에서 1차적으로 시도된 것이다. 이러한 관점에서 필자는 9점의 국내 세계문화유산 중 경기지역 소재의 수원 화성을 그 사례의 하나로 선정, 화성과 짝을 이루는 화성행궁을 중심으로 그 복원과 활용 문제를 거칠게나마 모색해 보기로 한다.

2. 한국의 세계문화유산과 등록 현황

가. 세계유형문화유산

(1) 석굴암(石窟庵)과 불국사(佛國寺) - 1995년 12월 등록

석굴암과 불국사는 통일신라시대인 751년(경덕왕 10) 당시 재상이었던 김대성이 창건하기 시작하여 774년(혜공왕 10)에 완공하였다. 8세기 중엽의 신라는 종교와 예술뿐 아니라 문학·과학·수학 등 모든 분야가 발달하였다. 그리하여 사상적으로나 예술적으로 독창적일 뿐 아니라 기술도 완벽하여 우리나라 미술사에서 가장 아름다운 미술품을 남긴 시대이기도 했다. 또한 이러한 기념비적 사원의 건립에는 정치적 목적도 있었다.

경덕왕은 새로운 귀족세력의 부상으로 흔들리게 된 중앙집권적 왕권의 재강화를 위해 관제 정비와 개혁 조치를 단행하였다. 김대성은 경덕왕 때 집사부(執事部)의 중시(中侍)로 은퇴한 이듬해인 751년부터 석굴암과 불국사의 건립을 시작했다. 그 후 24년의 긴 세월에도 완공을 보지 못하고 김대성이 세상을 떠난 후 국가에서 완성하였다.

ㄱ. 석굴암

석굴암은 경주 토함산 깊숙한 곳에 동해를 향해 앉아 있으며 완벽하고 빼어난 조각과 독창적 건축으로 전세계에 이름이 높다. 일찍이 석굴암 석굴은 국보 제24호로 지정되었으며, 1995년 12월 불국사와 함께 유네스코 세계문화유산으로 공동 등록되었다. 석굴암 석굴은 백색의 화강암재를 사용하여 토함산 중턱에 인공으로 석굴을 축조하고 그 내부 공간에는 본존불인 석가여래불상을 중심으로 그 주벽에 보살상 및 제자상과 역사상(力士像), 천왕상 등 총 39체의 불상이 조각되어 있다. 석굴은 장방형의 전실과 원형의 주실이 통로로 연결되어 있는데, 360여 개의 판석으로 원형 주실의 궁륭(Dome)천장 등을 교묘하게 구축한 건축 기법은 세계에 그 유례가 없다. 즉, 석굴암은 전실·통로·주실로 이루어져 있다. 방형 공간인 전실에는 팔부중상과 금강역사상이 있고, 사천왕상이 있는 좁은 통로를 지나면 궁륭천정으로 짜여진 원형공간의 주실이 나온다.

주실의 중앙에는 석가모니대불이 있고 벽면에는 입구에서부터 범천상(梵天像)과 제석천상(帝釋天像), 보현(普賢)·문수(文殊)보살상, 그리고 십대제자상(十大弟子像)이 대칭을 이루도록 조각되어 있다. 십대제자상 위에는 감실을 두어 감불을 안치하였다. 석굴암의 입구 쪽에 위치하고 있는 평면방형의 전실에는 좌우로 4구씩 8부신장을 두고 있으며, 통로 좌우 입구에는 금강역사상이 조각되어 있다. 좁은 통로에는 2구씩의 사천왕상을 조각하였다. 주실 입구에는 좌우로 8각 석주를 세웠고, 이곳을 지나면 평면원형의 주실로 본존은 중심에서 약간 뒤로 안치되어 있다. 입구 좌우로부터 천부상 2구, 보살상 2구, 나한상 10구로 주벽을 채우고 본존 정후면에는 십일면관음보살상이 있다.

조각에 있어서 원숙한 조법과 사실적인 표현에서 완벽에 가까운 석가여래상, 10구의 얼굴과 전신이 화려하게 조각된 십일면관음보살상, 인왕상의 용맹, 사천왕상의 위엄, 주실 내의 보살들의 부드럽고 우아한 모습, 나한상들의 개성 있는 표현 등은 동아시아 불교조각의 최고 걸작품으로 일컬어진다. 특히 주실 내에 봉안되어 있는 굽타 양식의 본존불 석가여래불은 고요하고 결가부좌한 모습, 가늘게 뜬 눈, 온화한 눈썹, 미간에 서려 있는 슬기로움, 금방이라도 말할 듯한 입과 코, 길게 늘어진 귀 등 그 모든 것이 내면에 깊은 숭고한 마음을 간직하도록 조성함으로써 세계적으로 가장 신비롭고 이상적인 미를 상징하고 있다.

건축 방식면에서, 석굴암의 입면은 1:√2비례의 √2장방형이 다각도로 중복되도록 구성되었다. 주실의 반지름인 12당척을 기본단위 1로 하여 석굴암 건축의 부분과 전체, 본존불과 건축의 관계에서 1:√2 비례를 사용했음을 알 수 있다. 미술사가들은 이러한 황금장방형을 '조화의 문(La porte d' harmonie)'이라 부르기도 한다. 따라서 석굴암 석굴은 통일신라시대의 전성기에 이룩된 최고 걸작으로 평가되며, 그 조영계획에 있어 건축·수리·기하학·종교·예술이 총체적으로 구현되어 있는 것이다.

8세기 중엽 통일신라 문화의 황금기에 건립된 석굴암은 불교사상과 매우 발달한 수리적 원리를 바탕으로 한 고도의 건축기술, 뛰어난 조형감각으로 완성되었다. 우리가 석굴암에서 느끼는 장엄미와 숭고미는 이러한 바탕과 그 속에 내재하는 조화율에 있다고 하겠다. 석굴암은 석가모니가 정각(正覺), 즉 깨달음을 얻은 순간을 가시적인 건축과 조각으로 재현한 것이라 한다. 또 그 조각 수법에 있어서도 인위적인 기교나 부자연스러움 없이 생명력이 넘치며 원숙한 조법과 탁월한 예술성이 돋보이는 세계적인 민족문화유산이라고 할 수 있다.

ㄴ. 불국사

토함산 서쪽 중턱의 경사진 곳에 자리한 불국사는 심오한 종교사상과 천재 예술가의 혼이 독특한 형태로 표현된 세계적으로 우수성을 인정받는 기념비적 민족문화유산이다. 불국사는 사적·명승 제1호로 지정 관리되고 있으며, 경내 주요 문화재로는 다보탑(국보 제20호), 석가탑(국보 제21호), 비로자나불(국보 제26호) 등이 있다. 불국사는 1995년 12월 석굴암과 함께 세계문화유산으로 공동 등록되었다.

통일신라시대에 '대화엄불국사(大華嚴佛國寺)'라 불렸던 불국사는, 이름 그대로 화엄사상(華嚴思想)에 입각한 불국세계를 표현한 사찰이다. 즉, 신라인이 그린 불국 이상적인 피안의 세계를 지상에 옮겨놓은 것으로 법화경에 근거한 석가모니불의 사바세계와 무량수경에 근거한 아미타불의 극락세계, 그리고 화엄경에 근거한 아미타불의 극락세계와 화엄경에 근거한 비로자나불의 연화장 세계를 형상화한 것이다.

불국사의 건축구조를 살펴보면 크게 두 개의 구역으로 나누어져 있다. 그 하나는 대웅전을 중심으로 청운교·백운교·자하문·범영루·자경루·다보탑과 석가탑·무설전 등이 있는 구역이고, 다른 하나는 극락전을 중심으로 칠보교·연화교·안양문 등이 있는 구역이다. 불국사의 전면에서 바라볼 때 장대하고 독특한 석조구조는 창건 당시인 8세기의 유물이고, 그 위의 목조건물은 병화로 소실되어 18세기에 중창한 것이며, 회랑은 1960년대에 복원한 것이다. 불국사의 석조 구조는 길고 짧은 장대석, 아치석, 둥글게 조출된 기둥석, 난간석 등 잘 다듬은 다양한 형태의 석재로 화려하게 구성되어 있다. 특히 연화교와 칠보교의 정교하게 잘 다듬은 돌기둥과 둥근 돌난간은 그 정교함, 장엄함과 부드러움이 보는 이로 하여금 감탄을 자아내게 한다. 불국사의 높이 8.2m의 3층석탑인 석가탑은 각 부분의 비례와 전체의 균형이 알맞아 간결하면서도 장중한 멋이 있다. 또 높이 10.4m의 다보탑은 정사각형 기단 위에 여러 가지 정교하게 다듬은 석재를 목재건축처럼 짜맞추었다. 다보탑의 복잡하고 화려하면서도 독특한 장엄미, 그 독특한 구조와 독창적인 표현법은 예술성이 매우 뛰어난 것으로 평가된다.

석굴암과 불국사의 건립은 751년 김대성의 후원 아래 동시에 시작된 것으로 알려져 있다. 돌을 다듬는 솜씨로 보아 설계 역시 동시에 진행되었음을 알 수 있다. 우리나라의 대표적인 민족문화유산이자 세계문화유산으로 등재된 석굴암과 불국사라는 기념비적 예술품은 그 조각과 건축을 정확히 분석하고 파악해야만 그 안에 반영된 불교사상 및 불교신앙을 올바로 이해할 수 있다. 위대하고 아름다운 예술품은 심오한 사상이나 신앙뿐 아니라 고도로 발달된 과학과 수학에 바탕을 두지 않고는 탄생할 수 없다는 것을 석굴암과 불국사는 그대로 증거해 주고 있다.

(2) 종묘(宗廟) - 1995년 12월 등록

서울 종로구 훈정동에 위치한 종묘는 조선왕조의 역대 왕과 왕비, 그리고 사후에 추존(追尊)된 왕과 왕비의 신주를 모신 유교사당으로서 조선시대에 영건(營建)된 가장 정제되고 장엄한 건축물 중의 하나이다. 종묘는 일찍이 사적 제125호로 지정, 보존되고 있으며 소장 문화재로 정전(국보 제227호), 영녕전(보물 제821호), 종묘제례악(중요무형문화재 제1호), 종묘제례(중요무형문화재 제56호) 등이 있다. 종묘는 1995년 12월 유네스코 세계문화유산으로 등록되었다.

종묘는 1394년(태조 3) 12월에 착공하여 이듬해 9월에 완공하였으며, 곧이어 개성으로부터 태조의 4대조인 목조·익조·도조·환조의 신주를 옮겨 봉안하였다. 56,503평의 경내에는 종묘정전(宗廟正殿)을 비롯하여 별묘인 영녕전(永寧殿)과 전사청(典祀廳)·재실(齋室), 향대청(香大廳) 및 공신당(功臣堂)·칠사당(七祀堂) 등의 건물이 배치되어 있다.

정전은 처음에 태실 7칸, 좌우에 딸린 방이 2칸이었으나, 1592년(선조 25) 임진왜란 때 불타버려 1608년(광해군 원년)에 다시 고쳐 짓고, 그 후 1726년(영조 2)과 1834년(헌종 2)에 증축하여 현재 태실 19칸으로 되어 있다. 영녕전은 1421년(세종 3)에 창건하여 처음에는 태실 4칸, 동서에 곁방 각 1칸씩으로 6칸의 규모였는데, 임진왜란 때 불타버려 1608년(광해군 원년)에 10칸의 규모로 지었으며 그 후 계속 증축하여 현재는 16칸으로 되어 있다. 현재 정전에는 19실에 49위, 영녕전에는 16실에 34위의 신위가 모셔져 있고, 정전 뜰 앞의 공신당에는 조선시대 공신 83위가 봉안되어 있다.

조선시대에는 정전에서 매년 춘하추동과 섣달에 대향을 지냈고, 영녕전에는 매년 춘추와 섣달에 제향일을 따로 정하여 제례를 지냈다. 그러나 현재는 전주이씨 대동종약원에서 매년 5월 첫째 일요일을 정하여 '종묘제례'라는 제향의식을 거행하고 있으며, 제사드릴 때 연주하는 기악과 노래와 무용을 포함하는 종묘제례악이 연주된다.

종묘의 주전인 정전은 건평이 1,270㎡로서 동시대의 단일 목조 건축물로는 세계에서도 그 규모가 가장 큰 건축물로 추정된다. 그 건축 양식은 궁전이나 불사의 건축이 화려하고 장식적인데 반하여 유교의 검소한 기품에 따라 건립된 특수목적용 건축물로서 특성을 지닌다. 종묘는 우리나라의 일반 건축물과 같이 개별적으로 비대칭구조를 하고 있지만, 전체적으로는 대칭을 이루고 있다. 의례공간의 위계질서를 반영하여 정전과 영녕전의 기단과 처마, 지붕의 높이, 기둥의 굵기를 그 위계에 따라 달리하였다.

일찍이 중국 주대(周代)에서 시작된 종묘제도는 7대까지 위패를 봉안하는 제도로 시작되어 명대(明代)에 와서 9묘제도로 확대되었다. 중국의 태묘에서는 태실이 9실에 불과하나 한국의 종묘만은 태실이 19칸인 매우 독특한 제도를 가지고 있다. 정면이 매우 길고 수평성이 강조된 독특한 형식의 건물 모습은 종묘제도의 발생지인 중국과도 다른 건축양식이며, 서양건축에서는 전혀 그 유례를 찾아볼 수 없을 만큼 세계적으로 희귀한 건축물이다.

종묘제례는 종묘인 의례공간과 함께 의례절차, 의례음식과 제기, 악기와 의장물, 의례음악과 의례무용 등이 조화를 이루고 있으며, 1462년에 정형화된 형태를 500년이 지나도록 거의 그대로 계승 보존하고 있다는 점에서 현재 세계에서 가장 오래된 종합적인 유교의 의례문화라고 할 수 있다. 종묘제례와 종묘제례악에 나타난 의례 절차, 음악·무용 등은 일찍이 중국의 고대문명을 바탕으로 형성된 하·은·주시대의 의례문화에 기원을 두고 있을 뿐만 아니라 동양의 고대문화의 특징과 의의를 거의 그대로 보존하고 있다. 따라서 동양의 고대 유교문화의 제례를 연구하기 위한 귀중한 사료로 활용될 수 있는 민족문화유산이자 세계문화유산 중의 하나로 평가된다. 종묘제례악은 기악·노래·춤으로 구성되는데, 1425년(세종 7)에 처음 짓고 1463년(세조 9)에 다듬은 보태평과 정대업 22곡을 연주하는 가운데 그 동작이 단순하면서도 장엄한 것이 특징인 육일무(六佾舞) 등의 춤을 춘다. 신라향가나 고려가요가 오늘날 가사만 전하여 지는데 비하여 종묘제례악은 500년 전의 선율을 오늘날까지 그대로 전하고 있어 그 의의가 매우 크다고 하겠다.

종묘는 조선시대에 건립된 전통건물로서 일반건축이 아닌 신전 건축물임에도 불구하고 건축물로서의 보편적 가치를 지니고 있어 많은 현대 건축가들의 연구대상이 되고 있다. 특히 종묘의 뛰어난 건축적 가치에 대해 '동양의 파르테논'이라 일컬어질 만큼 그 건축사적 가치가 높다고 볼 수 있다.

(3) 해인사 장경판전(海印寺 藏經版殿) - 1995년 12월 등록

해인사 장경판전은 경남 합천의 가야산 해인사에 봉안되어 있으며, 13세기에 만들어진 세계적 문화유산인 고려대장경판 8만여 장을 보존하는 보고로서 해인사의 현존 건물 중 가장 오래된 건물이다. 해인사 장경판전은 일찍이 국보 제52호로 지정 관리되어 오고 있으며, 소장 문화재로서는 대장경판 81,258판(국보 제32호), 고려 각판 2,725판(국보 제206호), 고려 각판 110판(보물 제734호)이 있다. 1995년 12월 유네스코 세계문화유산으로 등록되었다.

장경판전은 정면 15칸이나 되는 큰 규모의 두 건물을 남북으로 나란히 배치하였다. 장경판전 남쪽의 건물을 수다라장, 북쪽의 건물을 법보전이라 하며 동쪽과 서쪽에 작은 규모의 동·서 사간판전이 있다. 장경판전의 정확한 창건연대는 알 수 없으나 1457년(세조 3)에 어명으로 판전 40여 칸을 중창했고, 1488년(성종 19) 학조대사가 왕실의 후원으로 30칸의 대장경 경각을 중건한 뒤 보안당이라 했다는 기록이 보인다. 1622년(광해군 14)에 수다라장, 1624년(인조 2)에는 법보전을 중수하였다. 장경판전은 가야산 중턱의 해인사에 위치한 관계로 1488년 조선 초기에 건립된 후 한 번도 화재나 전란 등의 피해를 입지 않았으며, 보존 가치가 탁월한 팔만대장경판이 고스란히 간직되어 있는 것은 매우 다행스러운 일이다.

장경판전은 세계 유일의 대장경판 보관용 건물이며, 해인사의 건축기법은 조선전기의 전통적인 목조건축 양식을 드러내고 있다. 이 건축물은 건물 자체의 아름다움은 물론, 건물 내 적당한 환기와 온도·습도조절 등의 기능을 자연적으로 해결할 수 있도록 설계되어 있는 것이 특징이다. 건물을 간결한 방식으로 처리하여 판전으로서 필요로 하는 기능만을 충족시켰을 뿐 장식적 의장을 하지 않았으며, 전·후면 창호의 위치와 크기가 서로 다르다. 통풍의 원활, 방습의 효과, 실내 적정 온도의 유지, 판가의 진열 장치 등이 매우 과학적이며, 합리적으로 되어 있는 점은 대장경판이 오늘날까지 온전하게 보존되어 있는 중요한 이유 중의 하나로 평가

받고 있다. 이 판전에는 81,258장의 대장경판이 보관되어 있으며, 판각된 글자 수는 무려 5천 2백만 자로 추정되는데, 모든 판각 글자가 오자·탈자 없이 거의 완벽에 가까우며 그 자형도 모두 고르고 정밀하다는 점에서 그 보존 가치가 매우 크다. 그리하여 현존 대장경 중에서도 가장 오랜 역사와 내용의 완벽함으로 인해 문화재적 가치는 물론 세계적인 명성을 지니고 있는 자랑스러운 민족문화유산이다.

대장경은 불교의 경전인 경(經)·율(律)·논(論)의 삼장에 대한 중층의 내용과 방대한 분량을 담고 고승전(高僧傳) 등의 전기류, 역사서 및 목록류, 음의(音義) 및 사휘(辭彙) 등의 사전류 등까지 집대성한 불교의 대총서를 가리키는 말이다. 팔만대장경은 여기에 더 다양하고 많은 내용을 담았다고 하여 붙여진 이름이다.

초조대장경은 1011년(현종 2) 1월 거란의 침입 때 나주로 피난한 현종이 국력과 민심을 모아 대장경판을 새김으로써 탄생하였다. 그로부터 36년 후인 1047년(문종 원년) 초간본에서 빠진 1천여 권을 보완한 두 번째 고려속장경이 간행되었으며, 1096년(숙종 원년)에는 대각국사 의천이 송나라에서 가져온 장소(章疏) 전적 3천여 권과 요·송·일본 등의 경서를 결집한 『신편제종교장총록(新編諸宗敎藏總錄)』을 흥왕사(興王寺) 교장도감에서 세 번째 고려속장경판을 간행하였다. 이 장경판본은 대구 팔공산 부인사(符仁寺)에 봉장(奉藏)되었으나, 그 뒤 1232년(고종 19) 1월 몽고의 침입으로 불타 전소되고 말았다.

부인사 초조대장경을 전소시킨 몽고의 침입은 결국 대몽항전을 위한 결사의 의지로 고려대장경을 조조하는 계기가 되었다. 그리하여 1236년(고종 23) 10월부터 1251년(고종 38) 9월까지 무려 16년 간 군신 상하가 합심하여 네 번째 고려대장경 해인장경판을 간행, 오늘에 전하게 된 것이다. 1251년(고종 38) 각판 불사가 끝난 후 일단 강화성 서문 밖 대장경판당에 봉안되었던 대장경은 그 후 해인사로 옮겨 봉안되었다. 그러나 정확히 언제쯤 이안되었는지에 대해서는 여말이안설(麗末移安說), 선초이안설(鮮初移安說), 정축년 출륙설(丁丑年出陸說), 태조 7년 출륙설 등 여러 가지 이설이 있음을 덧붙여 둔다.

해인사 동·서 사간판전에 봉안되어 있는 불교 경전은 국가에서 새긴 고려대장경판과는 달리, 고려시대에 사찰에서 새긴 고려 각판이다. 팔만대장경은 불교의 경·율·논 3장을 집대성하였기 때문에 불교 연구의 세계적인 귀중한 문헌으로 주목받고 있다. 이 대장경은 일본이 신수대장경을 만들 때 표준으로 삼았으며, 중국에도 역수입되고 영국·미국·프랑스·독일 등 서구 선진국에도 전해져 세계 불교 연구에 큰 영향을 끼치고 있다.

(4) 창덕궁(昌德宮) - 1997년 12월 등록

서울 종로구 와룡동에 위치한 창덕궁은 1405년(태종 5) 경복궁의 이궁(離宮)으로 지어진 궁궐이며, 창건 당시 창덕궁의 정전인 인정전(仁政殿), 편전인 선정전(宣政殿), 침전인 희정당(熙政堂)·대조전(大造殿) 등 주요 전각이 완성되었다. 그 뒤 1412년(태종 12)에는 돈화문이 건립되었고, 1463년(세조 9)에는 약 6만 2천 평이던 후원을 넓혀 15만여 평 규모로 궁의 영역을 크게 확장하였다.

창덕궁은 임진왜란 때 경복궁·창경궁과 함께 전소되었는데, 왜란 후 1607년(선조 40)에 중건하기 시작하여 1613년(광해군 5)에 완성했다. 그러나 다시 1623년 인조반정 때 외전 일부를 제외한 대부분의 전작이 소실되었고, 1647년(인조 25)에야 다시 복구되었다. 그 후에도 여러 번의 화재가 있어 중건과 수리를 거듭했고, 마지막으로 큰 화재를 입고 다시 중수된 것은 1917년 일제시대의 일이었다. 1920년에 경복궁의 교태전·강녕전 등의 건물을 철거하여 이곳으로 이건하였다.

창덕궁은 일찍이 사적 제122호로 지정 관리되고 있으며, 창덕궁 내 중요 문화재로 돈화문(보물 제383호)·인정문(보물 제813호)·인정전(국보 제225호)·대조전(보물 제816호), 구선원전(보물 제817호)·선정전(보물 제814호)·희정당(보물 제815호)·향나무(천연기념물 제194호)·다래나무(천연기념물 제251호) 등이 지정되었다. 그 후 창덕궁은 1997년 12월 유네스코 세계문화유산으로 등록되어 오늘에 이르고 있다.

창덕궁은 1610년 광해군이 정궁으로 쓰게 된 뒤 1868년 고종이 경복궁을 중건할 때까지 258년 동안 역대 제왕이 정사를 보살펴온 법궁이었다. 창덕궁 안에는 가장 오래된 궁궐 정문인 돈화문, 신하들의 하례식이나 외국 사신의 접견장소로 쓰이던 인정전, 국가의 정사를 논하던 선정전 등의 치조공간이 있으며, 왕과 왕후 및 왕가 일족이 거처하는 희정당·대조전 등의 침전공간 외에 연회·산책·학문을 할 수 있는 매우 넓은 공간을 후원으로 조성하였다.

정전 공간의 건축은 왕의 권위를 상징하여 높게 되어 있고, 침전 건축은 정전보다 낮고 간결하며, 위락공간인 후원에는 자연지형을 위압하지 않도록 작은 정자각을 많이 세웠다. 건물 배치에 있어, 정궁인 경복궁, 행궁인 창경궁과 경희궁에서는 정문으로부터 정전·편전·침전 등이 일직선상에 대칭으로 배치되어 궁궐의 위엄성이 강조되어 있다. 이에 반하여 창덕궁에서는 정문인 돈화문은 정남향이고, 궁 안에 들어 금천교가 동향으로 진입되어 있으며 다시 북쪽으로 인정전·선정전 등 정전이 자리하고 있다. 그리고 편전과 침전은 모두 정전의 동쪽에 전개되는 등 건물이 여러 개의 축으로 배치되어 있다.

창덕궁은 자연스러운 산세에 따라 자연지형을 크게 변형시키지 않고, 산세에 의지하여 인위적인 건물이 자연의 수림 속에 포근히 자리를 잡도록 한 배치는 자연과 인간이 만들어낸 완전한 건축의 표상이다. 또한 왕들의 휴식처로 사용되던 후원은 300년이 넘은 거목과 연못·정자 등 조원시설이 자연과 조화를 이루도록 함으로써 조선시대의 건축물로는 건축사·조경사적 측면에서 귀중한 가치를 지니고 있다. 후원은 1405년(태종 5) 창덕궁을 창건할 때 후원으로 조성되었으며, 창경궁과도 통하도록 배치되어 있다.

궁내의 대부분의 정자는 임진왜란 때 소실되었고, 지금 남아 있는 정자와 전각들은 1623년(인조 원년) 이후 역대 제왕들에 의해 개수·증축된 것들이다. 이 곳에는 각종의 희귀한 수목이 우거져 있고 건물과 연못 등 조경시설이 조화를 이룬 가운데 자연경관 또한 매우 아름답다. 역대 제왕과 왕비들은 이곳에서 여가를 즐기고 심신을 수양하거나 학문도 닦았으며 연회를 베풀기도 하였다. 후원은 우리나라의 대표적인 전통 조원시설로서 자연적인 지형에다 꽃과 나무를 심고 못을 파서 아름답고 조화 있게 건물을 배치, 왕궁의 후원으로서 아름다운 조형미를 갖추고 있다. 창덕궁은 조선시대의 전통건축으로 자연경관을 배경으로 한 건축과 조경이 고도의 조화를 표출하고 있는 건축물이다. 그리고 후원은 전통적인 조경의 정수를 감상할 수 있는 세계적인 조경으로 특히 주목되고 있다.

창덕궁은 정궁인 경복궁과는 달리 지형에 따라 자유로운 건물 배치를 하여 독특한 공간을 구성하였다. 삼국시대 이래로 궁실의 조영에서 적용되는 지형에 따라 적절히 대응하여 활용하는 기법을 활용함으로써 한국적인 궁궐의 모습으로 만들어진 왕궁이라는 점이 창덕궁의 가장 큰 특징이다. 궁내의 건물은 조선중기에서 금세기에 지어진 것에 이르기까지 다양한 시대적 변모를 보여주고 있다. 이러한 점에서 창덕궁은 역사적·건축 사적으로, 또 조경사적 측면에서도 매우 큰 역사적 가치를 지니고 있다.

(5) 수원 화성(華城) - 1997년 12월 등록

화성은 조선의 문화중흥기인 정조시대에 축성된 신도시 수원의 읍성으로서, 1794년(정조 18) 2월에 성역(城役)에 착수하여 공식적으로 2년 7개월 후인 1796년(정조 20) 9월에 완공되었다. 성곽 둘레가 5.743㎞에 이르는 화성은 그 후 세월의 풍화로 상당 부분 파괴된 것을 1975년~1979년 5개년 계획으로 화성 성곽의 총 48개소의 시설물 중 41개소가 복원되었다.

일찍이 화성은 국가 사적 제3호로 지정된 이래 팔달문(八達門)이 보물 제402호로 지정된 것을 비롯하여 화서문(보물 제403호)·팔달문 동종(경기도유형문화재 제69호)이 문화재로 관리되어 왔다. 그 후『화성성역의궤(華城城役儀軌)』에 따라 복원된 화성은 1997년 12월 성 전체가 유네스코 세계문화유산으로 지정 등록되었다(보다 상세한 내용과 복원 문제는 뒤의 3항을 참조할 것).

(6) 경주 역사유적지구 - 2000년 11월 등록

경주 역사유적지구(Kyongju Historic Areas)는 신라 천년(B.C 57~A.D 935)의 고도(古都)인 경주의 역사와 문화를 고스란히 담고 있는 불교유적, 왕경(王京)유적이 잘 보존되어 있는 곳이다. 이미 세계유산으로 등록된 일본의 교토, 나라의 역사유적과 비교해 볼 때 유적의 밀집도, 다양성이 더 뛰어난 유석으로 평가된다.

2000년 11월 세계문화유산으로 등록된 경주역사 유적지구는 신라의 역사와 문화를 한눈에 파악할 수 있을 만큼 다양한 유산이 산재해 있는 종합역사지구로서의 면모를 갖추고 있다. 그 유적의 성격에 따라 모두 5개 지구로 나누어지는데, 불교미술의 보고인 남산지구, 천년 왕조의 궁궐터인 월성지구, 신라왕을 비롯한 고분군 분포지역인 대능원지구, 신라불교의 정수인 황룡사지구, 왕경 방어시설의 핵심인 산성지구로 구분되어 있으며 52개의 지정문화재가 세계문화유산 속에 포함되어 있다.

경주 남산은 야외 역사박물관이라고 할 만큼 신라의 숨결이 살아 숨쉬는 곳이다. 남산에는 신석기시대의 유물을 비롯하여 옛 신라에서 통일신라기에 이르는 수많은 역사유적·유물이 흩어져 있으며, 기암(奇巖)을 비롯한 자연이 연출해 놓은 자연경관 또한 아름답기 그지없다. 무엇보다 경주 남산에는 신라 건국설화에 나타나는 나정(蘿井), 신라 왕조의 종말을 맞게 했던 포석정(鮑石亭)과 미륵곡 석불좌상, 배리 석불입상, 보리사 여래좌상, 장창골 삼존불, 왕정골 여래상, 삿갓골 여래상, 칠불암 마애석불, 약사골 마애불, 윤을곡 마애불, 감실 여래상, 냉골 여래좌상, 양피사 쌍탑, 창림사 3층석탑, 남산성 등 역사적 가치가 높은 수많은 불교 유적이 산재해 있다.

월성지구에는 신라 왕궁이 자리하고 있던 월성(月城), 신라 김씨왕조의 시조인 김알지가 태어난 계림(鷄林), 통일 신라기에 조영한 임해전지(臨海殿址), 그리고 동양 최고(最古)의 천문시설인 첨성대(瞻星臺) 등 역사문화유적이 위치하고 있다.

대능원지구에는 신라시대 역대 왕·왕비·귀족 등 높은 신분계층의 무덤들이 있고, 구획에 따라 황남리 고분군·노동리 고분군·노서리 고분군 등으로 불리고 있다. 무덤의 발굴조사에서 신라문화의 정수를 보여주는 금관·천마도·유리잔·각종 토기 등 당시의 생활상을 파악할 수 있는 귀중한 유물들이 출토되었다.

황룡사지구에는 황룡사지와 분황사가 있다. 황룡사는 몽고의 침입으로 소실되어 터만 남아 있으나 발굴을 통해 당시의 웅장했던 대사찰의 규모를 짐작할 수 있다. 이곳에 출토된 4만여 점의 출토유물은 신라시대사 연구의 귀중한 자료로서 가치를 지니고 있다. 산성지구에는 A.D 400년 이전에 쌓은 것으로 추정되는 명활산성(明活山城)이 있는데, 일찍이 신라의 축성술은 일본에까지 전해지는 등 많은 영향을 끼쳤다.

(7) 고창·화순·강화 고인돌 유적 - 2000년 11월 등록

고인돌은 선사시대 돌무덤의 일종으로, 영어로는 돌멘(Dolmen)이라고 한다. 고인돌은 거석기념물의 하나이며 피라미드(Pyramid), 오벨리스크 (Obelisk) 등 이집트나 아프리카 대륙의 각종 석조물과 영국의 스톤헨지, 프랑스 카르낙의 열석(列石) 등은 모두 원사시대 거석문화의 산물이다.

우리나라 청동기시대의 대표적인 유적 중의 하나인 고인돌은 세계적인 분포를 보이고 있으며, 지역에 따라 시기와 형태가 다르게 나타나고 있다. 동북아시아 지역이 세계적인 분포권에서 가장 밀집된 곳으로 그 중 우리나라가 그 중심지역이라고 할 수 있다. 우리나라에는 전국적으로 약 3만여 기에 가까운 고인돌이 분포하고 있는 것으로 알려져 있다. 그 중 경주 역사유적지구와 함께 2000년 11월 세계문화유산으로 등록된 고창·화순·강화 고인돌 유적(Gochang, Hwasun, and Ganghwa Dolmen Sites)은 밀집분포도, 형식의 다양성으로 고인돌의 형성과 발전과정을 규명하는 중요한 유적이며, 유럽·중국·일본과도 비교할 수 없는 독특한 문화적 성격을 지니고 있다. 또한 고인돌은 선사시대 문화상을 파악할 수 있고,

나아가 사회구조, 정치체계는 물론 당시인들의 정신세계를 엿볼 수 있다는 점에서 선사시대 연구의 자료적 가치가 높은 귀중한 유적이다.

ㄱ. 고창 고인돌 유적

고창 고인돌 유적은 사적 제391호로, 전라북도 고창군 죽림리와 도산리 일대의 매산마을을 중심으로 동서로 약 1,764m 범위에 442기가 분포하고 있으며, 우리나라에서 가장 큰 고인돌 군집을 이루고 있는 지역이다. 10톤 미만에서 300톤에 이르는 다양한 크기의 고인돌이 분포하고 있으며, 탁자식·바둑판식·지상석곽형 등 다양한 형식의 고인돌이 공존하고 있다.

ㄴ. 화순 고인돌 유적

화순 고인돌 유적은 사적 제410호로, 전라남도 화순군 도곡면 효산리와 춘양면 대신리 일대의 계곡을 따라 약 10㎞에 걸쳐 500여기의 고인돌이 군집을 이루어 집중 분포하고 있다. 이 유적은 최근에 발견되어 보존상태가 좋은 편이다. 또한 고인돌의 축조과정을 보여주는 채석장이 발견되어 당시의 석재를 다루는 기술, 축조와 운반방법 등을 확인할 수 있는 역사적 가치가 높은 유적으로 평가된다.

ㄷ. 강화 고인돌 유적

강화 고인돌 유적은 사적 137호로, 인천광역시 강화군 하점면 부근리, 삼거리, 오상리 등의 지역에 고려산 기슭을 따라 120여 기의 고인돌이 분포하고 있다. 특히 부근리 고인돌은 길이 7.1m, 높이 2.6m, 너비 5.2m, 두게 1.2m 규모의 화강암으로 된 고인돌로서 특히 우리나라 최대의 탁자식 고인돌로 알려져 있다. 강화 고인돌 유적은 우리나라 고인돌의 평균고도 보다 높은 해발 100m~200m까지 고인돌이 분포하고 있는 특징을 나타 내고 있다.

나. 세계무형문화유산

1) 종묘제례 및 종묘제례악 - 2001년 5월 등록

종묘제례는 종묘에서 행하는 유교적 제향의식으로, 조선시대 국가에 서 시행된 제사 중 규모가 크고 중요한 제사였기 때문에 종묘대제(宗廟大 祭)라고도 한다. 종묘는 조선시대 역대 왕과 왕비, 그리고 나라에 공적이 있는 공신들의 신주를 모셔 놓은 사당으로, 사직과 더불어 국가의 근본을 상징하는 가장 정제되고 장엄한 건축물이다. 종묘 정전의 19개 신실에는 태조를 비롯한 역대 왕과 왕비의 신주(49위)가 모셔져 있으며, 영녕전 16 실에는 추존된 왕과 왕비의 신주(34위)를 봉안하고 있다.

종묘제례는 왕실에서 거행되는 장엄한 국가적 차원의 제사이며, 임금 이 친히 받드는 존엄한 길례였다. 유교사회에서는 길례(吉禮)·흉례(凶禮) ·군례(軍禮)·빈례(賓禮)·가례(家禮) 등 오례(五禮) 중 길례인 제사를 으 뜸으로 여겼으며, 이를 '효'를 실천하는 데 근본으로 삼았다. 유교가 국가 의 근본이념이었던 조선시대에도 조상에 대한 숭배를 인간의 도리이자 나라를 다스리는 가장 중요한 법도로 여겨 제사를 특히 중시하였다. 예로 부터 종묘와 사직을 세우고 나라를 건국하고 번영시킨 왕과 왕실의 조상 과 국가 발전에 공헌한 문무대신들에게는 제사를 행하는 것이 관례였다.

종묘제례는 크게 정시제(定時祭)와 임시제(臨時祭)로 나뉘며, 계절에 따라 햇과일이나 곡식을 올리는 천신제(薦新祭)도 있었다. 정시제는 봄·

여름·가을·겨울의 첫 달인 1월·4월·7월·10월과 납일(臘日: 12월에 날을 잡아 지내는 섣달제사)에 지냈으며, 임시제는 나라에 좋은 일과 나쁜 일이 있을 때마다 지냈다. 종묘제례는 해방 이후 한때 폐지되기도 하였으나, 1969년부터 전주이씨 대동종약원이 행사를 주관하여 매년 5월 첫째 일요일에 봉행하고 있다. 종묘제례는 제사를 지내는 예법과 예절에 있어서 모범이 되는 의식이기 때문에 제례는 매우 엄격하고 장엄하게 진행된다. 종묘제례의 절차는 신을 맞이하는 절차, 신이 즐기도록 하는 절차, 신을 보내드리는 내용으로 구성되어 있다.

그 절차를 보면 선행절차 → 취위(就位, 제사가 시작하기 전에 제관들이 정해진 자리에 배치됨) → 영신(迎神, 조상신을 맞이함) → 신관례(神祼禮, 왕이 제실까지 가서 향을 피워 신을 맞아들임) → 진찬(進饌, 음식과 고기를 드림) → 초헌례(初獻禮, 초헌관이 술을 올리고 절하며 축문을 읽음) → 아헌례(亞獻禮, 신에게 둘째 술잔을 올림) → 종헌례(終獻禮, 마지막 술잔을 올림) → 음복례(飮福禮, 제사에 쓴 술이나 음식을 나누어 먹음) → 철변두(撤籩豆, 제상에 놓인 고기나 과일을 거둠) → 송신(送神, 조상신을 보냄) → 망료(望燎, 제례에 쓰인 축문과 폐를 태움) → 제후처리(祭後處理)의 순서로 진행된다.

종묘제례는 최고의 품격을 갖추고 유교적 절차에 따라 거행되는 왕실 의례이며, 이를 통해 유교의 기본덕목인 '효'를 국가차원에서 실천함으로써 민족공동체의 유대감과 질서를 형성하는 역할을 하였다. 이와 함께 종묘라는 조형적인 건축공간에서 진행되는 종묘제례의 장엄하고 정제된 아름다움은 자연과 어우러진 동양적 종합예술의 정수이며, 500년이라는 시간과 공간을 초월한 우리의 소중한 정신적 문화유산이다.

종묘제례악은 종묘에서 제사를 드릴 때 의식을 장엄하게 치르기 위하여 연주하는 기악(器樂)과 노래 · 춤의 총칭이다. 이는 조선 세종 때 궁중 회례연에 사용하기 위해 만들어졌던 보태평(保太平)과 정대업(定大業)에 연원을 두고 있으며, 1464년(세조 10) 제례에 필요한 악곡이 첨가되면서 종묘제례악으로 정식 채택되었다. 종묘제례악은 이후 임진왜란을 겪으면 서 일시적으로 약화되었으나 광해군 때 점차 복구되어 오늘날까지 전승 되어 오고 있다.

종묘제례악은 제례가 진행되는 동안 각각의 절차에 따라 보태평과 정 대업 11곡이 서로 다른 악기로 연주된다. 정전 앞 계단 위(상월대)에서 노 랫말이 없는 음악을 연주하는 악단은 등가(登歌)라 하고, 계단 아래 뜰(하 월대)에서 노랫말이 있는 음악을 연주하는 악단은 헌가(軒架)라고 부른 다. 악기 편성은 시기에 따라 변화를 보이며 현재에 이르고 있다.

보태평과 정대업의 간결하고 힘찬 노래는 위대한 국가를 세우고 발전 시킨 왕의 덕을 찬양하는 내용으로 되어 있으며, 종묘제례악이 연주되는 동안 문치와 무공을 상징적으로 보여주는 무용[佾舞]인 문무(文舞)와 무 무(武舞)가 곁들여진다. 문무는 역대 선왕들의 문덕을 기리는 춤으로 보 태평지악에 맞추어 왼손에는 피리 종류인 약(籥)을 오른손에는 깃털을 단 적(翟)을 들고, 무무는 선왕들의 무공을 칭송하는 춤으로 정대업지악에 맞추어 나무로 만든 칼과 창, 활과 화살을 들었다.

종묘제례악은 편종 · 편경 · 방향(方響)과 같은 타악기가 주선율이 되고, 여기에 당피리 · 대금 · 해금 · 아쟁 등 현악기의 장식적인 선율이 부가된 다. 이 위에 장구 · 징 · 태평소 · 절고 · 진고 등의 악기가 더욱 다양한 가락 을 구사하고 노래가 중첩되면서 종묘제례악은 그 어떤 음악에서도 느끼 기 어려운 중후함과 화려함을 보여준다.

종묘제례와 종묘제례악은 중요무형문화재 제56호와 제1호로 각각 지정되어 보존·전승되고 있으며, 2001년 5월 18일 유네스코 '세계무형유산 걸작'으로 선정되었다.

2) 판소리 - 2003년 11월 등록

판소리는 한 명의 소리꾼이 고수(북치는 사람)의 장단에 맞추어 소리(창), 아니리(말), 너름새(몸짓)을 섞어가며 구연(口演)하는 일종의 솔로 오페라라고 할 수 있다. '판소리'는 '판'과 '소리'의 합성어로 '소리'는 '음악'을 말하고, '판'은 '여러 사람이 모인 곳' 또는 '상황과 장면'을 뜻하는 것으로 '많은 청중들이 모인 놀이판에서 부르는 노래'라는 뜻이다.

판소리의 유래는 정확히 알 수 없다. 그러나 1754년(영조 30)에 유진한이 지은 춘향가의 내용으로 보아 적어도 숙종(재위 1674~1720) 이전에 발생한 것으로 추측하기도 하고, 조선전기 문헌에 보이는 광대소학지희(廣大笑謔之戲)가 토대가 되었을 것으로 보기도 한다. 한편 판소리가 본래 여러 가지 놀이와 함께 판놀음으로 공연되던 것으로 판놀음이 있었던 신라 때까지 거슬러 올라가기도 한다. 이렇게 광대 집단에 의해 시작된 판소리는 소리꾼과 청중의 적극적인 참여로 완성되는 독특한 특징을 지니고 있다.

판소리는 전라도를 중심으로 충청도·경기도에 이르는 넓은 지역에서 전승되어 지역적 특징에 따른 소리제를 형성하고 있다. 전라도 동북지역의 소리제를 동편제(東便制)라 하고, 전라도 서남지역의 소리제를 서편제(西便制)라 하며, 경기도와 충청도의 소리제를 중고제(中古制)라고 한다. 동편제의 소리는 비교적 우조(羽調)를 많이 쓰고 발성을 무겁게 하며 소리의 꼬리를 짧게 끊고, 굵고 웅장한 시김새로 짜여 있다. 반면 서편제는 계면조(界面調)를 많이 쓰고 발성을 가볍게 하며, 소리의 꼬리를 길게 늘이고 정교한 시김새로 짜여 있다. 한편 중고제는 동편제 소리에 가까우며 소박한 시김새로 짜여 있다.

판소리가 발생할 당시에는 한 마당의 길이가 그리 길지 않아서 판소리 열두마당이라 하여 춘향가·심청가·수궁가·흥보가·적벽가·배비장타 령·변강쇠타령·장끼타령·옹고집타령·무숙이타령·강릉매화타령·가 짜신선타령 등 그 수가 많았다. 그러나 현실성 없는 이야기 소재와 소리 가 점차 길어지면서 충·효·의리·정절 등 조선시대의 가치관을 담은 춘 향가·심청가·수궁가·흥보가·적벽가만이 보다 예술적인 음악으로 가 다듬어져 판소리 다섯마당으로 정착되었다.

판소리는 우리나라 시대적 정서를 나타내는 전통예술로서 삶의 희노 애락을 해학적으로 음악과 어울려서 표현하며 청중도 참여한다는 점에서 가치가 크며, 판소리 다섯마당이 모두 중요무형문화재로 지정되었다. 예 능보유자로 춘향가에 김여란·김연수·김소희(본명 김순옥:金順玉), 심청 가에 정권진, 흥보가에 박녹주·강도근·수궁가에 정광수(본명 정용훈:丁 榕薰)·박초월·적벽가에 박동진·박봉술·한승호(본명 한갑주:韓甲珠)가 인정되었으며, 이후 춘향가에 오정숙, 심청가에 성창순·조상현이 인정되 었다. 또한 춘향가에 성우향(본명:판례), 흥보가에 박송희(본명:정자), 적 벽가에 송순섭이 새로 인정되었다.

판소리 공연의 빠질 수 없는 고법(鼓法:북치는 장단기법)은 1978년 중 요무형문화재 제59호로 별도 지정되었으나, 1991년 판소리에 통합되었 고 현재 김성권(본명 김성래:金成來), 정철호가 보유자로 활동하고 있다.

판소리는 서민들의 삶을 사실적으로 그려내어 피지배 민중계층의 삶 의 현실을 생생하게 드러내고, 서민들의 목소리를 대변하면서 새로운 사 회와 시대에 대한 희망을 표현하기도 하였다. 또한 판소리는 모든 계층이 두루 즐기는 예술로서 판소리를 통해 지배층과 피지배층이 서로의 생각을 조절하였다는 점에서 사회적 조절과 통합의 기능을 담당한 것으로 평가된다. 또한 판소리는 다양한 전통 예술로부터 필요한 것을 수용하고 그것을 종합하는 개방적인 특징을 가지고 있다. 한국어의 표현 가능성을 최대치로 발휘한 민족적인 표현방식으로 인류 보편의 문제점에 접근하는 예술로 승화시켜 민족문화의 전통 계승과 발전에 기여하였다.

판소리는 우리 역사와 희노애락을 함께해온 민족문화의 정수로서 그 독창성과 우수성을 세계적으로 인정받아, 2003년 11월 7일 유네스코 제2차 '인류구전 및 무형유산 걸작'으로 선정되었다.

다. 북한의 고구려 고분군(古墳群) - 2004년 7월 등록

2004년 6월 28일부터 7월 7일까지 중국 장수(江蘇)성 수저우(蘇州)에서 열렸던 제28회 세계유산위원회에서 북한과 중국이 각각 신청한 고구려 유적이 7월 1일 세계문화유산으로 정식 등재되었다. 그러나 북한은 고구려 고분군(Complex of Koguryo Tombs), 중국은 고구려 수도 및 고분(Capital Cities and Tombs of the Ancient Koguryo Kingdom)으로 공동 등재되었다. 북한과 중국 동북지역에 산재한 고구려 고분이 세계문화유산으로 등록됨에 따라, 중국측이 고구려와 발해사를 동북공정작업의 중심주제로 다루는 시점에서 고구려의 역사적 정체성을 밝히는 문제가 주요 관심사로 떠오르고 있다.

북한의 고구려 고분군의 경우, 평양시 역포구역 용산리 동명왕릉(진파리 10호분)과 그 주변의 진파리 고분 15기, 평양시 삼석구역 호남리 사신총과 호남리 1~16호분, 금실총·토포리대총·토포리 1~15호분 등 34기, 평남 대동군 덕화리 1·2·3호분, 남포시 강서구역 삼묘리 강서삼묘, 남포

시 덕흥리·약수리·수산리 고분과 용강군 용강대총·쌍영총, 황해남도 안악군 안악 1·2·3호분 등 독립고분 8기로 모두 63기에 이른다.

고구려 고분이 세계문화유산으로 등재하게 된 특징적인 의미로는, 1300년을 넘도록 생생한 모습을 나타내는 고분벽화의 우수성 때문이다. 3세기 초부터 7세기 사이에 만들어진 이 고분들에 그려진 벽화는 주제에 따라 대체로 인물풍속도·장식무늬도·사신도의 3개 발전단계로 구분된다. 이번에 등록 신청한 고분 중 벽화를 간직하고 있는 것이 16기가 고구려인의 다양한 현실과 내세의 삶을 함께 반영한 뛰어난 예술성이 깃든 작품으로 이름 높다. 다시 말해, 벽화는 그 자체가 고구려인들의 역동적인 혼이 간직되고 사상과 생활 모습이 담겨진 귀중한 예술작품이자 역사자료인 것이다.

특히 안악 3호분은 250명의 인물들이 등장해 율동적이고 생기발랄한 모습을 보여주는 '대행렬도'가 그려져 있어 고구려 벽화고분의 백미로 평가된다. 수박도와 부엌·우물·차고의 모습 등 고구려인의 생활풍속을 생생히 전해 주는 벽화도 특히 주목된다. 덕흥리 고분은 학계에서 무덤의 주인공인 '유주자사(幽州刺史) 진(鎭)'의 국적을 둘러싸고 논란을 빚었던 고분이다. 도열한 13군 태수들의 모습은 욱일승천하던 고구려의 기상을, 북두칠성의 보성(輔星)인 8번째 별이 그려진 별자리 그림은 당시 고구려인의 뛰어난 천문 수준을 알려준다.

강서대묘의 현무와 강서중묘의 백호 그림은 고구려 후기의 고분벽화를 대표하는 사신도(四神圖)로 유명하다. 진파리 1호분은 배경요소가 아니라 풍경으로 독립되어 그려진 나무와 사신도, 4호분은 내세의 정토사상을 표현한 연못 그림이 그려져 있다. 쌍영총은 무사와 일반 서민들의 옷차림을, 수산리 고분은 막대와 공을 허공에 던지며 묘기를 부리는 교예의 모습이 생생히 그려져 있다. 따라서 북한의 고구려 고분군은 뒤늦게나마 고대국가 시기 한민족의 조상이 이루어 놓은 위대한 세계문화유산으로 공식 평가를 받기에 이른 것이다.

3. 사례- 화성·화성행궁의 복원과 보존방향

1) 화성 축조와 부대시설의 복원

앞에서 개괄했듯이, 그동안 유네스코의 지정 등록된 국내의 세계문화유산 9건 중 경기지역과 그 일대 소재의 문화재는 1997년 12월에 등재된 수원 화성과 2000년 11월 고창·화순의 고인돌 유적과 함께 지정된 강화 고인돌 유적 등 2건이다. 그 중 강화 고인돌 유적(사적 제137호)은 우리나라 최대의 탁자식 고인돌로서 각별한 의미를 지니며, 선사시대의 사회상을 연구하는 데 크게 주목되는 유적이다. 이곳은 지난날 역사적으로 행정구역상 경기도 관할하에 있었던 곳으로, 강화 내가 지석묘(인천광역시기념물 제16호)·대산리 고인돌(인천광역시기념물 제31호)·부근리 점골 지석묘(인천광역시기념물 제32호) 등 고려산 기슭 일대에는 120여 개의 고인돌이 분포하고 있다. 주변에는 마니산 참성단(塹星壇)을 비롯하여 정족산성(鼎足山城)·강화성·고려이궁(高麗離宮)터·전등사(傳燈寺), 그리고 대장경(大藏經)·상감청자(象嵌靑瓷)를 만들던 터 등 선사시대에서 조선 말기에 이르기까지 많은 역사적 유적·유물이 산재해 있다. 따라서 풍부한 관광자원을 가진 강화지역은 그 발굴·보존 여하에 따라서 국내는 물론 세계적인 명소로서 활용할 수 있는 가능성이 높은 고장이다.

한편 여기에서는 세계문화유산의 보존·활용이라는 측면에서 그 사례로 경기도의 수부(首府)도시 수원의 화성과 화성행궁의 건설 경위와 역사적 의의, 그리고 복원·보존의 방향과 과제 등을 간략히 살펴보기로 한다.

1789년(정조 13) 조선후기의 계몽군주 정조가 현륭원(顯隆園) 천봉(遷奉)을 계기로 읍치를 옮겨 신도시 수원을 건설하고, 읍성으로서 과학적인 최신의 공법과 다양한 기능을 갖춘 장려한 성곽 구조물로 건축한 것이 바로 화성(華城) 성곽이다. 화성은 신도시 건설공사가 거의 마무리되어 가던 1794년(정조 18) 2월 28일에 기공하여 1796년(정조 20) 9월 10일에 준공, 공식적인 축성기간만 해도 2년 7개월이 소요되었다. 읍성과 산성의 기능을 복합적으로 갖춘 화성은, 흔히 '성곽의 꽃'이라 불릴 만큼 조선후기에 축조된 한국 최고의 성곽으로 평가된다. 정조가 국력을 기울여 신도시 수원을 건설한 지 5년 후에야 비로소 착공, 2년 7개월에 걸쳐 화성을 축성하기까지에는 연인원 37만 6,343명이 동원되었다. 또 소요된 자재만 해도 석재 20만 1,400덩이, 벽돌 69만 5,000장, 기와 53만 장, 그리고 목재는 2만 6,200주 등이 소요되었다. 이러한 자재들을 운반하는 데 있어서는 거중기·녹로·유형거 등 새로운 기재들이 제작·사용되었다. 다산(茶山) 정약용(丁若鏞)에 의해 고안된 거중기의 경우, 불과 30명이 안되는 장정의 힘으로 1만 2천 근 무게의 돌덩이를 끌어올림으로써 한 사람이 거의 400근의 무게를 담당한 꼴이 되어 성역의 공기(工期)를 크게 단축했음은 물론 공사비를 대폭 절감시킬 수 있었다.

이 성곽이 축조되기까지에는 18세기 말 정조시대의 성숙된 문화적·예술적 역량과 최첨단의 과학기술이 총동원되었으며, 많은 인력과 재정의 투입이 뒤따랐다. 단적으로 말해서 화성은 분열된 왕정을 이끌면서 정조가 지향하려 했던 왕권강화와 문화중흥, 그리고 민본주의의 한 정점(頂點)을 그대로 표상하는 것이라고 할 수 있다. 현륭원·화성행궁과 더불어 이 성곽 건조물 속에는 효심과 왕권강화의 의지를 접합시키려는 정조의 비원(悲願)과 함께 근대사회의 도래(到來)를 위해 역사의 새로운 도약을 예고하는 창조적인 조선정신의 힘, 그리고 변화와 전진을 위한 피어린 고뇌가 깃들어 있는 것이다.

화성 성곽은 그 시설면에서 전근대와 근대적인 무기를 모두 활용할 수 있는 다기능적 시설은 말할 것도 없고, 기존의 읍성이나 산성과 달리 자연지세를 최대한 살리는 가운데 자연과 인공이 어울어진 자연친화·환경친화적인 구조물로 축조되었다는 사실이 주목된다. 일찍이 정조는 성역 직전에 수원의 지형·지세와 유천(柳川)의 흐름을 살려 버들잎 모양의 성 형태를 구상, 산지와 평지 조건을 그대로 유지하는 가운데 축성할 것을 제안한 바 있었다. 그 결과 『화성성역의궤』에 의하면, 화성은 성축 당시의 총연장 4,600보(5.743km) 가운데 성벽은 산지 부분이 2,944보 4척, 평지 부분 1,019보 4척, 합계 3,963보 8척이 차지하고, 나머지 부분은 4대 문루를 비롯한 포루·포대·공심돈 등의 부대시설물로 구성되어 있다.

따라서 화성은 산지와 평지에 따라 성축의 높낮이와 구조물의 배치를 조절했고, 돌과 벽돌을 활용함에 있어서도 그 구조물의 타당성과 견고성, 그리고 건축미를 아울러 살리도록 고려하였다. 화성은 석축의 웅장함과 아름다움이 조화를 이룬 성벽과 문루를 비롯한 여러 부대시설물 등 크게 두 부분으로 구성되어 있다.

화성의 주요 시설물로는 4대 정문을 비롯하여 장대 2, 수문 2, 포루(砲樓)와 포루(舖樓)가 각각 5, 각루 4, 노대(弩臺) 2, 은구(隱溝) 2, 적대(敵臺) 4, 수문 2, 봉돈(烽燉) 1, 용도(甬道) 1, 포사(鋪舍) 2, 암문(暗門) 5, 공심돈(空心墩) 3, 치성(雉城) 10, 성신사(城神祠) 1개소 등 총 53개 소의 부대시설물이 있었다. 그러나 세월의 풍화로 일부가 파괴된 것을 1975년부터 1979년까지 5년간에 걸쳐 복원·보수하여 현재는 44개 소의 시설물이 설치되어 있다. 남수문·남공심돈·남암문·남동적대·남서적대·중포사·성신사·남·북은구 등 9개 소의 시설물은 아직도 미복원된 상태에 있다.

일찍이 화성은 국가 사적 제3호로 지정된 이래 팔달문이 보물 제402호, 화서문이 보물 제 403호, 그리고 팔달문 동종이 경기도유형문화재 제69호로 지정 관리되어 왔다. 화성 성곽은 1796년 정조시대에 완공된 지 170여 년의 세월이 흐르는 동안 자연의 풍화와 일제 식민지시대, 6·25전쟁 등 불행했던 역사의 격동기를 겪으면서, 대부분의 시설물이 파괴되는 운명을 맞았다. 그러나 정조시대 화성성역의 상세한 계획서이자 탁월한 보고서인 『화성성역의궤(華城城役儀軌)』가 남아 있어서, 이 문헌에 따라 거의 원형에 가까운 화성의 복원이 가능하게 되었으며, 마침내 복원된 지 20년 후인 1997년 12월에는 화성 전체가 유네스코 세계문화유산으로 지정 등록되는 영예를 안았다.

현재 복원·보수된 화성의 부대시설은 팔달산 정상 서장대에서 시작하여 동남쪽으로 화서문·서북공심돈·장안문·화홍문·방화수류정·동장대·동북공심돈·창룡문·봉돈·팔달문 등 순으로 건립되어 있다. 그 중에서도 특히 화홍문과 방화수류정은 조선후기 건축물의 걸작으로 일컬어지며 수문과 정자문화의 백미(白眉)로 손꼽힌다.

한편 화성 성역의 종합보고서인 『화성성역의궤』에 소요된 많은 물자와 각급 공장(工匠)들의 이름 및 공역일수를 상세히 기록한 것과 마찬가지로, 화성의 4대 성문의 무사석(武砂石)에는 해당 시설물을 조영(造營) 감독한 감독 이하 도석수(都石手)에 이르기 까지 모든 책임자의 직역과 이름을 기록해 놓고 있다. 이것은 공사의 책임과 더불어 그 공적을 후세에 남김으로써, 화성 성곽이 단순히 국왕의 전유물이 아니라 그 당대인들의 드높은 안목과 기술·의지에 의하여 이루어진 역사적 건조물이라는 섬을 분명히 드러내게 하였다.

화성 축성이라는 대역사에는 개혁왕정과 문운융성을 지향하던 정조의 주도하에 관료·지식인·예술인에서 장인바치·농민에 이르기까지 모든 계층의 사람이 참여한 그 시대 국력이 집약된 역사적인 사업이었다. 신도시 건설의 일환으로 이루어진 이 화성 성역에는 중흥의 극점에 도달했던 조선후기의 과학기술과 문화역량이 그대로 투영되어 있는 것이다.

그러한 과정에서 화성 성곽과 쌍벽을 이루는 화성행궁이 일제 식민지 시대에 무참히 파괴된 이후 11년간에 걸친 정조의 집념 어린 화성경영의 중심적 공간으로서, 또 수원의 상징물로서 화성행궁 복원의 필요성이 끊임없이 제기되었다. 그리하여 1989년 10월 뜻있는 수원시 인사들을 중심으로 화성행궁복원추진회가 결성된 지 14년이 지난 2003년 10월 9일을 기해 전체 576칸 규모 중 84퍼센트 공정에 해당되는 482칸이 1차로 복원·개관되기에 이르렀다.

이로써 비록 아쉽지만 정조시대에 건설된 신도시 수원의 전통적인 원형을 되찾을 수 있게 되었으며, 역사와 문화의 도시 수원의 품격 높은 옛 모습을 볼 수 있게 되었다. 아울러 유네스코 세계문화유산으로 지정된 화성과 화성행궁은 민족문화유산으로서 세계적인 관광자원으로 국내외에서 크게 주목을 받게 되었으며, 아직도 미복원된 화성과 화성행궁의 시설물이 하루빨리 복원되어 그 원형의 웅자(雄姿)가 우리 앞에 재현되기를 기대하게 되었다.

2) 화성성역의 역사적 의의

조선의 성제를 뼈대로 일본 성제의 장점까지 참고하여 보다 완벽하게 새로운 축성을 시도한 것이다. 이 화성은 지방의 행정·경제·군사의 중심지인 읍성으로 축조된 것이지만, 유사시에 대비하여 방어와 도피용의 성격을 지닌 산성의 기능을 아울러 갖춘 것이었다. 화성 성곽은 조신후기 축성기술과 성에 쓰이는 재료가 총동원된 가운데, 중국과 우리나라의 성곽제도, 축 18세기 말 신도시 수원에 축성된 화성 성곽은 기존의 성제에 대한 반성과 종합, 곧 중국과 성기술과 물력(物力)·공사운영 등에 대한 여러 논의를 종합·검토한 끝에 이루어진 것이었다.

화성은 성제사적인 측면에서 큰 특색을 지니는데, 그 의의를 요약하면 다음과 같다.

첫째, 우리나라의 전통적인 읍성 제도를 따르면서도 공심돈·포루·노대·오성지 등 전례에 없던 새로운 방어시설을 충실히 갖추고 있어서 읍성과 방어성으로서의 다양한 기능을 갖추었다. 그리고 도성의 외곽을 방비하는 군사도시로서의 기능도 아울러 수행할 수 있었다. 정조 22년 (1798) 장용외영의 편제가 5위-속5위체제로 일대 개편을 보면서 화성 4대문을 중심으로 5위의 군사가 배치되고 화성 성곽과 행궁은 장용외영의 본거지로서 군사적 의미가 한층 강화되었다.

둘째, 화성 성곽은 서울 도성처럼 산지대에는 산성과 같이 읍성을 쌓고 그 안에 도시가 형성되도록 설계했는데, 이것은 경성성(鏡城城)·경주성(慶州城)과 같이 방형(方形)으로 쌓은 축법과는 대조적이다. 특히 높은 언덕이나 산지대 부분에서 자연지세를 최대한 살려 자연과 인공이 어우러져 크게 조화를 이룬 것도 또 하나의 특징이다. 화성은 여러 모로 그 이전까지의 생각이나 방식과는 다르게 쌓아졌다. 우선 화성이 자리한 지형적 조건을 보면, 산성에 의존하던 종래 방식에서 벗어나 자연지세를 최대한 살리는 가운데 산지와 평지를 조화롭게 활용한 점이다. 팔달산 기슭 주변에는 입지

조건상 도시 성장을 충분히 수용할 수 있는 너른 평지가 펼쳐져 있었으므로 대도시로의 성장 가능성을 염두에 두고 성을 쌓고 도시계획을 입안하였다.

셋째, 화성 성곽은 석축과 전축을 적절히 조화시켜 고구려 이래 조선 후기에 이르기까지 전통적인 성곽 건축기술을 한층 근대적인 양식으로 계승·발전시킨 것이다. 벽돌을 대대적으로 제조 활용한 점은 이전까지의 성곽과 구분되는 화성의 큰 특징이다. 그 동안의 축성 경험을 바탕으로 튼튼하면서도 효과적인 축성 재료로 벽돌이 이용된 것이다. 그리고 크고 작은 벽돌을 활용하여 이전에는 쉽게 볼 수 없었던 아름답고 효율성 높은 다양한 성곽 부대시설과 그 형태를 만들어 냈다.

각 시설물은 유사시와 평상시의 실용성을 고려하여 어느 경우나 그 기능을 복합적으로 발휘할 수 있도록 설계되어 있는 것 역시 또 하나의 특징이다. 그리하여 그 견실한 기초와 축성법, 다양한 기능을 가진 시설물은 과학적인 축성기술과 아름다운 조형미를 아울러 갖춘 조선시대 최고의 성곽 건축물로서 큰 의미를 갖는다.

넷째, 화성은 백성들이 자활하는 가운데 재산을 지키고 도시의 위상을 높일 수 있도록 설계된 성곽이라는 점에서도 그 이전까지의 읍성과 크게 달랐다. 이는 성곽 곳곳에 설치된 다양한 방어 시설을 통해 나타난다. 평상시뿐만 아니라 유사시에도 성을 방어할 수 있도록 고려한 결과였다. 상업이 번성하면 과거처럼 전쟁이 일어났을 때 읍성을 버리고 산성으로 대피할 수는 없기 때문이다. 상업도시에 걸맞는 새로운 성곽 구상이 화성에 실현된 것이다.

다섯째, 화성 축성에는 국왕 이하 관료·지식인·예술가·기술자·일반 백성 등 모든 계층이 참여했고, 또 이 시설물은 중흥의 극점에 달했던 정조시대의 문화적·과학적 역량이 총동원되어 이룩해 놓은 역사적인 건조물로서의 의미를 지닌다. 특히 실용지학을 숭상하던 국왕과 정조시대 진보적인 실학사상들의 이상이 합치되어, 그 실험적 성격과 고전적 의미가 잘 어우러진 성곽건축물이라는 점에서 각별한 의미를 지닌다.

여섯째, 무엇보다 화성 성곽은 1차적으로 원침 수호라는 명분을 내세우면서 성내 중심부에 건립된 왕의 행행(幸行) 때 머물던 행궁을 수비한다는 목적으로 축조되었다. 거의 5천 명에 가까운 장용외용(壯勇外營)이라는 국왕의 친위군영이 주둔한 화성과 화성행궁은, 왕권강화와 혁신정치, 문운의 융성을 아울러 도모하던 정조의 정치적 위용과 장려함을 상징하는 건축물이라는 점에서 각별한 의미를 지니고 있다.

3) 화성행궁의 복원과 역사적 의의

정조 24년(1800) 6월 정조가 서거한 직후 순조는 이듬해 4월 행궁 바로 옆에 국가적인 영전으로 화령전(華寧殿)을 신축하고, 부왕 정조의 영정 대·소 2본(本)을 봉안하고 화성유수와 판관으로 하여금 전관(殿官)을 예겸시켜 정기적인 제향과 관리를 담당케 하였다(『일성록』 순조 원년, 신유 정월 10일 및 『정조실록』 순조 1년 4월 을해, 5월 정축). 순조는 화령전에서 친제(親祭)를 올리기 위해 10차 가까이 화성유수부에 행행하여 행궁에 유숙하였다. 이후 역대 왕의 화성행궁 행행은 조선 말 순종 때까지 계속되었다. 고종 5년(1868) 3월 13일에 왕은 건릉과 현륭원을 전배한 뒤 진영(眞影)을 모신 화령전에 치제(致祭)하기 위하여 이곳 행궁에 재숙(齋宿)하였다(『고종실록』 5년 3월 13일). 또한 고종 11년(1874)에는 국비 2만 냥의 새원을 들여, 퇴락해 가는 화성행궁의 지붕을 수리하기도 하였다.

그러나 19세기 말 20세 초 일제의 침략이 박두한 가운데 개화(開化)의 물결이 이 땅에 밀려오고, 왕조중흥의 왕권을 상징하던 행궁 자리에 수원 최초의 서양식 의료기관인 자혜의원(慈惠醫院)이 자리잡으면서 화성행궁은 일대 수난과 퇴락의 운명에 놓이게 되었다. 『고종실록』에 융희 4년(1910) 7월 13일 자혜의원의 증설비로 6만 2,500원을 지출했다는 기사로 미루어, 이 서양식 병원은 이미 그 이전에 행궁 자리에 들어섰던 것임을 알 수 있다. 그리하여 일제는 서울의 창경궁(昌慶宮)을 창경원으로 격하시켜 동물원을 만든 것처럼 민족정기 말살정책의 일환으로 화성행궁을 무차별 파괴하였다. 즉, 정조의 신도시 화성 건설과 조선왕조의 왕권을 상징하는 조선 최대의 화성행궁의 정당인 봉수당을 의도적으로 헐어내고 그 자리에 근대식 병원 건물을 세웠다. 그리고 행궁 내에 수술실·영안실 등을 두었으며, 북군영에는 경찰서를, 남군영에는 토목관구를 각각 설치하는 등 조선왕조의 잔영(殘影)과 민족정기를 말살하는 데 특히 주저하지 않았다.

일제 식민지시대에 촬영한 사진 가운데는 행궁의 정문이었던 신풍루와 그 좌측의 행랑, 그리고 신풍루 뒤쪽 좌익문으로 보이는 태극문양의 3문이 남아 있는 모습을 전하고 있다. 또한 일본인 사카이 마사노스케(酒井政之助)가 쓴 소책자(『華城乃影』, 酒井出版社, 1914 및 『發展する水原』, 1913)에 1923년 자혜의원이 크게 증축되었다는 기록으로 미루어, 아마도 1920년대 초에는 병원의 증축으로 인해 대부분의 행궁 건물들은 대부분 철거되었을 것으로 추측된다. 그 후 자혜의원은 경기도립병원으로 바뀌었고, 주변에는 수원경찰서와 민가가 들어서면서, 정조 때의 왕권강화와 개혁왕정의 상징물로 건축된 옛 행궁의 웅장하고 운치있는 모습은 거의 찾아볼 수 없게 되었다.

다만 행궁의 서북 모퉁이에 있던 낙남헌(경기도기념물 제65호)과 노래당(老來堂)만은 철거의 손길에서 겨우 벗어나, 그 모습이 잔존하게 되었다. 현재 신풍국민학교 교정 안에 위치한 이 건물의 벽체는 그 사이 개조가 이루어졌던 것을 1979년 옛 모습에 거의 가깝게 보수·복원한 것이다.

한편 1975~1979년 5개년 계획으로 국비 32억 8천 600만의 재원을 들여 화성성곽을 복원한 뒤, 이와 쌍벽을 이루는 수원의 상징인 화성행궁을 복원해야 한다는 목소리가 높아지게 되었다. 그뒤 화성행궁 복원의 움직임이 구체적으로 본격화된 것은 1989년에 이르러서였다. 1989년 10월 일부 뜻있는 인사들의 발의하에 화성행궁복원추진회(준비위원장 沈載德, 추진위원장 金東輝)가 구성, 각계 기관에 복원의 필요성을 적극 건의하였다.

1991년 수원의료원의 이전으로 복원의 가능성이 더욱 커지는 가운데 1993년 수원시가 화성행궁의 복원을 위한 장기계획이 수립된 끝에 마침내 1996년 7월 19일 역사적인 화성행궁 복원사업이 착공하게 되었다. 이로부터 1년 뒤인 1997년 9월 12일 행궁의 정전인 봉수당의 상량식을 가졌고, 이해 12월에는 화성이 유네스코 세계문화유산으로 등록됨으로써 화성행궁 복원의 필요성은 더욱 중요하게 인식되었다. 그리고 행궁복원추진회가 구성된 지 14년만에 국가적 사업으로 마침내 현재 봉수당을 비롯한 주요 건물의 복원공사가 1차로 끝났다. 그 결과 2002년 1단계로 전체 576칸의 규모 21개 건물 중 84% 공정에 해당되는 18개 소의 건물 482칸을 복원, 2003년 10월 9일을 기해 마침내 개관되기에 이른 것이다.

이제 수원은 유네스코 세계문화유산으로 지정된 화성 성곽과 쌍벽을 이루는 화성행궁의 주요 건물이 1차적으로 복원됨으로써 아쉬운 가운데서나마 18세기 말 정조가 심혈을 기울여 건설한 신도시 수원의 전통적인 원형을 거의 회복할 수 있게 되었다. 그리고 지역적인 전통과 정체성의 자기탐색을 통하여 크게 발돋움할 수 있는 현재와 미래의 문화 발전 방향과 기본토대가 비로소 마련하게 된 것이다.

일찍이 정조시대 화성행궁의 영건작업은 정조 1789년(정조 13) 7월 이읍 초기에서 화성 성곽이 완공되던 정조 20년(1796) 9월에 이르기까지 7년간에 걸쳐 계속사업으로 꾸준히 진행되었다. 정조 13~14년에는 정조의 원행과 부사의 행정적 부아(府衙)로서의 기능을 아울러 지닌 행궁의 부속건물, 곧 공해·객사·향교·군영 및 기타 건물 336칸이 지어졌고(최홍규,『정조의 화성건설』, 일지사, 2001, pp. 205~207), 1793년(정조 17) 1월 유수부로 승격된 이후 화성성역과 을묘원행에 부수되어 증·개축이 이루어져, 1796년에는 화성유수부 치소 겸 행궁의 기능을 아울러 지닌 576칸 규모의 조선 최대의 화성행궁이 완공되기에 이르렀다. 그러나 조선후기 개혁정치·문화정치를 통한 왕조중흥·문운융성의 흐름을 투영한 신도시 화성의 상징물이었던 화성행궁은, 1910~1920년대 초 일제 강점기에 낙남헌과 노래당을 제외한 대부분의 부속건물들이 무참하게도 철거의 수난을 당하였다.

그 후 다행스럽게도 건립된 지 200년의 세월이 흐르는 동안 자연풍화와 전란 중에 파괴되었던 화성 성곽이 1975~1979년『화성성역의궤』에 의거하여 정조시대에 축성된 원형에 거의 가깝게 복원되고, 1997년 세계문화유산으로 지정되었다. 또 이러한 일련의 추세 속에서 1989년 화성행궁복원추진회가 결성된 지 14년만에 국가적 사업으로 화성행궁이 1차로 복원, 2003년 10월 9일 마침내 개관되기에 이르렀다. 그리하여 화성 성곽과 쌍벽을 이루는 화성행궁이 1차 복원됨으로써 팔달산 기슭 수원 도심 중심부에 그 웅자(雄姿)를 드러내게 되었다. 그리고 이 고장 사람들은 물론 국내·외 관광객들에게 신도시 수원이 조선의 문예부흥기인 정조시대에 건설된 대표적인 계획도시이며, 역사와 문화가 어우러진 전통있고 비중높은 도시임을 비로소 깊이 인식케 하는 단서를 마련하였다.

현재 복원된 화성행궁은 화성 성곽과 마찬가지로 결코 완전한 것이 아니다. 이번에 복원 개관된 부속건물들은 전체 576칸 21개 부속건물 중 84% 공정에 해당되는 18개 건물 482칸이며, 우화관(于華館)·별주(別廚)·내포사(內舖舍) 등 미복원된 건물 94칸과 행궁 담장 등은 향후 2010년까지 마무리할 계획으로 알려져 있다. 화성행궁에 대한 보다 완벽한 복원계획과 함께 부지 수용과 자금난으로 아직까지 미복원상태로 방치되어 있는 화성 성곽의 완전한 복원사업도 시급히 추진해야 할 사항이다. 1970년대 중·후반 5개년계획으로 보수·복원된 화성 성곽은 53개 소의 부대시설 중 아직도 남수문·남공심돈·남암문 등 9개 소의 부속건물과 정조시대의 친환경적인 도시개발의 결과물인 아름다운 자연경관을 자랑하던 지당(池塘)과 식수 조경사업도 하루빨리 보완 추진해야 할 주요 과제로 남겨두고 있다.

화성과 관련된 이러한 우리시대의 과제를 염두에 두면서, 화성행궁의 건립·복원이 갖는 그 역사적 의의를 간략히 요약한다면 다음과 같다.

첫째, 화성행궁은 화성 성곽과 함께 정조대 중반에서 말엽에 이르는 11년간에 걸친 계몽군주 정조의 집념어린 화성경영의 행정적 중심공간으로서 큰 의미를 갖는 상징물이다. 아울러 화성 성곽과 쌍벽을 이루는 이 상징물은 결코 효의 차원에서 그 의미가 한정되는 것이 아니라, 정조가 지향하고자 했던 개혁왕정과 왕권강화의 의지, 문운융성의 실상이 담긴 건조물이라는 점에 유의해야 한다. 정조는 왕 13년 오랜 숙원이었던 장헌세자의 묘역을 수원부 화산 기슭에 이장하여 선친의 권위를 높이는 한편, 현륭원 천봉을 계기로 개혁왕정의 행정·군사·산업·문화적인 거점으로 신도시 화성을 건설·운영하였다. 정조는 11년간 13차의 원행을 정기적으로 시행하면서 그때마다 이 화성행궁에서 유숙 또는 집무를 수행하는 가운데 여러 가지 민본주의적인 읍민정책을 구상·시행하였다.

둘째, 화성행궁은 정조를 비롯한 역대 임금들이 원행 때마다 숙소와 행사 장소로 이용되었지만, 평상시에는 수원부사 또는 화성부유수가 집무하는 행정의 관아로 사용되던 유서깊은 건물이다. 특히 화성행궁은 계몽군주 정조의 집념어린 화성경영의 중심적 공간이자 유수부의 통치기관으로서의 행정적 기능을 아울러 수행하였다. 국왕의 통치권과 지방행정기관으로서의 기능을 아울러 지녔던 이곳에서는 국왕이 원행과정에서 잠시 머무는 숙소·휴식공간으로서의 의미보다는 매년 원행 때마다 정기적으로 시행되는 문·무과 별시(別試)를 비롯하여 갖가지 대(對)읍민 구휼정책과 정조 19년 을묘원행 때 행하여진 다양한 왕실행사의 역동적인 공간으로 널리 활용되었다. 예컨대 거의 매년 시행되는 문·무과 별시, 득중정에서의 활쏘기, 수원부와 인근 군현민들의 민원을 접수하고 이에 대한 처리, 급복(給復)과 진휼 등 각종의 특별 조치를 시행하였다. 특히 을묘원행 때는 봉수당에서 행한 혜경궁 홍씨의 진찬례를 비롯하여 낙남헌에서 베푼 양로연, 신풍루에서 베푼 빈민에 대한 친임사미(親臨賜米) 등 행사는 그 대표적인 예이다.

셋째, 화성행궁은 조선후기에 영건된 대표적인 왕궁 건축물로서 건축사·과학사·문화사적 측면에서도 정조시대의 건축·과학기술·문화 수준과 그 역량을 살펴보는 데 좋은 자료가 되어 준다. 20여 채에 이르는 각 부속건물이 그 용도와 기능에 따라 실용성 있고 다채롭게 설계된 것도 주목되지만, 그 건물명 또한 학자군주 정조의 고전적인 통치철학과 문화적 안목, 그리고 대화성관(對華城觀)이 그대로 담겨져 있다.

특히 행궁을 구성하는 각 부속건물은 그 용도에 부합되도록 고대 중국의 유서깊은 고사나 왕궁에서 그 이름을 따서 당호(堂號)를 삼았다. 또한 각 건물의 편액(扁額)도 정조 자신의 어필(御筆)을 비롯하여 당대의 대표적인 명필과 신료들의 글씨로 이루어져 품격 높은 고전적인 의미를 지니고 있는데, 여기에서도 학자군주 정조의 문화적·예술적 진면목이 약여(躍如)하게 드러나 있다. 이러한 문화사적 흐름과 분위기는 정조의 신도시 화성 건설의 깊은 뜻과 의지, 각 부속건물의 역사적 유래와 의미를 밝힌 당대 최고 수준의 문장가들이 지은 상량문(上樑文) 속에도 잘 나타나 있다.

따라서 화성행궁은 건축사·과학사적 측면에서 정조시대의 건축과 과학기술을 가늠하는 척도가 됨은 물론 그 시대의 고도로 난숙한 과학적·문화적·예술적 역량과 수준 높은 안목, 그리고 역사의 새로운 도약을 예고하는 창조적인 조선정신의 힘이 깃들어 있다.

넷째, 화성 성곽과 쌍벽을 이루는 화성행궁의 1차 복원은 정조시대 신도시 화성건설의 상징물이자 조선후기 대표적인 역사문화유산의 실체를 현재의 시점에서 가시적으로 확인하고 이를 구체적으로 활용할 수 있는 계기를 마련하였다. 특히 새로 복원된 화성행궁은 세계문화유산으로 지정된 화성 성곽과 더불어 그 역사적 의미는 물론 역사와 문화의 도시 수원이 지닌 비중높은 세계적인 관광자원으로서, 시민과 학생들의 교육장으로서 그 가치를 크게 확대하고 활용할 수 있는 무한한 잠재력을 갖추게 되었다.

4. 맺음말

현재 정조시대가 남긴 역사문화유산으로는 서울 창덕궁 내의 주합루

(宙合樓, 옛 규장각)와 서울대 규장각 내의 고문헌, 안양의 만안교(萬安橋), 그리고 수원의 화성 성곽과 화성행궁 등이 손꼽힐 정도이다. 그중에서도 화성 성곽이 200여 년이라는 세월의 풍화와 전란으로 파괴되었던 것을 1975~1979년에 복원되고, 1997년에는 유네스코 세계문화유산으로 지정되었다. 그러나 화성 성곽은 총 53개소의 부대시설 중 44개소만이 복원되고, 남수문·남공심돈·남암문 등의 부대시설과 남지(南池)·북지(北池) 등 모두 9개소의 시설물은 아직까지 미 복원된 상태이다.

또한 일제 강점기에 철저히 파괴되었던 576칸 규모의 화성행궁도 2003년 10월 9일을 기해 482칸이 1차로 복원·개관됨으로써 아쉽지만 정조의 문화중흥과 혁신정치라는 정치적 위용을 상징하는 정조시대의 건축물이 금세기에 재현하기에 이른 것이다. 보다 완벽한 화성과 화성행궁 복원은 2010년까지 그 복원 목표를 두고 있는데, 그 건물은 물론 식수 조경 등의 주변 경관도 가능한 당시의 옛 모습을 살리는 방향으로 추진되어야 할 것이다. 화성행궁이 예정대로 원활히 복원됨으로써 이를 수호하는 기능을 지녔던 화성 성곽과 더불어 수원을 세계적인 역사의 도시, 전통이 깃든 문화의 도시로 발전시킬 수 있는 정신적 기틀을 마련했다고 할 수 있다.

따라서 이 시대를 살고 있는 오늘의 우리들에게 미진하나마 기존에 복원된 화성 성곽과 화성행궁이 갖고 있는 역사적 실체와 위상을 직접 확인할 수 있는 계기를 마련했다는 데 그 의의가 있다. 또한 역사와 문화의 도시 수원이 갖고 있는 지역적 정체성의 확립과 전통문화의 계승·발전이라는 차원에서도 미복원된 성곽과 행궁의 부대시설이 하루빨리 완전 복원되어야 한다는 현실적인 당위성과 성숙된 분위기를 조성했다는 데 큰 의의가 있을 줄로 안다. 그러나 미복원된 건조물의 경우, 보다 철저한 고증과 연구가 선행되어야 하며, 졸속(拙速)이 남긴 기존의 복원시설물과 복원계획에 대한 보다 철저하고도 치밀한 재검토와 자기반성이 뒤따라야 할 것이다. 화성과 화성행궁의 복원기본계획은 철저하고 치밀한 고증을 통해 정조 시대 이 건축물을 영건한 기본정신에 토대를 두면서 그 복원·보존의 방향을 착실히 모색해야 할 것이다.

이러한 관점에서 정조 시대에 농업기반시설로 건설된 만석거(萬石渠)·만년제(萬年堤)·축만제(祝萬堤) 등 도시개발 과정에서 훼손된 농업수리유적에 대한 시민들의 휴식공간과 관광자원으로 오늘의 관점에서 널리 활용할 수 있는 방안의 강구도 시급히 추진해야 할 사항이다. 예컨대 정조대 후반에 조성된 3대 제언은 1차적으로 관개 수리시설로 축조된 것이지만, 당시 저수지 주변에는 갖가지 식수조경과 함께 연꽃을 심어 고려 말 구읍치시대 이래 수원을 연꽃이 풍부하고 만발한 고장으로 불려지게 만든 옛 선인, 그리고 자연과 인공을 조화시키려고 한 정조 임금의 높은 안목을 배워 모두가 살기 좋고 아름다운 도시환경을 가꿔 나가는 데 역점을 두어야 할 것으로 생각된다.

그러한 뜻에서 우리는 정조의 신도시 건설과정이나 화성성역에서 보여준 자연친화·환경친화적인 도시계획, 곧 자연과 인공이 어우러진 품격 높은 안목과 식수조경정책을 크게 주목해야 할 것이다. 현륭원을 비롯하여 화성 성곽과 화성행궁 일대의 주변과 팔달산·노송지대·3대 제언·용연(龍淵)·남지·북지·남수문·북수문 등에 해마다 봄·가을로 시행했던 조선 적송(赤松)과 연꽃 심기 등 정조시대의 식수·조경행사를 타산지석(他山之石)의 모범적 사례로 본받아 이를 계승 발전시켜야 할 것이다. 이에 부응하여 지방정부와 시민은 자연생태계의 보존·복원과 아름다운 자연경관이 펼쳐진 살기 좋은 내 고장으로 가꿔 나가는 데 모두 힘써야 할 것임을 제언해 둔다. 그러할 때 화성은 자연과 문화환경이 어우러진 품격 높은 관광자원으로서의 무한한 생명력을 갖출 수 있고, 세계문화유산으로서의 의미와 화성을 복원·보존하는 데 소기의 성과를 거둘 것으로 전망된다.

이제 화성 성곽과 화성행궁이라는 역사적 건조물이 단순한 외형적 전시물이 아닌 역사문화유산으로서의 제 모습과 기능을 갖출 있도록 우리 모두에게 품격높고 원숙한 문화관과 역사의식으로 접근하는 자세가 절실히 요청된다. 아울러 자연과 문화환경의 조화를 지향하려 했던 정조시대의 일관된 도시계획 정책과 빼어난 안목을 계승·발전시키는 일이 우리들 시대의 큰 과제로 남겨두고 있다. 그리하여 정조시대에 조성된 역사문화유산이 완전 제 모습으로 회복·재생될 때, 세계적인 관광자원으로 활용될 수 있는 화성의 내포와 외연은 더한층 확대될 것으로 기대된다. 또한 역사와 문화의 도시, 자연과 이공이 어우러진 아름답고 살기 좋은 도시를 조성함으로써 21세기 수원의 위상 또한 크게 높이는 결과를 가져올 것으로 기대된다.

끝으로 이미 경기도에서는 2005년을 국내는 물론 외국 관광객을 다수 유치하여, 경기지역의 산업은 물론 문화적 면모를 보여주기 위해 '경기지역 방문의 해'로 선포, 갖가지 행사를 준비 중에 있는 것으로 알고 있다. 그중에서도 국내·외의 관광객을 유치하고, 이들에게 보여줄 수 있는 가장 중요한 행사의 하나로 신경써야 할 부문이 경기지역을 비롯한 국내의 유·무형 민족문화유산의 복원·보존 문제가 아닐까 한다. 이러한 문제와 관련하여 필자는 이미 지난 1997년 '문화유산의 해'를 맞아 제정 선포했던 「문화유산헌장」속에 그 취지가 잘 담겨 있다고 생각하면서 관련 조항을 첨부하는 것으로 이 글을 소략한 대로 끝맺고자 한다.

(1) 문화유산은 원래 모습대로 보존되어야 한다.

(2) 문화유산은 주위 환경과 함께 무분별한 개발로부터 보호되어야 한다.

(3) 문화유산은 그 가치를 재화로 따질 수 없는 것이므로 결코 파괴·도굴
되거나 불법으로 거래되어서는 안된다.

(4) 문화유산 보존의 중요성은 가정·학교·사회교육을 통해 널리 일깨워
져야 한다.

(5) 모든 국민은 자랑스러운 문화유산을 바탕으로 찬란한 민족문화를 계
승·발전시켜야 한다.

(이 글은 2004년 11월 4일 전국문화원 연합회 주최 「문화관광부지
원 지역간 특성화된 문화사업발굴 2004.학술세미나」 주제하의 발표했
던 글이다.)

제6장 우하영의 『국역 관수만록』과 해제

〔해 제〕

『관수만록(觀水漫錄)』은 조선후기 수원부 출신의 실학자 우하영(禹夏永, 1741~1812)의 지방사적 시각이 투영된 저술로서, 그 제명은 '수원지방에 대한 만필(漫筆)의 기록'이란 뜻을 지니고 있다. 현재 전해지고 있는 『관수만록』은 서울대 규장각도서로 소장되어 오고 있으며, 두 개의 상이한 내용과 체재로 이루어진 이본(異本) 필사본이 있다. 그 하나는 '상백문고(想白文庫)' 속의 『천일록(千一錄)』권4를 구성하는 『관수만록』 상·하편이고, 다른 하나는 별책의 체재로 남아 있는 『관수만록』이 그것이다.

저작자 우하영은 1741년(영조 17) 음 2월 1일 경기도 수원부 호매절 어량천면(好梅折 於良川面, 현 화성시 매송면 어천리) 외촌(外村)의 몰락한 남인계 가문에서 태어나 불우한 삶을 영위한 재야의 학자였다. 그러나 그는 소농(小農)경영에 종사하는 가운데 필생의 대작 『천일록』11권을 저술함으로써 18세기 말 수원지방이 낳은 대표적인 실학자이며, 탁월한 농학사상가로서 그의 이름을 역사 속에 기록하기에 이르렀다. 그의 자는 대유(大猷), 호는 취석실(醉石室)·성석당(醒石堂)이라고 하였다.

우하영은 조선중기 이황(李滉)의 문하에서 유성룡(柳成龍)과 동문 수학한 성리학자이자 남인의 영수(領袖) 임란 때 의병장으로 활약한 우성전(禹性傳, 1542~1593, 호 秋淵)의 직계 7대손으로『천일록』,『관수만록』,『수원유생우하영경륜』등의 저술을 남겼다. 특히 그의 저술들은 조선후기의 대표적인 계몽군주 정조가 읍치를 옮겨 신도시 화성을 건설하던 시기를 배경으로, 그 시대의 화성 건설 문제와 관련된 지방사회의 여러 문제들을 생생하게 구체적으로 증언하고 있다는 점에서 그 뛰어난 문제의식과 함께 사료적 가치 또한 매우 높은 문헌으로서 크게 주목 된다.

그는 조선후기 급격한 변화를 겪고 있던 정조시대 중·후반의 수원 신도시 건설과 화성성역에 큰 자극을 받아 1796년(정조 20)「병진사월응지소(丙辰四月應旨疏)」와 1804년(순조 4)「갑자이월응지소(甲子二月應旨疏)」등 두 차례의 국왕의 구언윤음(求言綸音)에 대한 응지소(應旨疏)를 통하여 그의 존재와 경륜을 처음으로 조야에 드러냈다. 부국유민(富國裕民)과 민생보자(民生補資)의 담긴 그의 개혁적 시무론의 편린이『정조실록』,『순조실록』,『일성록』,『비변사등록』등 연대기 자료에 등재된 것도 이때의 일이었다.

『천일록』을 비롯한 우하영의 저작 가운데 크게 돋보이는 부분은 첫째, 근기지역 소농(小農)의 입장에서 농업의 정책·기술·경영면에 있어서 특히 체험적·과학적인 관점에서 농업개혁론을 모색하려 했고, 둘째 과거제도·군사제도 및 정책·신분제도·토지제도 및 정책·환곡제도 및 정책 등 정치·사회제도와 운영상의 개혁론을 개진하려 했으며, 셋째 정조대 중·후반의 신도시 화성경영과 결부되어 그가 살던 수원 향촌사회의 변화와 문제점을 구체적으로 인식하려 한 점 등으로 크게 그 내용을 요약할 수 있을 것이다.

여기에 소개 되는 국역『관수만록』은 18세기 말의 대표적인 농서로 평가되는『농가총람(農家摠覽)』(『천일록』8권)과 함께 우하영의 대표적인 저술의 하나이다. 이 책은 「일왈(一日) 민인모취지책(民人募聚之策)」에서 「십칠왈(十七日) 야금정한지책(夜禁定限之策), 「관방제치삼책(關防制置三策)」, 「부록」 등 모두 19항목으로 구성되어 있다. 이 저술은 필사본으로 세로 30cm×가로 20.7cm 크기에 매 페이지마다 10행 20자씩 모두 76페이지의 분량이다.

이 별책의 저작은 『천일록』 권4를 구성하는 『관수만록』 상·하의 내용이 엉성하고 논지가 빈약한 데 비해 그 체제와 목차가 요연하게 정제(整齊)되어 있고, 내용 또한 훨씬 구체적이고 화성 축성 이후 신도시의 변화상과 문제점을 논의의 대상으로 삼고 있다. 그런데 이 필사본 저작의 표지는 『관수만록』이라는 표제를 달고 있으나, 책의 속 목차 맨 앞에는 어떤 까닭에서인지 '『관수만록』 하'라고 씌어 있다. 그러나 목차의 구성이나 그 서술·체제로 미루어 앞의 『천일록』 권4 수록 분보다 훨씬 다듬어지고 보다 충실성을 지니고 있는데다가 내용 또한 화성성역과 신도시의 건설과정이 거의 마무리되던 시대적 상황을 담고 있다. 이러한 일련의 사실 등으로 미루어 별책의 『관수만록』은 대체로 화성성역이 완공되던 1796년(정조 20) 9월 이후에 집필되었을 가능성이 매우 크다.

『관수만록』이 담고 있는 향촌사회발전론은 화성성역과 도시의 변화, 주민 모취와 산업진흥, 군역 문제 등을 중심으로 정조대 후반 신도시 화성 경영과 사회 각 부분에서 파생된 여러 문제에 대한 처방전으로서의 개혁안이 구체적으로 제안되어 있다. 이 저작은 이읍 후 관아·향교·역참(驛站)·상가·도로·교량 등 도시기반 시설의 건설, 만석거(萬石渠)와 대유둔(大有屯, 북둔) 등 농업수리시설과 둔전경영, 상업적 농업 문제, 시전(市廛)과 남·북장시의 설치, 상공업 진흥, 신도시 수원의 행정개편 문제 등 급격한 변화를 겪고 있던 18세기 말 신도시 화성 향촌사회의 양상과 여러 당면

과제를 동시대 향촌민의 입장에서 구체적으로 심도 있게 탐구해 놓았다.

특히 농업부문에 있어서 우하영은 수원의 도시화에 부응하여 상업적 농업을 적극 장려하였다. 또한 이 고장의 농업관행은 토지조건을 고려하지 않고 이앙광작(移秧廣作)을 일삼으며, 나농(懶農) 풍조가 성행하여 농업진흥과 농업생산력의 저해 요인이 된다고 비판적인 시각에서 관찰하였다. 상업부문에 있어서도 그는 시전과 남·북장시의 설치를 통한 장시의 상설화, 남양만 빈정포(濱汀浦)의 복구를 통한 어염 등 물화의 교역과 상업자본의 유치를 적극 제의했고, 쌀·소금이 흥판(興販)과 소상인의 육성책을 제안하였다. 이처럼『관수만록』의 산업진흥론은『천일록』과『수원유생우하영경륜』등에서 제시한 입론과 일정하게 조응되면서, 소농민·소상인 중심의 농업과 상업진흥론을 일관되게 펴고 있는 것이 특징이다.

그러한 뜻에서『관수만록』은 우하영의 전작『천일록』의 중심적인 주제를 한층 구체화하고 심화시켜, 자신이 살고 체험한 수원 향촌사회의 제도적·행정적 문제를 민본주의적 차원에서 척결하고자 하는 개혁적인 향촌지식인의 '수원에 대한 탐구의 서(書)'라고 할 수 있다. 우하영은 이 저술을 통해 신도시 수원이 농업과 농정 문제에서부터 상공업의 진흥, 양전과 부세, 수원의 행정적 지계(地界)와 구역개편, 민인모취와 지역주민의 신·호역, 전정·군정·환곡 등 3정 개혁, 축성방략과 장용외영(壯勇外營) 등의 문제에 이르기까지 18세기 말 그가 살고 있던 향촌사회의 당면 문제와 개선책을 구체적으로 제시하려고 하였다. 이 저술 속에는 당시 신도시 화성이 당면한 여러 문제를 백과전서 식으로 나열·집성하려는 태도를 지양하면서 향토사정에 정통한 전문성 있는 관찰력과 해박한 경륜이 짙게 투영되어 있다.

뿐만 아니라 이 저술 속에는 조사자·관찰자로서의 예리한 시각을 드러내는 데 그치지 않고, 자신의 향촌을 사랑하는 가운데 대다수의 지역 구성원인 소민층(小民層)의 생활을 걱정하고 이를 향상시키려는 한 탁월한 민본주의자로서의 경륜이 아울러 담겨져 있다. 특히 소농민·소상인·군교(軍校)·이서(吏胥) 등 소민층의 입장에서 산업진흥을 비롯한 향촌사회의 문제점과 개혁론을 구체적으로 전개하고 있는 것이 이 저작의 큰 특장이자 돋보이게 하는 부분이다.

〔국역 본문〕

서(序)

맹자(孟子)는 말하기를「천시(天時)는 지리(地利)만 못하고, 지리는 인화(人和)만 같지 못하다」고 하였다. 무릇 천시의 추천(推遷)[1]은 사람의 능력으로 미리 점칠 수 있는 바가 못 되지만, 오직 지리와 인화는 그 얻고 잃는 것이 사람에게 달려 있다. 그러므로 옛 부터 군국(軍國)의 대계(大計)를 도모하는 자는 정말 아닌 게 아니라 먼저 지리를 차지하고 나서 이어 인화를 도모하였다.

대개 지리라 하는 것은 크게는 견고한 성(城)을 뜻하는 것이니, 관중(關中)[2]의 형세와 같은 것이요, 작게는 요충(要衝)[3]을 뜻하는 것이니, 호뢰(虎牢) 땅처럼 험(險)해야 하는 것이다. 이는 바로 지리의 의지함이 있음을 뜻하는 것이지만, 진양(晉陽)[4]성이 의뢰함이 되고 강회(江淮)[5]가 보장(保

---

1) 推薦 : 변천하여 옮김.
2) 關中 : 중국 섬서성 위수(渭水) 유역에 있는 평야. 중국 옛 왕조의 중심 통치지(統治地)로서 동쪽의 함곡관(函谷關), 남동에 무관(武關), 서쪽에 소관(蕭關) 및 농관(隴關), 남서에 대산관(大散關)을 두어 굳게 방비했음.
3) 要衝 : 지세가 험준하여 적을 막고 지키기에 편리한 지점. 요해처(要害處).
4) 晉陽 : 중국 산서성(山西省)의 성도(省都). 태원(太原)이라고도 함.

障)이 될 수 있었던 것은 오로지 인화를 평소에 얻었기 때문이다. 그러므로 지리를 차지하여 성지(城池)6)를 만들고, 인화를 얻어서 갑병(甲兵)7)을 만든 다음에야 비로소 만세에도 흔들리지 않는 기업(基業)을 이룰 수 있다.

지금 화성(華城)8)은 이미 지리를 차지하고 성(城)을 쌓는 일도 마쳤으니 얻어야 할 것은 바로 인화이다. 그러므로 성내(城內)에 민인(民人)을 모취(募聚)하는 방책은 실로 목하의 제일 급무(急務)이다. 그 다음은 마땅히 백성을 부요(富饒)하게 하는 일이다. 그리고 또 그 다음은 교(敎)를 설(設)하여 흥화(興化)케 하는 것이다. 그러나 모취함에 있어서도 강제로 협박하여 모아서는 안 된다. 부(富)라는 것은 가호마다 나누어 급여해 준다고 되는 일이 아니다.

무릇 산이 길어야 짐승이 찾아들고, 못이 깊어야 고기가 살찐다. 물에 가깝고 땅이 습(濕)해야 뿌리가 뻗어서 스스로 열매가 많아진다. 이것이 자연의 이치이다. 만일 사람들로 하여금 화성을 낙토(樂土)로 여기도록 해준다면, 풍문을 듣고 감히 달려옴이 마치 물이 아래로 흐르는 것과 같아질 것이다.

화성에 근거하여 생리(生利)9)함으로써 해마다 은성(殷盛)함이 풀이 날로 더욱 무성(茂盛)해지듯 될 것이다. 겸하여 위엄과 은혜로써 병행한다면 위로는 어루만지고 가르침을 베푸는 것이 마치 자부(慈父)나 엄사(嚴師)와

---

5) 江淮 : 양자강(揚子江)과 회수(淮水).
6) 城池 : 적의 접근을 막기 위하여 성의 둘레에 깊게 파놓은 연못. 해자(垓字).
7) 甲兵 : 무장한 병사. 갑주(甲冑)와 병기(兵器).
8) 華城 : 조선 정조(正祖) 13년(1789) 10월 장헌세자(莊獻世子)의 묘를 옮기고 신읍치(新邑治)를 화산(花山)에서 팔달산(八達山) 밑으로 옮겼다. 이어 정조 17년 1월 수원부를 화성이라 개호(改號)하고 장남헌(壯南軒)에 어필현액(御筆懸額)을 걸었으며, 다시 유수부(留守府)로 승격시켰다.
9) 生利 : 이익을 냄.

같은 바가 있을 것이요, 아래로는 보고 느끼고 흥화(興化)[10]하여 모두 친군(親君)과 사상(事上)을 알게 될 것이다. 그렇게 된다면 중심(衆心)이 모아져 성을 지키려는 효과가 장차 다른 날에 뚜렷이 나타나게 될 것이다.

1) 민인을 모취(募聚)하는 방책

민인을 모취하는 길은 오로지 사람들로 하여금 낙토(樂土)로 보도록 하여 용감히 달려오게 하는데 있다. 그러나 진실로 그 방법을 연구해 보면, 그들의 신역(身役)을 면제해 주는 것보다 더 나은 것이 없다.

지금 도하(都下)의 유입(流入)된 백성들을 돌아보면, 모두 8도에서 신역을 피해온 무리가 대부분이다. 이제 만일 본부(本府)[11]에서 성내(城內)에 거주하는 백성들에게 허락하여 신역과 연호(烟戶)[12]의 역(役)을 추궁하지 말라는 영(令)을 내려 이를 정하여 절목(節目)을 만들도록 한다. 본부의 외촌(外村)으로부터 옮겨온 자로 하여금 각기 그것을 관장하는 부처에서 영을 내려 바로 부과된 역의 탈면(頉免)[13]을 허락해 주어야 할 것이다. 각 읍으로부터 옮겨온 자는 각기 그 거주하던 곳의 관청으로 하여금 바로 그 소정(所定)의 역을 탈급(頉給)[14]해 준다면, 몇 해 안가서 성내에 민호(民戶)가 충만해 질 것이니, 반드시 땅이 좁아 용납하기 어렵다고 탄식하게 됨이 있을 것이다.

혹자는 말하기를, 만일 그들의 신역을 탈급해 주는 일이 그 민인을 모취하는 방법이라고 말할 수 있지만, 외촌에서 신역을 피하려고 하는 무리

---

10) 興化 : 흥기하고 감화함.
11) 本府 : 화성부, 곧 수원유수부를 말함.
12) 烟戶 : 사람이 사는 집.
13) 頉免 : 마땅히 져야 할 책임의 면제를 받음.
14) 頉給 : 탈면(頉免)을 허락해 줌.

들이 거의 모두가 성내에 옮겨 들어온다 하더라도, 그 군액(軍額)[15]을 보충하기 어려운 폐단은 어찌하겠는가 하고 말한다. 그러나 급히 말해서 이 말이 그럴듯하다고 말할지 모르나, 그러나 사실을 자세히 연구해 보면, 또한 그렇지 않은 것이 있다.

대체로 보아서 근년부터는 본부 외촌의 민호가 다른 지방으로 전이(轉移)한 자는 거의 넉넉히 살던 자가 많았으니, 이들은 일찍이 신역을 면제받은 무리들이었다. 그러나 한번 유수영(留守營)으로 승격한 뒤부터는 여러 명색(名色)들이 저절로 증액되어 요행히 모면할 수가 없게 되었다. 그러므로 드디어 옮겨 살 계획을 세운 다음 전장(田庄)을 팔고 향촌을 떠나게 된 것이니, 이는 어찌 스스로 하고자 한 것이겠는가. 대개는 그 형편이 마지못해 하는 것이다.

지금 만일 이들을 부내(府內)로 옮겨 맞아들인다면, 몸은 이미 면역(免役)이 되고 전장(田庄) 또한 팔지 않아도 될 것이니, 곧 이 무리들이 화성을 살기 좋은 곳으로 보는 것은 틀림없는 그 형세이다.

하물며 요호(饒戶)[16]와 빈민(貧民)을 막론하고 이미 신역을 피하려 함이 계산이었은즉, 비록 부내로 이입(移入)하지 아니한다 하더라도 그 전이하려 한 것은 곧 결정한 사실이다. 그 흩어져 다른 지방으로 가게 하는 것보다는 차라리 형세와 이익에 따라 유도하여 성내로 옮겨 살게 하는 일이 마땅하다고 아니하겠는가.

또 성내 지형의 한광처(閑曠處)[17]만 말해도 1천여 호는 들어갈 수 있을 것이다. 따라서 스스로 채워져 가득 찰 것이요, 다시는 모취 할 필요가 없을 것이다. 진실로 뚜렷하게 절목(節目)[18]을 만들어 외촌과 각 읍의 백성을 막

---

15) 軍額 : 군인의 수효. 병액(兵額).
16) 饒戶 : 살림살이가 넉넉한 집.
17) 閑曠處 : 사람이 살지 않거나 개간하지 않아, 묵고 있는 땅이 넓은 곳.

론하고 그 옮겨오게 함에 따라서 그 신역을 면제해 주도록 한다. 그러면 얼마 안가서 1천여 호가 모여 충만할 것이니, 땅이 좁다고 아니하겠는가.

혹자는 또 말하기를, 성(城)을 설치하고 백성을 모집함은 장차 군오(軍伍)[19]를 충실하게 하고 수어(守禦)[20]에 대비하기 위한 것이라고 한다. 그러나 이제 만일 그 신역을 면하고 유민(遊民)이 된다면, 어찌 성을 설치하고 백성을 모집하는 의의가 있겠는가 하고 말할지도 모른다. 그렇지만 이것은 또한 그러하지 않다. 이미 백성이 성내에 있다면, 비록 평상시에 이름이 군오(軍伍)에 편성되어 있지 않았다고 하더라도, 만일 사변이 있는 날에는 스스로 성에 올라가 성첩(城堞)[21]을 지키는 군졸(軍卒)이 될 것이다. 하물며 5가작통(五家作統)[22]에 입적되면 어찌 이름이 행오(行伍)에 편성되고 편성되지 않았다고 해서 그 경중(輕重)을 문제 삼을 수 있겠는가.

혹자는 또 말하기를, 만일 모취해 들인 성내의 민인으로 하여금 한 가지로 면역시키고 상대하지 않는다면, 이교(吏校)[23]와 나졸(羅卒)[24]의 결(缺)이 있을 경우에 장차 무엇을 가지고 충대(充代)[25]할 수 있을 것인가 한

---

18) 節目 : 규칙의 조목.

19) 軍伍 : 군의 대오(隊伍).

20) 守禦 : 밖으로부터 오는 적의 침입을 막음.

21) 城堞 : 성가퀴. 성 위에 낮게 쌓은 담으로, 여기에 몸을 숨기고 적을 치거나 쏨. 여장(女墻)·치성(雉城)·치첩(雉堞).

22) 五家作統 : 다섯 민호를 1통씩으로 묶던 조선시대의 호적제도. 범죄자의 색출, 세금 징수, 부역의 동원을 효과적으로 시행하기 위하여 성종(成宗) 17년(1485) 처음 시행한 이래 숙종(肅宗) 1년(1675) 비변사(備邊司)에서 5가작통법을 작성하여 조직을 강화한 바 있었다.

23) 吏校 : 조선시대 신분계급의 하나로서, 지방 관아에 딸린 아전(衙前)과 장교(將校). 일정한 직업·신역(身役) 등을 세습하며, 관료계급과 평민계급의 중간을 차지하고 있었음.

24) 羅卒 : 조선시대 군아(郡衙)의 군뢰(軍牢)·사령(使令)을 통틀어 말함. 주로 죄인을 문초할 때 곤장을 때리는 일을 맡았음.

25) 充代 : 메꾸어 교대함.

다. 그런데 이 말은 진실로 그럴듯하니, 마땅히 대책을 강구하여 그 조처의 방법이 있어야 할 것이다.

대체로 보아서 본영은 이미 장용영(壯勇營)[26]의 외영(外營)을 겸하여 서울 도성에서 지척(咫尺)[27]의 울타리가 되며, 또 그 소중함이 3도(三都)[28]와 제로(諸路)의 순병영(巡兵營)과는 크게 다르다. 때문에 외면 시설이 자못 넓고 큰 것 같으나 그 요포(料布)[29] · 의식(衣食)의 보급원(補給源)은 실로 잔박(殘薄)[30]하다. 이는 마땅히 경영문(京營門)의 예에 따라서 그 요포를 우대해 줌이 마땅할 것이다. 나졸(羅卒)들은 봉족(奉足)[31]과 춘추(春秋)의 의자(衣資)[32]를 가급(加給)해 줌으로써 자원의 길을 열어준 다음에야 영제(營制)[33]와 군용(軍容)[34]이 모두 그 마땅함을 얻을 수 있을 것이다. 그리 된다면 성내의 민호도 번성하게 될 길이 생기게 될 것이다.

2) 양향(糧餉)[35]을 치적(峙積)[36]하는 방책

---

26) 壯勇營 : 조서 제22대 정조(正祖) 때 수원에 설치했던 군영. 장용영은 정조 17년 (1793) 1월 수원의 유수부 승격과 함께 유수로 하여금 장용외사(壯勇外使)를 겸직 케 하고, 수원을 외영(外營)으로 정하였다. 내영(內營)인 도성(都城) 본영(本營)의 지 휘관은 장용사(壯勇使) 또는 장용병대장(壯勇兵大將)으로 바꾸는 등 직제가 일대 혁신된 바 있었다. 장용영은 정조 22년 10월 5위체제로 일대 개혁 끝에 그 제도의 완비를 보았으나, 정조가 별세한 뒤인 순조(純祖) 2년(1802) 폐지되어 총리영(摠理 營)으로 개편되었다.

27) 咫尺 : 매우 가까운 거리.

28) 三都 : 수원부에 앞서 이미 유수부가 설치된 개성·강화·광주유수부를 가리킴.

29) 料布 : 급료로서 주던 무명이나 베.

30) 殘薄 : 아주 부족할 만큼 박함.

31) 奉足 : '보조자'란 뜻으로, 조선시대 양민이 부담하던 국역(國役)의 하나. 양민이 출 역(出役)했을 때 출역하지 않은 여정(餘丁)을 한두 사람 정정(正丁)의 집에 주어 집 안 일을 도와주게 했으나, 뒤에는 여정에게 재물만을 내게 하여 정정을 보조하였음.

32) 衣資 : 옷값.

33) 營制 : 영문(營門)의 제도.

34) 軍容 : 군대의 위용 또는 장비.

35) 糧餉 : 양식. 군사의 양식, 곧 군량(軍糧)

연평부원군(延平府院君) 이귀(李貴)37)가 일찍이 올린 상차(上箚)38)에서, "우리 나라가 임진왜란(壬辰倭亂) 이전에는, 각 읍의 환상(還上)이 대읍은 30만 석(石), 중읍(中邑)은 10여만 석, 소읍(小邑)은 혹 5,6만 석이었습니다. 그러므로 혹 기근(飢饉)이나 병란(兵亂), 천사(天使)39)가 올 때를 만난다고 해도 모두 관곡(官穀)을 백성들에게 꾸어 주었다가 추수를 기다려 수봉(收捧)해 들임으로써 민생이 이것에 힘입어 보전할 수 있었습니다. 지금은 공사(公私)의 저축이 한결같이 바닥이 나 있습니다. 조종조(祖宗朝) 때 각 읍에 쌓였던 것은, 반드시 귀신이 운반하고 하늘이 내려 주고 땅에서 나게 한 것도 아니요, 민간의 것을 거두어 모아 점차 비축한 소치입니다."라고 말하였다.

이것을 가지고 미루어 본다면 국초이래 각 읍 창고의 저축이 풍조 했음을 가히 알 만한 것이다.

임진왜란 이전에는 이름난 큰 고을이 조정에 꽉 찼어도, 일찍이 환곡이 많아 백성을 못살게 한다고 근심하는데는 이르지 아니하였다. 그러나 지금 백성들을 기른다는 자들을 보면, 매양 곡부(穀簿)40)을 감축하는 것으로써 제일의 백성을 보호하는 장책(長策)으로 삼으니, 참으로 개탄할 만한 일이다.

한(漢)나라 문제(文帝)41) 때는 창고의 곡식이 묵고 묵어서 끝내 부패하

---

36) 峙積 : 높이 쌓거나 쌓임.

37) 李貴(1557~1627) : 조선 인조(仁祖) 때의 공신. 자는 옥여(玉汝), 호는 묵재(黙齋), 본관은 연안(延安). 이이(李珥)·성혼(成渾)의 문인. 서인(西人)으로 광해군(光海君) 15년(1623) 김유(金瑬) 등과 더불어 인조반정(仁祖反正)에 공을 세워, 연평부원군(延平府院君)에 봉해졌다. 영의정에 추증되었으며, 시호는 충정(忠定).

38) 上箚 : 임금께 올린 차자(箚子). 차자는 간단한 서식으로 하는 상소문.

39) 天使 : 해와 달[日月]. 또는 유성(流星)

40) 穀簿 : 곡식의 장부, 곧 환곡의 장부.

41) 文帝 : 전한(前漢) 5대의 황제로서, 농업을 장려하고 제왕(諸王)의 세력 분산을 꾀하

기에 이를 만큼 못다 먹었다고 한다. 그러나 그때라고 해서 또한 어찌 거두거나 흩으렸다가 하는 정치가 없이, 다만 묵히고 치적(峙積)하기만 했을 것인가. 오직 그 거두고 흩으리는 방법이 있었을 것이다.

돌아보건대, 지금 각 읍에서 환곡의 반은 두고 반은 나누어 주자[半留半分]는 말은, 바로 옛 제도와 다름이 있는 것이 아니다. 그러나 저축이 점차 바닥이 남으로 인하여 억지로 분류(分留)42)시키려는 법규를 만들어서 해를 이으려는 계획을 하기에 이른 것이다.

만일 고을마다 환곡이 수십만 석이 되는 때였다면, 어떻게 절반을 분류시키려는 것으로서 일정한 방식을 삼을 수 있었겠는가. 오직 마땅히 거두고 흩으리는 것을 헤아려 혹은 1,2년 혹은 3,4년마다 서로 묵은 것을 바꾸어 분류시키고자 했을 것이다. 그러므로 백성들은 못살게 아니되고, 창고는 넉넉하게 저축함이 있어서 비록 흉년과 전쟁하는 때를 만난다고 해도, 공사(公私)가 힘입어 수용(需用)43)하는 것이 바로 환곡이라고 할 수 있다.

지금 이 화성은 3남의 요충에 위치하고 있을 뿐만 아니라, 누로(樓櫓)44)·치첩(雉堞) 등 성의 규모가 좌해(左海)에서 제일이요, 군사·말·기계가 내영(內營)과 비등하다. 설사 사변이 일어난다고 하면 우리 쪽에서는 반드시 지켜야 하는 곳이요. 적(敵)에게 있어서는 반드시 다투어야 하는 지역이라고 할 수 있다. 그 수비하는 방책은 오직 양향(粮餉)을 비축하는 데 있는 것이다.

대개 1만 군사의 하루 양식은 133석 5두(斗)이며, 2만 군사의 하루 양식은 260석 10두이다. 그러므로 1만 군사의 백일동안 양식은 1만 3천 330

는 등 한조(漢朝)의 기틀을 굳히는 데 힘썼음. 재위 B.C180~B.C157.

42) 分留 : 남겨두고 나누어 주는 일.

43) 需用 : 필요에 따라 꼭 써야 될 일.

44) 樓櫓 : 적을 망보는 지붕없는 전망대.

여 석이며, 2만 군사의 백일동안 양식은 2만 6천 670석이 된다. 진실로 평상시에 3,4만석의 쌀을 비축하지 못한다면, 어찌 우리나라를 지키는 준비가 갖추어졌다고 말할 수 있겠는가.

옛날 유기(劉錡)가 순창(順昌)을 수비할 때의 일이다. 그는 수비하는 장수에게 물어서 쌀 수만 석이 있음을 안 다음에 비로소 성으로 들어가 굳게 지킬 계산을 했으니, 양향(粮餉)이 싸우고 수비하는데 관계가 있음이 이와 같은 것이다.

이러한 까닭으로 지금 화성에는 반드시 3,4만석의 쌀을 비치해야 할 것이다. 비록 분적(分糴)45)한 후라 할지라도, 창고 속에는 항상 넉넉하게 나머지 저축이 있어서 미처 생각하지 못한 변(變)에 대비해야 할 것이다.

3) 조적(糶糴)46)을 균편(均便)히 하는 방책

군과 민의 양향(粮餉)은 오로지 환곡에 달려 있다. 그러나 환곡의 수량이 많으면 또한 민간에게 간절하고 지극한 폐단이 된다. 이미 양식을 비축할 계획을 세우려면, 마땅히 폐단을 바로잡을 방법도 강구해야 할 것이다.

대체로 보아서 본부 관내의 민호는 1만 5천여 호를 헤아린다. 병자와 외로운 자의 허호(虛戶)47)를 제외하고 그중의 실호(實戶)48)만을 헤아린다면 1만 수천 호에 남짓할 것이다. 매호마다 1석씩 환미(還米)49)를 나누어 준다면, 1년간 응당 나누어주어야 할 쌀은 또한 1만 수천 석이 된다.

가령 환미의 본수(本數)가 3만 석이 된다면, 1만 수천 석은 응당 나누어

---

45) 分糴 : 쌀 또는 환곡미를 나눔
46) 糶糴 : 환곡을 꾸어 주거나 받아들이는 일. 또는 곡식을 팔고 사던 일.
47) 虛戶 : 실제로 있지 않은 호수.
48) 實戶 : 실제로 살고 있는 호수.
49) 還米 : 환곡의 쌀.

주어야 할 것이니, 1만 7,8천 석은 창고에 남겨두게 될 것이다. 또 그 가운데서 만일 2,3천 석을 가지고 달리 사용할 곳이 있는 즉(原註 : 2,3천 석의 別般區處의 방책은 마땅히 다음의 城餉條를 참조할 것) 1만 5천 석의 쌀은 항상 창고 속에 유치(留置)될 수 있다. 이것으로 위급할 때를 당해도 넉넉히 대비하는 바가 될 것이며, 그 고루 나누어 주는 문제는 가장 백성을 편하게 해주는 정치가 된다고 할 것이다.

대개 본부의 관내에는 외창(外倉)이 다섯 군데 있고[50], 부하(府下)에는 또 사창(司倉)이 있다. 백성들이 이미 쌀·벼·콩을 각기 그 소속의 해당 창고에서 받아먹은 다음, 또 1석의 쌀을 성내에서 받게 된다면, 가난하고 보잘 것 없는 소민(小民)[51]들은 반드시 많은 빚을 지게 되어 보존해 나기기 어려울 염려가 있다.

이것은 마땅히 먼저 각 창고의 환곡을 적당히 절미(折米)[52]하여 부창(府倉)에 옮겨 수납하고, 또 각 창고의 환미(還米)도 부창으로 수납해서, 백성들로 하여금 1년에 받는바 잡곡이 2석을 넘지 않도록 해야 한다. 그리고 부창에서 받는바 환미 또한 1석을 넘지 못하도록 한다면, 반드시 백성들이 못살 만큼 되는 데는 이르지 않을 것이다.

또한 소민들이 손해를 입는 폐단은, 매양 부호(富戶)들이 임장배(任掌輩)[53]들과 부동(符同)[54]하여 환롱(幻弄)[55]을 부리기 때문이다. 만약 흉년

---

50) 정조 13년 이전에 간행된 것으로 보이는 연기미상의 『水原府邑誌』倉庫條에, 山倉(禿城山城)·社倉(爭忽面)·海倉(工以鄕面)·設倉(靑龍面)·雙倉(禾方面) 등 5倉을 기록하고 있는 것으로 보아, 우하영이 말한 외창 5곳과 거의 일치된다.

51) 小民 : 주로 소농민·빈농(貧農)·도시빈민 등 서민계층을 우하영은 '小民'이라 쓰고 있다.

52) 折米 : 벼를 도정(搗精)하여 쌀로 만듦.

53) 任掌輩 : 각 지방에서 호적 기타의 공공사무를 맡아보던 사역(使役)의 무리들을 통틀어 일컬음. 각 지방의 면임(面任)·이임(里任)·감고(監考) 등을 가리킴.

54) 符同 : 그른 일을 하기 위하여 몇 사람이 모여서 한통속이 됨.

으로 곡가(穀價)가 뛰어 오르는 때는, 자기가 원래 갚아야 하는 것 외에 허호(虛戶)를 몰래 기록하여 환곡을 많이 받아 내어 식리(殖利)의 자(資)로 삼는다. 그러나 가난하고 보잘 것 없는 하호(下戶)[56]들은 환곡을 받는 것이 너무 적어 종량(種粮)[57]도 하지 못할 지경에 이르는 것이다.

한편 풍년을 만나게 될 경우 좀 풍요롭게 사는 무리들은 모두 면임배(面任輩)[58]들에게 뇌물을 쓰고 서라도 자기 호를 빼낸다. 그 때문에 가난하고 의지할 데가 없는 무리들[貧窮無依之徒]은 오히려 환곡을 많이 받아가게 된다. 그리하여 가을 수납 때는 환곡의 석수(石數)가 월등히 많이 늘어나, 1년 동안 지은 농곡(農穀)을 모두 낸다고 해도 오히려 부족하여 재산을 탕진하고 유리(流離)하는 지경에까지 이르게 되었다. 그러므로 현재에도 각 마을의 백성들이 바야흐로 환곡이 반드시 많아지리라 예상하고 미리 소동(騷動)을 벌이며 다른 지방으로 이사하는 자가 또한 많게 된 것이다.

지금 만일 본부에서 일체의 제도를 강정(講定)[59]하여, 매양 연말에 가서 간가(奸家)[60]의 수를 적발함과 아울러 인구수도 계산, 성책(成册)[61] 해야 한다. 그리하여 병들고 외로운 집 같은 허호는 성책 속에 사유를 달았다가 분적(分糴) 때 참고하여 집집마다 균분(均分)하도록 한다. 대·중·소호(戶)와 같은데 이르러서는, 또한 인구의 많고 적음을 상고하여 감히 1호라도 환동을 부려 옮기고 바꾸는 버릇을 하지 못하도록 해야 할 것이다. 병들고 외로운 호 중에서도 또한 받기를 원함에 따라서 적당한 양을 분급

55) 幻弄 : 교묘하게 못된 꾀를 부려 농락함.
56) 下戶 : 경제적으로 가난하며 천대받는 사람.
57) 種粮 : 씨앗으로 삼는 곡식.
58) 面任輩 : 지방의 동리에서 호적, 기타 공공사무를 맡아보던 무리들. 임장배(任掌輩).
59) 講定 : 강론하여 결정함.
60) 奸家 : 제 이익을 위해 관리들과 결탁하여 불법을 저지르는 간사한 가호(家戶).
61) 成册 : 장부를 만듦.

해 준다면, 실로 조적(糶糴)을 균편히 하는 방책에 합당할 것이다. 또한 모름지기 절목을 널리 돌려, 반드시 시골 마을의 어리석은 백성들이 모두 바야흐로 폐단이 없음을 알도록 해야 한다. 그리하여 각기 생활에 편안하도록 한다면 일이 매우 수월해질 것이다.

　　4) 성향(城餉)[62]을 변통[63]하는 방책

　부내의 양식은 불가불 많이 비치해야 한다. 그러나 다만 본부의 민인들로 하여금 편벽되어 환곡을 많이 받게 하는 폐단은, 진실로 군과 민을 사랑하는 장책(長策)은 되지 못한다.

　간절히 생각해볼 때, 각 도의 산성이 있는 곳과 평양(平壤)과 같이 큰 진(鎭)이 있는 곳은, 의례 각 읍의 창고가 많은 것이 보통이다. 또 북한산성(北漢山城)에는 환미를 각 읍에 나누어 주는 규약이 있다. 그러므로 과천(果川)·시흥(始興) 및 기타 열읍(列邑)[64]은 모두 식량을 북한산성에서 받고 있다. 그런데 그 거리를 계산해 보면 모두 7,80리(里)이며, 먼 곳은 혹 1백 리에 이른다.

　지금 화성의 인근 읍을 돌아보건대, 용인(龍仁)·진위(振威)·양성(陽城)·남양(南陽) 같은 곳은 지계(地界)가 서로 접하여 있다. 비록 과천·시흥·안산 등의 읍으로 말하자면 과천에서 가장 먼 곳이라 하겠으나, 마땅히 본부의 성내에 오려면 60리에 지나지 않는다. 그밖에 각 읍은 그 중에서 가장 먼 곳이라야 70 리에 불과하다.

　따라서 마땅히 본부 성내에 각 읍의 창고를 설치해야 한다. 과천은 곧

---

62) 城餉 : 성안의 비축한 양식.
63) 變通 : 어떤 사물이나 제도를 그때 형편에 맞게 임시로 일을 처리함.
64) 列邑 : 여러 고을.

북한산성에서 환곡 받은 규약을 없애버린 다음 오로지 한 읍으로 본부에 붙이도록 하고, 시흥도 곧 그 거리가 60리 이내의 여러 면을 계산해서 북한산성에서 환곡 받는 규약을 없애어 본부에 붙이도록 한다. 용인·진위·양성·남양·안산 등의 읍은 아울러 거리를 따져서 60리 이내의 각 면에 한해서 하여금 본부에서 환곡을 받게 하되, 다른 읍들이 북한산성에서 하는 예(例)와 같이 한다면, 봄 날씨로는 하루 왕래하는 것으로 허비하는 데 지나지 못할 것이다.

또, 3,4월 사이에는 5,6두로 한도를 정하여 다만 한 차례를 주고 만다 해도, 또한 받아먹는 백성들에게는 대단한 폐단이 되지는 않을 것이다. 또 항차 각 읍에서 왕래하는 길이 모두 평탄하고 넓어서 교통이 기구(崎嶇)[65]한 북한산성처럼 위험함이 없어서, 비록 겨울철 수납하는 때라 하더라도 돌길[石逕]과 빙판으로 인마(人馬)가 고생하는 폐단은 없을 것이다.

경전(經典)에 이르기를 "왕토(王土)[66] 아닌 것이 없으며, 왕신(王臣) 아닌 것이 없다" 하였다. 지금 본부 지경 안에서 가장 먼 곳이 1백 리이지만, 그러나 오히려 또한 부내까지 환곡을 수송하고 세금을 바친다 해도 저들이 비록 각 읍의 다른 지경 백성이라 할지라도 그 거리를 헤아려 보면 60리에 지나지 않는다. 그리고 그들이 왕래하는 것 또한 한 차례에 그치는 것인즉, 마땅히 원망하는 자도 없을 것이다. 본부의 모든 경영이 이미 국가에 소중한 것이니, 곧 저들도 또한 왕토(王土)의 모든 백성인지라, 어찌 새로운 제도를 만들어 냈다고 해서 혐오할 것인가.

용인과 광주 두 읍의 창고가 비록 성안에 있으나, 곡부(穀簿)는 함께 두 고을에 있으며, 창고를 관리하고 감시하는 관감(筦監)·창속(倉屬)이 모두

---

65) 崎嶇 : 산길이 험악함.
66) 王土 : 전제왕조(專制王朝) 시대에는 왕토사상(王土思想)에 의하여, 전국의 토지가 임금의 영토라고 인식되었음.

제 고을 백성이다. 그러므로 그 쌓인바 곡식이 이미 본부의 성향(城餉)이 아니며, 또 부내 민인들에게는 조금만큼도 자생(資生)⁶⁷⁾하는 데 이익이 없다.

지금 만일 본부의 곡부를 가지고 성향을 마련하면서, 달리 각 읍의 창고를 설치하고, 또 창고 문 위에 각 읍의 이름을 쓰도록 한다. 그리고 각 읍에서는 모두 원래 정한 수량이 있을 것이니, 완감·색고(色庫)·창졸(倉卒) 등을 부내에 거주하는 사람으로 본부에서 차출(差出)⁶⁸⁾한다면, 또한 민인의 생활에 보탬이 되는 길도 되는 것이다. 또한 창고를 개울 동쪽 빈 땅에 설치한다면, 개울 동쪽도 민호가 또한 점차 즐비하게 될 것이다.

5) 승환(僧還)⁶⁹⁾을 이치(移置)하는 방책

용주사(龍珠寺)⁷⁰⁾ 승려의 환곡을 본사(本寺)에 설치하는 것은, 비록 절의 승려들을 위해서 방출 및 혜택을 주자는 방법에서 나온 것이다. 그러나 이미 위급할 때 수비해야 하는 곳이 아닌 까닭에, 곡물을 많이 쌓아두는 일이 아무 유익됨이 없을까 걱정이 된다.

돌아보건대, 지금 동문(東門)⁷¹⁾ 안의 장대(將臺)⁷²⁾ 옆에 하나의 빈 골짜기가 아늑하게 하나의 형국을 이룬 곳이 있다. 만일 이곳에 승창(僧倉)⁷³⁾을 새로 설치하여 그 환곡을 옮겨 저장하고, 승군(僧軍)⁷⁴⁾의 군수물자와

---

67) 資生 : 어떤 직업으로 하여 생계를 유지해 감.
68) 差出 : 관원을 임명하고 뽑아냄.
69) 僧還 : 승려의 환곡.
70) 龍珠寺 : 현 화성군 태안읍 송산리에 있는 사찰. 정조 14년(1790) 장헌세자(莊獻世子)의 능을 화산(花山)에 옮기고, 능사(陵寺)·원찰(願刹)로서 옛 갈양사(葛陽寺) 터에 이 절을 지었음.
71) 東門 : 화성의 동문인 창룡문(蒼龍門)을 말함.
72) 將臺 : 군사 지휘관이 올라서서 작전이나 명령을 내리던 돌로 쌓은 대.
73) 僧倉 : 승려에게 나눠줄 환곡과 승군(僧軍)의 군수물자와 병기를 저장하는 창고.
74) 僧軍 : 승려들로 조직된 군대. 승병(僧兵).

기계를 비치한다면, 또한 수비하는 방법에 도움이 있을 것이다.

혹자는 말하기를, 용주사 승환(僧還)의 원래 수량이 많지 아니하여, 옮기거나 옮기지 않음이 수비하는 방법에 큰 영향을 주지 않는다고 한다. 그리고 창고를 철수하여 이곳 성내에 옮겨 짓느라고 한갓 비용만 드리는 번거로운 폐단만 줄 뿐이라고 말하기도 하지만, 이것은 또한 그렇지 아니하다.

이미 성을 쌓았으니, 성향(城餉)을 비치하는 것은 비록 한 섬[石]의 곡식이라 해도 관계가 됨은 또한 중대한 일이다. 또 집집마다 한 섬의 환곡을 분배한다는 계획이 섰으므로, 아울러 승환도 성중으로 이치한 연후에야 곡식의 수량과 민호를 헤아려 차례로 안배하여 한 섬의 수량을 표준하도록 해야 한다.

사승(寺僧)의 방출과 혜택을 주는 것과 같은 일은 마땅히 여기에 있든지, 저기에 있든지 달리할 수가 없는 것이다. 이미 승창을 설치했으니, 승려들로 하여금 이를 주관하도록 한다면, 또한 무슨 이해관계를 말할 것이 있겠는가.

6) 산성(山城)을 철수하여 옮기는 방책

독성(禿城)[75]을 당초에 설치한 것은, 대개 구읍(舊邑)[76]이 있을 때 삼남

---

75) 禿城 : 현 오산시 지곶리에 위치한 삼국시대 때 백제가 쌓았던 고성으로서, 이후 남한산성(南漢山城)과 함께 군사상 요충으로 중요시되어 왔다. 일명 독산성(禿山城)이라고도 하며, 임진왜란 때 권율(權慄) 지휘하의 관군과 김천일(金千鎰)의 의병부대가 승리를 거둔 전승지이다. 이곳은 샘물이 없는 관계로 산성으로서 취약점을 가지고 있었다. 당시 아군이 왜군에게 포위당해 식수의 고갈로 위기에 처했을 때 권율이 백마 수필을 산성에 세우고 쌀로 씻김으로써 적으로 하여금 식수가 풍부한 것처럼 오인케 하여, 마침내 왜적을 물리쳤다고 한다. 이때부터 '말을 쌀로 씻겼다' 고 하여 세마대(洗馬臺)라고도 불려온다.
그 후 이 성은 선조 35년(1602) 당시 부사 변응성(邊應星)이 석성으로 수축한 데 이어, 정조 16년(1792) 왕의 주목하에 크게 개수축하였다. 18세기 말 이 성의 사정을 보면 정조 17년 이후에 간행된 『수원부읍지』에는 "禿城山城 : 周四, 五里 城堞三百

의 요충으로서 방어해야 할 중요한 땅이, 험한 곳을 근거로 해서 수비할 곳이 없었기 때문이었다. 그러므로 이 자그마한 보장을 가깝고도 서로 바라다 보이는 곳에 마련한 것이었다.

그런데 원래 독산성 안에는 샘물이 없어서, 만일 가뭄을 당한다면 성 안의 백성들은 모두 성 밖에서 물을 길어와야 한다. 옛날 임진왜란 때 능히 잠시나마 지킬 수가 있었던 것은, 그 만 가지 중의 특히 요행이라 할 만한 것이었다. 진실로 억지로 샘물을 얻을 수 있는 재주가 아니고서는 그 형세가 어찌할 수 없는 곳이다.

돌아보건대 지금 본부는 이미 30리 되는 곳에 위치해 있다. 그런데 또 금탕(金湯)의 견고함이 있은 즉, 한 부의 병력을 가지고 힘을 나누어 두 곳을 수비한다는 것은 어렵다고 생각된다. 또 일편(一片)의 고성(孤城)이어서 의각(掎角)의 형세[77]도 얻기 어려운 형편이다.

만일 만전의 장책(長策)[78]을 말한다면, 곧 독산성을 본부 아래 옮기는 것만 같지 못하다. 그리고 그 부고(府庫)[79]와 인민은 본부 성안으로 옮겨 채우고, 산성에서 생활을 의뢰하던 복호(復戶)[80]를 옮겨온 백성들에게 주어, 그들로 하여금 편안히 지접하여 자생케 하는 길을 마련해야 할 것이다.

三堞 高三丈 守堞軍十一 使令十四 衙前十三 知印九 軍牢四 婢子二"라고 그 규모와 배치 병력수를 기록해 놓았다.

76) 舊邑 : 정조 13년 장헌세자의 천봉(遷奉) 이전까지 수원부 읍치가 있던 용복면(龍伏面: 현 화성군 태안읍 송산리) 화산(花山) 지역. 당시 구읍치 소재지 읍민의 수는 대략 가구 221호, 인구는 677명으로 추정된다(『水原府邑誌』坊里條 龍伏面 戶口).

77) 掎角之勢 : 마치 양쪽에서 잡아당겨 찢으려는 듯한 양면작전의 형세. 기각지세(掎角之勢)라고도 함.

78) 萬全之長策 : 허술한 틈이 조금도 없이 아주 안전하고 좋은 계책.

79) 府庫 : 부의 곳집. 창고. 창름(倉廩).

80) 復戶 : 조선시대 때 군인·양반의 일부 및 궁중의 노비 등 특정 대상자에게 조세나 그밖의 국가적 부담을 면제해 주던 일.

또한 설령 사변이 있는 날에는 힘을 합쳐 수비를 한다면, 목하 성안을 번영케 하려는 방책에서 바야흐로 수비를 공고히 하는 방법으로 오게 되는 것이다. 이는 가히 쌍방이 그 마땅함을 얻는 것이라고 말할 수가 있는 것이다.

7) 목장을 파(罷)하고 진(鎭)을 설치하는 방책

본부 서남쪽 경계안에 있는 목장81)은 마필(馬匹)82)이 옛부터 수효가 적어 보잘 것이 없었으며, 목관(牧官)의 잔박(殘薄)함으로 인해 거의 모양을 갖추지 못하였다. 그러므로 이곳은 평소 원하지 않는 직장으로 알려져 왔다.

지금 만일 그 목장의 말을 인근 읍의 다른 목장과 살곶이[箭串] 마장(馬場)으로 옮기고, 그 토지를 개간하여 본부의 둔전(屯田)83)으로 삼아 계속 하나의 진장(鎭將)84)을 그곳에 배치하여 영구히 부교(府校)85)로써 오래 근무하는 직장으로 만들도록 해야 한다. 또 그 지세가 경기도와 충청도의 해문(海門)86) 교차 지점에 있으니, 부교로 하여금 바닷길을 관리토록 하여, 매양 세곡선(稅穀船)87)이 올라올 때 배를 타고 호송케 한다면 일이 매우 편리해 질 것이다. 또한 해로(海路)를 감시하여 비상시에 대비토록 한다면, 더욱 각 지방에서 오는 것을 원대하게 경영한다는 규모에도 합치됨이 있을 것이다. 부교의 무리는 이미 원래 정한대로 오래도록 근무

---

81) 정조17년 이후에 간행된 『수원부읍지』 목장조에 의하면, 우하영이 이름을 밝히지 않은 이 목장은 홍원목장(洪原牧場)일 가능성이 크다.
82) 馬匹 : 말. 말의 수를 헤아릴 때 씀.
83) 屯田 : 고려·조선시대 때 지방에 주둔한 군대의 군량이나 관청의 경비에 살도록 지급된 토지. 둔토(屯土)·둔답(屯畓)이라고도 함.
84) 鎭將 : 지방군대의 관리 하에 있는 진영(鎭營)의 으뜸 장관(長官).
85) 府校 : 지방관아의 군무에 종사하던 장교 등 낮은 벼슬아치의 통틀은 일컬음.
86) 海門 : 두 육지 사이에 끼어 잇는 바다의 통로.
87) 稅穀船 : 조세로 바치는 곡식을 실어 나르던 배.

할 직장이 있게 되는 것이니, 또한 그들을 권장하여 북돋게 해주는 하나의 방편도 될 것이다.

그 진을 설치하는 방법 같은 것은, 별도의 경비를 들여야 한다는 계획은 필요하지 아니하다. 오직 마땅히 목관(牧官)이 받던 늠봉(廩奉)[88]을 진장(鎭將)에게 이급(移給)[89]해 주면 되는 것이다. 또 목리(牧吏)[90]를 목자(牧者)의 아들로 바꾸어 진에 속한 교리(校吏)와 진졸(鎭卒)로 삼는다면, 나라에 실지로 손해되는 바 없이 본부를 운영하는 방책에 있어서는 진실로 크게 관련됨이 있을 것이다.

또 그 목장 안은 옛부터 모경(冒耕)[91]하는 자가 많아왔다. 일률적으로 값을 주고 사들여 새로 개간한 토지와 합쳐 둔전으로 삼도록 한다. 그리고 진장(鎭將)으로 하여금 수세(收稅)를 주관케 하고, 상납하여 군영의 비용으로 충당한다면, 그 이익되는 바가 타도와 먼 곳에 둔전을 설치하는 일보다 같을 정도가 아닐 만큼 낫다.

만일 목장을 파하고 철거하는 것이 어렵다고 한다면, 그 관제를 바꾸어 진을 설치케 하여, 부교가 오래도록 근무할 수 있는 직장으로 삼아야 한다. 그리고 그들로 하여금 목장을 겸하도록 하는 것도 해롭지 않을 것이다.

8) 세금을 가볍게 하고 권농(勸農)하는 방책

민인의 생리(生利)는 오로지 농업에 있다. 본부의 형편이 평광(平曠)[92]

---

88) 廩奉 : 조선시대 때 벼슬아치의 봉급으로, 18등급으로 나누어 지급했음. 관황(官況)
   · 늠료(廩料) · 늠황(廩況)이라고도 했음.
89) 移給 : 옮겨서 지급해 줌.
90) 牧吏 : 목장을 관리하는 이속(吏屬).
91) 冒耕 : 주인의 승낙없이 남의 땅에 농사를 짓는 일.
92) 平曠 : 평평하고 넓음.

한 큰 들 한가운데 자리잡고 있어, 사방이 모두 전장(田庄)[93]이다. 그러나 부내에 새로 들어온 호구(戶口)는 토지를 얻기가 극히 어려워서 농사를 지을 수가 없다.

대개는 읍을 설치하기 이전의 옛부터 원래 거주하고 있던 토박이 백성들이 이미 그 토지를 선점하여 각기 농사하고 있은즉, 이제 그 새로 들어오는 자는 비록 땅을 얻어 병작(幷作)을 하려고 해도 그 형편이 어찌할 수가 없다. 또 그 답주(畓主)가 매양 부하(府下)의 민심이 호한(豪悍)[94]한 것을 염려하여 더불어 상관하려 하지 않고 촌민에게 병작주어 진폐(陳廢)[95]시킬 지언정, 일찍이 1묘(畝)[96]의 땅도 읍민에게 주어 병작하려고는 하지 않는다. 이러한 까닭으로 해서 부내 민호들이 농사를 짓지 못하는 것이다. 돌아보건대, 지금 북리(北里)[97]에 새로 둔전을 만들어 영문(營門)에서 읍민에게 병작으로 주어, 해마다 수세한다면, 이는 읍민이 농사를 짓는 데 하나의 도움이 될 것이다.

무릇 토지의 이익은 또한 오로지 종곡(種穀)에만 있는 것이 아니다. 대성(大城)이나 명도(名都)[98] 등 사람은 많고 땅이 좁은 곳은, 그 자리(資利)하는 방법은 저절로 여러 가지가 있다. 수전(水田)으로 벼 10두를 심는 땅에 미나리[芹] 2두를 심으면, 도전(稻田)[99] 10두락(斗落)[100]의 이익을 가

---

93) 田庄 : 개인이 소유하고 있는 논밭. 장토(庄土)·전장(田莊)이라고도 함.

94) 豪悍 : 호방하고 사나움.

95) 陳廢 : 경작을 하지 않고 묵혀둠.

96) 畝 : 땅 넓이의 단위로서, 곧 30평.「사마법(司馬法)」에 의하면, 6척(尺)을 1보(步)로 하고, 1백 보를 1묘로 한다고 하였다.

97) 北里 : 조선 후기까지 부내(府內)를 남과 북으로 나누어 각각 남리(南里)·북리(北里)라고 불렀으나, 정조 20년 화성 성역(城役)이 끝난 후 남부(南部)·북부(北部)라고 고쳤다.

98) 大城名都 : 큰 성이 설치되어 있는 곳과 이름난 도회지.

99) 稻田 : 벼를 심는 논밭.

히 획득할 수 있고, 한전(旱田)¹⁰¹⁾으로 보리 10두를 심는 땅에 채소 2두를 심으면 맥전(麥田)¹⁰²⁾ 10두락의 이익을 가히 획득할 수 있다. 그래서 근년 이래로 도하의 민인이 미나리와 채소를 싣고와 부내에 판매하는 자가 도로에 서로 이어지고 있다.

대체로 보아서 채소밭을 가꾸고 미나리를 심는 것으로 업(業)을 삼는 자는, 불과 10여 두락의 밭이나 불과 3,4두락의 논으로도 대여섯 식구의 생업(生業)이 된다. 보리를 심고 벼를 심는 농삿군은 수일경(數日耕)의 밭이나 10여 두락의 논으로도 네댓 식구의 식량조차도 어려운 형편이다. 모두 농사 지어 먹기는 매한가지인데, 획득하는 이익이 이렇게 현저히 다른 것은 자연의 이치이다.

이제 북리에 있는 새 둔전은 1백 석의 벼를 심을 수 있는 땅이다. 만약 1호마다 1석락씩 나누어 준다면, 농가 1백호의 생업에 불과할 것이다. 만일 세(稅)를 가볍게 정하여 소작인들에게 주어 편리하게 작업케 하고, 올벼[早稻]를 심든 늦벼[晚稻]를 심든지, 미나리를 심든 무를 심든지 임의대로 하게 한다면, 백성들은 반드시 즐겁게 따를 것이니, 그것에 의지하여 생업으로 삼는 자는 1백 농가를 훨씬 넘게 될 것이다.

혹자는 말하기를 진실로 이와 같이 한다면, 민인이 의지하여 생업으로 삼는 것은 다행한 일이지만, 도지(賭地)¹⁰³⁾와 병작(幷作)¹⁰⁴⁾의 소수(所收)

---

100) 斗落 : 논·밭의 면적을 나타내는 단위로서, 흔히 마지기라고도 불림. 한 말 곡식
    의 씨를 뿌릴 정도의 넓이를 뜻하는 것으로 각 지방마다 다르나, 대개 논 150~
    300평, 밭은 100평 안팎임.
101) 旱田 : 밭. 이에 대하여 논을 수전(水田)이라고 함.
102) 麥田 : 보리밭
103) 賭地 : 일정한 도조(賭租)를 물고 빌어 쓰는 남의 토지. 여기에서는 정액소작(定額
    小作)을 말함.
104) 幷作 : 소작(小作). 여기에서는 타작제소작(打作制小作)을 가리킴.

는 서로 차이가 날 것이니, 영문수용(營門需用)의 감축은 어떻게 하느냐고 할 것이다. 이에 대해서는 하나의 방책이 있다. 앞에서 말한바 목장을 파하고 둔전을 설치하자고 한 것은105), 장차 이들 경용(經用)106)을 보충하려는 것이었다.

9) 둔전을 넓히고 전민(奠民)107)하는 방책

옛 부터 둔전을 설치하는 것은 실로 군량(軍糧)을 쌓아서 군사를 기르는 요도(要道)로 하기 위한 것이다. 우리나라 각 영의 소위 둔토(屯土)108)라는 것은 모두 다 먼 곳에 있으니, 수세하여 군량을 쌓기는 가능하다. 그러나 군사를 나누어 농사짓기는 불가능하다. 이것은 조충국(趙充國)이 조지(棗祗) 땅에 둔전을 설치한 본뜻이 아니다.

본부의 둔전도 또한 각처에 산재되어 있는 것이 많다. 지금 만일 차례차례 부하(府下)에 이매(移買)하거나 혹은 서울 사람의 장토(庄土)로서 편리에 따라서 사방 10리 내로 상환(相換)하거나, 혹은 별반의 구획으로서 10리 내에 있는 전토를 매득(買得)하여 세금을 가볍게 정하고 부하에 새로 들어온 호에게 산급(散給)109)해 준다면, 이는 실로 관과 민이 모두 이로운 방도이다.

혹자는 말하기를, 진실로 이 말과 같이 한다면 부하에 신입한 호는 그 생리(生利)함에 있어서 응당 유익함이 되는 바가 있겠으나, 부하의 근방에 있는 민전(民田)은 모두가 관둔(官屯)110)이 되어서 모두 신입한 호에

---

105) 앞의 「七. 목장을 파하고 진을 설치하는 방책」을 말함.
106) 經用 : 경상적(經常的)으로 쓰는 비용.
107) 奠民 : 백성을 들여 둠.
108) 屯土 : 둔전(屯田).
109) 散給 : 흩어서 지급해 줌.

붙여진다면 성외 각 리의 원주민은 그 어찌 농사를 짓고 살겠는가 할 것이다. 언뜻 볼 때 그 말은 그럴듯하다. 그러나 또한 그렇지 않은 것이 있다. 소위 매득(買得)과 상환(相換)은 본토에 거주하는 민(民)의 전토를 말하는 것이 아니라, 대개 서울 사람[京人]의 외장(外庄)111)을 가리키는 것이다. 본토 민인으로서 원래 전토가 없는 자는 또한 서울 사람의 전토로써 명맥(命脈)을 삼는 자도 반드시 많을 것이다.

근래의 민심은 원래 힘써 농사지으려는 계책은 아니하고, 오로지 광작(廣作)112)하는 것만을 능사로 삼고 있다. 그러므로 몇 식구 밖에 되지 않는 집에서도 모두 몇 섬지기[數石落]의 논을 경작한다. 이 때문에 이미 밭에 거름도 하지 않고, 또 힘써 김을 매려고도 하지 않아 답주(畓主)로 하여금 손해를 보게 하고, 그 자신은 광작을 함으로써 말미암아 자못 영리(贏利)113)를 얻는다. 이는 실로 요즈음의 고질스러운 폐단이다.

가령 한 들 안에서 반(半)은 관둔으로 하고 반은 민전으로 만들고, 전날에 몇 섬지기[石落]의 논을 경작하던 농가에서 1섬지기의 논에 거름을 주고 힘써 경작한다면 넉넉히 옛날과 같이 자생할 수 있을 것이다. 또 땅에는 계한(界限)이 없고, 인민의 전토는 바둑판과 같이 퍼지고 수(繡) 놓은 것처럼 들쭉날쭉 널려 사경(四境)114)에 이르고 있다. 성내에 살고 있는 농

---

110) 官屯 : 관둔전. 조선시대에는 둔전의 종류를 둘로 나누어 국둔전(國屯田)과 관둔전으로 구별, 국둔전은 군둔전(軍屯田)이라 하여 둔전병이 경작했고, 관둔전의 경우 부(府)·군(郡)·현(縣)에서는 당번군인에 의해 경작됨을 원칙으로 삼았다.

111) 外庄 : 먼 곳에 있는 자기 땅.

112) 廣作 : 개인이 농사를 많이 짓는 일, 또는 많이 짓는 농사. 우하영은 조선후기 이앙법(移秧法)의 보급으로 수원지방에서는 나농광작(懶農廣作)이 성행했음을 신랄하게 비판한 바 있었다. 그는 『천일록(千一錄)』권10 「어초문답(魚樵問答)」에서 광작농의 경우 3,4석락(石落)의 경작이 일반적이라 했고, 소농(小農) 경영에 있어서 1가(家)의 적정(適正) 경작면적은 대략 1석락, 즉 20두락이라고 하였다.

113) 贏利 : 이익. 남긴 이득.

민은 성외에서 경작하고, 성외에 살고 있는 농민은 또 교외[115]에서 경작한다면, 실업(失業)하여 보존하기 어려운 걱정이 어찌 있겠는가.

모든 일에는 반드시 시작할 때에 기회에 따라 선처한 연후에야 가히 효과를 얻을 수 있는 것이다. 이는 오직 단연코 행하고, 어떻게 구획하여 작량(酌量)[116]하는가에 달려 있다고 하겠다.

10) 널리 전화(錢貨)[117]를 쌓아두는 방책

옛부터 군국(軍國)[118]의 긴요한 업무를 논하는 자는 전곡(錢穀)[119]과 갑병(甲兵)[120]을 말하지 않는 사람이 없다. 지금 본부의 군민(君民)을 전안(奠安)[121]케 하는 방책에 대해서는 이미 양식의 저축[峙糧]을 논했은 즉[122], 이제는 마땅히 돈을 쌓아두는[積置] 방법에 대해서 생각해 보아야 할 것이다.

진실로 3만 냥의 돈을 부하에 마련하여 창고를 베풀고 빚을 주어[給債] 매년 취식(取殖)[123]함으로써 공용(公用)에 보충한다면, 무릇 여러 조치하는 방법도 실마리가 풀리게 될 것이며, 군교(軍校)[124]와 이졸(吏卒)[125]이 자생하여 안접(安接)[126]하게 되는 방도도 될 것이다.

---

114) 四境 : 동·서·남·북 사방의 경계, 또는 지경.
115) 郊外 : 성문 밖, 또는 시가지의 주변.
116) 酌量 : 짐작하여 헤아림. 요량.
117) 錢貨 : 돈. 화폐.
118) 軍國 : 군무(軍務)와 국정(國政). 또는 군대와 나라.
119) 錢穀 : 돈과 곡식. 금곡(金穀). 경제.
120) 甲兵 : 갑주(甲胄)와 병기(兵器), 곧 무기. 무장한 병사. 갑옷을 갖춘 병사.
121) 奠安 : 편안하게 함.
122) 앞의 「二. 양향을 치적하는 방책」을 말함.
123) 取殖 : 이자를 받음.
124) 軍校 : 지방관아의 군무에 종사하던 낮은 벼슬아치의 통틀은 일컬음.
125) 吏卒 : 지방 아전의 무리. 하급관리. 소리(小吏).
126) 安接 : 걱정없이 편안하게 머물러 삶.

대개 그 설시(設始)하는 방책은 마땅히 3만 냥의 안에서 1만 냥으로 금고(金庫)를 만들어 보군고(補軍庫)라 이름하고, 또 1만 냥으로 금고를 만들어서 보민고(補民庫)라 부르도록 한다. 그리고 모두 내·외감과 색리(色吏)[127]·고자(庫子)[128]·차인(差人)[129]을 두도록 한다. 보민고는 수향(首鄕)[130]으로써 내감을 삼으며, 보군고는 친막(親幕)[131]으로써 내감을 삼되, 외감은 모두 토교(土校)로써 삼아야 할 것이다.

그 급채(給債)[132]하는 절목 같은 것은 함께 2푼(分) 이자로 정하되 1푼 반은 공고(公庫)[133]에 부치고, 또 그 나머지 반푼의 이자로는 감색(監色)[134]과 고속(庫屬)[135]의 요포(料布)[136]로 삼는다. 그러면 1만 냥의 1푼 반 이자는 1천 500냥이 되고, 또 그 반푼의 이자는 500냥이 되는데, 이 500냥으로써 요포를 분배(分排)한다.

내감은 이미 본임(本任)이 있으면 다만 겸관(兼管)하여 조검(照檢)[137] 할 뿐이니 50냥으로써 그 수를 정한다. 외감은 곧 장교(將校)이니, 100냥으로써 그 수를 정한다. 색리는 곧 1년 동안 급채와 수봉(收捧)[138] 할 때 종이와 문부(文簿)를 오로지 담당하여 수고가 많으니, 마땅히 150냥으로

---

127) 色吏 : 조선시대 때 감영(監營)이나 군아(郡衙)에서 돈과 곡물의 출납과 간수하는 일을 맡아보던 하급 관리.
128) 庫子 : 조선시대 때 창고를 지키고 출납을 맡아보던 하급관리. 창고의 곡식을 축냈을 때는 그 양에 따라 벌을 받았음.
129) 差人 : 지방 관청에서 시중을 들며 부리는 사람.
130) 首鄕 : 향리(鄕吏)의 우두머리. 또는 좌수(座首)의 다른 이름.
131) 親幕 : 장수 밑에서 계책을 세우는데 참여하는 사람.
132) 給債 : 돈을 꾸어 줌.
133) 公庫 : 관청의 창고.
134) 監色 : 감관(監官)과 색리(色吏).
135) 庫屬 : 지방 관청에서 물품을 둔 창고 일을 맡아보는 무리. 고자(庫子).
136) 料布 : 급료로 주던 무명이나 베.
137) 照檢 : 문서나 장부 등에 비추어 검사함.
138) 收捧 : 세금이나 환곡 등을 거두어 들임.

써 그 수를 정한다.

고자(庫子)의 예는 분봉(分捧)할 때 시유(柴油)139)를 담당하니, 마땅히 130냥으로써 그 수를 정한다. 차인 2명은 각기 35냥을 준다. 이와 같이 제도를 정하면 이교(吏校)140) 및 부하에 사는 주민의 밥자리[食窠]141)가 이미 열자리가 된다. 또 1만 냥으로써는 양고(兩庫)에 분속(分屬)시켜 해마다 이웃 가까운 각 읍에 나누어 주어 1푼 반의 이식(利殖)을 취하고, 반푼의 이식은 각 읍 감색(監色)142)에게 혜택을 주는 방도가 될 것이다.

또 그 절목은 각 읍이 매년 정초(正初)에 문첩(文牒)143)을 갖추고 색리(色吏)를 정하여 해당 금고에서 받아가고, 또 세말(歲末)에는 문첩을 갖추어 원금과 이자를 아울러 해당 금고에 수납(輸納)토록 한다. 그런 다음에야 해가 오래되면 허록(虛錄)144)하는 폐단을 면(免)할 수 있을 것이다. 그 받아갈 읍은 남양·안산·과천·용인·진위로써 원정읍(元定邑)으로 사고, 각 읍이 2천 냥씩 쓰기로 하고 가감(加減)을 영구히 못하는 것을 규약으로 한다. 본부에서 급채(給債)하는 방법에 이르러서는 먼저 부계(府界) 중에서 모모면(某某面)은 모고(某庫)에 획속(劃屬)145)하게 하고, 또 모고는 바꿀 수 없는 속면(屬面)을 원정(元定)한다. 그리하여 서로 혼잡치 않게 하고, 그럼으로써 분채(分債)할 때 이중으로 거듭받는 폐단을 막을 수 있다.

분채할 때에 가서는 각기 해고속면(該庫屬面)의 면임배(面任輩)146)로

---

139) 柴油 : 땔나무와 기름.
140) 吏校 : 지방관아에 딸린 아전(衙前)과 장교(將校).
141) 食窠 : 생업하는 직장.
142) 監色 : 감관(監官)과 색리(色吏).
143) 文牒 : 관아에서 쓰는 서류. 문장(文狀).
144) 虛錄 : 거짓으로 꾸며 기록함.
145) 農穀 : 농사지은 곡식.
146) 劃屬 : 그어 부쳐 소속시킴.

하여금 실호(實戶)를 매고(每庫)에 각 5천 호씩 가려뽑게 한다. 만약 무적무가(無籍無家)하면 뽑힘을 허락하지 않는다. 그리고서 매호에 각기 2냥의 돈을 나눈다. 매년 정월에 분채하고, 10월에서 12월 15일 이전까지 모두 갚도록 한다. 이와 같이 제도를 정하면 해가 오래되어도 허록하게 되는 폐단이 반드시 없어질 것이다.

또 본부 지경 안 민인들의 돈줄은 원래부터 극기 어렵다. 원래 면(綿)·잠(桑)·채(菜)·과(果) 등의 이(利)가 없고, 다만 농곡(農穀)[147]을 가지고 돈을 마련하기 때문에 촌간(村間)에서 빚을 얻을 수 있는 길은 모두 세속에서 말하는 소위 장리(長利)[148] 뿐이다. 봄에 1냥의 빚을 얻으면 가을에는 1냥 5전이 되는데, 모두 농곡을 내다 팔아서 갚는다. 지금 만일 매냥(每兩)에 2푼 이자로 하여 봄에 급채한다면, 봄에 얻은 1냥의 빚은 겨울이 되어도 1냥 2전에 불과하다. 이는 빈민에게는 다행한 일이다.

또 본부의 전세[149], 신역(身役)[150]의 수봉(收捧)은 매양 봄에 있으니, 민인들은 관(官)의 수납에 있어서도 또한 이에 힘입는 것이 많아 기한을 어기는 데는 이르지 않을 것이다. 이는 공사(公私) 양편이 모두 이로운 길이다. 그것을 모두 수봉한 연후에 3만 냥의 이조(利條)를 1푼 반으로 통틀어 계산하면 합하여 4천 500냥이 된다. 그러면 해당 금고에서 각기 5백 석의 쌀을 사들일 수가 있다. 양고(兩庫)에서 4천 500냥으로 사들이는 쌀이 합해서 1천 석이 된다. 이 1천 석의 쌀은 가히 영중(營中)의 경용(經用)에도 보조가 될 것이다.

---

147) 面任輩 : 지방의 동리에서 호적, 기타의 공공(公共) 사무를 맡아보던 무리들.
148) 長利 : 돈이나 곡식을 꾸어주고, 받을 때는 한 해의 본전의 절반이나 되는 이자로 따지는 변리. 흔히 봄에 빌려주고 가을에 받음. 식전(息錢).
149) 田稅 : 토지세, 곧 논밭의 조세(租稅).
150) 身役 : 나라에서 성정(成丁)에게 부과하던 부역으로, 곧 몸으로 치르던 노역(勞役)을 말함. 공천(公賤)이나 사천(私賤)이 치르던 구실.

11) 영속(營屬)을 우후(優厚)[151]하는 방책

무경(武經)에서 "향기로운 낚싯밥 아래는 죽는 고기가 있고, 후(厚)한 상금 아래는 반드시 용사(勇士)가 있다"고 하였다. 옛 부터 군사의 마음을 복종시켜 사력을 다하게 하는 길은, 진실로 향기로운 미끼와 후한 상을 주는 것에서 크게 벗어나지 않았다.

지금 경중(京中)의 3영(營)[152]과 2도(都)[153]의 시설로 말한다면, 그 이졸과 군교 등의 요포(料布)가 모두 다 농사를 대신하여 넉넉할 만하다고 하겠다. 그러나 본영에 이르러서는, 체모의 존중함과 기구의 장대함이 3도 중 상위에 위치할 것 같은데, 군교와 이졸 등의 요포는 도리어 3도의 하위에 머물러 있다.

소위 장교의 수임자(首任者)[154]만이 단지 약간의 요(料)가 있을 뿐, 기타 모든 군교들은 모두 보수가 없으니, 저들이 약간의 요미(料米)[155]로 장차 어떻게 의식(衣食)에 자생하며, 날마다 영중(營中)에서 입역할 수 있겠는가. 또 보수가 없는 무리는 무엇으로 입에 풀칠을 하면서 복역(服役)할

---

151) 優厚 : 다른 것에 비해 매우 후함. 넉넉하고 후함.
152) 武經 : 병법(兵法)에 관한 책. 송나라 원풍(元豊)연간에 7서(書)를 병학(兵學)의 전거로 해서 선정했음. 무경7서라 함은 육도(六韜)·손자(孫子)·오자(吳子)·사마법(司馬法)·황석공삼략(黃石公三略)·위료자(尉繚子)·이위공문대(李衛公問對) 등 7가지 병서를 말함.
153) 三營 : 조선시대 훈련도감(訓練都監)·금위영(禁衛營)·어영청(御營廳)의 통틀은 일컬음. 삼군문(三軍門), 삼영문(三營門).
　　三都 : 화성에 앞서 이미 유수부가 설치된 개성·강화와 화성 다음에 설치된 광주를 가리킴.
　　三營 : 조선시대 훈련도감(訓練都監)·금위영(禁衛營)·어영청(御營廳)의 통틀은 일컬음. 삼군문(三軍門), 삼영문(三營門).
154) 首任者 : 우두머리로 임명된 자.
155) 料米 : 관아의 하급 관원에게 급료로 내어 주는 쌀. 봉미(俸米).

수 있을 것인가.

가령 저들이 능히 스스로 의식을 마련하여 입역한다 하더라도, 자못 수고함을 상(賞)주고 식공(食功)의 도리는 되지 못한다. 하물며 저들은 태반이 빈궁한 무리들이다. 이미 농사도 짓지 못하고 백지(白地)156)에서 스스로 의식을 해결하지 못하면서도 날이 다하도록 관부에 대령(待令)해야 하니, 참으로 소위 어찌할 수 없는 일이다.

비록 이속(吏屬)들만 말해도, 소식(所食)하는 자리가 너무도 적어서 1백명 가까운 이속들이 밥을 얻어먹을 곳이 없으며, 약간의 보수로 이미 한 입 풀칠하기도 부족하니, 또한 하물며 처자식을 보육할 수 있겠는가. 그 형세가 관물(官物)을 도적질하지 않을 수가 없으며, 소민(小民)들만을 침어(侵漁)157)할 뿐이다. 지금 말하는 자들은 군교와 이속들의 가사(家舍)·의복이 혹 화미(華靡)158)함을 보고 그 입역(立役)의 보수가 많은 것으로 의식하면서 그 사침함이 모두가 관물임은 알지 못하고 있는 것이다.

대개 읍을 옮길 당초부터 전화(錢貨)가 부하(府下)에 버리다시피 쌓였으며, 각 처에서 수용(需用)159)하는 번잡한 소모와 문부(文簿)의 호한(浩汗)160)함이 이미 일일이 관(官)에서 살피고 검사하여 출납과 염산(斂散)161)을 못하고, 저들의 수중(手中)에서 침침(浸浸)162)하여 물이 스며드는 것을 어찌 못하는 형편이었다. 그러므로 지금 모든 역사(役事)를 마친 뒤에 와서야 장차 그 부정이 차례로 드러났으며, 또 군교의 무리는 보수

---

156) 白地 : 농사가 제대로 되지 아니하여 거둬들일 것이 없게된 땅. 생판으로.
157) 侵漁 : 침범하여 빼앗음. 침탈(侵奪).
158) 華靡 : 화려하고 사치함. 화사(華奢).
159) 需用 : 구하여 씀. 꼭 써야 될 일이나 물건.
160) 浩汗 : 넓고 커서 질펀함. 복잡함.
161) 斂散 : 거두고 헤침. 수렴하고 흩으러드림.
162) 浸浸 : 물 같은 것이 스며듦. 침입(侵入).

가 있고 없음을 막론하고 마땅히 그 역사를 감독할 때는 모두 응당 먹어야 하는 것이 있으며, 또 필경(畢竟)의 은전(恩典)163)을 바라기도 하였다. 그 성력(誠力)을 다하여 역사에 복무하다가 필역(畢役)한 다음에 그 공이 가장 많은 자는 은전을 받지만, 기타의 여러 군교들은 도리어 무보수로 날마다 관부에 대령(待令)하여, 일이 있으면 차역(差役)164)할 뿐이다. 그리고 군졸로 말하자면, 대기수(大旗手)165) · 등롱수(燈籠手)166) · 장막수(帳幕手)167) 등 여러 명색(名色)들이 모두 무보수의 무리들이다. 그들은 겨울철에도 날마다 대령하니, 사람들은 모두 고역(苦役)이라고 해서 싫어하고 피하려고 한다.

이런 까닭으로 군교와 이졸의 요포는 불가불 넉넉히 후하게 마련하여, 사람들이 스스로 원하도록 할 것이요, 강제로 부리지 말아야 한다. 그러한 후에야 성내(城內)의 민호가 스스로 번성하고, 군용(軍容)168)과 영모(營貌)169)가 거의 볼 만함이 있을 것이다.

그 요포를 넉넉하고 후하게 하는 방법 같은 것은, 위의 항목에서 말한 바 3만 냥의 이조(利條) 4천 5백 냥으로 사들인 쌀을 배포하는 것으로 마련하도록 한다. 장교는 남한산성(南漢山城)과 개성(開城)의 예에 절충할 것이며, 이속배(吏屬輩)들은 각기 2두(斗)를 가급(加給)해 주고, 대기수 · 등롱수 · 장막수 등 여러 명색들은 다만 1년에 6개월의 보수를 지급해 주기로 하고, 매삭(每朔) 6두(斗)의 쌀을 주기로 정한다. 또 각기 하나의 봉

---

163) 恩典 : 임금이 내리는 특전. 나라에서 내리는 특전.
164) 差役 : 노역(勞役)을 시킴. 모역(募役).
165) 大旗手 : 대기치(大旗幟 ; 큰 기 또는 큰 깃발) 같은 것을 받드는 군사.
166) 燈籠手 : 의식(儀式)을 행할 때 등롱을 받드는 군사.
167) 帳幕手 : 장막을 맡아서 치는 군사.
168) 軍容 : 군대의 무장.
169) 營貌 : 군영의 모습.

족(奉足)을 주어 의자(衣資)를 삼게 하고, 각 청(廳)의 수교(首校)[170]와 집사(執事)[171]들을 각기 본 보수 외에 요량껏 가급해 주며, 또 춘추의 의자를 가급해 주도록 한다.

이와 같은 제도를 정한다면, 곧 군과 민을 무휼(撫恤)[172]하는 정치와 연호(烟戶)[173]를 모취(募聚)하는 방책으로 둘 다 그 마땅함을 얻는 것이라고 말할 수 있을 것이다. 이러한 것들은 한갓 이교(吏校)들만을 위해서 그러한 것이 아니다. 소위 72명의 순뢰(巡牢)[174]들이 먹는 것은 작고, 역은 번거로와서[食少役煩] 거의 능히 견디기 어려울 정도이다. 이는 마땅히 봉족을 가급하고 약간의 요로써 곡식을 더 주어야 한다.

12) 모민(募民)하여 상업을 진흥시키는 방책

옛부터 대성(大城)과 명도(名都)로서 인민이 조밀한 곳에서는, 그 생리하는 것이 쟁기를 손으로 잡고 도롱이를 어깨에 두르는 것(농사) 뿐만 아니라, 좌판(坐販)·행상(行商) 등 민산(民産)을 경영하는 방법이 아닌 것이 없다.

지금 부하의 남북장시(南北場市)[175]를 돌아다보면, 염리(塩利)가 가장 크다. 남시장[南場]에서는 보통 때도 매장(每場)날 매매되는 수량이 100여 바리[駄][176]가 된다. 만일 3,4월이나 8,9월 등 장 담그고 김장할 때가

---

170) 首校 : 각 고을 장교의 우두머리.
171) 執事 : 지방관아의 군무에 종사하던 관원. 장교.
172) 撫恤 : 어려운 처지에 놓은 사람들을 불쌍히 여겨 위로하며 물질로 도와줌.
173) 烟戶 : 사람이 사는 집.
174) 巡牢 : 순령수(巡令手)와 뇌자(牢子).
175) 南北場市 : 조선후기 수원부 내 중심 상권(商圈)으로 쌀과 어염(漁鹽), 소 등의 집산(集散)과 교역량(交易量)이 많던 남문 밖 남시장(南市場 : 현 營洞市場)과 현 북수동(北水洞)의 북시장(北市場)을 말함.

되면 하루에 팔리는 소금이 문득 수백 여 바리에 이른다.

지금 만약 부하의 민인으로서 염상인(鹽商人)이 되고자 원하는 사람을 모아서 자판(自辦)[177]으로 말을 장만하여 행상할 수 있는 자는 그 자판에 맡기고, 진실로 자판할 수 없는 자는 각기 25냥을 주어 이를 본전으로 삼아서 말을 장만하고 소금도 사서 행상을 하도록 한다.

무릇 상고(商賈)[178]를 함에 있어서 그 업을 시작하는 처음에는 매양 손해를 보는 사람이 많다. 대개 그 방법에 있어서 요령을 얻지 못했기 때문이다. 오래오래 성숙한 다음에야 비로소 남은 이익을 얻기 시작하는 것은 장사의 진리이다.

그 본전을 수봉(收捧)[179]하는 방법은 만약 염상(塩商)의 무리들로 하여금 1,2개월 사이에 책납(責納)하라고 한다면, 곧 저들 무리가 이미 이익을 얻지 못했음에도 먼저 본전을 선납(先納)하기에는 반드시 어려울 것 같다. 마땅히 3개월을 기한으로 하고, 그 3개월이 지난 후부터 매월에 1냥씩 다달이 갚아가 30개월에 완납하도록 한다. 그러면 관의 입장에서는 1푼의 이자를 거두게 되고, 저들도 또한 자생하는 길이 되는 것이다. 또한 장차 점차로 이익을 내는 홍판자(興販者)[180]가 많아지게 되고, 능히 장시에 전양(廛樣)[181]을 이룰 수 있기를 기다린 후에야 외촌과 타관(他官)의 행상하는 무리를 금한다면, 읍민 1백여 호가 생리할 수 있을 것이다.

혹자는 말하기를, 비록 그 홍판자가 많아져서 능히 전양(廛樣)을 이룰 수 있다 하더라도, 만약 외촌과 타관의 상인을 금지한다면 저들로 하여금

---

176) 駄 : 바리. 소나 말에 싣는 짐의 단위로서 두 짝을 의미한다.
177) 自辦 : 자기의 비용을 자기 스스로 담당함.
178) 商賈 : 장수. 장사아치.
179) 收捧 : 남에게 빌려준 돈이나 외상값 등을 거두어 들임. 수쇄(收刷).
180) 興販者 : 많은 물건들을 홍정하여 판매하는 사람.
181) 廛樣 : 가게 모양.

그 전업(廛業)을 독점하도록 해서 염가(鹽價)를 조종하여 값을 올릴 것이다. 만약 그렇게 된다면 타처에서 소금을 사려는 자는 반드시 즐겨 오지 않을 것이니, 한갓 후일의 폐단만을 남긴다고 할 것이다. 그러나 이 말은 또한 그럴 듯하지만 진실로 그렇지 않다. 무릇 매매할 즈음에는 그 물건 값의 비싸고 쌈에 따라서 비싼 것은 버리고, 싼 것을 쫓는 것은 인정의 상도(常道)이다.

본부 가까운 곳에서는 날마다 장시가 서지 않는 곳이 없다. 저들 홍판자가 만약에 높은 값으로 조종한다면, 각처에서 소금을 사려는 무리가 반드시 남북의 장시로 모이지 않을 것이니, 비록 값을 조종하려고 한다 해도 그 형편이 그리되지 않을 것이다. 이는 뚜렷한 증거가 있어서 알기 쉽다.

서울에 있는 어염전(魚鹽廛)182)은 원래부터 경인(京人)의 도고(都庫)183)로서 각기 그때 물가의 고하(高下)를 따라서 판매할 뿐이요, 임의로 조종하지 못하고 있다. 이는 대개 무취자(貿取者)184)가 비싼 것은 버리고, 값이 헐한 것을 쫓기 때문이다. 태사공(太史公)185)이 이른바 "싸게 파는 자가 곱절의 이익을 본다"고 한 것은 많은 사람이 모두 싸게 파는 장사꾼에게 몰리기 때문에, 싸게 파는 자가 곱절의 이익을 얻음이 많다는 것을 말하는 것이다.

부하의 민인으로 남북 장시에 운판(運販)이 편리함은, 외촌이나 타관의 행상배(行商輩)와는 같지 않을 만큼 훨씬 편리할 뿐만 아니라 그들 행상배는 많은 비용이 소모되는 것이다. 오래도록 상업을 함으로써 그 묘(妙)

---

182) 魚鹽廛 : 생선과 소금을 파는 가게.
183) 都庫 : 물건을 도거리로 혼자 맡아서 파는 것. 도매 창고.
184) 貿取者 : 물건을 사려는 자.
185) 太史公 : 중국 전한(前漢) 때의 역사학자이며 『사기(史記)』를 저술한 사마천(司馬遷, 135?~93? B.C)을 말함.

를 얻은 자는 오히려 염가로 판다고 한다. 어찌 고가(高價)로 조종하여 각 처에서 무취하러 오는 길을 스스로 끊어버릴 것인가? 다음에 많은 사람들과 통공(通共)한다는 의견에 대하여 말한다면, 비록 그 전(廛)을 이룬 후에는 반드시 타상(他商)을 금할 필요가 없다. 스스로 값을 싸게 하고도 그 이익을 곱절로 늘린다면, 가히 금(禁)하지 않아도 저절로 금하는 방법이 되는 것이다. 또한 본부 지경 안의 민인들이 돈을 마련하는 길은 오로지 농곡(農穀)에 있다. 농업 가운데서도 벼농사에 가장 힘쓰기 때문에, 장시에 내어놓는 것은 오로지 미곡뿐이다. 그리하여 장시에서 미상(米商)으로 업을 살아서 자생하는 무리가 경향(京鄕)에 줄지어 있다. 이 또한 염상(鹽商)의 예에 의하여 부하에 사는 민인 중에서 미상이 되고자 원하는 자를 모집하여 스스로 경영하기 어려운 자들은 또한 본전으로 25냥을 대부하여 영업을 하도록 하고, 본전을 수봉(收捧)하는 방법은 역시 염상과 같이 매월 수납하게 한다.

이와 같이 제도를 정한다면, 무릇 부하의 민인 중 상업으로 자생하는 자가 얼마의 호가 될지 헤아릴 수가 없을 것이다. 또한 평상시에 성내에 이와 같이 많은 말이 있은즉 설사 위급한 일을 당했을 때도 그 힘을 얻는 바가 반드시 많을 것이다.

혹자는 말하기를, 관전(官錢)을 빌려주어, 하여금 상업을 하게 한다면 민인으로서 응모하여 상인이 되고자 하는 자가 진실로 많을 것이다. 그들은 모두 각처에서 유입된 신호(新戶)들이니 오합(烏合)의 무리나 다름없다. 만약에 혹 실리(失利)한다면 반드시 관전을 갚지 않고 도망할 것이니, 그러면 관에서는 취민(聚民)한 효과도 없이 한갓 공화(公貨)[186]만 잃을 뿐이라고 한다. 그러나 이 말 또한 그럴듯하지만 사실은 그렇지 않다. 그들

---

186) 公貨 : 나라 또 공공기관의 돈인 공금(公金).

은 비록 신입한 유호(流戶)[187]라고 할지라도 능히 집을 짓고 전거(奠居)[188]할 수 있는 연후에야 가히 모집에 응하여 상업을 할 수 있는 것이니, 25냥의 관전 때문에 집을 버리고 도망하는 지경에는 이르지 않을 것이다.

또 부하(府下)에서 5가작통(五家作統)의 제도를 엄히 세워서 그 중에 뿌리박은 실호(實戶)로써 통수(統首)[189]를 삼고, 무릇 민인으로 옮겨오고 옮겨 사는 자를 통수와 이임(里任)으로 하여금 일일이 보고하도록 하며, 만일 몰래 도주하는 자가 있다면 즉시 고발하고, 과연 관채를 갚지 않고 도주하는 자는 금도소(禁盜所)[190]에서 즉시 체포한다. 이와 같이 제도를 정한다면 어찌 공금(公金)을 헛되이 잃어버릴 리가 있겠는가?

13) 약환(藥丸)[191]을 이공(移貢)[192]하는 방책

도민(都民)의 용문석자계(龍紋席子契)[193]와 각 진(鎭)의 약환(藥丸)을 경공(京貢)으로 옮겨 만들자는 논의가 있는지는 이미 오래다. 근래에는 또 화성 부민에게 옮겨 속하게 하자는 말도 많다. 대개 석자계(席子契)는 절대적으로 이해(利害)가 있고 없음을 능히 헤아리지 못해 감히 확실한 말은 하지 못하겠다. 그러나 약환계(藥丸契)[194]는 그렇게 하는 것이 만금(萬金)[195]의 이익이 있을지언정 1푼(分)의 해도 없다.

조가(朝家)[196]에서는 삼남(三南) 각진(各鎭)에 매년 각기 군목(軍木)[197]

---

187) 流戶 : 일정한 주거(住居)가 없이 떠돌아 다니는 백성들.
188) 奠居 : 자리를 잡고 살 만한 곳을 정함. 전접(奠接).
189) 統首 : 조선시대 때 민호(民戶)를 편제한 통(統)의 어른. 처음 이름은 통주(統主).
190) 禁盜所 : 도둑을 잡기 위해 군졸이나 군관을 둔 관아.
191) 藥丸 : 화약(火藥)과 연환(鉛丸).
192) 移貢 : 공물(貢物)을 옮겨 바침.
193) 龍紋席子契 : 용문돗자리를 공물로 바치던 계(契).
194) 藥丸契 : 약환을 공물로 바치던 계.
195) 萬金 : 아주 많은 돈. 만냥(萬兩).

36필(疋)[198]을 주어, 하여금 화약 36근(斤)과 연환(鉛丸) 2천여 개를 무취(貿取)[199]하여 1년동안 연습 조련(操練)과 비상시의 소수(所需)로 삼고 있다. 그러나 각 진에서는 모두 그 돈이 개인의 주머니로 돌아가고 전혀 무취하지 않는다. 만약 조련을 행하게 되면 각 읍의 군색리(軍色吏)[200]와 몰래 결탁하고 고저(庫儲)[201]를 몰래 사들여 급한 것을 모면하는 것으로 방책을 삼는가 하면, 또 만약 적간(摘奸)[202]함을 당하면 기왓장 가루를 약간의 화약 속에 섞어서 뇌물(賂物)을 쓰고 그 자리를 모면하려 든다. 이런 까닭에 각 진의 화약은 모두 못쓰게 될 뿐만 아니라 각 읍의 고저(庫儲) 또한 따라서 줄어들어 막중한 변비(邊備)[203]가 이렇게 엉성한 형편이니, 실로 작은 걱정거리가 아닐 수 없다. 이것은 불가불 별도로 변통해야 할 것이다.

대저 3남·기내(畿內)·관동(關東)에 소재한 각 진을 통틀어 계산하면 그 수효가 93진이 된다. 또 93진의 1년 약환가목(藥丸價木)을 계산하면 그 수효가 3천 338필이니, 모두 돈으로 상납하면 그 돈이 6천 676냥이 된다. 이것을 그 해당되는 각 읍으로 하여금 공편(公便)[204]으로 부쳐서 태가(駄價)[205]를 제하지 말고 본부로 상납토록 해야 하며, 본부에서는 창고를

---

196) 朝家 : 조정(朝廷). 정부. 나라.
197) 軍木 : 군포(軍布)로 바치던 포목. 군포목(軍布木). 조선시대에는 정병(正兵)을 돕기 위하여 두는 조정(助丁)을 군보(軍保)라 했는데, 이 제도는 원래 병역을 면제받는 대신 현역병이 농작에 노동력을 제공하도록 했었다. 그러나 후에는 군대의 비용을 쓰기 위하여 역(役)을 면제해 주는 대신 삼베나 무명 따위를 바치게 했다.
198) 疋 : 일정한 길이로 짠 피류을 하나로 셀 때 쓰는 단위.
199) 貿取 : 사들임.
200) 軍色吏 : 지방관아의 군교와 색리.
201) 庫儲 : 창고에 저장한 것.
202) 摘奸 : 부정(不正)한 행위를 조사함.
203) 邊備 : 변방(邊方)의 수비.
204) 公便 : 공평하고 서로 편리함.
205) 駄價 : 운반하는데 드는 비용. 운임(運賃).

베풀고 약(藥)과 환(丸)을 만들어 각 진에 분송(分送)한다. 그 분송하는 방법은 다음과 같이 한다.

본부는 이미 삼남의 대로(大路)에 있으니 각 진의 변장(邊將)[206]으로 하여금 매양 서울에 가는 편에 공첩(公牒)[207]을 본부에 부쳐서 받아가도록 하면 매우 편리할 것이다. 기내 각 진과 본부와의 거리는 모두 200리를 넘지 않으니 공첩을 보내어 받아가는 것이 폐단이 되지 않는다. 그러나 오직 관동 1진은 길이 비록 멀지만 또한 서울로 가는 편에 공첩을 보내어 받아가게 한다면 또한 무방하다.

지금 각 진에서 응당 나눠가야 할 화약은 합쳐서 3천 338근이요, 연환(鉛丸)은 18만 6천 개다. 약(藥)은 시중의 시가로 말하면 매근(每斤)에 6,7전(錢)이요, 연환 2개의 시가는 1문(文)이다. 그러므로 약가(藥價)를 통계하면 2천 333냥이고, 환가(丸價)는 930냥이니, 약환가를 도합하면 3천 260냥이 된다. 앞으로 물가의 경중을 미리 헤아리기는 어려운 일이지만, 장차 허다하게 무취(貿取)하고 조성할 때는 많은 비용이 들기 쉬우니, 지금 일을 하기 시작하는 처음에 진실로 넉넉하게 값을 정해두지 않는다면, 앞으로 닥칠 폐단을 면하지 못할 것이 두렵다.

약환가는 4천 냥으로 넉넉하게 마련해 두도록 한다. 또 고(庫)를 설치한 뒤에는 고에 내감(內監)·외감(外監)·고자(庫子)·차인(差人)을 두되, 내감은 친비(親婢)로서 감독케 하고, 외감은 토교(土校)로써 삼고 800냥을 분배하여 그 요포(料布)로 삼는다. 원수(元數) 6천 676냥 내에서 약환가와 요포의 비용을 공제하면 나머지가 1천 870여 냥이다. 또 200냥을 제하여 본부에서 1년간 소용되는 약환으로 한다. 약의 무게와 환이 수량을 분정

---

206) 邊將 : 첨사(僉使)·만호(萬戶)·권관(權管)을 통틀어 일컬음.
207) 公牒 : 관청이나 공공단체에서 공사(公事)에 관한 의사통지.

하고, 그 소용의 나머지는 장부에 기록하여 불의의 일에 대비한다면 일은 심히 편리할 것이다.

또 각 진졸(鎭卒)이 매번 서울에 오는 편에 약환을 받아갈 때, 만일 관에서 주는 노자(路資)가 없다면, 저들 쇠잔한 지방 진(鎭)의 가난한 군졸의 형편은 자비(自費)로 그 노자를 쓰기는 어려운 것이다. 이는 불가불 각 진의 약환가목(藥丸價木) 중에서 제감(除減)하여 그 노자로 삼도록 한다. 그러나 만약 해당 진에서 계산하여 지급하게 하면 반드시 중간에서 녹아버리는 폐단이 있어서 실제의 혜택이 받아가는 진졸에게 미치기는 어렵다. 이는 마땅히 본부에서 그 약환을 받아갈 때 노자를 주되, 또한 마땅히 그 정도(程道)[208]를 헤아려서 그 액수를 정해야 한다.

호남의 법성진(法聖鎭) 이남에서부터 영남에 연한 제진(諸鎭)에 이르기까지는 각기 2필(疋) 반 값을 줄 것이요, 법성진 이북의 제진은 2필값을 준다. 호서 각 진은 1필 반값을 주고, 기내 각 진은 단지 반필값만을 주다. 관동은 법성진 이북의 예대로 한다. 이와 같이 한 후에야 진졸배(鎭卒輩)가 자비로 왕래한다는 원망이 없을 것이며, 또 조심해서 봉지(封裏)[209]하고 마음을 다하여 수거(輸去)[210]해 갈 것이다.

또 부하에는 부지런하고 줏대가 있으며 일을 잘하는 자 4,5인을 선발하여 각 진 약환가 4천 냥과 본부에서 드려야 하는 약환가 200냥을 출급(出給)하여, 이로 하여금 약재(藥材)와 연철(鉛鐵)을 무춰케 하고, 고중(庫中)에서 만들어 수량대로 상납하고 그 나머지 이익을 먹게 한다. 또 본영(本營)에서는 이에 의하여 제반 지출을 분배한 후, 그 나머지 1천여 냥을 영중(營中)에 속하게 하여 공용(公用)에 보충하게 하면, 민인배(民人輩)는 약

---

208) 程道 · 노정(路程), 도정(道程), 이정(里程).
209) 封裏 : 봉하고 싼 것.
210) 輸去 : 운반함.

환을 사들여 만들어 씀으로써 그 여리(餘利)를 먹고, 교리(校吏)들은 그 감색(監色)[211]이 됨으로써 생활하고, 고자(庫子)·차인배(差人輩)도 모두 요포(料布)가 있으며, 영문 경비에도 또한 도움이 될 것이니, 이는 가히 공사(公私)가 모두 서로 이로운 방법이라고 하겠다.

혹자는 말하기를 우리나라 변진(邊鎭)[212]의 잔박(殘薄)[213]함은 거의 말못할 형편이고, 장리(將吏)[214]가 국물맛이라도 볼 수 있는 것은 약환을 무취할 때뿐인데, 본부에서 값을 거두어 만들어 보낸다면 각 진의 장리는 장차 어디에서 수입을 잡겠는가 하고 말할 것이다. 말은 진실로 좋은 말이다. 그러나 어찌 그리 생각을 못하는가. 대개 각 진 약환의 1년 비용은 36필에 지나지 않으며, 돈으로 계산하면 72냥 밖에 안 된다. 비록 전액을 진장(鎭將)과 이교배(吏校輩)에게 거저 준다고 하더라도 그것을 분배하면 그 수입되는 바가 그리 대단하지도 못하다. 하물며 약환을 무취하고 그 나머지 이익을 먹으라고 한다면 무슨 수입이라고 할 것도 없지 않은가. 또 이것으로 인하여 조금 수입됨이 있다 하더라도 제군물(諸軍物)의 완전하고 착실함에 비교할 때 과연 그 경중이 어떠하겠는가.

혹자는 또 말하기를, 대개 공인(貢人)[215]을 두어 본부에 속하게 하는 것은, 공인을 모취하여 오로지 부하를 실하게 하려는 뜻이라고 하다. 그러나 지금 만약 창고를 마련하고 감색을 두어 고중(庫中)에서 조성하게 한

---

211) 監色 : 감관(監官)과 색리(色吏).
212) 邊鎭 : 변경(邊境)을 지키는 군영.
213) 殘薄 : 빈곤하고 보잘 것 없음.
214) 將吏 : 군교(軍校)와 아전(衙前).
215) 貢人 : 조선시대 왕실과 각 관청에서 쓰는 물품을 납품하는 일을 청부맡던 사람. 광해군(光海君) 이후 대동법(大同法)의 실시로 모든 공물(貢物)을 대동미(米)로 대신 바치게 되자, 민간에서는 공동출자 기구인 공계(貢契)를 조직하고 나라에서 필요한 물품을 공인으로 하여금 납품케 하고, 그 대가를 대동미로 받았다.

다면, 이는 영문에서 주관하는 바이니 어디에 공인을 설치하는 본뜻이 있다고 하겠는가. 대개 이 약환은 본디 군물 중에서도 가장 긴중(緊重)[216]한 것이다. 결코 공인에게 한갓되이 부탁하여 영외에서 사사로이 만들도록 맡겨서는 안 된다.

또 각 진에서 받아갈 때는 모두 공첩의 왕래가 있어야 한다. 또 마땅히 약은 저울에 달고 환은 헤아려서 봉리(封裏)하고 도장을 찍어서 주어야 할 것인즉, 창고를 마련하고 감색을 두어야 하는 것은 그렇게 하지 않을 수 없는 일이다.

감색은 요포로서 자생하고 민인은 만들어 납품하는 것으로서 이윤을 먹게 되는 것이니, 이는 모두 민(民)을 모으고 부(府)를 실하게 하기 위한 방법이다. 어찌 공인을 설치하는 것과 다름이 있겠는가. 연환(鉛丸)은 반드시 저울로 무게를 다는 법을 정한 다음에야 가히 사소한 폐단이 일어남을 면하게 할 것이다.

14) 빈정포(濱汀浦)[217]의 선박에 대한 방책

옛부터 배와 수레가 정박(定泊)하는 지방은 수륙(水陸)의 도회지를 이룬다. 대개 부하에서 구포(鳩浦)의 빈정촌(濱汀村)까지의 거리는 30리가 되며, 이곳은 선박이 모여드는 곳이다.

이전에 부호(富戶)가 많이 살던 때는 전화(錢貨)가 넉넉한 까닭에, 해산물은 어선이 들어오면 들어오는 대로 각처 상고(商賈)에게 판매되었다. 그

---

216) 緊重 : 매우 요긴하고 중요함.
217) 濱汀浦 : 현 화성시 매송면(梅松面) 야목리(野牧里) 당골 서쪽에 있는 마을. 옛부터 어염(魚鹽)을 비롯하여 각 지방의 물화(物貨)를 교역하던 남양만(南陽灣)의 주요 포구(浦口)로서 중요한 역할을 해왔다. 그러나 조선후기에 이르러 점차 포十로서의 기능을 상실한 채 그 활동이 침체되었다.

러나 근년 이래부터는 점차 패촌(敗村)이 되면서 부호들이 다른 곳으로 전이하여 능히 선주인(船主人)218)이 될 만한 업자가 없어졌다. 때문에 해산물을 실은 상선들이 거의 옮겨서 양성(陽城) 옹포(瓮浦)와 광주(廣州) 송호(松湖)에 정박하게 되었다. 이는 실제로 구포(鳩浦)에서는 부호로써 능히 선주인이 될 만한 자가 없기 때문이었다. 이제 만일 부중(府中)의 원거인(元去人) 중에서 부지런하고 줏대있고 사리를 아는 몇 사람을 택하여 선주인으로 정하고, 그들로 하여금 출거(出居)하여 구포의 빈정촌에 살게 한다. 그리고 넉넉히 관전(官錢)을 대주어 물주(物主)로 삼고 그 선박이 내도(來到)하는 대로 즉시 급가(給價)케 하고 선인(船人)을 상륙시켜 그들로 하여금 지체(遲滯)함이 없도록 해준다. 그리고 물종을 부하의 어전(魚廛)으로 운반하여 원근의 상고(商賈)들로 하여금 모두 취하여 판매토록 한다면, 사방에서 소문을 들은 무리들이 장차 운집케 되어 수륙의 일대 도회지를 이룰 것이다.

　대체로 호서(湖西)의 면천(沔川) 이북에서 기전(畿甸)의 인천 이남 수백여 리 사이에 상선이 정박하는 곳은 오직 옹포·빈정촌·송호 세 곳 뿐이다. 그러나 그 지세로 말한다면, 옹포는 궁벽하여 한쪽 모퉁이에 있고, 오직 빈정포와 송호의 해문(海門)은 직접 통하니, 이는 큰 장사꾼들이 흥판(興販)219)할 만한 곳이다. 또 경기좌도220) 각 읍은 어염(魚鹽)의 길이 모두 수원부중으로 나아가니, 지금 만일 관전을 급채(給債)해 주어 선주인으로

218) 船主人 : 배로 나르는 물건의 홍정을 붙이는 사람.
219) 興販 : 많은 물건들을 홍정하여 판매하는 일.
220) 京畿左道 : 고려 제34대 공양왕(恭讓王) 2년(1390) 종래까지 양광도(楊廣道)로 불려오던 경기(京畿)를 갈라 좌·우도(左右道)로 해서 각 군현을 편입시켰다. 그 뒤 몇 차례의 변천 끝에 조선 태조(太祖) 4년(1395) 평주·수안·곡주·재령·서홍·신은·협계의 7군현은 서울에서 길이 멀다 하여 서해도(西海道)에 환원시키는 동시에, 광주·수원·양근·쌍부·용구·처인·이천·천녕·지평의 7군현을 우도에 편입하였다. 태조 7년(1398)에 또 충청도의 진위현을 좌도에 붙이고, 제3대 태종(太宗) 2년(1402) 두 도를 합하여 경기좌우도로 하여 관찰사(觀察使)를 둔 바 있었다.

하여금 출치(出置)케 하고, 부교(府校) 몇 사람을 옹포와 송호에 파견하여 상선이 출입을 금하게 한다면, 그 형세가 자연 빈정포로 모이게 될 것이다. 이는 오직 한번 변통하는 사이에 이루어지는 것이다.

그러나 모든 일은 반드시 경영을 시작할 때 잘한 연후에야 효과를 이루는 아름다움이 있게 마련이다. 만약 맡기고 부릴 때에 마땅한 사람을 얻지 못한다면, 다만 한때의 폭리의 많음만을 구하기 위해서 값을 조종하는 데 이를 것이다. 즉시 지급해야 할 준비가 되어 있지 않고 상선으로 하여금 여러 날 지체하도록 한다면, 곳 각처에서 뒤에 오는 배가 반드시 장차 회피하여 다른 포구로 가서 정박할 것이다.

또 혹시라도 부중으로 운반된 다음 전인배(廛人輩)가 많은 이익을 얻기 위해서 높은 값을 요구한다면, 사방의 상고(商賈)와 무찬(貿餐)[221]의 무리들이 또한 반드시 싫어하고 피하여 다른 곳으로 얼굴을 돌릴 것이다. 오직 염가로 파는 것이 이익을 갑절로 낼 수 있는 이치임을 안 연후에야 가히 일을 성취할 수 있는 길을 바랄 수 있는 것이다.

15) 무예(武藝)를 권과(勸課)[222]하는 방책

옛사람은 말하기를 업은 부지런한 데서 이룬다고 하였다. 사람의 발신(發身)[223]은 오직 기예(技藝)를 오로지 정(精)하게 하는 데 있으니, 진실로 공부를 권한 뒤에야 할 수 있는 것이 아니다. 그러나 상을 주면 용감하게 되고, 권장하면 흥해서 일어남은 또한 인정에 떳떳한 일이다.

본부는 장용외영(壯勇外營)으로서 남문의 자물쇠 구실을 맡았으니, 대개

---

221) 貿餐 : 반찬거리를 사는 일.
222) 勸課 : 권해 익힘.
223) 發身 : 자신의 앞길을 폄. 출세(出世).

는 상무(尙武)224)의 땅이라고 할 수 있다. 그 권과하는 방책은 마땅히 별도로 강구해야 할 것이 있겠으나, 이제 만일 총 놓고 활 쏘는 요과(料窠)225)를 마련하면서 원래 정한 것이 60자리[窠]에서 30자리는 군교와 이졸 등이 놓고 쏘는 자리로 하되, 20자리는 쏘는 것으로 식(式)을 하고, 10자리는 놓는 것으로 식을 한다. 또 30자리는 한산배(閑散輩)226)들이 놓고 쏘는 자리로 하되, 또한 20자리와 10자리로 놓고 쏘는 식으로 나눈다. 그 우등(優等)한 자를 취하여 3등의 상을 나누어 베풀되, 7년에서 5년에 이르게 한다.

매달마다 시취(試取)227)하여 상을 베풀되, 매달 기일에 앞서 영(令)을 내려 군교와 이졸 및 부하의 한산(閑散) 각인들에게 먼저 응시하는 안(案)을 만들어 스스로 원하는 각자의 기예를 가지고 시험하여 자리를 따라 상을 베풀게 한다. 그리되면 군교와 이졸, 소임없는 한산배들은 모두 생활수단으로 삼아 힘껏 포사(砲射)하는 각자의 기예를 익힐 것이다. 이것은 다만 저들 무리의 생활방도로서만 도움되는 것이 아니라, 또한 가히 급할 때 믿고 의뢰하는 바가 될 것이다. 그 시상하는 비용은 나라의 경비를 번거롭게 하는 것도 필요하지 않는 것이니, 오직 요량껏 설계[區劃]를 어떻게 하느냐에 달려 있는 것이다.

대개 약환계(藥丸契)를 만약에 본영 아래 옮겨 설치한다면, 1년 동안 남은 바 이익조가 가히 1천여 냥이 될 것이다. 이 1천여 냥의 돈으로 기일 전에 미상(米商)에게 산급(散給)하여 매섬 4냥의 가격으로 쌀 2백 6,7십 석을 팔아 놓으면, 거의 가히 움직이는 방도가 될 것이다.

이밖에도 생재(生財)228)하는 방법은 여러 가지가 있을 것이다. 위로는

---

224) 尙武 : 무예(武藝)를 숭상함.
225) 料窠 : 요(料)자리.
226) 閑散輩 : 일정한 직역(職役)이 없어서 일이 없고 한가한 무리들.
227) 試取 : 취재(取才). 재주를 시험해서 사람을 뽑는 일.

경비를 번거롭게 아니하고, 아래로는 민간을 흔들지 아니하면서도 오직 그 계획의 편의와 실천의 섬실(纖悉)[229]함은, 오로지 마음을 다하여 연구한다면 가능할 수 있는 일이다.

16) 창고를 견실(堅實)하게 하는 방책

곡물의 저장은 오로지 곳집[倉舍]의 견고함과 치밀함에 있다고 하겠다. 진실로 수선(修繕)하고 수장(收藏)[230]하는 방법을 잃어버린다면, 물이 새고, 젖고, 썩고, 상하고 하는 것은 자연스레 그렇게 되는 것이다.

그러므로 곡식을 다루는 방법을 논한다면, 먼저 곳집을 잘 조치해야 함이 마땅한 일이다. 하물며 지금 본부의 지세는 스스로 습기가 많으므로 만일 별달리 견실하도록 하는 방법을 생각하지 않는다면, 그 부패하고 상하고 소모되고 줄어들고 하는 것이 더욱 다른 읍에 비교할 바가 아닐 것이다. 이는 지금 창고를 지으려는 처음부터 더욱 그 조치의 방책을 강구함이 마땅한 일이다.

대저 곡물이 흙에 가까운 것은 젖기가 쉽고, 젖은 것은 먼저 썩는다. 진실로 썩고 상하지 아니하는 방도를 요구한다면, 마땅히 먼저 창고의 바닥이 견고하고 치밀해야 할 것이다. 지금 창고를 설치할 때는 흙으로 먼저 지대(址臺)[231]를 쌓아야 하는데, 힘껏 두드려 쌓을 것[搗築][232]이며, 또 찰흙과 회(灰)를 섞어서 굳게 쌓도록 한다. 외면과 서로 합하여 하나가 되도록 하며, 흙손으로 고르게 발라서 매끄럽거나 숫돌과 같이 해야 한다.

---

228) 生財 : 재물을 늘림.
229) 纖悉 : 섬세하고 마음을 다함.
230) 收藏 : 물건 등을 거두어서 깊이 간직함. 비장(備藏).
231) 址臺 : 건물이나 구조물의 밑부분 기초지대.
232) 搗築 : 흙을 두들겨 쌓음.

또 그 창고 바닥의 찰흙과 회를 두드려 쌓은 것도 또한 지극히 평평하고 매끄럽도록 해서, 상하와 사방에 비우고 이지러지고 틈난 곳이 없도록 해야 할 것이다. 만약 위에서 논한 바에 따라서 각 읍의 창고를 설치한다면, 찰흙과 회를 써서 사이에 막는 벽을 쌓아 서로 통하지 못하도록 할 것이며, 각기 창고문 위에 읍의 이름을 새겨 달도록 한다.

본부의 창고도 또한 회와 찰흙을 가지고 쌓되, 각 칸 일면에 사이벽을 굳게 쌓아 하여금 서로 통하고 넘어가지 못하도록 한다. 또한 창고문 위에는 면의 이름을 새겨 달도록 한다. 이와 같이 제도를 정한다면, 곡물은 마땅히 흙에 가까워서 썩고 상할 걱정이 없어질 것이다. 가령 돌이 깨지고 터져서 곡식이 흩어져 창고 바닥에 있다고 해도 넉넉히 쓸어담아 섬을 채워서 나누어 줄 수 있을 것이다.

또 각 칸의 한면인 사이벽을 쌓았으니, 동면(東面)의 곡식을 모두 동면 창고로 운반하고, 남면(南面)의 곡식은 모두 남면 창고로 운반하도록 한다. 그리고 환곡(還穀)을 내고 들일 때는 모두 해당된 면의 창고에서 출납할 것이요, 감히 한 섬의 곡식이라 해도 사사로이 스스로 이리저리 옮겨 통용하지 못하도록 한다. 그렇게 되면 백성들이 마땅히 정(精)한 것을 납부하고 조잡한 것을 받아가는 원통함이 없을 것이며, 곡물 또한 축나고 완전하지 못할 염려가 없을 것이다.

대개 서관(西關)[233]의 일읍에는 각 방(坊)[234]마다 창고가 있고, 관동(關東)[235]의 일읍에는 각 동(洞)마다 창고가 있어서 축나고 농간(弄奸)부리는 모든 폐단이 없다고 하는데, 이것은 그 명확한 증험인 것이다.

비록 그러하지만, 지금 사람들은 매양 시작하는 곳에서는 이의(異議)가

---

233) 西關 : 서도(西道). 곧 황해도와 평안도 지방을 두루 이르는 말.
234) 坊 : 조선시대 때 황해도와 평안도에서 면(面)을 이르던 말.
235) 關東 : 대관령(大關嶺) 동쪽의 지역. 곧 강원도 지역.

많기 마련이어서, 진실로 면고(面庫)236)는 절대로 행할 수 없음을 알고 있다. 찰흙과 회를 써서 창고를 견고하고 치밀하게 하는 방법에 이르러서는 사실 조그만치도 의심하는 태도가 없으니, 오직 결단을 내려 어떻게 실천에 옮기느냐에 달려 있는 것이다.

17) 야간 통행금지의 시간을 정하는 방책

시간을 지켜서 밤을 맡는 제도는 옛 부터 있어온 제도이다. 비단 국도(國都)237)만이 그러한 것이 아니라, 무릇 대성명도(大城名都)는 모두 야간의 통행을 금지한다. 그러므로 우리나라의 대진웅번(大鎭雄藩)238)이 또한 그러지 아니함이 없으니, 대개는 인민이 모여드는 곳에 장차 도적을 막고 폭행을 금지하자는 데 있는 것이다. 그러나 초경(初更)239)의 3점(點)240)과 5경의 3점에 순찰(巡察)을 발동하고 순라(巡邏)241)를 철수하는 제도는, 도시에 있어서나 스스로 정한 한계가 있으나, 외읍(外邑)은 그 철수하고 발동하는 데 일체의 정한 시간이 없어서 폐단이 됨도 적지 아니하다.

지금 본부에서는 또한 밤을 지키는 행정을 아니할 수 없으나, 이미 누전(漏箭)242)6)도 없고 아직 쇠북[鐘]도 마련하지 못하였다. 그러므로 발동

---

236) 面庫 : 면에 설치된 창고.
237) 國都 : 나라의 도읍지. 곧 서울.
238) 大鎭雄藩 : 규모가 큰 군영(軍營)과 성곽이 있는 고을.
239) 初更 : 5경(更)의 하나. 하룻밤을 5등분했을 때 첫째 부분으로 8시부터 10시까지의 시간.
240) 點 : 시간.
241) 巡邏 : 순라군(巡邏軍). 조선시대 때 도둑 · 화재 따위를 경계하기 위해 밤에 궁중과 서울 둘레를 순시하던 군인. 2경(更)에서부터 5경까지를 통행금지 시간으로 정하고, 궁성 안은 오위장(五衛將)과 부장이 군사 5명씩을 거느려 순시하고, 궁성 밖은 훈련도감(訓練都監) · 금위영(禁衛營) · 어영청(御營廳)에서 군사를 냈음.
242) 漏箭 : 물시계의 누호(漏壺) 안에 세운, 물이 줄어가는 도수를 보이는 눈금을 새긴 화살. 그 눈을 보아 시간을 알았다.

하고 철수할 때 관에서는 확실하게 시간을 정한 것이 없고, 백성은 밝게 듣지 못하였다. 순찰하는 군졸들도 또한 조종(操縱)함에 있어서 이르거나 늦는 폐단이 없지 아니하다.

이러한 연고로 읍촌의 민인들이 법을 범하는 일이 많으며, 원근(遠近)의 나그네들이 이 소문을 듣고 두렵고 겁이 나서 이를 피해 부중안 점막(店幕)에 들지 않으려고 한다. 서울에서 시골로 내려가는 자는 반드시 수원 부하를 지나서 버드내주막[柳川店]으로 가서 투숙하고, 시골에서 서울로 올라가는 자는 또한 반드시 부중을 지나서 참나무주막[眞木店]으로 가서 투숙하게 된다. 이 때문에 성안의 점막은 점점 실리(失利)하게 되니, 점막집이 쓸쓸해지는 것은 당연한 일이다.

범연히 그 폐단을 말하는 것인즉, 비록 사소한 일인 듯하나 부하에 민인을 모여들게 하는 방책에는 방해가 되는 일이니, 진실로 안타까움이 지극하다고 하겠다.

지금 만일 화승(火繩)243)을 태워가며 서울에서 시간을 정하듯이 1경 3점의 시간을 본부에서도 옮겨 모방하도록 한다. 그리하여 승(繩)의 길이를 재정(裁定)244)하고 매양 해가 진 다음에 불을 화승 끝에 붙였다가 그 한계에 이르면 화포 3성(聲)으로 문단을 시간을 민인들에게 깨우쳐 밝혀준다. 그런 후에 순찰을 발동했다가, 순찰을 철수하는 시간은 닭이 우는 것으로 한계를 정하되, 처음 닭 우는 소리를 들으면 또 화포 3성을 발하고 순라군을 철수하도록 한다. 이와 같은 것을 제도로 정한다면, 주민과 여행자들은 반드시 망녕되게 죄를 범해 벌을 받는 폐단이 없어질 것이다.

또한 본부는 3남 대로에 위치해 있기 때문에, 매양 하나의 일이 있으면

---

243) 火繩 : 불을 붙게 하는 데 쓰는 노끈.
244) 裁定 : 재단하여 결정함.

8도에 전파되지 않는 것이 없다. 만일 상여배(商旅輩)[245]들로 하여금 이 제도가 있음을 듣게 한다면, 반드시 출입하는 시간을 믿고 즐겁게 성안 주막으로 달려올 것이다.

대략 한 가지 일이 백성을 편안히 하면, 소식을 듣고 와서 모여들 것이나, 한 가지 일이라도 백성을 흔들게 된다면 백성은 반드시 물이 흩어지듯 될 것이다. 이것은 실로 새로 성(城)을 쌓은 읍에서 예로부터 백성의 뜻이 자연 그러한 것이다. 날마다 화승 길이를 헤아리고 불 붙이는 한도를 정하는 것이, 비록 번거롭고 사소한 것 같지만 이 또한 민정(民情)에 관계되는 바가 크다. 두렵거니와, 번거롭고 사소한 일이라고 해서 혐의할 것이 아니다.

만일 날마다 화승을 헤아리는 것이 어렵다고 한다면, 차라리 물시계 [漏器][246]를 만들어 해가 질 때까지 1경3점의 한도를 헤아리도록 한다. 이를 여기에 설치하든 저기에 설치하든지 말할 것도 없이, 순찰을 발동하는 시간은 불가불 정해져야 하는 것이니, 이는 절대로 변경하지 못하는 제도이다. 그런 다음에야 주민과 여행자들이 반드시 믿는 바가 있어서 모여들어 안접(安接)[247]하게 될 것이다.

이상과 같이 17조목을 논한 것은, 모두 양식을 쌓고 백성을 편안히 하자는 방책이다. 그러나 이것은 어디까지나 강령(綱領)[248]과 범위의 큰 것에 지나지 않는 것이다.

비유하건대, 하늘이 비와 이슬로 윤택하면 풀과 나무가 스스로 원기(元氣) 속에서 자라고, 땅을 호수와 바다가 적시면 고기와 자라[鱉]가 모두

---

245) 商旅輩 : 상인이나 여행자의 무리.
246) 漏器 : 각루(刻漏). 좁은 구멍으로 물을 일정한 속도로 그릇에 떨어지게 하여, 괴는 물의 분량이나, 또는 줄어든 그 물의 분량을 재어 시간을 계산할 수 있도록 했다.
247) 安接 : 걱정없이 편안하게 머물러 삶.
248) 綱領 : 사물의 근본이 되는 큰 줄거리나 요점.

화육(化育)[249]의 사이에서 생기는 것과 같다. 일월의 밝음이 용광(容光)[250]을 위해서 비추자는 것이 아니라, 나머지 빛으로 밝히는 바가 있는 것이다. 그리고 큰 밭을 경작하는 것이 과부(寡婦)의 이익을 위해서가 아니라, 떨어진 이삭이 스스로 은혜가 되는 것이다.

양식을 많이 쌓아두려고 하는 것은, 군과 민이 수비의 도리를 마련하기 위한 것이며, 그 혜택을 보는 것은 군과 민 뿐만 아니다. 세금을 가볍게 하고 둔전을 넓히려는 것이, 비록 농사를 권하고 본업에 힘쓰는 뜻이라고 하겠으나, 안심하고 의지하여 힘입는 것은 농가에만 그치는 것은 아닌 것이다.

물과 뭍에서 장사를 일으키는 곳은 나머지 이익이 다만 장사하는 집 만에 그치는 것이 아니며, 창고를 옮기고 빚을 놓는 땅에 나머지 파도로 물을 적시는 것이 어찌 홀로 임역(任役)하는 무리들 뿐이겠는가. 이 때문에 본부에서 경영하는 방책은 오직 여러 조목을 조치하여 마땅함을 얻는 데 있다고 할 것이다.

무릇 요순(堯舜)[251]의 도를 가지고 오히려 널리 베푸는 것은, 어려운 가운데 부부의 어리석음으로도 가히 행할 수가 있었다. 그런즉 마침내 부서(富庶)[252]의 방책이란 하여금 편안히 살며 직업을 즐기게 하는 것 외에 있는 것이 아니다. 날마다 선(善)으로 옮기면서도 스스로 알지 못하는 것처럼 함이 있어야 할 것이니, 이는 그 일월의 묘한 운행이다. 집집마다 어찌 재물을 산더미처럼 쌓도록 하며, 사람마다 은혜를 베풀 수가 있겠는가.

맹자(孟子)는 말하기를, "항산(恒産)[253]이 없으면 항심(恒心)[254]이 없

---

249) 化育 : 만물을 자연한 이치로 만들어 기름, 또는 그렇게 하는 일.
250) 容光 : 빛나는 얼굴.
251) 堯舜 : 중국 전설상의 성천자(聖天子)인 요와 순임금. 흔히 현명하고 도덕이 높은 통치자가 있어 나라가 태평한 때를 '요순시절'이라고 일컫는다.
252) 富庶 : 백성을 부유하게 만듦.
253) 恒産 : 살아갈 수 있는 일정한 재산.

다"고 했으며, 『서전(書傳)255)』에 이르기를 "모든 저 서민은 이미 부자가 되어야 착해진다"고 하였다. 마땅히 먼저 자생과 전안(奠安)의 방책을 강구하여 군·이(吏)·농·상으로부터 주사(酒肆)·반점(飯店)의 무리에 이르기까지 모두 편안히 살며 삶을 즐기게 한 다음에야 부의 이(吏)·민(民)·부(婦)·유(孺)256)9)로 하여금 모두 5덕(德)6행(行)257)의 가르침으로 끌고 갈 수 있다. 그리하여 인풍미속(仁風美俗)258)이 한 가지 비옥(比屋)의 세상으로 돌아가서, 격양가(擊壤歌)259)와 풍년의 노래를 함께 부르며 관화(觀華)의 날을 축복하게 될 것이다.

18) 관방(關防)260)을 설치하는 세 가지 방책

(1) 토지를 넓히고 민호를 증가시키는 문제

대저 본부의 민호는 1만 5천 호에 지나지 못한다. 그런데 반족(班族)261)이 반수 이상이고, 또 본시는 반족이 아니면서도 신역(身役)을 면하고 한유(閑遊)하는 무리들이 살고 있다. 근래에 군액(軍額)262)을 보충하기 어려

254) 恒心 : 변하지 아니하고 늘 일정하게 지니고 있는 마음.
255) 書傳 : 『서경(書經)』에 주해(註解)를 달아 편찬한 책. 송나라 주희(朱熹)가 제자 채침(蔡沈)을 시켜 주해한 글로서 모두 10책으로 되어 있음.
256) 孺 : 젖먹이.
257) 五德六行 : 5덕은 유교에서 말하는 5가지 덕목. 곧 온화·양순·공손·검소·겸양 또는 총명 예지(聰明睿知)·관유 온유(寬裕溫柔)·발강 강의(發强剛毅)·제장 중정(齊莊中正)·문리 밀찰(文理密察). 한편 6행은 6가지 덕행(德行)으로, 곧 효(孝)·우(友)·목(睦)·인(婣:외척과 친함)·임(任:친구에게 信이 있음)·휼(恤)을 말함.
258) 仁風美俗 : 인덕(仁德)의 교화(敎化)와 아름다운 풍속.
259) 擊壤歌 : 풍년이 들어서 농부가 태평한 세월을 즐기는 노래를 이르는 말. 중국 당요(唐堯) 때 늙은 농부가 태평한 세월을 즐거워하며 땅을 치면서 부른 노래라고 함.
260) 關防 : 국경의 방비.
261) 班族 : 양반의 겨레붙이.
262) 軍額 : 군인의 수효. 또는 군용에 쓸 곡물의 양.

움으로 인하여, 가난하고 쇠잔(衰殘)한 반족 및 이러한 한유의 무리들을 일괄적으로 뽑고 있다. 그렇기 때문에 모두 다른 지방으로 옮겨갈 계획을 품게 되었다. 만일 이 때를 맞추어 별다른 변통의 방법을 세우지 못하여 1,2년이 지날수록 점차 흩어지게 된다면, 그 형편이 거의 수습하지 못할 지경에 이를 것이다.

지벌(地閥)263)의 높고 낮음은 말할 것 없이 천(賤)한 것이 귀하게 되는 것은 인정으로 좋아하는 바이며, 귀한 것이 천하게 됨은 인정으로 미워하는 바이다. 저들은 모두 평소에 군보(軍保)264)를 면하려고 도모하는 무리들이다. 하루아침에 섞여 군보에 들었으나, 이웃 지경에서 저들 친척간의 무리가 한유하는 것을 돌아다보고, 이에 가족을 이끌고 이사를 가려 한다. 그리하여 1호(戶)가 옮겨가며 주민이 1호의 역을 대신하고, 2호가 옮겨가면 주민이 2호의 역을 대신하게 된다. 이거해 가는 자가 더욱 많아질수록 주민이 져야 할 역은 더욱 번거롭다.

시작할 때 옮겨간 자는 역을 면하려는 무리에 지나지 않았는데, 마침내 끝에 따라가는 자는 모두가 이 번거로운 역을 미워하는 사람들이다. 비록 공승(龔勝)·황패(黃霸)·소공(召公)·두여회(杜如晦) 등의 재간이라 하더라도, 이러한 현실에서 정치를 한다면 실로 선후(善後)의 방도가 있을 수 없을 것이니, 이것이 불가불 금일에 변통하자는 까닭이다.

대개 본부의 지경이 서쪽으로 큰 바다에 임하고, 남쪽으로는 면천(沔川)·홍주(洪州) 등의 읍과 바다를 사이에 두고 경계가 나누어져 있다. 동

---

263) 地閥 : 지체와 문벌.
264) 軍保 : 조선시대 때 정병(正兵)을 돕기 위하여 두었던 조정(助丁). 원래는 병역을 면제받는 대신에 현역병의 농작에 노동력을 제공하도록 했으나, 뒤에는 군대의 비용으로 쓰기 위해 역(役)을 면제해 주고 그 대가로 삼베나 무명 따위를 받아들였음. 군보포(軍保布).

남쪽으로는 평택·진위가 포구를 사이에 두고 경계를 두었으며, 직산(稷山)의 세 면(面)이 평택 1읍을 지나 포구를 건너서 본부 지경 안에 어겨져 있는가 하면, 양성(陽城)의 세 면이 또한 진위를 지나 본부 지경 안에 있어서 모두 그 고을의 지경과 뛰어 끊어져 문득 다른 지경을 이루었다. 남양 분양(汾陽) 1면이 또한 대해(大海)를 넘고 본부의 여러 면을 넘어 어겨져서 서남쪽 경계 안에 있다. 지금 만일 이 7면을 그어서 본부에 붙이도록 하고, 아울러 그 읍에서 평소에 정한 신역을 본부의 극히 어려운 첨정(簽丁)을 가지고 두 읍 여러 면에 옮겨 채우고, 그쪽에 있는 여러 면의 민인을 그곳에서는 빠지고 이곳으로 들어오게 한다면, 마땅히 원통함도 없을 것이다. 여기에 있는 본부의 군졸과 힘을 아울러 신역을 나눈다면, 거의 편벽된 고생도 면할 수 있을 것이다.

> (原註 : 3읍 7면을 이와 같이 본부에 옮겨 붙일 수 있다면, 다만 軍丁[265][6]의 여유를 얻을 수 있다. 뿐만 아니라 또한 한 개의 外倉이 증설된다면, 여러 面主人[266][7] 등 諸般 任役과 부하의 吏民 또한 가히 의뢰할 만한 생업이 마련될 수 있을 것이다.)

여러 명색들에게 마땅히 봉족(奉足)[267]을 지급하는 문제에 이르러서는, 또한 스스로 여유가 생기게 될 것이다. 전부터 내려오던 반족(班族)으로서 신역을 면한 자들 또한 생업을 즐기면서 편안히 살고, 스스로 이사

---

265) 軍丁 : 군적(軍籍)에 올라 있는 지방의 장정(壯丁).
266) 面主人 : 부·군·현과 면과의 사이를 물건을 가지고 왕래하며 심부름하던 사람.
267) 奉足 : '보조자(補助者)'란 뜻으로, 조선시대 양민(良民)이 부담하던 국역(國役)의 하나. 양민이 출역(出役)했을 때, 출역치 않은 여정(餘丁)을 한두 사람 정정(正丁)의 집에 주어 집안 일을 도와주게 하던 일. 뒤에는 채물만을 내세 하니 징징을 보조하였음.

해 가는 폐단도 없어질 것이다. 또 여러 면을 그어 붙인다면, 본부의 환곡도 스스로 수량을 첨가하여 분배(分排)함으로써 또한 모곡(耗穀)[268]조를 취하는 일도 수월해질 것이다. 또한 본부를 경영하는 비용에도 도움이 될 것이니, 이는 실로 당면한 제일로 급한 책무인 것이다.

혹자는 양성과 직산은 모두 기호(畿湖)[269]의 쇠잔한 읍이지만, 이러한 여러 면을 잃는다면 모양이 아니된다고 말한다. 그러나 무릇 군국(軍國)[270]의 큰 계책은 스스로 경권(經權)[271]의 때에 따른 제도를 변통함이 많은 것이다. 그러므로 옛 부터 관방을 설치하여 시행하는 때는 군읍의 연혁 또한 이미 예가 많다. 이제 본부의 소중함을 돌아본다면, 등한히 해 온 것은 관방뿐만이 아니다.

하물며 본부가 유수부(留守府)로 승격한 뒤에, 기보(畿輔)의 좌방(左防)을 스스로 혁파하여, 비로소 남양을 옮겨 설치하자는 의논도 있었으나, 마침내는 지세가 불편하다고 하여 중지되었다. 대개 지세의 형편을 들어 논한다면, 진위읍은 3남을 통행하는 데 인후(咽喉)의 목과 같아서 진위를 지난 다음에 비로소 두 길로 나누어 서울에 들어오게 된다. 지금 만일 양성의 여러 면을 그어서 본부로 붙인 뒤에 그 읍을 진위와 합하여 좌방을 삼는다면, 그 주위의 민호(民戶)가 파주(坡州)보다 적지 않을 것이니, 기호의 중요한 관문이 될 만하다. 겸하여 본부의 외번(外藩)[272]이 될 것이니, 바야흐로 나라가 급할 때 믿고 의뢰할 수 있음을 가히 알 만한 것이다.

---

268) 耗穀 : 환자(還子) 곡식을 받을 때, 곡식을 쌓아둘 동안 축이 날 것을 미리 짐작하고 한 섬에 몇 되씩 덧붙여 받던 곡식.
269) 畿湖 : 서울을 중심하여 황해도의 남반, 경기도 일대와 충청도를 포함한 지역.
270) 軍國 : 군무(軍務)와 국정.
271) 經權 : 경법(經法)과 권도(權道). 일정불변한 규범을 따르는 법칙과 때를 따라 알맞게 하는 처리를 말함.
272) 外藩 : 바깥 울타리.

또 서로(西路)의 관방시설을 가지고 말한다면, 개성이 경기도와 황해도 중간에 처해 있으면서 이미 유수부로 되었기 때문에, 겸영(兼營)을 장단(長湍)에 마련하여 그 보거(輔車)[273]로 삼고, 또 방영(防營)을 파주에 마련하여 기각지세(掎角之勢)[274]를 만드니, 그 미리 대비하는 것이 가위 살핌이 지극하다고 하겠다.

지금 이 본부는 3로(路)의 요충에 웅거해 있으니, 영동(永東)·황간(黃磵)의 추풍령(秋風嶺)으로 통하는 것과, 소영(蘇營)·지성(枳城)의 바다를 당기는 길과 같은 곳은 모두 공주(公州)·청주(淸州) 두 영문의 좌우로 나오므로 망연(茫然)[275]한 수백 리 사이에 하나의 웅거할 만한 곳이 없다. 수륙이 아울러 진위로 몰리며, 다시 수원 부계로 들어오기 때문에, 일찍이 무신년(戊申年:영조4, 1728))의 청주적변(淸州賊變)[276]이 있던 날 흉도(兇徒)들이 감히 좌방의 군기(軍器)를 빼앗기 위하여 곧바로 범할 계획을 했었다. 평시에 나라에서 미리 중요 관문을 설치하여 보거(輔車)의 형편으로 절대 범할 수 없는 형세가 되었다면, 당시의 흉한 꾀가 어찌 감히 이와 같이 할 수 있었겠는가. 이것은 경기도를 보좌할 좌도(左道) 방위를 불가불 진위읍에 설치해야 하는 뚜렷한 증험이라 할 것이다.

직산과 같은 읍에 이르러서는, 평택이 평소에 보잘 것 없는 읍이나 합쳐서 하나의 군(郡)으로 하는 것이 실로 좋은 방책이다. 만일 그렇게 하지 않으려면, 순영(巡營)[277]과 병영(兵營)[278] 두 영의 여러 가지 부역을 약간

---

273) 輔車 : 서로 도와서 떨어지기 어려운 관계에 있는 것.

274) 掎角之勢 : 양쪽에서 잡아당겨 찢으려는 양면작전의 태세. 의각지세(犄角之勢).

275) 茫然 : 아득함.

276) 淸州賊變 : 이인좌(李麟佐)의 난(亂)을 말함. 이인좌는 영조 즉위 후 몰락한 소론파와 불만분자를 규합하여 정희량(鄭希亮)과 더불어 영조 4년(1728, 戊申) 군사를 일으켜 청주를 함락하고 대원수(大元帥)를 자칭하였다. 그러나 그 해 안성에서 도원수(都元帥) 오명항(吳命恒)에게 패하여 처형되었다.

감해 주고, 약간의 월봉(月俸)을 더 주도록 한다. 또 여러 면의 군총(軍摠)279)을 옮겨 붙여 도내 각 읍으로 분배한다면, 해당되는 읍도 또한 대단한 폐가 되는 데는 이르지 아니할 것이다.

또한 나라의 시설과 계획을 가지고 말한다면, 양성·직산 등의 10읍과 한 부에서 중요하게 의지하는 것과 바꾸는 것은 불가하다. 이것은 지금에 이르러서 경륜하여 처리하는 처음부터 마땅히 강구해서 조치해야 할 바의 일이다.

(2) 초액(抄額)을 증가하고 입방(入防)을 증가시키는 문제

대저 본부를 평소에는 외도감(外都監)이라고 일컫고 있다. 마군(馬軍)280)과 보병(步兵)281)의 숫자가 도감(都監)과 서로 비슷했으나, 한번 유수부로 승격한 뒤에는 군제(軍制)가 일변하여, 정장군(丁壯軍) 13초(哨)를 뽑아 매양 10월 1일부터 번갈아서 방위를 들며 기예를 연습하였다. 이는 실로 군사는 많은 데 있지 아니하고, 오직 정(精)함만이 귀하다는 뜻과 합당한 것이다.

아무튼 본부는 이미 지척(咫尺)282)에 있는 도성의 외번(外藩)으로서 위급시에 믿고 의뢰하는 곳이다. 따라서 반드시 중병(重兵)을 배치하여 군

---

277) 巡營 : 감영(監營). 조선시대 때 8도의 각 감사(監司)가 직무를 보던 관청.
278) 兵營 : 조선시대 때의 영문으로, 병마절도사(兵馬節度使)가 있었다. 이곳에서 첨절제사(僉節制使)·동첨절제사(同僉節制使)·절제도위(節制都尉) 등을 지휘·감독하였음. 영부(營部).
279) 軍摠 : 조선시대 때 군영에 딸린 하급 기사(騎士), 또는 마병(馬兵) 이하 여러 종류의 하급 군졸. 군사(軍士).
280) 馬軍 : 기병(騎兵). 총융청(摠戎廳)의 별효사(別驍士), 또는 지방 각 영문의 기병.
281) 步兵 : 보군(步軍). 보졸(步卒).
282) 咫尺 : 아주 가까운 거리.

사의 위용을 씩씩하도록 한 연후에야 남문의 자물쇠가 될 수 있을 것이며, 또 그 민물(民物)283)이 번화하고 많음이 본시 5천 병마(兵馬)의 고장이다. 이제 만일 양성·직산 두 읍과 남양의 여러 면을 그어 붙인다면, 인구가 더욱 넉넉해질 것이다. 마땅히 초수(哨數)를 증가하여 모두 36초로 해서 매년 겨울 3개월 동안 매월 3초가 번갈아 방위에 들게 하면 3삭(朔) 입번(入番)284)하는 수를 합하면 9초가 된다. 해마다 9초를 가지고 교대해서 윤번(輪番)하면, 4년이면 36초가 한 바퀴 모두 입번하는 것이 된다.

한 바퀴 돌고 다시 시작하면, 5년째에 가서 최초로 입번한 9초가 또 당번 차례가 된다. 대개 한달동안 입번할 때 날마다 포사(砲射)와 진법(陣法)285)을 연습하여, 차례로 4년이 되면 36초의 군사가 모두 앉고, 일어나고, 나아가고, 물러서고 하는 절차를 모두 알게 될 것이다. 이미 이 36초의 정병(精兵)이 있어서 금성탕지(金城湯池)286)를 지킨다면, 나라에서 비오기 전에 대비하는 것이 가위 만전(萬全)한 일이라고 할 수 있을 것이다.

대저 4,9는 36이 되므로, 그 4분의 1인 9초를 떼어 겨울 3개월의 입번하는 수로 하고, 또 그 1로 나눈 9초를 매인당 1냥씩을 거두어 입번하는 9초의 찬가(饌價)287)로 삼는다. 또 그 나머지 18초에서 매인당 쌀 3두(斗)씩을 거두어 입번하는 9초의 식량으로 한다면, 매인의 한 달 양식은 각기 6두가 될 것이다.

이제 위에서 말한 바와 같이 양성·직산·남양의 여러 면을 본부에 그

---

283) 民物 : 백성의 재물. 민재(民財).
284) 立番 : 번(番)을 섬.
285) 陣法 : 싸움에서 진을 치는 법.
286) 金城湯池 : 튼튼하여 손쉽게 쳐부수기 어려운 성곽과 그 둘레에 파놓은 연못이란 뜻. 견고한 본거지나 또는 수비하기 쉽고 공격하기 어려운 성(城)이란 뜻을 비유해서 일컫는 말.
287) 饌價 : 반찬 값.

어 붙인 뒤에, 제반의 쓸데없이 번잡한 군액(軍額)과 명색(名色)을 없애도록 한다. 그리고 당나라 정중(丁中)의 법에 의하여 그 정(精)한 장정을 선발하여 36초로 하고, 해마다 교대로 입번하여 연습하며, 그 입번하는 해를 당하면 그 번의 쌀을 없애고 6두의 양식을 다음 차례 여러 초에게서 취해 먹는다. 또 번에서 내려가는 해에는 각기 3두의 쌀을 납부하여 3두미(斗米)를 납부하지 않았을 때는 납전 1냥 입번하는 군사의 양식으로 삼도록 한다.

(原註 : 3초 軍額의 元數는 375명으로 하는데, 마땅히 입번하는 곳에는 집 2칸을 마련하여 1房을 삼는다. 每房에는 20명씩을 수용할 수 있을 것인즉, 375명을 수용할 수 있는 방은 19방이 된다.

9초로써 매인당 납부하는 바의 1냥 돈으로 각 방의 柴饌價로 한다. 매방을 합쳐 4일간 땔감[柴] 1바리[馱]씩 19방을 통틀어 계산하면, 한 달 땔감은 142바리 반이 된다. 1바리당 柴價 5전씩으로 계산하면 모두 71냥 5전이다.

채소는 매방 5일간 1통씩 드는데, 한 달 6통을 통틀어 계산하면, 9방의 1달 통수는 114통, 매통의 값을 5전씩으로 하면 합쳐서 57냥이 든다.

새우젓[白蝦鹽]은 매방 1일 4두씩 든다면, 통틀어 계산해서 19방의 한달 소요량은 226두이며, 1두를 6전씩 계산하면 모두 합쳐 136냥 8전이다.

醬은 매방 1일 4升식 통틀어 계산하여 19방의 한 달 소요량은 226두이며, 1두의 값을 4전씩 계산할 때 91냥 3전이 된다.

마땅히 兩庫에서 내되 기일 전에 상·하에서는 그 본전으로 하여금 다음에 물품을 進上토록 해야 한다.)

이와 같이 제도를 정한다면, 5년에 한 번 번드는 것은 고역(苦役)이 아니요, 1년에 쌀 3두는 또 헐한 신역이요, 군역에 있어서도 매우 편하다고 말할 수 있으며, 나라의 입장에서도 실로 힘입는 바가 있다고 하겠다.

이것은 한 번 손을 뒤집어 조치하는 사이에 있는 것이니, 위로는 경비가 번거롭지 아니하고, 아래로는 군민에게 거두지 아니하면서도 연습의 방법과 양식의 수요가 모두 수월한 가운데서 해결될 수 있을 것이다. 여러 가지 쓸데없고 번잡한 명색과 액수 같은 것은 편리함에 따라 없애고 감액하는 것이, 아마도 멀리 내다보고 경영함에 있어서 해로운 바가 없을 것이다.

(3) 외성(外城)을 쌓고 수비를 굳게 하는 문제

맹자는 말하기를, "3리쯤 되는 성(城)과 7리쯤 되는 곽(郭)을 둘러싸고 공격한다"고 하였으니, 곽이라는 것은 이중성의 바깥성인 외성(外城)을 말하는 것이다. 옛 부터 평지의 성에는 반드시 외성이 있었으니, 대개 성이 평지에 있다면 성 안의 허와 실을 넘겨다보기에 쉬울 뿐만 아니라, 사다리를 타고 넘어오거나 땅굴을 파고 들어오려고 하는 것이 평지 싸움에서 쓰기 쉬운 작전이요 도구이다.

옛날 임진왜란 때 적병이 남원성(南原城)을 함락할 적에 볏집·풀·나무 등을 베어 이를 크게 묶어 운반하여 성 아래에 쌓으니, 눈 깜박하는 동안에 높이가 성과 같이 되었다. 그러므로 적이 성의 낮고 평평한 데다가 또한 풀을 묶어 쌓아 놓은 다음 이를 밟고 넘어 들어왔다. 여기에서도 더욱 옛사람들이 평지성에 반드시 외성을 쌓은 깊은 뜻을 볼 수 있다.

본부의 성지(城址)[288]가 남과 북은 모두 평지요, 동편은 비록 산기슭을

---

288) 城址 : 성자리. 성터.

의지했다고 하나 또한 평지이다. 오직 서편 주산(主山)만이 약간의 돌기(突起)를 이루었지만, 또한 천험지지(天險之地)[289]라고 말할 수는 없다. 대체로 말해서 거의 모두가 평평하고 빈 땅이니, 이는 반드시 외성을 설치해야 할 곳이다.

대저 옛 부터 우리나라의 외성이 있는 곳은 모두 다 흙으로 쌓았다. 공사(工事)에 힘을 덜 뿐만 아니라 적을 방어하는 방면에 있어서도 본시 석성보다 못지않기 때문이다. 이제 화성 부성(府城)을 돌아다보면 4천 보(步)[290]가 되지 못한다. 아직 재력의 좋아짐을 기다려 10여만 금을 들인다면, 흙으로 외성을 쌓을 수 있으니, 만일 쌓을 수만 있다면 바야흐로 완전한 금성탕지(金城湯池)가 될 것이다.

이것은 수원부의 지세와 형편의 대략이다. 그림 가운데 원의 '稷'자는 직산의 여러 면을 말하는 것이요, '陽'자는 양성의 여러 면이며, '南'자는 남양의 여러 면을 말하는 것이다. 여기에서 모두 그 읍의 경계와는 너무 떨어지고 본부 경계 안에 둘러싸여 있음을 알 수 있다. 한번 그림을 참고해 보면, 스스로 그어 붙이는 것이 수월함을 확연히 알게 될 것이다.

한편 내성에서부터 그 지형의 형편을 따라서 4~50보쯤 밖으로 흙을 견고하게 도축(搗築)[291]하여 외성을 쌓아야 한다.

우리나라의 성제가 매양 밖으로는 깎아 끊어지듯하고 안으로는 평편하는 것[外截內夷]이 식(式)이니, 이는 대개 급할 때 창졸(倉卒)이 성에 올라오는 데 편리하도록 하자는 뜻에서 그러한 것이다. 지금 이 외성을 쌓

---

289) 天險之地 : 천연적으로 험난하게 생긴 땅.
290) 步 : 거리를 재는 단위의 하나. 주척(周尺)으로 6자.
291) 搗築 : 두드려서 쌓음.

는 데는 반드시 안팎이 함께 끊어 깎은 듯이 하여 떼[莎草]를 입히고, 위에 성가퀴[女墙]292)를 마련하는 것과 같은 식으로 한다. 이와 같이 한다면, 적이 비록 홍이포(紅夷砲)293)를 쏜다고 해도 외성을 상하게 하는 데만 그칠 것이다. 또 석성의 경우는 대완연환(大碗鉛丸)294)을 맞게 되면 많은 돌이 흔들려 무너지지만, 토축(土築)은 연환이 부딪친다고 하더라도 흙 속으로 들어가버리고 말 것이다. 비록 무너진다고 해도 반드시 석성처럼 일시에 흔들려서 크게 무너지지는 않을 것이다.

이미 외성이 있어서 외면을 가로막고 있으면, 내성은 스스로 부딪쳐 스스로 부숴지는 걱정은 면하게 될 것이며, 설사 외성을 초과하여 바로 내성에 부딪쳐 무너진다고 해도, 또한 손을 써서 설비할 방도가 있을 것이다. 가령 적이 혹 성을 파거나, 혹 성을 넘어온다 하더라도, 아군(我軍)이 있는 내성에서 성첩(城貼)을 지키는 자가 포(砲)와 화살을 어지럽도록 쏘아댄다면, 적이 두 성의 틈에서 나아가지도 물러가지도 못하고 손쓸 짬이 없을 것이며, 굴을 파거나 사다리로 기어오르는 등의 재간을 피우지도 못할 것이다.

또 4대문295)과 암문(暗門)296)이 있는 곳에는 모두 간성(間城)을 마련하

---

292) 女墙 : 성가퀴. 성 뒤에 낮게 쌓은 담으로, 이 담에 몸을 숨기고 적을 치거나 쏨. 성첩(城堞)·치성(雉城)·치첩(雉堞)이라고도 함.

293) 紅夷砲 : 서양식 대포(大砲)를 가리킴.

294) 大碗鉛丸 : 대완구(大碗口)의 탄환. 대완구는 조선시대 때의 화기(火器)의 하나인 대형의 화포로서, 직경 30㎝되는 쇠나 돌로 만든 둥근 탄알을 내쏘았다. 그러나 너무 무거워서 싸움터에 다니기 불편하여 주로 수비하는 데 사용했음.

295) 四大門 : 정조 20년(1796) 9월에 완공된 화성의 남문인 팔달문, 북문인 장안문, 동문인 창룡문, 서문인 화서문 등 4대문을 말함.

296) 暗門 : 성벽(城壁)에 누(樓)가 없이 만들어 놓은 문. 암문은 적에게 포위되었을 때 들키지 않고 빠져나가 구원을 요청, 배후공격을 할 수 있는 연락을 취하거나 군수품을 조달하는 데 있음. 따라서 암문은 대개 성곽이 굴곡진 곳이나 수목에 가려서 외부에서 잘 보이지 않는 곳에 위치하게 된다. 화성에는 북암문·서암문·동암문·

되, 좌우로 나누어 높이 쌓고 가운데로 통행하는 길을 만들며, 또한 양면을 모두 깎아지른 듯한 제도를 쓰고, 성 위의 양면에는 모두 성가퀴[女墻]를 쌓는다. 만일 적이 외성 한쪽을 파괴하고 들어오면, 성첩 위에 있던 아군은 바로 붕괴된 곳을 버리고 간성 성가퀴 위로 달려 들어간다. 그리고 내성의 성첩 군사들과 좌우에서 힘을 합쳐 포와 화살을 쏜다면 적은 지혜도 용기도 다 곤궁하게 되어, 한 놈도 돌아가지 못하게 될 것이다.

그밖에 외성을 수첩(守堞)하던 병졸들은 전에 각기 제 자신이 있던 곳으로 돌아가 지킨다면, 외성 한쪽이 비록 무너졌다고 하더라도, 문득 전체의 성은 완전할 것이니, 가히 성을 지키는데 있어서 만전의 양책(良策)이라고 할 것이다.

만일 영축(營築)의 방법을 논한다면, 돌아보건대 지금 내성의 둘레가 3천 7백여 보(步)이니, 이른바 외성도 5천보를 넘지는 말아야 할 것이다. 매 1보에 각기 15냥을 주고 패장(牌將)[297]을 모집하되 10보를 1패(牌)로 정하고, 매패에 각기 150냥을 지급해 주도록 한다. 흙을 두들겨 쌓게 하되 지대(地臺)의 넓이 한도는 3장(丈)[298]으로 하고 성 위의 넓이 한도는 1장 반이 넘게 하며, 높이는 3장으로 한다. 이와 같이 제도를 정한다면, 패장의 무리들은 즐겨 따를 것이다.

그러한즉 5천보를 쌓는 비용은 응당 7만여 냥이 들 것이다. 또 성 밑의 지대있는 곳에 각기 1백여 보를 한도로 석굴(石窟)을 설치하여, 내성과 외성 양성 사이에 장맛비를 배출하는 수도(水道)를 만들도록 한다. 도 1백여 보를 한도로 치(雉) 하나씩을 세우며, 네 문에는 층루(層樓)는 만들지 말

서남암문이 마련되어 있다.

297) 牌將 : 패(牌)의 우두머리. 패는 본래 입번(入番)할 때 번(番)을 같이 서는 한 무리의 조(組)를 말하며, 보통 4,50명의 병력으로 조직되었다.

298) 丈 ; 길이를 나타내는 단위의 하나로서 1장은 10척임.

고, 다만 든든하고 치밀하게 하도록 해야 한다. 진실로 이와 같이 하려면 성가퀴(女墙)·수도·누노(樓櫓)[299][40] 등의 공사에는 5만 냥 정도를 가지면 넉넉히 마칠 수 있을 것이다.

이와 같은 것은 그 대략이요, 그 제작하는 방법과 응당 들어야 하는 실지 수량 같은 것은, 오직 임시로 마련하기를 어떻게 하느냐에 달려 있는 것이다.

부록

이완풍(李完豊)[300]이 일찍이 남한산성의 수어사(守禦使)[301]가 되어서 산성을 수축하고 군량을 많이 저축하였다. 그러나 그 뒤에 목사 한명욱(韓明勗)이 곡식을 산성으로 운반해 들이는 것이 민폐가 된다고 하여, 갑사창(甲士倉)을 한강 가에 짓고, 또 고읍에 창고를 설치해서 군량을 전부 두 창고로 옮겼다.

그런데 병자호란이 일어나, 이때 성안에 현존한 양식을 쌀과 피(皮)잡곡이 단지 1만 6천여 석이 있었을 뿐, 소금·장(醬)·종이·목면(木綿)·병기 및 기타 소용되는 모든 물건은 모두 완풍(完豊)이 준비한 것에 힘입어 이를 사용하였다. 그러나 마침내는 양식이 결핍함으로써 낭패하는 데 이르렀으니, 이것이 가히 뒷사람에게 거울과 경계가 될 것이다.

조착(鼂錯)은 말하기를, "첫째 지형(地形)을 얻고, 둘째 병졸을 훈련시키고, 셋째 무기를 이롭게 쓰는 것"이라고 하였다. 보병(步兵)·차기(車騎)·궁노(弓弩)[302]·장극(長戟)[303]·모연(矛鋋)[304]·검순(劍楯)[305]은 각기 사

---

299) 樓櫓 : 망보는 누각.
300) 李完豊 : 연평부원군(延平府院君) 이귀(李貴 : 1557~1633)를 말함.
301) 守禦使 : 조선시대 인조(仁祖) 때 실치된 군영인 수어청(守禦廳)의 으뜸벼슬로서 남한산성을 수호하였음. 제2품직으로 광주유수(廣州留守)가 겸임하였음.

용함에 있어서 마땅한 장소가 있으니, 그 마땅함을 얻지 못한다면 열이 하나를 당하지 못한다. 장수가 선택되고 단련되지 않았고, 병졸이 연습이 되지 않았다면 백(百)이 하나를 당하지 못하며, 무기가 날카롭지 못하고, 갑옷이 견고하지 못하고, 쇠뇌[弩]가 멀리 미치지 못하고, 쏘아도 능히 맞추지 못하며, 맞혀도 능히 들어가지 못한다면 다섯이 하나를 당하지 못할 것이다. 그러므로 이르기를, 기계가 이롭지 못하면 그 병졸로써 적에게 주는 것이요, 병졸을 가히 쓰지 못하면 그 장수로써 적에게 주는 것이며, 임금이 장수를 선택하지 못하면 그 나라를 적에게 주는 것이라고 하였다.

지금 이 화성은 이미 3로(路)의 요충을 근거로 하여 이 높고 높은 성을 쌓았으니, 그 지형을 얻었다고 말할 수 있으나, 평야요 빈 땅이다. 반드시 외성을 쌓은 다음에야 그 마땅함을 다할 것이다.

이미 방군(防軍)으로 들어온 13초가 있어서, 매년 겨울 3개월 연습하는 규율은 가히 병졸의 복습(服習)을 말할 수가 있으나 그 액수가 너무도 적다. 반드시 초수(哨數)를 증가하여, 이로 하여금 정졸(精卒)306)을 만든 연후에야 바야흐로 쓰임이 되는 데 믿을 만해질 것이다.

우리나라의 군사 병기에 있어서 가장 긴요한 것은 화포만한 것이 없다. 마땅히 약환계(藥丸契)를 본부 아래 마련하여, 본부 스스로 제조하도록 해야 한다. 그런 뒤에 다만 무기창고에 준비해 둔 것이 항상 많을 뿐만 아니라, 화약 또한 성능이 강하여 급할 때 소용이 될 수 있을 것이다.

---

302) 弓弩 : 활과 쇠뇌.
303) 長戟 : 갈라진 긴 창(槍).
304) 矛鋋 : 작은 창
305) 劍楯 : 칼과 방패.
306) 精卒 : 정선(精選)한 병정. 정예의 병정. 정병(精兵).

육지(陸贄)의 논에 이르기를, "군사가 둔치는 곳에서는 식량이 가장 급하니, 만약 저축해 둔 것이 없다면, 이것은 바로 강토를 버리는 것"이라고 하였다.

옛 부터 패란(敗亂)의 이유가 흔히 식량이 부족한 데서 기인하는 것이니, 변성(邊城)에는 항상 15만 명의 2년 먹을 양식을 저장하여 급난(急難)에 대비하도록 해야 한다.

지금 이 화성의 경우에는 비록 변성과는 다르다고 할 수 있겠으나, 이미 지척(咫尺)인 서울 바로 밑에서 중병(重兵)이 소재하고 있는 곳이다. 그러한즉, 수만 명의 군사가 3,4개월 동안 먹을 양식을 미리 조치해 두지 아니할 수 없다. 그런 후에야 바야흐로 수비의 필요함이 될 수 있을 것이다.

제7장 사론(史論)과 서평

Ⅰ. 『정조 어찰첩(正祖御札帖)』에 대하여

1. 2009년에 발견 공개된 『정조 어찰첩(正祖御札帖)』은 조선 제22대 정조가 왕 20년(1776) 8월 20일에서 사망 13일 전인 왕24년(1800) 6월 15일까지 4년간 노론 벽파의 영수 심환지(沈煥之, 1730~1802, 호 晩圃, 영의정 역임)에게 보낸 299통의 비밀편지를 모은 것입니다. 이 편지들은 정조의 나이 45세에서 49세에 이르는 시기의 씌어진 것으로, 말하자면 집권 후반기인 정조의 원숙한 정국 운영과 말년의 현실정치에 대한 정조의 식견과 경륜을 엿볼 수 있는 직접적인 자료들입니다. 이 어찰첩은 그 일부 대필을 제외하고 거의 국왕의 친필이라는 점에서 그 규모는 물론 내용면에서도 거의 유례를 찾기 힘듭니다.

그동안 역사연구자 뿐만 아니라 소설, 영화, 뮤지컬, TV드라마 등을 통해서 세인들에게도 친숙한 정조의 새로운 면모와 그 시대의 정치이면사를 증언하는 흥미로운 사료라는 점에서 학계와 세인의 관심을 집중시켰습니다. 이 비밀 어찰첩은 정조시대 중후반 국왕과 팽팽한 정치적 긴장관계를 유지해 정적으로 알려진 심환지에게 보낸 비공식적인 사신(私信)으로, 이제까지 역사연구서나 대중매체에서 미처 예상하지 못했던 내용을 담고 있습니다.

흔히 성군, 유교적인 학자군주, 개혁군주로 지칭되어온 정조의 막연히 미화된 추상적인 모습이 아니라 현실정치를 관리 조정하는 통치권자로서 놀라우리만큼 노회한 정치술수와 격정적인 기질, 신랄한 인물평이 거침없이 드러나 있고, 때로는 인간적인 고뇌와 꾸밈없는 감정의 흐름이 진솔하게 나타나 있습니다.

따라서 정조가 국정 현황을 풀기 위해 당시 정치파트너에게 보낸 밀서를 모은 『정조 어찰첩』은 비공식적인 문건으로서 『정조실록』·『승정원일기』·『일성록』 등 연대기 사료나 문집인 『홍재전서』와 같은 공식적인 자료에서 찾아볼 수 없는 내용을 담고 있습니다. 요컨대 이 어찰첩은 공식적인 관찬자료의 내용을 보완해 줄 뿐만 아니라 나아가 정조의 삶, 사상, 정치행위의 진면목과 그 시대의 정치이면사를 새롭게 조명하는 계기를 마련한 생동감 넘치는 자료라는 점에 주목해야 할 것입니다.

2. 정조는 즉위 후 영조의 탕평책을 계승하면서도 그 방법면에서 입장을 달리했습니다. 즉, 영조대의 탕평이 노론의 준론과 남인의 청남세력이 배제된 가운데 노·소론의 완론세력이 주류를 이룬 결과 신하들이 왕권에 영합, 권력 유지에 급급하고 척리들과 연결하여 또하나의 권신들을 만든다고 보았습니다.

정조는 즉위 초 노론 청론세력을 중용하여 척신들을 제거하는 과감한 정치개혁을 폈고, 권신 홍국영(洪國榮) 제거 후에는 소론 준론계의 시파 인물을, 중엽 이후에는 남인 청남인 채제공을 노론 청류들과 함께 등용하는 등 완론보다는 의리가 분명한 준론의 조제를 통한 탕평을 시도했습니다. 유교적인 성군정치를 구현한다는 탕평의 이념을 명분으로 내세운 정조 당대에는 사도세자의 죽음을 몰고 온 임오화변(壬午禍變)의 의리 문제를 둘러싸고 국왕의 정치노선을 지지하는 일부 노론. 소론. 남인이 시파를 형성하고, 그 반대편엔 뿌리 깊은 척리와 당론을 고수하는 노론 강경파가 벽파로 남아 정조의 왕권을 제약하는 세력이 되었습니다.

그러나 탕평 이후에도 정국의 주도세력은 여전히 노론이 우세해지는 추세였던 만큼 특히 정조는 왕19년 이후부터 노론 벽파세력을 현실정치의 중요 파트너로 인정하고 활용하는 것이 원할한 정국 운영을 위한 요체라고 인식한 것 같습니다. 그러한 뜻에서 적대세력인 노론 벽파의 영수인 심환지에게 자주 밀서를 보내 회유하고, 때로는 친밀감 넘치는 인간적인 감정 표현으로 설득하는 등 막후의 공작정치를 방불하리만큼 능란하고 비상한 방법으로 노론 벽파의 여론을 무력화시키면서 왕권강화의 방향으로 정책을 펴나갔습니다.

요컨대 정조의 비밀편지에서 우리는 말년 병고에 시달리는 와중에서도 현실정치의 한가운데를 비껴가지 않고 적대세력을 적극 껴안아 자신의 정책을 관철시키려 한 통치권자로서의 고뇌와 능동적인 모습을 엿볼 수 있습니다.

3. 여러 차례 밀서를 없애라고 노심초사하는 정조의 당부에도 불구하고 오히려 심환지는 받은 날짜, 시간, 장소까지 상세히 밝혀 사후까지 보관해온 데는 아마도 그나름의 어떤 이유가 있었을지도 모릅니다.

첫째, 비록 자신의 당파와는 정치적 이해관계를 달리한다 할지라도 상대가 국왕의 비밀편지이고 그 내용 또한 역사적 중요성을 담고 있었기 때문에 보존의 필요성을 느끼지 않았나 예상할 수 있습니다.

둘째, 이 밀서에는 유교적인 왕도정치와 상반되고 일견 패권적인 정치행위, 즉 자신이 구상한 정책을 펴기 위해 권모술수와 공작정치도 마다하지 않는 정조의 모습이 적나라하게 나타나 있습니다. 어쩌면 이는 성군과

학자군주를 자처하는 정조의 약점일 수도 있고, 동시에 국왕에게 휘말려 놀아난 노론 벽파의 수장인 심환지의 약점일 수도 있습니다.

그러나 심환지는 노회한 정치인이었던 만큼 정조 당대는 물론 사후에 일어날지도 모를 어떤 만약의 사태나 파워게임에 대비하기 위해 왕명을 어겨가면서까지 이 어찰첩을 보관하려 했는지도 모릅니다. 어쨌거나 이 어찰첩이 역설적이지만 심환지와 그 후손들이 보관해온 결과 오늘날 조선 후기의 계몽군주 정조의 성격과 통치술, 정조 말년의 정국동향과 정치운영의 리얼한 모습을 엿볼 수 있게 된 것입니다.

4. 그동안 언론과 사회 일각에서 정조의 어찰첩과 독살설을 연계시켜 지나칠 정도로 그 시비에 초점을 맞춰 부풀린 것은 자칫 이 어찰첩이 갖고 있는 본질적인 의의나 참모습을 훼손시킬지도 모릅니다. 또 학문적인 논의의 폭이나 수준 또한 크게 제한되어 연구자로서도 적이 안타깝습니다.

일찍이 정조의 독살설은 영남남인의 가문에 널리 퍼졌던 소문이었던듯 그 대표적인 예가 다산(茶山) 정약용(丁若鏞)의 글 『기고금도장씨여자사(紀古今島張氏女子事)』(『여유당전서』제1집,시문집,기사)에서 찾아볼 수 있습니다.

이 문제는 정조 사후 강진에서 유배생활을 하던 다산이 장씨녀의 기구한 죽음을 『염우부』속에 형상화한 데서 비롯되었습니다. 즉, 장씨녀는 장현광(張顯光, 호 旅軒)의 봉사손 장현경의 딸로서 그의 조부가 인동부사 이갑회의 부와 친척으로 관부에서 자주 만나 이야기하던 중 "시상(심환지)이 역적 어의 심인을 천거해 독약을 바치게 했다는데, 내 손으로 이 역적을 없애지 못했네"라며 눈물을 흘렸다. 이 말이 이서에 의해 "근거없는 말을 주장하여 왕의 신하를 해치려 했다"고 고변되어, 관찰사 신기가 부사 이갑회에게 체포를 명하고, 조정에서는 안핵사 이서구(李書九)가 파견하는 등 일련의 사건이 전개된 바 있었습니다.

이 어찰첩 정조 24년(1800) 3월 3일, 4월 17일, 그리고 서거 13일 전인 6월 15일자 편지와 『정조실록』말년 기사 등을 상고해 볼 때 정조의 직접적인 사인은 고질적인 등창 때문이었습니다. 따라서 이 어찰첩은 실록기사와 함께 독살설이 아닌 당시 정조가 겪고 있던 병세의 위중함과 고통을 구체적으로 확인하는 비중있는 자료가 될 것입니다.

5. 이제까지의 정조와 그 시대 연구에 있어서 지나치게 유교적인 성군, 학자군주, 개혁군주로서 관념적으로 미화 또는 추상화시킨 측면이 없지 않습니다. 또 정조시대의 정치사를 왕권 중심보다는 시,벽파의 당쟁관계 속에서 지나치게 비중을 두어 파악하려 한 경향이 있었습니다. 그중에서도 정조의 견제세력인 노론 벽파와의 관계나 정국운영 방법이 지나치게 당파적 주장이나 긴장관계만을 강조한 측면도 없지 않았는데, 이 어찰첩은 그런 의례적인 역사 해석이 상당 부분 허상이었음을 보여주었습니다.

아울러 앞에서 말한 연대기 자료와 문집 등이 갖고 있는 사료에 더하여 정조 어찰첩은 이들 관찬사료를 보완하는 1차자료로서도 크게 참고될 것입니다. 특히 만년의 정조가 겪고 있던 정황과 여러 모습, 곧 병마와 싸우는 가운데서도 관철시키려는 정치적 집념, 인간적이면서도 타고난 격정적인 성격, 그리고 정조의 정국 운영과 그 시대의 정치동향을 구조적으로 새롭게 인식하는데 큰 도움을 줄 것입니다.

6. 정조는 봉건적인 모순이 격화되던 조선후기 사회를 동태적으로 수습, 근대사회의 여명을 밝히려고 노력한 민본적인 위대한 개혁군주였습니다. 유교적인 이념을 현실정치에 실현시키려 한 계몽군주, 학자군주,

그리고 실록의 평가처럼 성군으로서의 평가 또한 여전히 유효합니다.

신도시 화성 건설을 주도한 각 분야에 걸친 정조의 드높은 경륜과 안목, 그 문화중흥의 의지나 성과는 갈수록 높은 평가가 이루어지기를 희망합니다. 만일 단순히 어찰첩에 나타난 정조의 격정적인 성격이나 정치적인 권모술수를 보고 실망을 느낀다면 그러한 것이야 말로 너무도 단면적이고 피상적인 역사인식의 결과라고 생각합니다. 정조는 결코 공자, 붓다, 그리스도처럼 결코 종교적으로 미화된 성인이 아닙니다.

정조는 현실정치의 복잡다기하고 냉혹함을 꿰뚫어 이해가 상반되는 정국을 원활히 이끌고 운영해야 하는 절대권력자, 곧 최고의 통치권자이자 현실정치가였습니다. 물론 항상적 방법이어서는 않되겠지만, 때로는 파워게임의 한가운데서 냉철한 이성적 판단으로 패도에 가까운 술수를 행사하면서 비판세력인 정적을 회유 포용하고 활용할 때 오히려 소기의 성과를 거두기도 할 것입니다.

그러한 점에서 어찰첩에 나타난 정조의 인간적이고면서 격정적인 모습, 그리고 예상을 뛰어넘는 파격적인 정치행태는 통치자로서의 자연발생적인 한 부분적인 모습일 뿐 후기사회의 각 부문에서 탕평정치·산업진흥·문화중흥의 시대를 구현하려 했던 정조의 역사상을 결코 훼손시킬 수는 없습니다.

7. 사실 그동안 수원시와 경기도에서 추진해온 세계문화유산인 화성과 화성행궁, 수원천 복원 등 여러 사업들이 적지 않게 성과를 거둔 것은 사실입니다. 그러나 18세기 말 정조의 주도하에 신도시로 건설되고 역사도시·문화도시·관광도시로서의 면모와 특성을 지닌 이 도시에서 전통의 계승과 창조를 위한 권위 있는 학술적 연구기관 하나 없다는 것은 부끄러운 일입니다.

이미 지난 1996년부터 민간 학술조직으로 정조사상연구회가 발족되어 약 9년간 정기적인 학술발표회와 학술지를 간행해 왔으나 현재는 이 단체 역시 재정난으로 활동이 멈춘 상태입니다. 사실 그동안 역사연구자로서의 소회를 굳이 밝힌다면, 우선 정조와 화성연구를 위한 거창한 `종합연구기관`은 고사하고라도 실력과 내실있는 연구자들로 이루어진 정조사상연구회와 같은 학술단체의 재건과 운영을 위한 지방정부의 관심과 지원이 아쉽습니다.

8. 이번에 국역 발간되는 정조가 심환지에게 보낸 어찰 299통 이외에도 현재까지 알려진 정조의 어찰들은 『홍재전서(弘齋全書)』에 수록된 것을 비롯해 거의 600여 통 가까이 이르는 것으로 알려져 있습니다.

원래 정조가 심환지에게 보낸 공식적인 편지 중 이전부터 알려진 것은 국립중앙박물관 소장의 정조 어필 2첩과 정조가 심환지에게 보낸 36통이 있었습니다. 또한 정조의 외사촌 홍취영에게 보낸 39편이 삼성미술관 리움이 소장하고 있고, 40여 통 규모의 어찰이 국립중앙박물관에 소장되어 오는 10월 특별전시회에 공개할 계획입니다. 또 화성건설의 관련자들인 남인의 영수 채제공과 수원유수를 지낸 조심태에게 보낸 어찰 수통도 개관을 앞둔 화성박물관에 소장된 것으로 알려져 있습니다(앞의 300여 통의 정조 어찰들은 뒤에 2016년 11월 16일 보물 제1923호로 지정되었음).

요컨대 이러한 정조의 어찰들은 정조의 삶, 사상과 인간적인 모습, 그의 정국 운영과 군신간에 현안의 문제를 해결하고 정조 말년의 정치동향을 살필 수 있는 역사적 자료입니다. 뿐만 아니라 조선후기 왕실의 간찰 문화와 정조의 서체를 이해하는데도 큰 도움을 줄 것입니다.

Ⅱ. 역사와 문학 사이
―TV드라마『이산』과『대왕 세종』―

　역사 드라마『이산』(mbc)과『대왕 세종』(kbs)의 인기가 날로 치솟고 있다. 전자는 조선후기의 대표적인 현군 제22대 정조를, 후자는 조선전기의 제4대 성군 세종을 각각 모델로 삼아 픽션과 사실 사이를 자유롭게 넘나드는 이야기를 펼치고 있다. 이들 드라마는 마치 양 방송사의 안방극장 시청률을 가늠하는 척도인양 사활을 걸고 그 인기경쟁이 자못 치열하다.

　시청자의 취향에 따른 드라마 선호도 또한 좀처럼 가늠하기 어려울 정도로 다양하고 그 시시비비를 가리는 것 또한 결코 용이한 편이 아니다. 이 두 연속극은 아직도 목하 진행형이라 역사 드라마로서의 성패 여부는 아직도 무어라고 속단할 수 없다. 다만 현재까지 전개해온 두 드라마가 역사적 사실과 어떤 괴리와 모순을 갖고 있으며, 픽션과 사실과의 관계, 그리고 역사 드라마가 대중에게 끼칠 역사 왜곡이라는 선악과 긍, 부정의 명암을 극심하게 드러내고 있다는 점에서 결코 간과해 버릴 수 없는 많은 문제점을 드러내고 있는 것도 사실이다.

　조선왕조를 통치한 역대의 제왕들은 5백여 년간의 역사시기를 통해 27대에 걸쳐 있다. 그 가운데 조선시대 전, 후기를 통해 획기적이고 창조적인 업적을 남긴 군주를 꼽으라면, 우리는 주저 없이 세종과 정조를 들지 않을 수 없다.

이 두 제왕은 각기 조선왕조 창업기와 수성기를 대표하는 통치자로서 오늘의 시대에 있어서도 역사적 전범으로써 본받고 계승해야 할 역사 발전과 민본주의 군주로서의 위상을 그대로 체현하고 있다. 따라서 사료를 토대로 한 역사 해석이나 드라마로서의 문학적 상상력을 마음껏 투영할 수 있는 역사적 인격이라는 점에서 기획, 대중적인 관심과 매력의 대상이 되지 않았나 싶다.

세종은 왕조 초창기에 부왕인 태종의 왕권강화에 힘입어 정치적 안정을 유지하면서 훈민정음 창제를 비롯하여 농업 ,과학, 국방, 문화 등 각 방면에 걸쳐 큰 업적을 쌓음으로써 조선전기 역사 발전의 기틀을 반석 위에 올려 놓았다. 그러나 그가 왕위에 올라 성군이 되기까지는 맏형인 양녕의 세자 폐위라는 비정상적인 구도하에 이루어졌던 만큼 후계구도를 둘러싼 왕실 내에 극심한 갈등과 역정을 겪지 않을 수 없었다.

이제까지의 『대왕 세종』은 왕위 계승권자인 세자 양녕과 셋째인 충녕대군을 둘러싼 왕실과 양반관료인 신료들의 갈등과 미묘한 이해관계, 왕재로써 부왕과 신료들에게서 촉망받게 되는 지혜롭고, 어질고, 때로는 간교하리만큼 빼어난 정치력을 발휘하는 모습을 보여 준다.

충녕대군은 풍류남아로서 호방한 성품을 지닌 세자 양녕의 실수투성이의 야인적이고 허황된 무인적 기질과는 달리 민본과 현실주의의 입장에서 조선왕조가 나아갈 밑그림을 치밀하게 실천함으로써 성군으로서의 자질과 신뢰감을 하나하나 착실히 획득해 나간다. 이 드라마의 배경이나 주위 인물 또한 그 시대에 활약했던 역사적 사실에 비교적 충실하면서 개인사적 픽션을 대위법적으로 펼쳐 나갔다. 이 점에서 일단은 역사 드라마로서 최소한의 리얼리티를 획득, 시청자의 적잖은 공감을 이끌어내는데 긍정적인 효과를 거둔 요인이 아닌가 생각된다.

조선 제22대 정조(본명 이산; 李祘)는 봉건적 모순과 갈등이 격화되던 조선후기 사회를 배경으로 임오화변 때 비운의 죽음을 당한 사도세자의 아들로써 겪어야 했던 온갖 고난과 시련을 극복하고 왕위에 올랐다. 불우했던 소년시대에서 세손으로 책봉되고, 25세의 청년으로 왕위에 올라 유교적인 계몽군주로서의 개혁왕정을 이끌기까지 재위 24년, 49년에 걸친 정조의 생애는 그야말로 드라마틱하기 그지없다. 정조가 걸어온 파란만장한 그 역정은 마치 비극적 상황에 대한 끊임없는 도전과 인내, 분발로 점철된 한 편의 기복 많은 한 편의 드라마를 보는 느낌이다.

영조와 정조시대는 새로운 변화를 예고하는 우리 정치사의 격동기이자 일대의 전환기였다. 4색 당쟁체제에서 노론도 시, 벽파로 분화되고 오랫동안 체제에서 소외되었던 소론과 남인을 대폭 등용하며 탕평정치를 지향하였다.

서얼허통법과 신해통공의 시행, 서북인의 인재등용, 규장각 창설, 활자 개량과 서책 간행, 장용영의 설치 운영, 수원 신도시 건설과 화성 축조, 농업과 상공업진흥, 무엇보다 아버지 사도세자(思悼世子)와 어머니 혜경궁 홍씨에 대한 효심이 지극했던 군주로서 이름높다. 특히 그는 호학숭문의 학자군주, 왕조 중흥과 문운융성, 그리고 민본주의적 왕도정치를 실현코자 했던 개혁군주로서 근대사회의 새벽을 열고 역사 발전을 도모하는 데 헌신한 희대의 명군이자 유능한 통치자였다.

이 드라마는 아들을 뒤주에 가두어 죽인 영조의 다층적인 의식구조와 현철한 통치자로서의 모습, 정순왕후를 정점으로 한 김구주, 홍인한 등 노론 벽파 세력의 음모, 고모인 화완옹주와 정후겸의 간악한 술책 등 왕실과 척족, 신료들의 반정조적인 행태를 보여준다. 그런가 하면 세손시절부터 민첩하고 비상한 두뇌와 재능으로 정조를 도와 마침내 등극시킨 뒤 권력자로서 침몰되는 과정의 권신 홍국영의 부침을 보여준다.

무엇보다 이 드라마는 『대왕 세종』과는 달리 역사적 사실보다는 픽션으로서 이산과 다모 여화원과의 개인사적 로맨스에 초점을 두고, 실존인물이 아닌 장태우, 최남주, 민주식 등 노론 벽파의 가상 인물을 설정, 정조 시대의 역사적 사실을 호도, 왜곡시키는 등 적지 않은 문제점을 드러내 놓았다. 또한 미천한 신분의 다모이자 도화서(圖畵署) 여화원(실제로 존재하지 않았음)으로 하여금 영조와 정조의 어진을 그리게 한 사실 등은 황당하리만큼 역사적 사실을 크게 왜곡한 부분이다.

정조의 어진(御眞) 문제만 하더라도 일찍이 김홍도(金弘道)는 도화서 화원으로 영조 7년(1771) 세손인 정조의 초상을 그렸고, 정조 5년(1781) 어진화사로 정조의 어진에 참여하였다. 초상에 뛰어났던 이명기(李命基) 또한 정조 15년(1791) 정조어진 원유관본 도사의 주관화사로 활약한 것이 역사적 사실일진대, 어이해서 드라마 『이산』에서는 이런 황당무계한 픽션을 거리낌없이 자행한단 말인가? 지하에 잠든 주인공 정조는 물론 김홍도, 이명기 등 정조의 초상을 그린 조선후기 명화공들이 지하에서 크게 통곡하고 분개하는 목소리가 지금도 쟁쟁히 들리는 듯하다.

이는 아리스토텔레스가 말한 가능성의 세계로서의 문학적 픽션이 아니라 애시당초 작가와 연출자의 무지와 무식의 소산임은 크게 깨달아야 할 대목이다. 픽션으로서 차라리 정조의 어진을 그리는 대목에 차라리 김홍도의 보조자로 여화원을 설정했더라면 그나마 좋았을걸 하는 소회는 이 드라마에 임하는 작가와 연출자의 역사의식 부재는 물론 역사적 사실을 픽션화하는 문학적 상상력의—무식과는 차원이 다른—결핍이라고 밖에 달리 말할 수 없을 것 같다.

역사의 사실적 측면과 존재했던 엄연한 사실에 기초하여 문학적 상상력을 투영시켜 재해석된 역사 드라마야 말로 픽션으로서의 문학적 가치와 리얼리티를 보장받을 수 있는 첩경이다. 2백여 년 전 정조라는 뛰어나고 걸출한 역사적 인격의 위상을 손상시키는 황당한 역사 드라마를 바라보는 필자의 마음은 실로 서글프기 그지없다.

창사기념으로 모처럼 기획된 드라마『이산』의 크나큰 역사왜곡과 관련하여 작가와 제작진들의 각별한 반성과 피나는 역사 공부를 권고하는 바이다. 필자의 이런 우려는 앞으로 펼쳐질 이 드라마의 내용과 구성은 물론 드라마『대왕 세종』의 경우에서도 각별히 유의해야 할 측면이 아닌가 한다(2008. 6).

Ⅲ. 신채호의 역사민족주의의 재평가

― 신용하 저 『신채호의 사회사상 연구』 서평, 한길사, 1984 ―

1

사학사적으로 단재(丹齋) 신채호(申采浩, 1880~1936)는 백암(白巖) 박은식(朴殷植, 1859~1925)과 함께 우리나라 민족주의사학 내지 근대사학의 개척자로서 중심적 역할을 수행한 분이다. 두 분은 1900년대 초부터 그들이 처했던 시대적 고뇌와 사명에서 출발하여 애국계몽운동, 민족해방운동에 헌신했으며, 뛰어난 역사의식과 강렬한 민족의식에 기초하여 그들의 민족주의사관을 도출하였다. 신채호가 일찍부터 중국 중심의 존화주의(尊華主義) 및 일본 식민주의사관의 침투, 기존의 왜곡된 사료를 날카롭게 비판하면서 『독사신론(讀史新論)』(1908) 이후 『조선사연구초(朝鮮史硏究艸)』(1930), 『조선상고사(朝鮮上古史)』(1931), 『조선상고문화사(朝鮮上古文化史)』(1931) 등을 저술하여 한국고대사의 체계를 새롭게 하였다. 이에 대하여 그 선배인 박은식은 일제의 침략과 저항투쟁에 초점을 둔 『한국통사(韓國痛史)』(1915), 『한국독립운동지혈사(韓國獨立運動之血史)』(1920) 등을 저술하여 수난과 국망, 저항의 역사로 점철된 한국근대사를 증언하였다.

특히 신채호의 경우는 한층 철저하고 심도 있는 민족주의사관과 체계를 가져 편사(編史)나 동시대의 식민주의사관, 아류적 사관과 확연히 구별된다. 요약하건대 초기의 그의 민족주의사관은 역사의 동인(動因)으로서 개인의 역할을 중시하는 영웅사관에 집착했으나, 후기의 사관은 여기에서 일전(一轉)하여 민중사관으로 발전·변모했고, 민족해방운동의 전술론으로서 게릴라적 폭력투쟁을 정당화함과 아울러 '민중직접혁명론'을 주장하는 등 그의 실천적이면서도 진보적인 민족주의 성향을 그대로 구현하였다.

2

1945년 민족해방 이후 거의 20년 가까이 우리나라 국사학계를 주도해온 흐름은 문헌고증 위주의 실증사학(實證史學)이라 할 수 있는데, 이 흐름은 실증적인 태도로 객관적인 사실(史實)을 정확히 인식하는 데 그 목표를 두었다. 그러나 실증사학은 적지 않은 업적과 영향을 미치고 역사연구의 과학적 태도를 강조했음에도 불구하고 일제의 식민지지배를 합리화하려는 의도에서 조작된 식민주의사관을 극복하는 데는 불충분하였다. 또한 한국사의 고유한 발전논리나 주체적 전개과정에 대한 뚜렷한 자각이 결여된 약점을 지닌 것도 사실이었다. 그러나 1960년대 초 홍이섭(洪以燮)을 비롯한 몇몇 사학자들이 신채호와 박은식 사학의 사학사적 의의와 문제의식을 제기한 이후 1970년대부터 그들의 사상·사학이 학계와 지식인 사회에서 활발히 논의되게 되었고, 그 연구열이 오늘에 이르기까지 지속적으로 확대되어 왔다.

민족주의 사학자들의 저술은 『단재신채호전집(丹齋申采浩全集)』(4권), 『박은식전서(朴殷植全書)』(3권), 『민세안재홍선집(民世安在鴻選集)』 등의 전집 형태로 발간되기도 하였다. 또 그 연구 성과로는 단재 탄생 100주년 기념논문집인『단재신채호와 민족사관』을 비롯하여 신일철(申一澈)의『신채호의 역사사상연구』, 최홍규(崔洪奎)의『신채호의 민족주의사상』등 집중적인 개인 연구 저작물과 많은 논문들이 학계에 발표되기도 하였다.

이러한 일련의 관련 학계의 동향은 식민지시대에 대한 새로운 역사인식과 함께 일제 관학자의 식민주의사관의 영향을 청산·극복하고, 민족사적인 특수성과 세계사적인 보편성을 전제한 토대 위에 한국사의 주체적인 전개과정을 구조화(構造化)해야 한다는 현실적 요청이며, 역사 연구의 폭과 깊이를 확대·심화시키기 위한 노력의 소산으로 크게 주목되었다.

이러한 흐름에 부응하여 이번에 출간한 서울대 신용하(愼鏞廈) 교수의 저작『신채호의 사회사상 연구』는 기왕에 축적된 학계의 연구 성과를 일보 전진시키려 한 것이며, 단재 연구의 또 다른 탐구의 열매라고 생각된다.

다 아는 바와 같이 신용하 교수는『독립협회연구(獨立協會硏究)』(1976)를 비롯하여『조선토지조사사업연구(朝鮮土地調査事業硏究)』(1979),『박은식의 사회사상 연구』(1982) 등 주로 한국 근·현대사의 역사현상 중 문제의식을 지닌 주제들을 연구·정리한 역저들을 이미 저술·간행하여 학계에서 크게 주목된 바 있다. 그의 정력적인 연구열이 반영된 저술들은 모두 학계의 수준을 한층 드높이고, 전공 연구자들의 문제의식을 선도·계발해 온 느낌이 없지 않은 터에 이번에는 다시『신채호의 사회사상 연구』라는 값진 대저(大著)를 펴낸 것이다. 이 저작은 그가 구상하는 한국사회사상사 연구작업의 일환으로 이루어진 것이며, 이 방면에 관심 있는 전공자와 일반 지식인, 특히 젊은 역사학도와 사회과학도들에게는 매우 반가운 소식이 아닐 수 없다.

이 책의 구성은 저자가 그동안 신채호의 사회사상에 대하여 집필 발표한 6편의 논문을 골간으로 하고 있으며, 그 첫 도입부에 해당하는 제1장에서는 신채호의 생애와 업적을 새로 집필·첨부하였다. 먼저 「제1장 생애와 업적」에서는 신채호의 출생과 성장과정, 1900년대 초 대한제국기(大韓帝國期)의 애국계몽사상가·논객으로의 활동, 1910년 이후 국외 망명기의 민족해방운동과 한국사 연구, 민족주의자에서 무정부주의자로의 사상적 전환, 그리고 투옥과 순국에 이르기까지 신채호의 전인적(全人的) 면모를 관련 사료를 토대로 요령 있고 평이하게 요약하였다. 초심자들에게는 이 제1장만 보아도 단재의 생애와 사상의 윤곽을 파악하는 데 충분할 것이며, 역사적 맥락과 함께 참고사료에 입각한 역사적 인물의 생애와 업적을 조명한 것은 특히 인상적이다.

제2~6장을 구성한 각기 독립된 논문들은 바로 저자가 의도한 핵심적 부분이라고 할 수 있다. 여기에서는 주로 신채호의 사상적 전개를 몇 단계로 나누어 그 성격과 양상을 집중적으로 서술하였다. 즉, 저자는 신채호가 일제의 침략이 본격화되던 1900년대 초에 개화자강파의 애국계몽사상가로 입신했으며, 그 후 그의 사회사상은,

① 열렬한 시민적 민족주의자의 시기(1905~1922)

② 민족주의 사상에 무정부주의의 방법을 포용한 혁명적 민족주의자의 시기(1923~4)

③ 무정부주의자의 시기(1925~8 또는 1925~36)

등 3단계를 거쳐 변화한 것으로 보고, 각 시기를 대표하는 신채호의 저술과 활동을 분석·검토하였다.

먼저 「제2장 애국계몽사상」에서는 신채호가 국내에서 애국계몽운동을 전개하던 시기(1905~10)의 그의 애국계몽사상을 논설과 저작 등을 토대로 이를 분석 고찰하고, 이 시기 신채호 사상의 기본바탕을 '시민적 민족주의 사상'이라고 정의하였다. 저자는 이 시기에 발표된 신채호의 많은 논설들을 그 성격에 따라 분류 · 검토하고, 그의 시대에서 중세적 사대주의사상과 문화에 대한 비판, 강렬한 애국주의에 바탕을 둔 시민적 민족주의사상을 정립시킨 가장 진보적인 사상가로서의 신채호의 위상을 높이 평가하였다. 그러면서도 신채호의 시민적 민족주의사상은 사회진화론 · 사회다원주의에서 크게 벗어나지 못해, 제국주의에 대한 비판이 불철저한 이론적 한계를 지녔다고 지적하였다.

평자의 생각으로는 특히 「제3장 '독사신론'의 비교분석」이 이 책에 수록된 논문들 가운데 저자가 가장 힘들인 주목할 만한 역작이라고 생각한다.

먼저 저자는 1900년대 애국계몽운동기에 발표된 신채호의 대표적인 사론(史論)인 『독사신론』을 그 이전이나 동시대의 사서(史書)와 비교해서 "그 시민적 사회과학성과 근대 민족주의사관과 민족적 주체성과 참신성에서 다른 종류의 사서들의 추종을 불허하는 탁월하고 혁명적인 저작"이었다고 평가하면서, 신채호의 '역사민족주의(歷史民族主義)'의 탁월함과 중요성을 지닌 저술로 크게 주목하였다. 그리하여 『독사신론』에 담긴 새로운 사관, 신학설 · 신설(新說) 등은 모두 기존의 중세적 존화사관(尊華史觀)과 당시 침투하기 시작한 일제의 초기 식민주의사관을 비판 · 극복한 값진 노력의 결정이며, 1908년에 이미 우리나라에서는 신채호에 의해 근대의 시민적 민족주의사학을 창설 · 성립시킬 수 있었다고 주장했다.

「제4장 혁명적 민족주의사상」은 신채호의 국외 망명 후기의 사상을 대표하는 『조선혁명선언(朝鮮革命宣言)』(일명 義烈團宣言文)의 분석을 통해 그 사상적 성격을 "기본적으로 혁명적 민족주의를 본질적인 것으로 하고, 운동방법은 무정부주의 방법을 수용한" 민족주의와 무정부주의의 과도기적 경향이라고 주장하면서, 이 시기를 1923~4년의 비교적 짧은 기간으로 설정하였다.

「제5장 무정부주의 독립사상」은 1925년 이후 신채호의 활동과 저작물을 통해 민족주의자에서 무정부주의로 전환하게 된 이유와 배경, 그리고 그 사상적 성격과 양상을 집중적으로 부각시키려고 하였다. 저자는 여기에서 기왕의 연구자들이 자료로 이용하지 않은 「조선일보」(1928년 12월 28일자 및 1929년 2월 12일자)의 제1회 및 제2회 공판기사를 비롯하여 「선언문(宣言文)」, 「용(龍)과 용의 대격전(大激戰)」, 「낭객(浪客)의 신년만필(新年漫筆)」 등의 논설과 소설작품을 중심으로 신채호의 사상을 전단계와는 명확히 구별되는 '무정부주의 독립사상' 이라고 표현하여 그 사상적 특성을 명확히 실재화하려고 하였다.

한편 「제6장 민족국가관과 시민적 민족주의사상」은 신채호가 애국계몽사상가로 활동하던 애국계몽운동기에 나타난 민족주의의 본질과 성격을 종합적으로 해명하려 한 것으로, 그 개념 설정을 주로 역사민족주의와 근대 민족주의사상에서 구하고 있는 것이 두드러진 특징이라면 특징이라고 할 수 있다.

이상의 내용을 지닌 이 책 『신채호의 사회사상 연구』는 한국근대사상사를 통해 이론가 · 사상가로서 큰 봉우리로 평가되는 신채호의 사상과 그 시대의 사회사상사적 성격을 해명한 주목할 만한 저작으로서, 신채호 연구의 새로운 이정표(里程標)를 세웠다는 점에서 그 의의는 매우 크다고 할 수 있다.

그러나 외람되지만, 서평자로서는 제4~5장에서 저자가 개념화한 혁명적 민족주의사상과 무정부주의 독립사상에 대한 도식적이고 의도적인 해명에 대해서는 보다 신중하고 설득력 있는 검토의 필요성이 남아 있다고 생각한다. 또 이 책의 제2·3·6장의 논문에서 드러나고 있는 그의 지나친 유형화 또는 분류화의 장황함도 다음 저서에서는 좀 간명하게 다듬어졌으면 하는 아쉬움이 있지만, 이것은 저자가 이룩한 크고도 깊은 연구성과와 줄거리에 비한다면, 하나의 사족(蛇足)에 지나지 않는다고 생각한다(『신동아』1984년 5월호).

Ⅳ.『박은식과 신채호 사상의 비교연구』
— 배용일(裵勇一) 저 서평, 경인문화사, 2002 —

1

백암(白巖) 박은식(朴殷植, 1859~1925)과 단재(丹齋) 신채호(申采浩, 1880~1936)는 국권상실기인 한말과 일제 식민지시대를 통하여 애국계몽사상가·역사학자·독립운동가로서 가장 영예롭고 빛나는 역사의 족적을 남긴 분들이다. 특히 두 분은 위기의 시대인 한말 사회에서 역사학자로 발신(發身)하여 한국사 연구를 통하여 한국 근대민족주의사학 내지 근대사학의 개척자로서 중심적 역할을 수행, 한국근대사학사의 빛나는 성좌(星座)를 차지하고 있다.

박은식과 신채호는 1900년대 초 국권이 위협받던 망국의 시기에 직면하여 국권회복을 위한 애국적인 고뇌와 사명에서 출발하여 애국계몽운동·민족해방운동에 헌신하였다. 그리고 무엇보다 뛰어난 역사의식과 강렬한 민족의식에 기초하여 그들의 근대 민족주의 역사관을 도출하였다.

신채호는 20대 청년기부터 중국 중심의 사대주의 및 일제 식민주의사관의 침투와 기존의 왜곡된 사료를 날카롭게 비판하면서『독사신론(讀史新論)』(1908) 이후 『조선사연구초(朝鮮史硏究艸)』(1930), 『조선상고사(朝鮮上古史)』(1931),『조선상고문화사(朝鮮上古文化史)』(1931) 등을 저술하여 근대 민족주의 역사관에 입각한 새로운 한국고대사의 체계를 수립하는 데 주력하였다. 이에 대하여 박은식은 양명학(陽明學)을 전수받은 가운데 개화자강파로 전신(轉身)하여 애국계몽사상가로 활동했고, 역사학자로서 일제의 한국 침략과 망국(亡國), 저항투쟁에 초점을 둔 『한국통사(韓國痛史)』(1915), 『한국독립운동지혈사(韓國獨立運動之血史)』(1920)를 저술하여 수난과 국망, 저항의 역사로 점철된 한국의 근·현대사를 증언하였다.

박은식과 신채호의 역사학이 근·현대사와 고대사라는 각기 다른 시대사적 부분에 집중되었지만, 그들은 한국의 문화전통에 대한 깊은 신뢰와 인식에서 출발하여 한국사를 민족사의 차원에서 파악하려 했다는 점에서는 모두 공통성을 지닌다. 그들이 특히 역사 서술에 있어 큰 사명감으로 임한 것은, 나라는 비록 망했어도 자기의 역사가 존재하는 한 국권회복과 독립운동은 중단될 수 없고, 또 언제인가는 자기의 역사애(歷史愛)가 기본 동력으로 작용하여 조국 광복과 민족해방운동이 가능케 하리라는 확고한 신념 때문에서였다.

무엇보다도 그들의 역사학이 한국근대사학사에 큰 봉우리를 또 다른 이유는, 단순한 역사애에 머무르지 않고 중세적 사관이나 당대의 식민주의사관, 그리고 아류적 사관을 과감히 청산·극복하고 근대적 사안(史眼)으로 자주적 역사인식과 새로운 방법론에 입각하여 그들의 역사서술을 체계화했다는 데 그 역사적 역할과 의의는 매우 큰 것이다.

배용일(裵勇一) 교수가 지은 이 책 『박은식과 신채호 사상의 비교연구』는 1997년에 제출된 박사학위 논문을 토대로 그 내용을 수정하고 부록 등을 첨부 보완한 것이다. 배교수는 포항 출신의 역사학자로서 현재 고향 소재의 포항1대학에서 25년 가까이 후진 양성에 힘쓰면서 동대해문화연구소 소장직에 재임 중에 있다. 그는 한국사 연구는 물론 자기 고장의 향토사연구와 향토문화운동에도 앞장 서고 있는 포항 출신의 대표적인 역사학자의 한 사람이다.

배교수는 일찍이 「신채호의 고대사인식고」(1977), 「신채호의 낭가사상고」(1780), 「신채호의 낭가사상의 배경과 구조」(1986) 등 신채호 사학의 고대사적 특성을 해명하려는 값진 논문을 발표하여 주목을 끌었다. 그는 신채호가 일찍이 『조선상고사』에서 강조한 고구려의 선배제도, 신라의 국선(國仙)·화랑(花郞) 등 낭가사상(郎家思想)의 사상사적 논리성과 실천적 동태성 등을 집중적으로 부각시켜 역사학계에 큰 업적을 남긴 바 있다. 배교수가 그동안 논문을 통해 밝힌 연구상의 특성은 이 책『박은식과 신채호사상의 비교연구』중 신채호의 역사사상 항목에서도 그대로 반복·계승되어 있다.

> …… 낭가사상은 단군조선의 수두제전(단군제) → 부족국가의 열국의 민족제전(迎鼓·東盟·舞天·蘇塗 등) → 고구려의 선배제도 → 신라의 화랑제도로 성잘 발전해 왔으며, 이 사상이 종교제전의 추상적인 모습을 탈피하고 민족의 전통사상으로서 구체적으로 제도화되어 그 역사적 역할과 기능을 다하게 된 것은 고구려의 선배제도부터이다. 신라 고유의 것으로 이해되었던 화랑제도는 선배제도를 모방하여 이루어졌고, 이와 같은 낭가사상이 삼국시대에 건재하여, 고려 중엽부터 그 맥을 유지하다가 묘청의 서경전역(西京戰役)이란 역사적 대사건으로 국풍파(國風派)가 사대 유학파(事大儒學派)에 패하여 몰락함으로부터 말살되고 말았다는 것이다.

또한 배교수는 단재가 한국고대사의 대외항쟁 승리와 삼국통일도 낭가사상의 발현으로 보고, 그 최고 발현자로서 연개소문(淵蓋蘇文)·을지문덕(乙支文德) 등 무사적 영웅을 내세움으로써 낭가사상에 입각한 민족적 영웅사관을 수립할 수 있었다고 부연 해석하였다. 따라서 '낭가사상'은 신채호 사학의 '키워드'와 같은 것으로서 신채호의 한국고대사를 인식하는 데 내면적 이념과 구조로서의 성격을 지닌 것으로 설명하였다. 따라서 신채호 사학의 핵심을 이해하려면 낭가사상에 대한 바른 이해가 선행되어야 하며, 그러할 때 신채호의 역사인식의 참모습을 제대로 이해할 수 있다고 결론지었다. 배 교수가 그동안 연구논문을 통해 밝힌 일관된 논지는, 요약하건대 낭가사상이 구체화된 것이 신채호의 고대사 인식과 고대사 서술이며, 낭가사상이야 말로 신채호의 구체적인 역사사상과 역사서술의 이론적 근거와 이념이라는 것이다.

평자는 배 교수가 발표한 기존의 단재 관련 논문과 이번에 상재된 저술에서 일관되게 강조한 이러한 주장에 대해 대체로 동의하면서, 배용일 사학의 가장 인상적이고 특징적인 부분이 아닌가 생각한다. 1970년대 후반부터 배교수가 펼쳤던 이러한 학문적 견해는 이 책『박은식과 신채호사상의 비교연구』속에 박은식과 신채호의 역사사상을 해명하고 두 사람의 특징을 대비하려는 대목에서도 잘 나타나 있다.

배 교수는 박은식이『한국통사』에서 제시한 역사국혼론을 박은식 역사사상의 핵심으로 파악하면서, 역사국혼론은 민족자강의 자주독립정신을 표상하는 것이라고 주장하였다.『한국통사』속에 실천적 정립을 본 역사국혼론은 박은식의 여러 저작 속에 일관되게 관류하는 역사인식의 틀로써, 그것은 양명학의 양지론적(良知論的) 인도주의에 입각한 혼백(魂魄) 개념을 원용하여 혼(魂) 우위의 혼백론을 전개한 결과라는 것이다.

따라서 신채호가 낭가사상에 입각하여 한국고대사를 서술하려고 한 것과 같은 관점에서 박은식은 국혼을 민족문화의 정수(精粹) 내지는 자주

독립적 민족정신의 전개과정이라고 인식하는 민족주의적 정신사관의 입장에서 한국의 근·현대사를 인식·서술하려 했다고 주장하였다. 따라서 박은식의 역사국혼론은 근대 민족주의 역사사상(歷史思想) 형성의 큰 줄기를 이루었을 뿐만 아니라 한국독립운동의 정신적 동력으로써 한국근대사학사와 독립운동사상 새로운 지평을 제시한 것이라고 결론지었다.

2

지난 1997년 배용일 교수가 박사학위 논문으로 제출 통과한 뒤, 그동안 수정과 보완을 거쳐 이번에 간행된 역작 『박은식과 신채호사상의 비교 연구』의 목차를 살펴보면 다음과 같다.

먼저 저자는 제1~2장에서 박은식과 신채호는 19세기 말~20세기 초 한말에서 식민지시대에 걸쳐 민족적 위기와 수난의 시대를 산 대표적인 지성인이라 전제하였다. 이어서 박은식과 신채호는 양명학·실학 등 전통적 학문·사상과 서구의 근대적 학문·사상을 수용·융합하는 가운데 국권회복과 민족독립을 위해 헌신했던 대표적인 선각자로서 그들의 사상을 분석·비교해야 한다는 연구자로서의 필요성을 제기하였다. 그리고 저자는 이 시기를 대표하는 두 민족주의 사상가·역사학자의 성장과 학문 수학과정을 살핀 다음, 박은식은 외유내강(外柔內剛)의 온건한 성품을 가진 데 대하여, 신채호는 보다 지사형(志士型)의 강건한 기질과 저항적·급진적 인격을 형성하여 그들의 대(對)사회적 태도와 사상 형성의 특징적 배경을 이루고 있다고 전제하였다.

제3장에서는, 이 두 사상가가 1900년대 초 국내 활동기에 펼친 교육자강론·유교개혁론·민족정신배양론·근대국가관과 신민사상 등 국권회복을 위한 애국계몽사상의 특성을 고찰하였다. 이 두 사람은 일제에 대한 철저하리만큼 비타협적 노선을 견지한 가운데 박은식은 교육사상가로서, 신채호는 역사사상가로서 한말의 대표적인 민족주의사상의 양대 선봉(先鋒)이 될 수 있었다고 논증하였다.

제4장은 저자가 가장 심혈을 기울인 부문으로서, 박은시과 신채호의 역사사상을 앞의 2항에서 살펴보았듯이 역사국혼론과 낭가사상으로 각각 체계화하였다. 이 두 사람의 역사사상은 애국계몽시기부터 발상되어 박은식은 중국 망명 후 저술『몽배금태조(夢拜金太祖)』를 거쳐『한국통사』에서, 신채호는 망명 직전의 「동국고대선교고(東國古代仙敎考)」에서 중국 망명 후인 1920년대 초 논문「조선역사상 1천년래 제1대사건」,『조선상고사』 등에서 각각 구체화되어 한국 근대 민족주의사학을 창건하는 데 구심적 역할을 했다고 결론지었다.

제5장에서는 박은식과 신채호의 독립운동사상을 각각 세계평화사상과 민중혁명사상으로 분류 체계화하여 설명하였다. 먼저 박은식의 세계평화사상은 전통적인 양명학·유학·실학·동학사상을 바탕으로 서구의 근대사상과 인도주의사상을 주체적으로 융합했으며, 그 철학적 기반은 공자·맹자의 대동사상(大同思想)과 양명학의 치양지론(致良知論)에 기초

한 것으로 추론하였다. 그리고 전통적인 한국·동양문화와 서구적인 세계문화가 융합함으로써 보다 보편적인 이념 아래 민족독립사상의 다양성과 미래지향적 성격을 띨 수 있었던 것으로 해석하였다.

이에 대하여 신채호의 민중혁명사상은 민중 주체의 민족해방운동과 암살·파괴·폭동 등 전투적인 혁명방법을 지향, 1920년대의 의열단(義烈團)과 1930년대 애국단(愛國團) 등 독립운동 전술론으로 활용될 수 있었다고 하였다. 그리고 식민지시대를 통하여 일제에 대한 철저하리만큼 비타협적인 무장투쟁 노선을 천명하고 크게 영향을 미친 근대 한국의 대표적인 민족독립혁명사상이라고 주장하였다.

제6장에서는 앞의 제4장에서 개진한 역사사상인 박은식의 역사국혼론과 신채호의 낭가사상, 제5장에서는 서술한 두 사람이 지향한 민족해방운동의 실천이념인 인도주의적 세계평화사상과 폭력혁명사상은 일견 상극적인 것으로 인식되기보다는 민족해방운동의 시대적 성격과 전개과정에서 추구된 근대 한국의 진로를 밝혀줄 민족독립운동사상으로 보아야 한다는 거시적 관점을 부여하였다. 그리하여 근대 한국을 대표하는 이 두 독립운동가·역사학자가 추구한 삶과 사상은 미래의 통일된 한국을 건설하는 데 있어서도 제2의 광복사상(光復思想)이 될 수 있도록 이를 계승 발전시키는 것이 우리들 시대의 과제임을 상기시키는 것으로 결론을 맺고 있다.

평자는 이상의 내용과 특성이 담긴 배용일 교수의 이 저술이 한국근대사학사는 물론 사상사적 측면에서도 그 의미가 큰 학술적 작업으로 평가하고 싶다. 오늘날 흔히 민족 부재의 허울 좋은 세계화의 구호와 물신숭배(物神崇拜) 풍조가 만연된 세태 속에서, 박은식과 신채호 이 두 역사적 인격이 이룩한 역사사상과 민족독립사상이야말로 학문적·사상적 측면에서 역사적 인격을 지닌 큰 스승의 지혜임은 말할 나위도 없다. 나아가서 오늘의 현실을 살고 있는 우리 모두에게 물론 그들의 삶의 태도 또한 긍정적으로 계승 발전시키고, 오늘과 미래의 한국을 건설하는 데 본받아야 할 역사적 귀감으로서 그 생명력이 계속되기를 희망해 본다. 아울러 성실 근면한 자세와 훌륭한 인격을 지닌 배용일 교수의 학문적 성과가 계속 이루어지기를 기대한다(『한국민족운동사연구』30, 2002).

제8장 부치지 않은 편지

Ⅰ. 내 사랑하는 손녀와 손자에게 (1)

호랑이띠 새해가 밝아왔다. 이곳 한국은 연초부터 추위가 기승을 부리고 폭설이 내려 온 세상이 백색의 은세계 아니 눈의 바다를 이룬 느낌이다.

오늘은 아침부터 시드니에 있는 너희들이 불현듯 보고 싶고 종일토록 그 천진스럽고 귀여운 모습이 어른어른 눈에 밟혀 모처럼만에 이 글을 쓴다.

예쁘고 사랑스런 손녀 리사, 그리고 우리집 종손 요한아~! 그동안 수륙만리 떨어진 타국 땅에서 몸 건강히 잘 있느냐?

그동안 짐스럽던 청탁 원고 일이 끝나 잠시나마 짬을 내어 너희들을 향해 이렇게나마 그리운 마음을 전하게 되었다. 연구실 서가에 걸린 작은 액자 속 미소 머금고 있는 너희들의 어릴적 사진을 몇 번인가 바라보면서……나의 귀여운 작은 영웅들인 리사와 요한의 이름을 번갈아 마음 속으로 여러 차례 불러보곤 했단다.

소중하고 또 소중한 내 손녀 리사와 손자 요한아~! 비록 어린 나이지만 너희들을 향한 나의 이런 마음을 조금이라도 헤아릴 수 있겠느냐? 그러니까 리사의 나이 9살, 두 살 터울의 요한의 나이가 7살…너희들이 시드니에서 태어난 지가 엊그제 같은데, 이젠 벌써 어엿한 초등학생이 되었으니 세월의 흐름이 참 빠른 걸 새삼 실감케 하는구나!

네 어미가 몇 차례 유산 끝에 실로 우리 집안으로서는 수십년 만에 리사를 얻었을 때의 그 기쁨이란 말할 수 없으리만큼 너무나 컸단다. 갓난장이 때부터 인형처럼 예쁘고 총명 활발했던 리사~! 나는 네가 태어난 호주 땅을 고려해 커서 효성스런 딸, 손녀가 되었으면 바람에서 한국명을 '효주(孝州)'라 지었었지~!

헌데 실제로 2년 후 요한이 태어나 네 어미가 남동생을 안고 그곳 병원에서 퇴원해 현관문을 들어서자 너는 누구도 시키지 않았건만 불쑥 네 어미 앞에 엎드려 큰절을 올렸다는 말을 듣고 네가 얼마나 기특하기만 했던지~! 그 놀라운 지혜를 보인 어린 네가 그저 신통하고 사랑스럽기 그지없었다. 또한 제사지낼 때도 그 어린 것이 두 손을 공손하게 모아 예쁜 모습으로 조상님 영전에 절을 올렸고, 그림책을 보던 중 부처님 그림을 보면 두 손을 공손히 모으는 등 지혜로움을 보였었다.

초등학교에 진학해서는 제 스스로 즐겨 그림을 그려 늘 미술대회에서 입상하는 등 그 재능이 예사롭지 않았다.

늘 적극적이고 밝고 활발한 품성을 지녔던 사랑스런 손녀 리사여~! 특히 넌 할애비를 좋아해서 널 앞에 안고 다닐라치면 언제나 두 손으로 내 머리를 감싸안곤 행복해 했었지~!

내 귀엽고 예쁜 손녀 리사 아니 효주여~! 오늘 따라 네가 너무 보고 싶구나!

리사가 태어난 지 2년 후 요한이 태어났을 때의 그 기쁨이란 더욱 감격적이었다. 내 아버지로부터 4대독자인 우리집 종손 요한~! 나는 네가 어질고 선정을 베푼 우(禹)임금처럼 되라는 뜻에서 한국명을 '인우(仁瑀)'라고 명명했고, 몇 년 전 내 어머니 묘소 앞에 직사각형 오석 묘비를 세울 때 그 후면에 증손녀 효주와 함께 증손자 인우의 이름을 새겨넣고 얼마나 흐뭇해 했는지 모른다!

요한이 태어난 지 얼마 안되어 온 가족이 시드니 외곽 해변에 나들이갔을 때 난 미처 고개도 잘 가누지 못하는 갓난장이 요한에게 젖병을 물리는 역할을 맡았었다. 그때 한 번도 울음소리를 내지 않고 꿀꺽꿀꺽 젖을 잘도 넘기던 내 손자 요한~! 마침 지나가던 젊은 서양녀가 신기한듯 널 그윽히 굽어본 후 내게 엄지 손가락을 펴보이던 그 모습을 지금도 잊을 수 없다.

한국에 잠시 왔을 때 내 서재의 책상은 너의 즐거운 놀이터인양 수십 자루의 연필과 볼펜을 쥐었다 풀었다 반복하면서 재미있게 놀았었지~! 그리고 돌아갈 때는 그게 갖고 싶다고 해서 형형색색의 필기도구들을 한 움큼씩 네 누나와 함께 각기 나누어 갖고 갔던 일을 지금도 기억하느냐?

무엇보다 아파트 가까운 초등학교 운동장에서 너와 함께 축구공을 갖고 놀던 일이 문득 생각난다. 말도 잘 못하는 서너 살 밖에 안된 네가 거의 한 시간이 훨씬 지나도록 이리 뛰고 저리 뛰며 성인용 축구공을 고울문 안으로 차넣기에 열중하던 그 모습이 너무 인상적이었다. 비오듯 흐르는 땀을 아랑곳하지 않은 채 공을 차는 데만 열중하던 너의 앙증맞은 그 모습은 얼마나 대견하고 놀랍기만 했던지~! 그리고 집에 돌아와서는 지친 나머지 주방 한가운데에 큰 대자로 널브러진 채 누워 널 굽어보는 나를 향해 싱긋 미소를 짓던 그 천연덕스럽고 능청스럽던 너의 매력적인 표정이 지금도 문득문득 생각난다!

더욱이 지난 11월 중순경 너희들 어미가 편지와 함께 시드니에서 보내온 현지신문을 받아보고 나는 얼마나 기뻤는지 모른다. 그 신문에는 준수한 얼굴의 나이 어린 한국계 소년 요한이 가운데 서서 호주의 유명 여자 농구 스타플레이어와 늘씬하고 아름다운 호주 소녀를 좌우에 거느린 채 의젓하게 미소를 짓고 있는 게 아닌가? 그 컬러사진 모습이 얼마나 자연스럽고 늠름한지 감탄하면서 그 신문기사를 서둘러 살펴보았단다!

그것은 다름 아닌 시드니에서 때마침 전개되고 있는 비만아의 국가적 심각성을 경고하는 캠페인운동에 내 손자 요한이 바람직한 표준 모델로 선정되었다는 기사였다. 고기를 비롯한 기름진 음식 대신 신선한 야채와 과일 섭취를 일상화하고 편식을 하지 말자는, 일테면 식생활 개선운동의 국가적 사업에 손자 요한이 남자로는 유일하게 소년 모델로 선정된 것이었다. 그중에서 시드니 초등학교 저학년인 요한은 비록 나이는 가장 어렸으나 좌우에 멋진 포즈로 나란히 선 호주 제일의 유명 여자 농구선수와 늘씬하고 예쁜 호주 소녀와도 자연스럽게 잘 하모니를 이루고 있는 게 너무도 보기 좋았다.

아, 영자신문의 컬러 사진 속에 담긴 그 준수하고, 늠름하고, 천진스러운 한국계 소년 요한의 표정과 멋진 포즈~! 내가 국민적 캠페인 기사와 함께 네 멋진 사진을 본 순간 정말로 인기스타 장동건이나 배용준이 조금도 부럽지 않았단다! 나에겐 수만리 이국땅에서 조그마나마 국위를 선양하는데 기여한 내 손자 요한 아니 인우 네가 너무도 자랑스럽구나! 난 너의 늠름하고, 천진스럽고, 생동감 넘친 그 모습을 통해 세계를 향해 힘찬 나래를 펴는 젊은 한국의 미래상을 잠시나마 그려볼 수 있었다.

내 예쁘고 귀여운 어린 것들아~!

특히 등, 하교 길에 늘 차 조심하고, 편식하지 말고, 어미와 아비 말 잘 듣고, 좋은 친구 많이 사귀고... 무엇보다 건강하고 싱그럽게 무럭무럭 성장하거라!

지난해 11월 26일은 별세하신 지 10주기가 되는 내 어머니의 92주년 탄신일이었다. 나는 배낭에 준비해간 제수를 상석 위에 진열하고 산소 앞에서 경건한 마음으로 제사를 드렸단다. 특히 멀리 있는 너희 어린 남매의 술잔을 대신 올리며 너희들 증손녀, 증손자의 건강과 앞길을 굽어 살펴주실 것을 간절히 기원하고 또 기원했었다.

내 사랑하는 손녀 리사와 손자 요한아~!

나이 어린 너희들은 노년의 삶을 살고 있는 나의 유일한 희망이며 꿈이다. 너희들이야 말로 단출한 우리 집안의 가계를 이어 새로운 역사를 펼칠 멋지고 사랑스런 글로벌 스타 플레이어들이다.

호랑이처럼 굳세고 또 굳세거라!

사랑하는 리사와 요한이여~! 파이팅~!

2010년 새해 아침

Ⅱ. 내 사랑하는 손녀와 손자에게 (2)

올해는 소띠의 해--비록 부치지 않은 편지지만 너희들을 향해 붓을 든 지 벌써 11년이 흐른 것 같다. 옛 사람들이 세월을 유수(流水), 곧 흐르는 물에 빗댄 표현이 정말 실감나는 요즈음이다.

그때는 너희 남매가 초등학교 고학년생으로 아직 소년 소녀 티를 벗지 못했는데, 지금은 어엿한 청년들로 성장했을 너희들을 생각하면 노년의 내 가슴이 어떤 감동처럼 그냥 먹먹해진다. 그러고 보니 올해는 뱀띠인 리사(신사, 辛巳생, 뱀띠)가 호주 최고의 명문대학인 국립 시드니대학교 교육학과에 당당히 합격했고, 양띠인 우리 집 종손 요한(계미, 癸未생, 양띠)도 어느덧 고등학교 최종학년으로 내년 대학 진학을 눈앞에 두고 고민에 고민을 거듭해야 하는 수험생이 되었구나~!

사랑하는 손녀 리사여~!

먼저 리사의 세계적인 전통과 명성을 지닌 시드니대학교 진학을 축하한다. 며칠 후 3월 1일이면 어엿한 대학생이 될 리사의 꿈많은 대학생활에 행운과 은총이 가득 깃들기를 간절히 축원한다. 지금 젊음의 가장 아름답고 의미있는 시기인 대학 초년생으로서의 리사의 모습을 생각하면 6·25동란 후 1950년대 후반 대학에 입학, 학문과 진리를 향해 투신하고 분투했던 지금부터 63년 전 젊은 날의 내 모습이 자연스럽게 회상된다.

초등학교 때부터 그림도 잘 그리고 늘 독서에 열중했던 리사, 더욱이 중학교 저학년생으로 2016년 영문소설 『SHADOWS of a THIEF』(『도둑의 그림자들』172쪽)를 시드니 저명출판사에서 출간했던 내 손녀 리사가 아니었던가? 더욱이 늘 성실하게 노력하는 자세와 남에게 호감을 주는 안 공스럽고 귀인성있는 태도가 결국 150여 년의 전통을 지닌 세계적인 명문대에 당당히 합격할 수 있는 저력을 보여준 것이라고 확신한다.

그리고 보니 20여 년 전 네가 갓 태어났을 때 너를 보러 시드니 갔던 길에 도심 한가운데 위엄있게 우뚝 서있는 고풍스러운 시드니대 건물과 캠퍼스를 둘러본 일이 있었다. 그때 클래식하고 그 압도적인 대학의 모습과 분위기에 부러움을 금치 못했는데, 내 손녀인 네가 이 대학에 진학했다니 너무나 기쁘고 감동스럽기만 하다.

앞으로 부디 건강하고 풋풋하고 굳센 의지로 전공 학문 수업에 힘쓰고, 실력있고 존경스러운 교수님, 그리고 쌌수와 기품있는 친구들과의 교우를 통해 너의 젊은 날의 대학생활이 뜻깊고 아름답게 설계되어 훌륭한 인재로 무럭무럭 성장하기를 빌고 또 빈다.

사랑하는 손녀 리사여~!

네가 대학에 합격했다는 소식을 듣고 너의 고모 최선영 박사가 너무 좋아하며 네가 원하는 고가의 <아이패드>를 선물했다는 소식을 들었다. 네가 너의 엄마 아빠는 물론 카톡이나 전화를 통해 너에게 매우 호의적인 한국의 고모와 자주 소통하기를 바란다.

할아버지인 내가 2010년에 이어 다시 부치지 않는 이 편지를 쓰는 까닭은, 첫째 앞으로 내가 살아갈 날이 얼마 남지 않았고, 둘째 리사와 요한 너희 남매가 굳센 의지와 건강한 모습으로 학업에 매진하여 외롭고 단출한 우리 집안을 이끌 훌륭한 인재로 성장했으면 하는 나의 절실한 소망 때문임을 너희 남매는 깊이 이해주길 바란다.

이제 내 나이도 벌써 팔십 초년에 들어섰고, 또 살날이 얼마 남지 않은 내가 새벽 늦게까지 책상에 엎드려 컴퓨터 자판으로 글을 쓰는 까닭은 무엇이겠는가? 정년 후 오랜 시간에 걸쳐 새로운 글을 쓰고 이미 써놓은 글을 다듬어 묶어 술이 두터운 한 권의 책으로 엮는 편찬과정에서 체력의 애로를 느낄 때가 많았다. 60대 후반부터 오른쪽 귀의 난청이 점차 심해지고 있는 데다가 두 눈 또한 노안(老眼)으로 갈수록 건조하고 침침해져 일상생활에 불편한 한계를 느낄 때가 한 두 번이 아니다.

그럼에도 이 글을 굳이 쓰는 까닭은 무엇이겠는가? 너희 남매가 외롭고 때로는 방황하기도 하는 가운데 고뇌에 찬 한스러운 생애를 산 할애비의 지난날을 거울삼아 다시는 그러한 과오를 되풀이하지 말았으면 하는 염원도 담겨 있다. 우리 집안의 가계는 물론 앞으로 전개될 너희들 자신의 창창한 인생 항로를 위해서라도 부디 굳센 의지와 절실한 마음으로 지혜로운 삶을 살기를 바랄 뿐이다. 후손을 걱정하는 염원이 부디 노인의 한갓 부질없는 노파심의 표현으로 끝난다면 얼마나 다행이겠는가.

한국은 지금 봄의 초입인 입춘이 지났건만 아직도 날씨는 엄동설한인 양 춥다. 지금 시드니는 리사의 대학 입학식을 앞두고 비가 자주 내리는 여름철로 알고 있다. 지금 내게 가장 큰 관심사는 1년 전 교통사고를 당한 너희들 아비의 건강 회복과 뒷바라지를 맡은 너희들 어미의 수고로움, 그리고 무엇보다 대학 입시를 눈앞에 둔 우리집 종손 요한의 진학 준비 문제가 아닌가 한다.

사랑하는 손자 요한이여~!

나는 거의 날마다 돌아가신 내 어머니(너희들에겐 증조할머니)와 함께 늘상 웃음을 먹음고 있던 요한의 모습을 떠올리곤 하는 것이 일상화되어 있다. 네 누나 리사도 사랑스럽지만, 나는 특히 요한이 세상에 갓 태어났을 때부터 내 품에 파고 들던 따뜻한 체온과 냄새, 초등학생 때도 내 무릎에 즐겨 앉는 날이 많았을 만큼 친화력있고, 의젓하고, 사랑스러운 우리 집 종손임을 한시도 잊은 적이 없다.

호주의 대입 학력고사는 매년 10월에 시행되는 것으로 알고 있는데, 그렇다면 앞으로 남은 대입 준비 기간은 불과 8개월도 되지 않는 것 같다. 요한은 어릴 때부터 머리가 영특하고 할애비를 대하는 태도 또한 효성스러울 때가 많은 반면 학업에 대한 꾸준한 노력이 부족하다는 말을 들었는데, 이 점이 좀 걱정스럽다. 자기 두뇌만 믿고 예컨대 학업보다는 게임이나 일시적인 즐거움 같은 것에 빠져 꾸준한 노력을 소홀히 한다면, 이러한 태도는 너의 앞날을 그르치게 하는 너무도 어리석은 짓이 아니겠는가.

우리가 살아가고 공부하고 사색하는 시간들은 엄격히 제한되어 있다. 그럼에도 예컨대 막연히 요행만을 바란다거나 일시적이고 소모적인 즐거움에 빠져 학업을 소홀히 한다면 그처럼 어리석은 삶과 의지박약한 선택이 또 어디에 있겠는가. 요한을 진심으로 사랑하는 할애비의 염원을 깊이 이해해 받아들이고, 그 잘못을 하루빨리 깨달아 우리 요한이가 굳센 의지와 지혜로움을 갖춘 훌륭한 청년이자 현명한 손자로 거듭났으면 한다.

하나 밖에 없는 사랑하는 손자 요한아~!

앞으로 남은 8개월이라는 제한된 시간을 아껴가며, 일시적인 즐거움의 유혹을 분연히 떨쳐버리고 굳센 의지로 남은 학업시간을 효율적으로 운영할 것을 간곡히 부탁한다. 너는 할애비나 네 고모, 누나 리사가 모두 인문계를 전공한 데 대하여 네 아비와 같은 이공계인 IT계통의 분야를 희망하는 것으로 알고 있다. 요즘 한국은 물론 세계적인 추세가 AI(인공지능)가 대세인 것으로 알고 있는데, 네가 이 분야에서 훌륭한 인재로 성장하려면 네가 원하는 대학에 진학해서 전공과목을 이수한 다음 네가 꿈꾸는 직업인이 되어야 하지 않겠느냐? 너의 아비도 불의의 사고로 몸이 불편하고 할애비 또한 살 날이 얼마 남지 않은 노인이라 이젠 젊은 네가 분발해서 굳센 의지로 도전하고, 참고 또 참는 인내의 자세로 모든 어려움을 극복하는 듬직하고 지혜로운 내 손자 요한이가 되었으면 한다.

내가 살아온 경험에 비추어 볼 때 우리들의 삶의 과정 중 대학 진학은 가장 중요한 선택이라고 생각한다. 특히 네가 꿈꾸는 전문적인 직업인으로 성장하려면 현실적으로 대학진학은 필수적인 코스가 아닌가 한다. 도전과 인내는 네가 앞으로 훌륭한 인재로 성장하는 과정에서 반드시 갖춰야 할 기본자세임을 잊지 말기 바란다. 네가 앞으로 남은 시간들을 잘 활용해서 노력한다면, 네 누나 리사처럼 우리 요한이도 원하는 대학 전공학과에 무난히 진학해서 우리 집안의 희망의 등불이 될 것임을 믿어 의심치 않는다. ˝ 하면 된다는 신념과 정신 ˝으로 분발하고, 또 참고 노력하는 정신으로 앞으로 남은 8개월동안 최선을 다해 학업에 힘쓰고 또 힘쓴다면 사랑스럽고 매력 넘치는 멋진 우리 요한의 꿈과 목표는 무난히 달성되리라고 확신한다.

사랑하는 손자 요한이여~!

우리 속담에 "고진감래(苦盡甘來)", 즉 "고생 끝에 낙(樂, 즐거움)이 온다"는 이 말은 평범하지만 거의 진리에 가까운 말이라고 생각한다. 무슨 일이든 어느 분야에든지 성공하려면 현실의 불편함과 고통을 참아 이겨내고, 또 분발하고 노력하는 정신과 자세가 필수적인 요소이자 과정임을 잊지 말기 바란다.

할애비는 이 나이에도 제한적이지만 항상 분발하고 노력하는 편이다. 이번에 발간되는 이 책에서 특별히 <부치지 않는 편지>를 마련, 리사에게는 대학 합격 축하를, 요한에게는 앞으로 남은 8개월이라는 시간동안 분발과 노력을 요청하는 할애비의 진심어린 바람을 실천해 줄 것을 부탁하는 기회로 삼고자 했다.

사랑하는 리사와 요한이여~!

끝으로 너희들은 꾸준히 학업에 힘쓰는 가운데 짬(시간)이 날 때마다 운동과 건강 관리에도 힘쓰기 바란다. 특히 몸이 불편한 아비를 늘 도와주고 어미의 말과 부탁을 지성으로 잘 따르는 효녀와 효자가 되어 주기를 바란다. 한국에 있는 할애비와 할미, 고모에게도 카톡을 통해 자주 연락하고 소통하기 바란다.

다시 한 번 리사의 대학 진학을 축하하면서, 특히 요한에겐 당분간 게임이나 일시적인 즐거움 같은 것은 가급적 자제하고 현재의 학교 수업과 10월에 시행되는 대입 준비에 최선을 다해 줄 것을 재삼 당부한다.

이제 한국은 추운 겨울이 끝나고 움추렸던 각종 화초가 꽃망울을 터뜨리는 봄에 문턱에 들어서 있다. 이 신춘을 맞아 수륙만리 타국에서 고생하는 너희 어미와 아비, 리사와 요한의 건강, 행운, 은총이 깃들기를 축원한다.

특히 사랑하는 우리집 종손 요한이여~! 이제부터라도 부디 분발하기 바란다. 파이팅~!

2021년 2월 26일 밤

〔발 문〕

홍영유 (『4월혁명통사』 저자)

    우리 세대는 출생 시부터 지금까지 애국(Patriot)이라는 명제에 가장 격렬히 고뇌한다. 최홍규 박사도 그 예외일 수가 없다. 아니 그분에게는 이 명제야 말로 생명이다. 일제의 잔혹한 착취와 한국인의 독자적인 전통적 문화를 말소하고자 하는 침략자의 횡포 속에 맞은 해방과. 동족상쟁의 피 얽힌 전쟁, 곧 파괴와 기구한 이념적 삶과 죽음, 그리고 장구한 독재의 수렁 속에서의 제2해방, 이런 속에서 자기 구원을 찾아야 하는 과정은 바로 고뇌하는 우리 세대의 의식이다.

    최박사의 학문적 업적도 그런 바탕 위에서 이루어진 것이 틀림없다. 국사의 원류를 근대에서 자르고 피압박과 독립, 전쟁과 파괴, 살상과 발전, 민주화와 독재와의 투쟁, 그러한 과제에 직면하면서 그 원천을 파헤칠 수밖에 없다. 연구에 앞서 행동의 선구적 역할 또한 컸다. 실학과 그에서부터 나오는 애국자들의 학문적 업적을 연찬하는 것도 바로 최박사의 의식의 세계다.

    60년대 초, 4·18 의거가 있던 날 청계천 4가의 반인륜적인, 반역사적인 테러가 그날 시위에 앞장섰던, 남보다도 키가 크고 의식이 높았던 젊은 날의 최박사에게 가해지게 된 것은 어찌 보면 필연인지도 모른다. 그날 최박사는 대학 3년생으로 갈고리 몽둥이를 들고 설치는 정치 깡패들의 기습으로 바로 머리에 치명적인 상처를 입었다. 그래도 다음날 4.19시위에 또 다투어 참여했다. 머리에 온통 붕대를 아래위로 감고 옆으로 싸 감은 상태였다. 이 시발이야 말로 우리 역사의 크나큰 전환점을 이루는 대사건이 아닐 수 없었다. 독재와의 투쟁은 또 계속된다. 그렇다고 결코 내세워 자랑하지 않는다.

80년대에는 의식 있는 대학교수로서 그 당시의 시대 상황과 고뇌를 뒤집어쓰고 지성인이 갈 길을 간 그에게 해직이라는 철퇴가 다른 독재자로부터 떨어진다. 그로부터 5개성상 그분의 가슴은 갈갈이 찢어지고 독재 치하의 국민들을 위한 울음을 같이, 수없이 울 수밖에 없던 인고의 세월이 참으로 길었다. 치열한 의식의 투쟁 속에서 좌고우면하지 않고 그는 그와 같은 고뇌를 학문 세계, 올바른 역사 진실 속에서 풀어갔다.

그의 저서 목차를 보면 우리 근현대사의 저명한 독립운동가, 실학사상가들의 이름이 줄줄이 나오고 있다. 그 중 가장 중요한 대표적인 연구업적은 언뜻 다음 세 가지를 들 수 있을 것 같다.

첫째, 안중근 의사의 국권회복운동과 동양평화론에 대한 깊이 있는 천착(穿鑿)이다. 또 독립투사이자 역사학자인 신채호 선생의 일대기에 대한 학문적 부활을 이룩하고 있다. 저항적 민족주의와 역사민족주의 태두는 바로 이분에게서 시작되었던 것이 아닌가?

둘째, 박사 학위의 주테마였던 우하영 선생에 대한 실학연구의 독보적 개척자였다. 그에 앞서 우성전 선생의 의병활동과 업적은 보통 사람들이 접해 보기 쉽지 않은 테마였다. 박지원 선생의 농업경제사상도 쉽게 접하지 못했던 것 같다. 김물과 유언호 선생도 전문 연구가가 아니면 바로 떠오르지 않는 인물들이다.

셋째, 해직당해 정처 없이 떠돌던 시절 고향을 중심으로 한 인근향촌에 대한 연구로 정조대왕의 화성 축성과정과 수원 지방을 비롯한 지방사에서도 남다른 실적을 쌓았다. 훼손된 화성의 복원을 이룩하는 데는 최박사의 연구적 고증이 큰 역할을 했음을 우리는 잘 알고 있다. 정조시대의 수

수원화성공심돈

13.4 2021. 1. 2ᅵ
홍영유

복원된 화성. 그림; 홍영유.

리시설에 대한 만년제의 흔적을 찾아 복원을 꿈꾸던 논고도 보인다.

세월의 이끼는, 이제 그의 연구 활동 영역을 우리 역사의 언덕 꼭대기에 잡아 놓고 있다. 황홀한 노을이 어느 때보다도 온몸을 내려 비추고 있다. 신간서 『솔바람 소리』는 한 학자로서의 학문적 일대기가 정리된 느낌이다. 36여 년이나 두고 고뇌에 찬 연찬으로 기록한 학문적 자서 기록 중귀중한 제1장을 본인에게 이메일로 보내와 먼저 읽을 수 있는 영예를 갖게 되었다.

젊어서 홀로 되신 자당의 오로지한 사랑 속에서 성장한 소년시절과 학우들, 은사님들, 진솔한 친우들에 대한 그리움도 절절히 흐르고 있다.

솔바람 소리는 오늘도 귓전을 스친다. 지금도 청량한 '솔바람 소리'가최박사의 지성에 휩싸인 애국 충정에서부터 들려오고 있다.

2021년 2월 하순

솔바람 소리

| 초판 1쇄 인쇄일 | | 2021년 4월 30일 |
| 초판 1쇄 발행일 | | 2021년 5월 7일 |

지은이		최홍규
펴낸이		한선희
편집/디자인		우정민 우민지
마케팅		정찬용 정구형
영업관리		정진이 김보선
책임편집		정구형
인쇄처		신도인쇄
펴낸곳		국학자료원 새미(주)
		등록일 2005 03 15 제25100−2005−000008호
		경기도 고양시 일산동구 중앙로 1261번길 하이베라스 405호
		Tel 442−4623 Fax 6499−3082
		www.kookhak.co.kr
		kookhak2001@hanmail.net

| ISBN | | 979-11-91440-55-3 *93910 |

| 가격 | | 29,000원 |